로버트 미들코프 R

캘리포니아 대학교 버클리 캠퍼스의 프레스턴 호치키스 미국사 명예 교수였다. 옥스퍼드 대학에서 함스워드 미국사 교수를 지냈고 헌팅턴 도서관, 아트 갤러리, 식물원의 이사를 지냈다. 저서로는 『고대인과 자명한 이치Ancients and Axioms』, 『벤자민 프랭클린과 그의 적들Benjamin Franklin and His Enemies』, 『워싱턴의 혁명: 미국 최초 리더의 자질 Washington's Revolution:The Making of America's First Leader』등이 있다. 『위대한 대의 Glorious Cause』로 1983년 퓰리처상 역사 부문 최종 후보에 올랐다.

이종인

고려대학교 영어영문학과를 졸업하고 한국 브리태니커 편집국장과 성균관대학교 전문 번역가 양성과정 겸임교수를 지냈다. 주로 인문사회과학 분야의 교양서를 번역했고 최근에는 현대 영미 작가들의 소설을 번역하고 있다. 지은 책으로 『살면서 마주한 고전』, 『번역은 글쓰기다』등이 있으며, 옮긴 책으로 『숨결이 바람 될 때』, 『호모 루덴스』, 『중세의 가을』, 『로마제국 쇠망사』등 다수가 있다.

미국인 이야기 2

일러두기

1. 이 책은 원서 The Glorious Cause를 3권으로 나눠서 펴냈습니다.
2. 저자의 원주는 1, 2, 3으로 표기하여 본문의 마지막 부분에 실어두었고, 옮긴이 주와 편집자 주는 본문 안에 추가했습니다.
3. 독자의 이해를 돕기 위해 원서에는 없는 도판과 지도를 추가했습니다.
4. 외국의 인명, 지명은 국립국어원 어문 규정의 외래어 표기법을 따랐습니다. 다만 관용적으로 굳어진 일부 용어는 예외를 두었습니다.
5. 길이의 단위를 원서에서는 마일을 사용했으나 국내 실정에 맞게 미터나 킬로미터로 환산하여 옮겼습니다.

미국인 이야기

전쟁의 서막

1770~1780

로버트 미들코프 지음

이종인 옮김

2

THE GLORIOUS CAUSE
THE AMERICAN REVOLUTION

사회평론

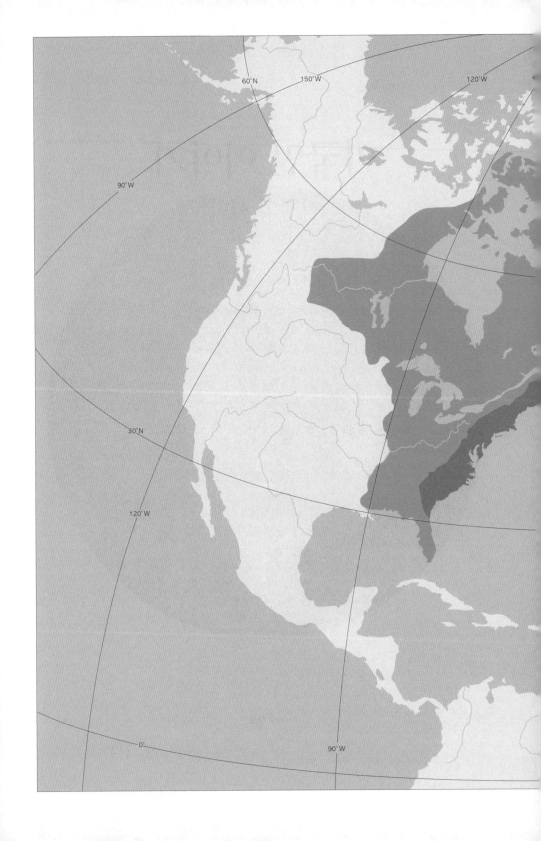

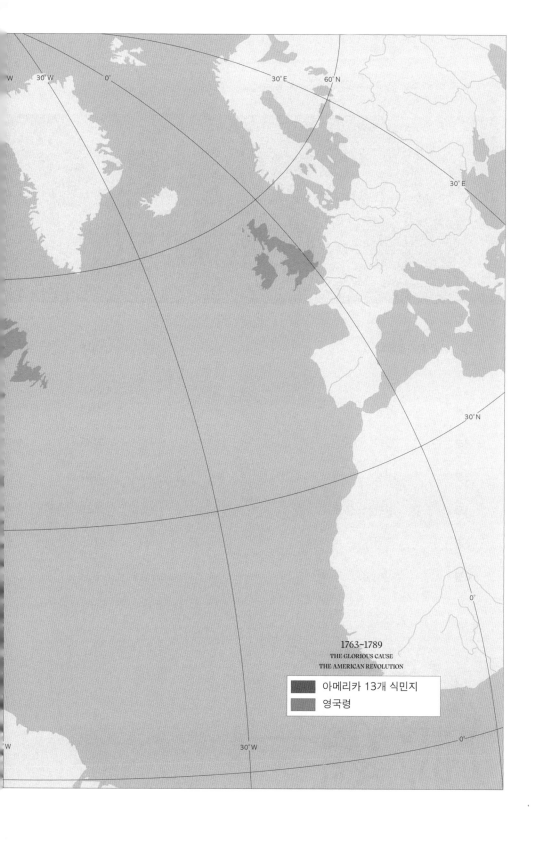

30° E

30° N

0°

1763~1789
THE GLORIOUS CAUSE
THE AMERICAN REVOLUTION

아메리카 13개 식민지

영국령

한국 독자들에게

자유와 개인의 권리를 다룬 이 책이 한국어로 번역되어, 그런 가치들에 대한 신념이 확고한 한국 독자들이 읽을 수 있게 되어 매우 기쁩니다. 미국 혁명은 전 세계 모든 사람을 위해 자유와 계몽의 원칙을 확립했으며, 그 가치들의 중요성을 때때로 받아들이지 않으려는 곳에서 그 가치를 옹호하는 데 얼마나 많은 노력이 필요한지를 보여준 사례였습니다. 한국 독자에게 미국 혁명은 한국인이 자유와 정의로운 정치체제를 위해 기울여온 노력과 유사한 좋은 사례가 될 것입니다.

이 책은 형식이나 내용에서 하나의 이야기입니다. 좀 더 자세히 말하면, 아메리카 식민지 사람들이 유럽의 거대한 제국을 상대로 벌인 혁명의 의도와 목적을 풀이한 책입니다. 식민지인들이 처음 행동에 나섰을 때, 그들은 대영제국 내에서 자신들이 누렸던 자치권을 보호받기를 원했을 뿐 전쟁을 할 생각은 아니었습니다. 13개 식민지 주들은 자신들이 군주제 정부의 통치를 받는다는 것을 알았으나 그 통치가 대체로 관대한 것이어서 기꺼이 받아들였습니다. 하지만 1763년에 들어 영국이 이러한 통치 제도를 바꾸려 하자 문제가 발생했습니다. 식민지인들은 그전 2세기 동안 사실상의 자치정부를 운영해왔습니다. 그들은 독립 국가의 국민은 아니었지만 자유민이었습니다. 이런 방식을 기꺼이 받아들였으므로, 그들은 거의 200년 동안 대서양 건너 5000킬로미터나 떨어진 나라의 왕과 의회에 동맹의식을 느껴왔던 것입니다.

대영제국에 맞서는 혁명은 한 무리의 음모자들이 조심스럽게 설계한 음모의 결과로 발생한 것이 아닙니다. 그 혁명은 모든 사람을 놀라게 했습니다. 영국 정부가 식민지의 통치권을 아메리카 식민지 주민들의 손에서 빼앗아 본국 정부, 즉 영국 왕과 영국 의회에 넘겨주려는 책동에 식민지인들이 강하게 반발하면서 혁명이 시작됐습니다.

1775년의 렉싱턴과 콩코드 전투로 시작된 독립 전쟁은 이미 그 10년 전부터 전운이 감돌았습니다. 대륙군과 민병대 복무를 통해 아메리카 주민들이 전쟁에 기여한 노력은 13개 주의 각급 제도들에 큰 영향을 미쳤습니다. 더욱 극적이고 심오한 영향은 정치적 권리와 헌법적 권리에 대한 정의를 분명하게 정립했다는 것입니다. 전쟁 전의 저항운동과 아주 복잡한 양상으로 전개된 전쟁 그 자체가 가져온 결과들은 1787년에 미국 헌법을 제정하면서 그 파급 효과가 절정에 달했습니다. 1763~1789년의 전 기간은 미국의 독립 선언서와 헌법제정에 항구불변의 기준들을 제시했습니다.

독립 선언서에서 주장했듯이, 자유와 평등을 주장한 혁명과 그 혁명의 결과로 수립된 아메리카 공화국은 전 세계 정부에 아주 심오하고도 중요한 교훈을 주었습니다. 주지하다시피, 현대의 세계는 독재

정부를 만들어내는 전쟁들에 익숙합니다. 그러나 미국의 사례는 비록 모든 면에서 아무런 결점이 없다고 말할 수는 없지만, 그래도 온갖 실패를 바로잡을 수 있는 수단을 제공합니다. 《연방주의자 논집》의 첫 번째 논문은 그러한 도전을 이렇게 규정하고 있습니다.

"사람들은 종종 이 나라의 국민이 그들의 행동과 모범으로 다음과 같은 중요한 문제를 결정해야 한다고 말한다. 인간 사회는 깊은 생각과 선택을 통해 훌륭한 정부를 수립할 능력이 있는가, 없는가. 아니면 인간 사회는 그들의 정치적 제도를 언제나 우연과 폭력에 의존해야만 하는가."

이 글을 통해 저는 전통적 형식의 역사서를 썼다는 것을 분명하게 밝히고자 합니다. 이 책의 주제는 혁명, 입헌주의, 인권, 그리고 이런 것을 지키려고 싸워온 전쟁입니다. 미국 혁명의 스토리는 이야기체로 서술된 여러 사실을 넘어서는 심오한 의미를 보여줍니다. 이 책을 쓴 이유는 혁명의 사건들과 그 뒤에 있는 여러 상황을 재구성하면서, 그 과정에서 실제로 벌어진 사건들뿐만 아니라 그 내재적 이유를 설명하려는 것이었습니다.

이러한 재구성을 통해 혁명이 자유민부터 여성, 인디언, 흑인 등 자유롭지 못한 사람들에게까지, 아메리카의 모든 부류 사람들에게 미친 영향에 대해서도 언급했습니다. 이런 다양한 집단의 사람들은 저마다 나름대로 혁명의 전개에 일정한 역할을 했습니다. 이로써 이 책은 폭넓은 관점의 정치적, 정치체제적 스토리가 되었을 뿐만 아니라 사회사의 측면도 갖추게 되었습니다.

이제 이 책이 한국 독자들에게 특별한 의미로 다가서기를 바랍니다. 한국인은 미국인과 마찬가지로 도전과 변화가 가득한 혼란스러운 역사를 걸어왔습니다. 20세기에 들어와 한국인은 스스로의 힘으로 광범위한 정치적 자유를 쟁취하는 놀라운 저력을 발휘했습니다. 다른 나라 사람들도 그런 자력 쟁취를 높이 평가하고 있습니다. 따라서 미국인이 그와 유사한 체험을 한 역사가 한국 독자들에게 흥미롭고 가치 있는 사례가 되리라고 확신합니다.

2017년 5월

로버트 미들코프

표류

영국 노스 내각이 들어서면서 톤젠드 법안이 철회되고,
식민지 상인들이 수입 거부 운동을 끝내면서 식민지 문제는
다소 잠잠해진 듯했다. 그러나 식민지인들은 영국이 총독과
주교제를 앞세워 자신들의 자유를 침해하려는 음모를 꾸미고 있다는
불안감을 떨칠 수 없었다. 밀무역과 세관 징수관을 둘러싼 갈등
역시 해소되지 않았다. 이에 식민지인들은 보스턴을 중심으로
통신 위원회라는 연락망을 구축해 조직적인 대응에 나섰다.

노스 내각의 출범과 잠잠해진 분위기

1771년 1월 1일 보스턴의 브래틀 스퀘어 교회 목사인 새뮤얼 쿠퍼 Samuel Cooper는 친구인 벤저민 프랭클린에게 "이제 정치에 휴지休止 기간이 찾아온 듯하다"라고 써서 보냈다. 쿠퍼가 이런 평가를 내리게 된 것은 보스턴 학살 및 프레스턴과 그의 부하 사병들에 대한 재판을 둘러싼 동요가 끝났기 때문이 아니라, "상인들의 합의가 깨져버렸기" 때문이었다. 지난해 10월 보스턴 상인들은 수입 거부 운동을 포기하기로 결정했다.[1]

상인들이 그런 결정을 내린 것은 영국 의회가 차에 대한 관세를 제외하고 나머지 톤젠드 관세를 철폐하는 법안을 통과시켰다는 것을 알고 나서이다. 노스 경이 이끄는 새로운 영국 내각이 그 법안을 성사

프레더릭 노스(1732~1782) 제2대 길퍼드 백작으로 영국 제12대 총리 (1770~1782)를 역임했다. 톤젠드법을 철폐했지만 차관세 등의 정책으로 식민지의 반발을 샀다.

시켰다. 노스 행정부는 1770년 초 그래프턴 정부에 뒤이어 들어섰는데, 출범 후 곧 식민지의 분쟁에서 벗어나기로 결정했다. 노스는 평화로운 기질의 정치가였는데, 그 뒤 12년 동안 그 성격에 큰 상처를 입게 된다. 노스는 분노했을 때도, 갈등을 일으킬 생각은 별로 없는 사람이었고 오로지 국왕을 충실히 잘 모시기만을 바랐다. 그는 톤젠드 관세를 철폐함으로써 갈등의 소지를 제거했고, 진정한 안도감을 느꼈다. 또한 그는 영국 의회를 잘 유도해 뉴욕 식민지를 괴롭혀왔던 통화법도 수정하도록 했다. 뉴욕은 이제 채권을 발행해 공적 채무를 지불할 수 있게 될 터였다. 단 개인 채무는 적용 대상에서 제외됐다. 이는 현명한 조치였고, 앞으로 좀 더 안정된 식민지 정책이 만들어지리라는 추가 증거였다.[2]

사실 그 뒤 3년 내내 영국 정부는 식민지에 대해 거의 신경을 쓰지 않았다. 정부는 수입 거부 운동이 와해되리라고 예상했기 때문에, 식민지 과세권에 대한 저항을 승인한다는 신호를 줄 의도가 없었다. 전임 내각과 마찬가지로 노스 내각도 영국 의회가 아메리카 내에서 원하는 것은 무엇이든지 마음대로 할 수 있는 권리에 대해 의심하지 않았다. 노스는 식민지 사태가 그저 조용히만 흘러간다면 그냥 흐르는 대로 놓아둬도 좋다고 생각했다.

대부분의 아메리카인도 영국 의회가 마음대로 식민지인을 이끌고 가겠다는 낡은 주장을 포기한다면 그런 표류를 마다할 이유가 없었다. 대부분의 식민지인은 새뮤얼 쿠퍼의 견해에 동의했다. 즉 새로운 내각이 온건한 법안을 채택하고, "우리 상황을 인지세법 이전으로 돌려놓는다면, 우리가 특별한 요구 사항들을 내걸며 봉기할 일은 없을 것"이었다. 그러나 선언법이 여전히 법령집에 남아 있다는 사실은 누구나 알고 있었다. 그리고 차에 대한 관세도 여전히 법으로 남아 있었다.[3]

영국주교제에 대한 식민지인들의 반감

남아 있는 법령들이 위협적이었지만, 1771년의 분위기는 대체로 전년도와는 달랐다. 톤젠드 관세를 대체할 만한 커다란 문제가 발생하지 않았기 때문이었다. 물론 평온한 정계의 표면 밑에는 사람들의 평온함을 뒤흔들 수도 있는 문제도 있었다. 예를 들어 노스캐롤라이나와 조지아에서는 식민지 의회와 총독이 서로 갈등을 일으켰다. 이는 다른 식민지에서도 흔히 있는 일이었으나, 지난 5년 동안 이 두 식민지에서는 평균 이상의 적대감이 형성돼왔다.[4]

사우스캐롤라이나의 총독과 의회는 최근 위기를 둘러싼 갈등과 이와 밀접하게 관련된 문제로 싸웠다. 분쟁의 발단은 의회가 1769년 말 "영국과 아메리카 사람들의 헌법적 권리와 자유를 지원하기 위해" 1500파운드의 예산을 배정한 사건이었다. 이 돈은 '권리장전 지지자들'이라는 단체에 지급될 예정이었는데, 이 영국 단체는 존 윌크스를 영국 의회에 보내자는 주장을 관철하기 위해 조직됐다. 윌리엄 불 William Bull 총독은 1740년대부터 정착된 식민지 의회의 절차 때문에 그런 예산 배정을 막을 수가 없었다. 불 총독은 이 사안을 영국의 상급자들에게 보고했고, 충격을 받은 그들은 총독에게 금전의 구체적 사용처가 없는 예산 배정에 동의해주지 말라는 지시를 내렸다. 영국 관리들은 사우스캐롤라이나 총독이 확보한 권위가 다른 식민지 총독의 선례가 되어주길 바랐다. 불은 이런 지시 사항을 이행하려고 했으나, 밀어붙이기가 쉽지 않았다. 그가 할 수 있는 일은 고작 식민지 의회가 취한 조치의 승인을 유보하는 것뿐이었다. 그 결과는 교착 상태였다. 1769년 이후에는 연간 세금 계획안이 법률로 통과되지 못했고, 1771년 2월 이후로는 어떤 종류의 법률도 제정되지 못했다.[5]

휠씬 북쪽에서는 또 다른 종류의 갈등, 즉 종교적 자유의 문제로 갈등이 생겨 이것은 아메리카인이 독립을 선언할 때까지 이어졌다. 바로 영국 국교회의 지배에서 자유로워지고자 하는 프로테스탄트들의 자유에 관한 문제였다. 사실 영국 국교회가 13개 식민지의 종교적 생활을 통제할 가능성은 거의 없었다. 영국인의 후예든 다른 지역에서 온 이민자들이든, 아메리카인은 복음주의 또는 신의 구원은 평등하기에 성직 위계화를 거부하는 아르미니위스주의 같은 자유주의 경향을 갖고 있었다. 주교와 성직 위계제는 아메리카 신자들에게 별 매력이 없었고, 확립된 질서를 갖춘 기존 종파의 지배층은 점점 더 맹렬한 비판을 받고 있었다.[6]

주교는 아메리카에 존재하지도 않았지만 늘 종교적 논쟁의 핵심이었다. 멀리 떨어져 있기 때문에 주교는 특히 더 나쁘게 보였다. 거리가 먼 만큼 종교적 반대파의 온갖 상상을 부추겼다. 반대파는 미국 혁명 이전에도 주교의 부임을 꺼려했고, 국교회 성직자가 아메리카의 교육과 종교의 중심부에 침투하면 안 된다고 경고했다. 그중에서도 해외 선교, 특히 인디언에게 복음의 빛을 전하려고 하는 복음전파회 소속

선교사들을 강하게 경계했다.

영국 국교회의 무시무시한 의도 중 하나는 프렌치-인디언 전쟁 이전에 뉴욕에서 폭로됐다. 이 사건에서 종교적 자유의 옹호자는 윌리엄 리빙스턴William Livingston이었는데, 그는 당시 예일 대학을 졸업했으며 독실한 종교적 심성의 소유자는 아니었다. 1753년 컬럼비아 대학의 전신인 킹스 칼리지가 설립될 무렵, 리빙스턴은 뉴욕의 국교회 신자들이 이 대학을 국교회 대학으로 만들려는 음모의 냄새를 맡았다. 이 대학의 이사회에는 어떤 집단보다 국교회 신자가 압도적으로 많았는데, 그들은 국왕 칙허를 얻어내기 위해 움직이고 있었다. 리빙스턴은 그들이 대학의 운영권을 장악하는 것을 막기 위해 1753년 언론 작업을 펼치기로 결심하고 존 트렌차드와 토머스 고든의 《인디펜던트 휘그Independent Whig》를 모범으로 삼는 월간 잡지인 《인디펜던트 리플렉터Independent Reflector》를 발간하기 시작했다. 리빙스턴이 선택한 모범은 《인디펜던트 휘그》의 반反교권주의였다. 교회의 정치 세력화를 맹렬히 비난한 이 사상은 뉴욕시의 국교회 신자들과 투쟁하는 데 특히 유용했다. 《인디펜던트 리플렉터》의 지면에서는 두 가지 전략이 구사됐다. 하나는 식민지의 가장 뚜렷한 국교회 반대 종파들, 특히 장로교, 루터교, 네덜란드 개혁교 등에 호소하는 것이었고, 다른 하나는 특정 지역의 식민지 대학에 관한 지역적 갈등 정도로 보이는 문제가 실은 그 안에 더 큰 의미를 내포하고 있다고 주장하는 것이었다. 물론 그 의미는 정치적인 것이었다. 종교적 자유와 시민적 자유는 서로 분리될 수 있는 것이 아니며, 따라서 대학을 통제하려는 국교회의 노골적인 의도가 실은 교회와 국가를 통제하려는 더 큰 의도를 함축하고 있다는 것이었다.[7]

국교회 신자들은 마침내 킹스 칼리지를 통제하려는 싸움에서 승리해 학장직을 확보했고, 그들의 일파인 새뮤얼 존슨Samuel Johnson 박사가 1763년까지 학장직을 수행했다. 그러나 이 싸움에서 리빙스턴 또한 승자였다. 그의 언론 홍보 덕분에 뉴욕의 많은 반대파 시민이 각성했고, 그리하여 독립에 이르는 갈등 과정을 미리 대비했기 때문이다. 1760년대 중반 국교회 주교들이 아메리카로 건너오는 중이라는 소문이 퍼지자, 뉴욕의 국교 반대파 목사들은 주교제에 저항하는 북부의 동료 목사들과 힘을 합쳤다.

주교제에 대한 소문은 뉴잉글랜드에서 특히 열렬한 반대 세력을 만들어냈고, 보스턴과 케임브리지에서는 그 소문이 실제와 결부됐다. 케임브리지의 국교회 사제 이스트 애프소프East Apthorp는 1760년 프랜시스 버나드 총독과 함께 아메리카에 건너왔을 때 상당히 세력 있는 인물이었다. 아직 서른이 되지 않았던 그는 곧 엘리자베스 허친슨Elizabeth Hutchinson과 결혼했다. 이 여자는 엘리아킴 허친슨Eliakim Hutchinson의 딸이었는데, 그녀의 아버지는 부유한 상인이자 교구 위원이면서 킹스 채플의 교회 위원이었다. 허친슨 가문의 사위가 된 애프소프는 그 뒤 지치지 않고 여러 아이디어를 구상했는데 아메리카 도착 직후에 그 아이디어들을 현지 신문에 공표하기 시작했다. 예를 들어 그는 하버드 대학 졸업식에 국교회식 예배가 도입돼야 한다고 제안했다. 애프소프는 너무나 솔직하게 이런 제안을 해서 오만하게 보일 정도였다. 또한 하버드 감시 위원회에 국교회 신자를 추가로 임명해야 한다는 주장은 뉴잉글랜드의 종교적 현실을 모르는 사람임을 스스로 보여주는 꼴이었다. 아무튼 그런 주장에 대한 반응은 너무나 뻔했고, 현지 신문에는 애프소프와 그의 모든 계획을 공격하는 일련의 기사가 실

렸다.[8]

이런 제안을 노골적으로 내놓는 바람에 애프소프는 눈에 띄는 표적이 되었다. 보스턴 웨스트 회중교회의 목사인 조너선 메이휴는 1760년대에 소책자와 신문을 통한 논쟁에서 애프소프를 거듭 모욕했다. 메이휴의 여러 모욕 중에서도 케임브리지에 있는 애프소프의 아름다운 집에다 내건 '주교의 궁전'이라는 꼬리표가 가장 효과적이었다.[9]

주교의 궁전이라는 장중한 이름은 영주인 양 행세하는 신부에게는 아주 적절한 호칭이었다. 사실 국교회 사제들은 이교도 땅에 살고 있

영국 국교회를 반대하는 만평 1768년 아메리카에 영국 국교회 주교를 상륙시키려는 영국 정부의 시도에 반발하는 모습을 담고 있다.

듯이 행동했던 것이다. 아무튼 회중교회주의자들이 이런 주교제에 반대하는 것은 당연했다. 회중교회주의자들을 마치 교회가 없는 사람들인 양 취급하면서 영국 교회로 개종시키려는 국교회의 노력이 너무나 지겨웠던 것이다. 1763년에 나온 메이휴의 비난, 즉 "우리 교회를 정신적으로 포위 공격하려는 공식적인 의도가 있다"는 주장은 회중교회주의자들이 볼 때 너무나 당연한 지적이었다. 2년 뒤 인지세법의 위기 한가운데에서 존 애덤스는 아메리카의 자유에 대한 정신적 공격과 세속적 공격을 서로 연결했다. 애덤스는 나중에 〈봉건법과 교회법에 대한 주장〉이라는 논문에서 이렇게 썼다. "아메리카를 노예로 만들려는 직접적이고도 공식적인 의도가 있는 듯하다." [10]

1760년대 후반기에 있었던 국교회 사제에 대한 공격은 중부 식민지들과 뉴잉글랜드 식민지에서 계속됐다. 그러나 1770년대 초반에 이르러, 국교 반대파의 불안감은 여전했지만, '외지' 목사의 위협은 어느 정도 억제된 듯했다. 국교회 신자들의 의도는 폭로됐고, 단 한 명의 주교도 도착하지 않았다. 주교가 곧 부임할 것이라는 추가 증거가 나오지 않자, 예민한 국교 반대파들도 그 위협을 계속 써먹을 수는 없었다.

개스피호 사건과 통신 위원회 설치

1770년대 초반에 주교 문제를 둘러싼 긴장이 풀리면서 관세 징수와 관련한 긴장이 서서히 커졌다. 이제 차에 대한 관세만 남아 있었는데, 이는 불쾌하게도 영국 의회가 다른 관세를 폐지하면서도 아직 식민지에서 세입을 올리기 위한 과세권을 포기하지는 않았다는 의미였다. 그럼에도 불구하고 식민지 상인들은 영국 상품을 수입했고 식민지인들은 그 상품을 사들였다. 1771년부터 3년 동안 식민지의 영국 수입액은 900만 파운드에 달했는데, 앞서 1768~1770년 사이의 3년에 비하면 거의 400만 파운드나 증가했다. 보스턴 상인들은 특히 영국 제품에 목말라 했고, 차에 관세가 붙는 것을 싫어하면서도 그 물건을 50만 파운드나 수입했다.[11]

합법적 상업이 재개되었는데도 불법 무역과 세관의 갈취는 계속됐다. 밀수하는 상인들과 부패한 징수관들은 언제나 여러 항구에 있었다. 가령 톤젠드 관세가 폐지된 이후에도 네덜란드와의 불법 무역이 성행한 델라웨어강 일대는 부패의 온상이었다. 한 유명한 뉴저지 징수관은 1770년 가을에 델라웨어만에서 싣고 온 짐을 자그마한 배에다 옮기는 화물선을 무리하게 조사하려다가 선원들에게 구타를 당했다. 세관에서 그를 돕던 그의 아들은 그 직후 타르와 깃털 세례를 당했다. 1년 뒤 세관의 스쿠너가 밀수 혐의가 있는 식민지 배를 나포하려다가 오히려 군중에게 압류당했다. 군중 가운데에는 필라델피아의 주요 상인들도 여럿 포함돼 있었다. 군중은 스쿠너의 선장과 선원들을 구타한 다음 선창에다 가두고, 밤이 오기 전 화물선의 하역을 완료한 다음 그 노획물과 함께 사라졌다.[12]

상인과 세관 징수관은 식민지 전역에서 언제 폭발할지 모르는 폭약처럼 상극의 존재였다. 로드아일랜드에서는 그 폭약이 터지는 일이 빈번했다. 델라웨어강 연안에서 최악의 충돌이 벌어지고 1년 뒤 또다시 두 앙숙이 만들어낸 폭약이 익숙한 방식으로 폭발했다. 평소 양자의 적대감이 그 사건의 배경이었다. 두 집단은 툭하면 서로의 멱살을 틀어쥐려고 안달이 나 있었다. 로드아일랜드 상인들은 불법 거래로 악명이 높았지만 그래도 활발히 거래를 했는데, 그중 대부분은 적법한 거래였다.

영국 해군은 상인들의 악명을 사실로 믿었다. 그래서 내러갠싯 수역에서 소형 배 두 척을 잃어버리자 1772년 3월 말 개스피호를 그 수역에 배치했다. 개스피호의 선장 윌리엄 더딩스턴William Dudingston 중위는 거래 중인 여러 척의 배를 나포했다가 오히려 현지 보안관에게 체포당할 위기에 처했다. 더딩스턴의 지휘관인 몬터규 제독은 어리석게도 보안관에게 편지를 보내 "국왕의 스쿠너가 나포하는 불법 화물선"을 구조하려는 시민을 해적으로 간주해 교수형에 처하겠다고 위협했다. 조지프 원턴Joseph Wanton 총독의 회신에는 항해법 단속에 민간인이 끼어드는 것을 우려하는 영국 해군을 안심시킬 마음이 전혀 없었다. 현지 시민이 개스피호에 나포된 배를 무력으로 구조하려고 했다는 비난에 대해, 원턴 총독은 "어떤 근거도 없는 후안무치한 거짓말"이라고 주장했다. "제독의 배에 보안관을 보내지 말라는 조언에 대해서, 나는 내가 적절하다고 생각되는 곳이면 언제 어디라도 식민지의 보안관을 임의로 보낼 것임을 알아주기 바란다"고 말했다.[13]

몇 주 뒤인 6월 9일, 더딩스턴 중위는 밀수선으로 의심되는 배를 열심히 추적하다가 개스피호를 좌초시켰다. 배를 빼내지 못하자, 그는 비우호적인 세력의 공격을 받을 처지가 되었다. 그들은 밤에 나타나 개스피호를 무력으로 탈취했다. 그들 중에는 저명한 프로비던스 가문의 존 브라운John Brown도 포함돼 있었다. 더딩스턴은 저항하려다가 사타구니에 총탄 세례를 받았다. 배에 올라탄 사람들은 천천히 파괴 작업을 했는데, 개스피호의 선원들이 제지하려고 하자 지레를 휘둘러서 물리쳤고, 배의 서류들을 읽어본 뒤에 모든 사람을 하선시키고 배

불타는 개스피호 식민지인은 영국 세관원이 아메리카 상인의 밀수 단속에 사용했던 개스피호를 불태워버리며 영국 정부에 분노를 표출했다.

를 불태워버렸다. 이들에 의해 강제 하선된 더딩스턴은 이틀 동안 상처를 치료한 다음, 식민지 화물선의 화물을 압류한 혐의로 보안관에게 체포됐다. 몬터규 제독은 로드아일랜드 법원이 부과한 많은 벌금을 지불하고서 더딩스턴 중위를 구출해냈다. 그 뒤 제독은 중위를 해임하고 영국으로 보내 개스피호의 좌초에 대해 군법회의에서 해명하게 했다.[14]

사태가 경과되면서 결국 제독이나 영국 정부가 할 수 있던 최대한의 조치는 더딩스턴을 처벌하는 것뿐이었음이 밝혀졌다. 몬터규 제독은 개스피호에 승선해 배를 태워버린 약탈자들의 명단을 알아내기는 했지만 그들의 유죄를 입증할 수는 없었다. 영국 내각은 이 사건을 조사할 목적으로 위원회를 구성했지만 별반 성과를 거두지 못했다. 위원회는 1773년 1월에 소집됐는데, 그해 여름 로드아일랜드의 공무원들은 무죄라는 보고서를 본국에 보냈다. 보고서에 누가 유죄인지는 적혀 있지 않았다.[15]

이 보고서로 법적인 의미에서 개스피호 사건은 종결되었지만, 정치적 결과는 그보다 더 오래갔다. 위원회에는 용의자와 증인과 증거를 영국에 보내 재판을 받게 조치하는 권한이 부여됐다. 하지만 이런 위원회 조치는 영국의 재판상 피고인의 권리에 위배되는 것이었다. 영국에서는 피고인이 자신과 동일한 계급의 배심원으로 구성된 재판을 받을 권리를 오랫동안 보장받았다. 영국 내각이 이런 조치를 승인했다는 소식은 급속히 퍼져나갔고, 몇 주 사이에 식민지 신문들은 그 위험성을 지적하고 나섰다. 얼마 뒤 1773년부터 신문들은 아메리카 독립 선언의 시기를 공공연하게 추측하는 기사를 내보내기 시작했다.[16]

버지니아에서 토머스 제퍼슨, 리처드 헨리 리, 패트릭 헨리 등은 영국 내각이 소위 공정하다고 말하는 개스피호 사건의 재판에 대한 소식을 듣고서 식민지의 경계심을 언제나 유지하기 위해서는 항구적인 조직이 필요하다고 결정했다. 버지니아 의회는 이들과 뜻을 같이했고, 3월 아메리카에 유해한 행위를 조사하는 상임 위원회를 임명했으며, 이 위원회가 다른 식민지의 위원회들과 서로 연락하도록 했다. 이 식민지간 통신 위원회는 다른 식민지의 모범이 되었다. 그렇게 12개월 사이에 조지프 갤로웨이가 방해 공작을 한 펜실베이니아를 제외하고 모든 식민지가 그 뒤를 이어 이런 통신 위원회를 설치했다.[17] 위원회의 구체적 기능보다 이런 위원회가 존재한다는 사실, 그 자체가 더 중요했다. 이 위원회는 공동 대의를 위한 아메리카인의 공감이 점점 더 커지고 있다는 표시였고, 단체행동의 모범이기도 했다.

그러나 표류의 세월 동안 그런 모범을 계속 유지하기는 쉽지 않았다. 물론 버지니아는 영국과의 갈등 초창기에 나아가야 할 방향을 가장 먼저 제시했고, 특히 인지세법 위기 때 뚜렷한 역할을 했다. 그러나 다른 식민지인과 마찬가지로 버지니아인은 자유에 대한 위협이 줄어들자 평소의 생업으로 되돌아갔다. 매사추세츠의 양키들도 맹렬하게 자유를 수호했지만 역시 평온을 바라고 있었다. 일단 영국 내각이 뒤로 물러서자 새뮤얼 애덤스조차도 그런 대중적 분위기를 거스를 수가 없었다.

허친슨의 판단 착오와 보스턴 사람들의 반격

개스피호 사건은 매사추세츠의 일부 인사들을 격앙시켰지만, 1772년에 이 지역에서 일어난 갈등은 더 큰 불만을 초래했다. 식민지에 근무하는 영국 관리의 봉급을 누가 지불할 것인가? 식민지 의회는 봉급의 통제가 곧 관리의 통제 수단이라고 보았는데, 이것은 분명 오해였지만 매사추세츠 이외의 지역에서는 널리 공유된 인식이었다. 영국 정부는 봉급이 권력 투쟁에서 중요한 수단이 될 수 있다고 생각했고, 1768년 토머스 허친슨을 민중의 압박으로부터 보호하기 위해 앞으로 그의 대법관 봉급은 세관 수입에서 지불하라고 지시했다. 2년 뒤 영국 정부는 총독 허친슨과 부총독 앤드루 올리버의 봉급을 차 관세에서 지불하기로 했고, 1772년 여름에는 모든 상급법원 판사들의 봉급도 그

수입에서 지불하도록 했다.[18]

민중의 영향력에서 벗어나는 관리들이 늘어나자, 새뮤얼 애덤스는 날카로운 공격에 나섰다. 보스턴 신문들은 애덤스와 그의 친구들에게 지면을 제공했고, 그들은 즉각 매사추세츠 내에 무책임한 권력자들이 증가하는 현상에 대해 우려를 표시했다. 또한 애덤스는 시청회의에도 시선을 돌려 그 구성원들이 총독에게서 영국 내각의 의도에 대한 정보를 더 많이 얻어내도록 종용했다. 그러나 총독이 정보를 제공하지 않자, 시청회의는 그에게 식민지 의회를 소집하라고 요구했다. 총독은 의회 소집은 자신의 권한이며 현 시점에서 그렇게 할 의사가 없다고 시청에 알려왔다. 그러자 새뮤얼 애덤스는 정상적인 구제책은 아무런 소용이 없고, 매사추세츠가 자유를 보호하기 위한 비상수단을 동원해야 한다고 주장했다. 새뮤얼 애덤스는 매사추세츠를 옹호하기 위해 무슨 일을 해야 할지 아이디어가 풍부한 사람이었다. 그는 보스턴이 통신 위원회를 구성해 먼저 다음과 같은 뜻을 널리 펴자고 주장했다. "이 식민지에 사는 남녀노소 크리스천이 영국 신민으로서 누리는 식민지인의 권리를 선언하고, 그 권리를 식민지의 여러 지역에 알리며, 과거부터 지금까지 자행된 그 권리의 침해와 위배 사안을 온 세상에 퍼트리고, 각 지역이 이 문제에 대한 생각을 자유롭게 소통하도록 한다." [19]

보스턴 시청은 이 제안을 만장일치로 승인했는데, 여기에는 허친슨 총독에 대한 반감도 작용했다. 허친슨은 의회 소집 요구를 거부하면서 시청에는 제한적인 권리밖에 없다고 설교했던 것이다. 위원회는 즉시 작업에 들어가 그 달 말에 현황 보고서를 작성했고, 시청은 즉각 그 내용을 승인했다. 이 보고서는《보스턴의 투표와 의사록Votes and Proceedings of Boston》이라는 제목으로 발간됐는데, 동시대인에게는 '보스

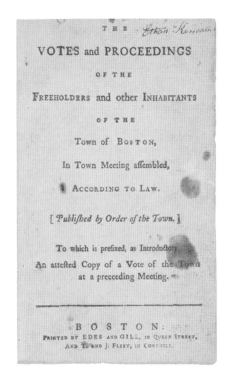

《보스턴의 투표와 의사록》 보스턴이 통신 위원회를 구성하기 위해 논의한 회의록으로, 아메리카 영국 상비군과 관리들이 식민지인을 상대로 저지른 권리 침해 사항을 낱낱이 담았다. '보스턴 팸플릿'이라고 불리기도 했다.

턴 팸플릿'으로 널리 알려졌다.[20] 이 소책자는 한 달 동안의 위원회 회의록을 모아놓은 것으로, 회의에서 널리 공유된 추정 사항을 생생하게 전했다. 어조는 강경해, 영국의 식민지 권리 침해는 곧 아메리카를 노예화하려는 음모라는 비타협적인 결론을 내렸다. 이런 음모의 존재를 증명하기 위해 소책자에서는 낯익은 불만 사항을 열거했다. '대표 없는 곳에 과세 없다'가 그 가운데 핵심을 차지했다. 반대로 선언법을 통한 영국 의회의 핵심적 주장은 의회가 '사정이 어찌 됐든 모든 경우에' 식민지를 구속할 권위를 지닌다는 것이었다. 또한 보스턴 팸플릿은 영국 상비군과 영국 정부의 지시를 이행하는 영국 관리들이 식민지인을 상대로 행사한 불법적인 권력을 매사추세츠 주민에게 널리 알렸다.

"우리의 집과 심지어 우리의 침실까지도 약탈의 대상이고, 우리의 상자, 통, 궤짝 같은 살림살이도 저 악당들에 의해 강제 개봉, 파괴, 약탈당했다. 예의 바른 사람이라면 저런 악당은 말단 하인으로도 채용하지 않을 것이다."

글에 따르면 총독도 그 음모에 가담했다. 총독은 사실상 '내각의 앞잡이'가 되었다는 것이다. 세관 수입으로 판사들의 봉급을 지불하고 세금 관련 사건들을 배심원 없는 해사법원에 배당함으로써 정의는 사라져버렸다고 주장했다. 이러한 불만 사항 목록에는 다른 것들도 올라 있었다. 가령 곧 부임할 것으로 예상되는 주교들 때문에 종교가 큰 위험에 처했다는 내용도 있었다.[21]

보스턴 팸플릿에서 묘사된 자유 침해 현황은 식민지인의 권리가 얼마나 소중한지를 다시 한 번 강조하는 것이었다. 이 목록은 새로운 것은 없었으나 식민지의 권리만은 매우 분명하게 주장했다. 보스턴 팸플릿은 식민지인이 영국 신민이고 그로 인해 신민의 권리를 가지고 있다고 주장했다. 그 권리는 자연과 이성에서 온 것으로, '절대적인 권리'이며 양도할 수 없고 어떤 권력도 민중의 통제로부터 그 권리를 적법하게 빼앗아갈 수 없었다. 또한 인민 자신도 그 권리를 정부나 그 외의 다른 사람에게 넘겨주거나 포기할 수 없었다.[22]

식민지의 권리와 고충에 대한 보스턴 선언은 식민지 여러 지역에서 지지받았다. 보스턴 위원회가 외진 지역 공동체들도 통신 위원회를 구성해 고충 해결에 적극 동참하라고 노골적으로 요구하지 않았음에도 그러했다. 사실 요구할 필요도 없었다. 1772년이 끝나갈 무렵, 위원회가 한 일에 대한 소식이 널리 퍼져나갔다. 《보스턴 가제트》는 그 소문을 퍼트리는 데 일조했고, 보스턴을 여행한 사람들도 11월 그곳에서 벌어졌던 일을 널리 알렸다. 위원회는 팸플릿 600부를 인쇄했는데, 1773년 봄에 이르러 이 소책자는 식민지의 오지에까지 전달됐다. 이러한 반응은 보스턴의 우려가 곧 매사추세츠 대부분 지역의 우려라는 점을 보여주었다. 1773년 봄이 되자 매사추세츠 식민지의 거의 절반에 해당하는 마을과 구역이 자체적으로 통신 위원회를 형성했고, 식민지인의 자유를 억누르려는 사악한 음모를 우려하는 보스턴의 논조와 비슷한 결의안을 통과시켰다. 또한 자신들의 대표들에게 판사들의 봉급 문제를 조사하라고 지시했다.[23]

총독이면서 판사였던 토머스 허친슨은 부지불식간에 이런 불만 선언을 도와준 꼴이 되었다. 그 계기는 허친슨이 보스턴 통신 위원회와 그 팸플릿에 응답해 식민지 의회에 보낸 1773년 1월의 연설문이었다. 이 연설문에서 허친슨은 절제된 어조를 유지하면서 대영제국 내에서 식민지의 지위란 무엇인지에 대해 자신의 생각을 아주 분명하게 표현했다. 이런 분명함은 반발을 불러일으켰다. 이 연설문은 통신 위원회가 내놓은 절대적 권리 주장에 대해 개탄했다. 식민지인에게는 이런 위원회가 필요없다고 허친슨은 말했다. 그들의 권리는 영국 국왕이 하사한 칙허장에서 나왔기에, 식민지 정부의

토머스 허친슨(1711~1780) 아메리카 독립 이전에 식민지 내 영국 충성파의 중심인물로 매사추세츠 총독(1771~1774)을 지냈으나, 식민지인에 대한 환멸을 표현한 편지들이 공개되어 정치적 생명을 마감했다.

대전제는 영국 의회에 복종해야 한다는 이유였다. 그들은 영국인의 권리를 일부 누리지만 그 권리 전부를 누리지는 못한다는 것이 허친슨의 주장이었다. 우선 영국인의 권리인 대표자를 영국 의회에 보내는 일을 하지 못한다고 보았는데, 식민지인이 영국으로부터 너무 멀리 떨어져 있기 때문이었다. 또한 식민지 의회는 일부 권위를 누릴 수 있으나, 영국 의회의 법률과 상충되는 법률을 통과시키지는 못한다고 했다. 그런 식으로 칙허장, 관습, 지리 등은 식민지인의 권리를 제한할 것이었다. 이러한 제한은 모든 사람이 인정해온 바였는데, 최근에 들어와 과도한 요구를 하는 사람들이 이 제한에 도전하고 나섰다. 허친슨이 보기에 이들의 행동은 잘못되었고, 그는 이들의 명확한 오류를 지적하기 위해 다음과 같은 분명한 결론을 내렸다. "나는 영국 의회의 지고한 권위와 식민지의 완전 독립 사이에 아무런 경계선을 그을 수 없다고 생각한다."[24]

식민지 내부에서는 영국 의회의 지고한 권위에 도전하는 강력한 헌법적 주장이 제기됐다. 1765년 이래 반복 되어온 이 주장을, 이제 새뮤얼 애덤스, 통신 위원회, 각 지역이 다시 주장하고 나섰다. 허친슨의 판단 착오로 인해, 여론을 잠재우려던 연설문은 오히려 반대 여론을 결집시켰다.

새뮤얼 애덤스와 보스턴 위원회는 새로 살아난 반대운동이 방향성을 잃지 않도록 각별히 신경 썼다. 6월이 되자 그들은 지난 수년 이래 가장 강력한 조치를 취했다. 토머스 허친슨, 앤드루 올리버, 기타 여러 인사들이 영국 내각의 차관인 토머스 웨이틀리에게 보낸 편지들을 발간했다. 그보다 6개월 전 벤저민 프랭클린은 이 편지들을 토머스 쿠싱에게 보내면서 절대 비밀로 유지하라고 지시했다. 프랭클린이 이 편지들을 어떻게 입수했는지는 불분명하나, 아무튼 쿠싱은 그 지시를 신경 쓰지 않았다. 그와 애덤스는 곧 그 편지들을 일반 대중에게 공개해 허친슨과 그 친구들의 배신행위를 폭로하기로 결정했다.[25]

그 편지들은 1767, 1768, 1769년에 쓰여졌는데, 영국 정부의 법률과 정책을 반대하는 대중에 대한 환멸이 어느 정도로 깊은지 생생하게 보여주었다. 편지의 내용 중 매사추세츠 독자를 놀라게 할 만한 것은 거의 없었다. 오직 편지 공개의 타이밍과, 아메리카에 나와 있는 영국 대리인들이 얼마나 민중과 격리돼 있는지를 보여주는 두 가지만으로도 물의를 일으킬 만했다. 민중과 격리된 정서는 편지 속에 아주 분명하게 표현돼 있었다. 토머스 허친슨과 앤드루 올리버 등 영국의 대리인들은 스스로의 발언으로 영국 정부의 음모를 지지한다는 것을 고백했다. 사실 그 음모는 너무나 많이 거론돼 식민지인에게 겁을 주기는커녕 충격도 주지 못했다. 허친슨은 웨이틀리에게 이런 조언을 했다. 아메리카인이 누리는 영국인으로서의 자유는 일부 제한돼야 한다. 또한 그는 "식민지의 이익을 위해" 그렇게 제한하는 것이 좋다고 말해 독자를 경악하게 했다. 그는 여기저기에서 그와 반대하는 자들을 가리켜 "무식한 자" 또는 "광포한 상태에 빠진 자"라고 말했는데, 이런 거드름 피우는 어조는 이미 그가 공개적으로 거론한 진술들을 매사추세츠에 대한 배신처럼 보이게 만들었다. 발간 즉시 악명을 떨친 문장에서 그는 이렇게 썼다.

식민지의 평화와 질서에 필요한 조치에는 고통이 따르리라고 생각합니다. 이른바 영국인의 자유라고 하는 것을 제한해야 합니다. 자연 상태에서 가장 완벽한 정부로 움직여 가려면 본래의 자유를 크게 제한할 수밖에 없다는 생각으로 나 자신을 위로해봅니다. 본국에서 4800킬로미터나 떨어져 있는 식민지에 본국과 똑같은 자유를 누리게 해주는 정부 제도를 수립하는 것이 가능할지 의문이 듭니다. 나는 여태껏 그런 정부를 본 적이 없다고 확신합니다. 나는 본국과의 연계가 끊어지기보다는 차라리 자유를 일부 제한하는 것이 좋다고 생각하며, 그것이 식민지의 이익이라고 생각합니다. 본국과의 단절은 곧 식민지의 파멸이라고 확신하기 때문입니다.[26]

허친슨의 편지들이 발간될 무렵, 그의 적들은 자유의 침해에 대응하는 기술을 완벽하게 정비했다. 이제 그들은 사태를 한 걸음 더 진전시켰다. 식민지 의회는 영국 내각에 총독의 해임을 탄원했고, 신문들은 비난의 강도를 더욱 높였다. 1773년 늦여름 의도는 좋았을지 몰라도 방법은 부적절했던 토머스 허친슨조차 매사추세츠에서는 새뮤얼 쿠퍼가 말한 "정치적 휴지기"가 끝났음을 알아차렸다.[27]

편지들이 발간되기 직전인 5월 영국 의회는 정치적 휴지기를 13개 식민지 전역에서 종식하는 조치를 취했다. 의회는 1773년에 차세법을 통과시켰는데, 이는 어려움에 빠진 동인도회사를 구제하기 위한 법이었다. 이 법은 이 회사에 식민지에서 차를 거래하는 독점권을 부여했고, 차에 3펜스 관세를 유지했다. 이 법의 두 가지 사안은 격한 반대를 불러일으켰다. 그 두 조항은 영국 의회가 아메리카에서 그들 마음대로 행동하겠다는 통지였다. 정치의 '휴지기'는 이제 아무것도 아닌 게 되었다. 영국 의회는 지고한 권리를 다시 한 번 주장하고 나섰다. 아메리카의 저항운동은 이제 표류 기간을 끝내고 명확한 방향성을 찾았다.

결의

2

식민지인들은 차세법을 자신들을 노예로 만들겠다는
영국인의 음모로 받아들였고, 분노한 민중은 보스턴 앞 바다에
차 상자를 던져 버리는 것으로 응수했다. 식민지인들의 저항을
용납할 수 없었던 영국 의회는 한 발 더 나간 제재 조치인
참을 수 없는 법을 통과시켰다. 식민지에서는 이제 전면적인
수입 거부 운동이 번져나갔고, 식민지 대표들은 대륙회의에 모여
권리선언을 발표하고 좀 더 체계적이고 강제력이 있는 저항을
조직하기에 이르렀다.

차세법에 대한 각 식민지들의 저항

1773~1774년 사이에 차세법이 받았던 대접은 역설로 가득한 것이었다. 앞선 두 해 동안 아메리카인은 차를 마셨고, 그 차의 대부분이 합법적으로 수입되었으며, 파운드당 3펜스의 관세를 물었다. 밀수가 여전히 용납됐고 상당량의 차가 네덜란드에서 불법으로 수입됐으나, 세관을 통해 들어오는 영국 차도 합법적으로 조용히 수입됐다. 그러나 차세법이 통과되고 나서 1년 사이에, 관세가 예전과 동일했는데도 반대운동이 되살아나서 그 유명한 차 사건이 보스턴 항구에서 발생했다. 2년 전에는 아무런 일도 없었는데, 이제 차를 수입하는 사람은 매국노로 낙인이 찍혔다. 우리는 이런 질문을 해보게 된다. 왜 이런 충동적인 반응이 나타나서 개인 재산을 파괴하고, 영국 의회를 향해 새롭

게 도전하며, 또다시 아메리카 식민지가 단합하게 되었을까?

이 질문의 답은 식민지인이 차세법을 어떻게 이해하는가 하는 문제와 깊은 관련이 있다. 그들은 차세법이 그들에게 선택의 여지를 남겨주지 않았다고 생각했다. 즉 문제 해결을 강요하는 것이었고, 영국 의회가 식민지에서 과세권이 있다고 다시 한 번 주장한 셈이었다. 식민지인이 볼 때, 차세법은 식민지인을 노예로 만들겠다는 영국인의 음모가 되살아난 것이었다. 영국 정부의 의도가 이렇게 노골적으로 드러난 마당에 관세를 계속 납부한다면, 그것은 노예화 작업에 협력하는 행위가 될 것이었다.

차세법이 통과된 뒤 결국 식민지인들은 이런 결론에 도달했다. 아메리카에서는 영국 의회의 의도는 고사하고 그 의회가 정확하게 무슨 조치를 했는지조차 완전하게 알려지지 않았다. 9월에 아메리카 현지 신문에 그 법령의 전문이 게재되면서 비로소 알게 되었으나, 혼란은 여전했다. 신문에 게재된 그 법의 해석이 다양했고, 때로는 동인도회사의 차가 무관세로 수입된다는 해석도 있었다. 차세법의 지지자들은 대부분 동인도회사의 현지 대리인들이었는데, 당연한 일이지만 그들은 그 법의 구체적 내용을 긴급히 설명해야 할 필요를 느끼지 못했으며, 11월 후반이 되어 뉴욕의 일부 인사들은 동인도회사의 차를 수입할 때는 예전 톤젠드 관세처럼 세금을 낼 필요가 없다고 주장했다.[1]

예전과 마찬가지로 자유의 아들들은 내각의 의도를 폭로하기 위해 신문에 의존했다. 하지만 이번에는 보스턴이 아니라 필라델피아와 뉴욕에서 주도권을 잡았다. 필라델피아의 자유의 아들들은 반대운동의 바람을 잡았고, 이미 인지세법과 톤젠드 법 위기 때 잘 익혀뒀던 방식으로 그 운동에 방향을 제시했다. 그러나 예전과는 몇 가지 차이점이 있었다. 장인들이 전보다 더 일찍 존재감을 과시했고 폭력적 위협 행위가 거의 즉각적으로 나타났다. 물론 헌법적 주장은 전형적인 방식으로, 즉 식민지인은 영국 의회에 대표를 파견하지 않았으므로 영국 의회는 식민지에 과세할 권한이 없다는 식으로 제기되었으나 이번에는 아무도 영국 의회의 시정 조치를 기다린 뒤 행동에 돌입하자고 주장하지 않았다. 10월 16일 필라델피아에서 열린 대규모 집회에서는 동인도회사가 보내는 차를 수입하는 자는 '매국노'라고 선언했고, 이어 동인도회사 대리인들의 사표를 받아내는 위원회가 출범했다. 동인도회사에 반대하는 존 디킨슨을 위시해 부유한 퀘이커 상인들이 대부분이던 대리인들은 11월에 대리인 자격을 포기하는 데 동의했다. 제임스 앤 드링커라는 한 회사는 대리인 사임을 피하려고 시도했으나 12월이 되어서는 결국 굴복했다.[2]

물론 상인들이 대리인을 포기한 것은 거친 보복 위협에 영향을 받았기 때문이다. 대규모 회의에서 선발되거나 몇몇 경우에는 자기 추천으로 행동에 나선 민중 위원회들 중에는 '타르와 깃털 위원회'라는 이름도 있었는데, 델라웨어강을 통해 도시로 차를 수입해오는 수로 안내인 누구에게든 얼굴에 타르와 깃털 세례를 퍼붓겠다고 위협했다. 이 위원회는 동인도회사 차를 싣고 오는 폴리호 선장 이름을 알아내고서, 선장에게 '악마적 행동' 때문에 '커다란 곤경'을 치르게 될 것이라고 통보했다. 이런 위협만으로 충분하지 못했는지 에이어스 Ayres 라는 이름의 선장에게 "당신 목에 교수대 밧줄을 걸고 10갤런의 차를 머리에 퍼붓고서 이어 열두 마리의 야생 거위 깃털을 정수리에 꽂아 당신 용모를 아름답게 꾸민다면 기분이 어떻겠소?"라고도 물었다. 에이어스 선장에게 위원회가 해준 조언은 이랬다. "아무런 항의도 하지 말고 아무런 망설임도 없이, 당신이 출발한 곳으로 되돌아가시오. 그리고 무엇보다도 당신한테 조언하는데, 야생 거위 깃털의 세례를 받지 않도록 하시오." 위원회는 에이어스 선장이 북아메리카 해안에 도착하기 전 해상의 뱃전에서 이런 조언을 전달했다. 선장이 12월 말 델라웨어강에 도착했을 때는 이미 보스턴 차 사건이 벌어진 후였고 총독 존 펜John Penn과 세관 관리들은 겁을 먹었으며 수하인들은 식민지 편으로 돌아선 상태였다. 에이어스 선장은 아메리카에서 할 수 있는 일이 없었다. 그는 차를 그대로 실은 채 배를 돌려 영국으로 되돌아갔다.[3]

이와 유사한 사건이 뉴욕에서도 연출됐다. 자유의 아들들이 되살아났고, 아이작 시어즈Isaac Sears, 알렉산더 맥도걸Alexander Mcdougall, 존 램 John Lamb 등의 지도 아래 그해 가을 대규모 집회가 열렸다. 뉴욕의 동인도회사 대리인들은 필라델피아 사례를 보고서 대리인 자리를 사직했으나, 윌리엄 트라이언 총독은 12월에 차가 도착하면 부두에서 하역해 포대砲臺에 보관해야 한다고 고집했다. 트라이언은 양손에 좋은 카드를 쥐고 있었다. 그에게는 대담한 자문위원회가 있었고, 무엇보다 그 차를 기다리는 군함이 샌디 훅 인근에서 대기 중이었다. 그렇지만 그는 패배했다. 차를 싣고 오던 낸시호가 강풍에 떠내려가 크게 손상된 채 2월 안티구아 항구에 입항했기 때문이다. 그 배를 수리해 뉴욕으로 다시 왔을 때 이미 승부는 끝나 있었다. 낸시호는 새로운 식량을 싣고서 화물은 내리지도 못한 채 영국으로 돌아갔다.[4]

차가 하역된 유일한 항구는 사우스캐롤라이나의 찰스턴이었다. 이 도시에서는 장인들, 상인들, 농장주들 사이의 의견 불화로 단합된 결정을 내리지 못하고 있었는데, 윌리엄 불 총독은 그 틈을 이용했다. 찰스턴의 많은 상인은 관세를 지불하고 영국 차를 수입했다. 그리고 다른 상인들은 네덜란드 차를 밀수해왔다. 법을 지키는 수입업자들은 출발지가 어디든 불문하고 모든 차의 수입을 금지해야 한다고 주장하면서, 동인도회사의 차만 수입을 금지하면 밀수업자만 이익을 본다고 지적했다. 회사 대리인들은 그 자격을 기꺼이 포기하려고 했으나, 1773년 12월 2일 도착한 동인도회사 차를 어떻게 할지 합의에 이르지 못했다. 총독은 20일 뒤 관세 미납을 사유로 그 차를 압수해버림으로써 문제를 해결했다. 차는 창고에 적치되었을 뿐 판매되지는 못했다.[5]

찰스턴의 반대운동은 필라델피아와 뉴욕에서 발생한 사건들을 잘 알지 못한 채 진행됐다. 보스턴은 이 두 도시와 가까이 있어서 처음부터 그들로부터 힌트를 얻었다. 하지만 필라델피아의 사례를 참고했음에도 보스턴은 차 반대운동을 천천히 전개했다. 그 이유는 명확한데, 사람들이 1773년 내내 토머스 허친슨 총독이 영국에 보낸 편지들을 두고서 발생한 싸움에 매달려 있었기 때문이었다. 애덤스와 추종자들은 상급법원 판사들의 봉급을 관세 수입에서 지불하는 문제를 물고 늘어졌다. 물론 차세법이 현지의 관심을 전혀 못 끌었던 것은 아니었다. 《보스턴 이브닝 포스트》는 이미 8월 말 그 법의 내용을 요약해 게재했다. 그러나 10월에 들어서도 애덤스는 신문에서 오로지 토머스 허친슨 건만 물고 늘어졌다. 보스턴 내부에서 발생한 일이 도시 밖에서 벌어진 일보다 더 중요하다고 여기는 듯한 태도였다. 애덤스는 외부와 연결이 닿지 않았고, 통신 위원회도 마찬가지였다. 그래서 위원회는 9월 말 동인도회사의 '신성한 특허권'을 부정한 것이 영국 의회의 폭정을 보여주는 가장 최근의 사례라고 말할 정도였다.[6]

3주 뒤 이데스와 길은 뉴욕 사람들과 필라델피아 사람들을 괴롭혀 온 문제를 명확히 알게 되었고《보스턴 가제트》의 칼럼을 차세법과 현지 대리인을 향한 비난으로 채우기 시작했다. 그러나 총독의 아들인 토머스Thomas와 엘리샤 허친슨Elisha Hutchinson, 리처드 클라크Richard Clarke, 에드워드 윈슬로Edward Winslow, 벤저민 패널Benjamin Faneuil 등의 유명인사들도 가만히 있지는 않았고《보스턴 이브닝 포스트》를 통해 반격했다. 'Z'라는 필명을 사용한 리처드 클라크는 지난 2년 동안 차에 대한 관세를 납부해놓고 이제 와서 그 세금에 반대하는 태도의 불합리성을 지적하면서, 설탕·당밀·와인 등에 대한 관세가 "아메리카 세입의 4분의 3 이상을 차지하며 앞으로도 계속 늘어날 것"이라고 말했다.[7]

언론을 통해 현지 대리인들을 겁주는 일이 성공을 거두지 못하자, 애덤스는 대중을 통해 위협하기로 마음을 바꾸었다. 다음 날 정오에 자유의 나무에서 대중 집회를 개최한다는 방이 11월 2일에 붙었는데, 대리인들로 하여금 그곳에 나타나 사표를 제출하라고 요구하는 내용이었다. 이 모임의 주최는 자유의 아들들의 분신인 노스 엔드 코커스North End Caucus였는데, 이 단체는 보스턴 통신 위원회에서도 주도적인 역할을 했다. 그러나 대리인들은 이 단체의 소속원이 아니었으므로 자유의 나무 모임에 참석하지 않았다. 그러자 코커스는 대리인들을 찾아가기로 결정했고 윌리엄 몰리뇌 주도 아래 폭도가 따라갔다. 폭도는 클라크가 소유한 창고에서 대리인들을 발견했는데, 그곳에서 소규모 폭동이 벌어졌지만 건물에만 피해를 입혔을 뿐 사람을 다치게 하지는 않았다.[8]

애덤스와 추종자들은 압력의 강도를 점점 높여 갔다. 먼저 11월 5일 열린 시청회의에서는 10월 필라델피아에서 통과된 결의안을 채택하면서 대리인들에게 사임할 것을 촉구했다. 통신 위원회는 비공식적인 조치를 취했다. 열흘 뒤 클라크의 집이 공격받은 일이 대표적인 사례였다. 그러나 두 단체는 대리인들의 사표를 받아내지 못했다. 11월 말 양측은 서로 강경한 입장을 굳히며 대치했다. 대리인들은 그 자리를 계속 유지하면서 차가 도착하고 동인도회사가 지시를 내리기를 기다렸다. 애덤스, 보스턴 위원회, 인근 도시의 사람들은 차를 하역해서는 안 된다고 주장했다.[9]

다트머스호의 차 폐기 사건

차를 싣고 오는 첫 배인 다트머스호가 11월 28일 도착하자 위기는 막바지로 접어들었다. 세관에 도착이 기입되면 이 배는 20일 안에 화물에 대한 관세를 지불해야 했다. 만약 세금을 내지 않으면 배는 나포되는데, 이는 이 배의 화물이 압류돼 적치된다는 뜻이었다. 다트머스호의 선주이자 젊은 상인인 프랜시스 로치Francis Rotch는 화물을 하역하기를 원했다. 배에는 차 이외에 다른 화물도 있어서 로치는 배의 화물을 모두 하역하고 나서 고래기름을 배에 실으려고 했다. 대리인들은 그 차를 내려서 적치한 다음 동인도회사의 지시를 기다리려고 했다. 만약 차가 영국으로 되돌아간다면 상인들은 손해를 볼 수밖에 없었다. 법규상 차는 두 번 수입할 수가 없기 때문이었다. 토머스 허친슨 총독도 차를 배에서 내리기를 원했다. 그는 무엇보다 오랜 숙적들이 좌절하는 꼴을 보고 싶어 했다. 무슨 일이 벌어지든 법규는 지켜야 했고, 일단 배가 세관에 기재되면 관세는 반드시 납부해야 하는 것이 규정이었다. 그리하여 총독을 포함한 모든 사람이 20일의 납부 기한이

만료되는 12월 16일까지 기다리기로 했다.[10]

애덤스와 현지 위원회도 손 놓고 기다리지만은 않았다. 대규모 집회가 11월 29일과 30일에 올드 사우스에서 개최됐다. 이 두 집회는 적법한 시청회의가 아니었다. 각 집회에는 5000여 명이 참가했고, 인근 농촌에서도 많은 사람이 가담했다. 이 집회에서 과격파의 주장은 간단하게 정리됐다. 즉, 차는 영국으로 되돌아가야 한다는 것이었다. 이런 주장을 담은 결의안이 대리인들에게 전달되었는데, 그들은 '인민의 적들'의 방식을 따라 항구 바로 옆 캐슬 윌리엄 섬으로 도망쳤다. 그들은 총독의 권고에 힘을 얻어 사임을 거부했다. 하지만 그들도 차를 하역할 기회가 없다는 사실을 잘 알았다. 왜냐하면 애덤스와 친구들이 다트머스호를 강제로 그리핀 부두에 계류하고서 선상에 보초를 세웠기 때문이다.

일시적으로 계획이 좌절된 보스턴 통신 위원회는 뉴잉글랜드 지방에 지원을 요청했고, 현지 결의안들의 메아리가 계속 쏟아져 들어오기 시작했다. 그러자 보스턴 통신 위원회는 인근 지역의 위원회와 만났다. 이 무렵 관세 납부 시한은 사흘 앞으로 다가와 있었다. 차를 영국으로 돌려보내지 못할 경우 그 차를 없애자는 결정이 언제 내려졌는지는 불분명하다. 12월 14일 또다시 대규모 집회가 열렸고 다트머스호 선주인 로치에게 회항 허가를 얻어내라는 지시가 내려갔다. 로치가 세관을 찾아갈 때 열 명의 지지자들이 함께 따라갔다. 그다음 날, 세관 징수관인 리처드 해리슨Richard Harrison은 회항 통행을 거부했다. 그는 1768년 자유의 아들들 폭동 때 피해를 본 조지프 해리슨의 아들이었다. 또 하루가 지나고 12월 16일 허친슨 총독도 캐슬 수로 통과 허가서 발급을 거부했다. 배는 세관의 회항 허가를 받지 못했고, 총독은 로치의 회항 신청을 거부했다. 또한 총독은 로치가 해군의 보호를 원한다면 몬터규 제독에게 보호를 요청하겠다고 말했다. 로치는 배와 화물을 생각해 보호를 원하지 않는다고 대답했다.

로치가 올드 사우스의 모임에 돌아와 회항 허가를 받지 못했다고 보고할 무렵, 시간은 저녁 6시가 다 되었고 주위는 어두워졌다. 그곳에 모인 사람들은 더 이상 기다릴 수 없다고 생각했다. 로치는 차를 돌려보낼 수 없게 되었고, 관계 당국에서 하역을 명령하면 그는 이행할 수밖에 없었다. 그러자 새뮤얼 애덤스는 이제 식민지를 구하기 위해 더 이상 할 수 있는 게 없다고 소리쳤다. 물론 애덤스의 말은 그 사실을 지적하는 동시에 이제 무엇을 해야 하는지를 암시하는 것이기도 했다. 군중은 전쟁에 나가는 병사들처럼 소리를 내지르며 모임 장소를 빠져나가 선창을 따라 달리면서 그리피스 부두로 갔다. 그곳에는 다트머스호, 엘리너호, 비버호 등이 계류되어 있었는데, 뒤의 두 배 역시 차를 싣고 최근에 도착해 있었다. 얼굴을 검게 칠하고 담요를 몸에 두른 채 '인디언 복장을 한' 약 50명의 남자가 군중 사이에서 빠져나와 배에 오르더니 보스턴 항구 앞바다에 차를 우려내는 작업에 돌입했다. 그들은 신속하게 그 일을 해치웠는데, 차가 든 궤짝을 갑판 위에 올려서 깨부순 다음, 차를 선창 너머 바다로 내던졌다. 배 주위의 바닷물은 곧 차로 뒤덮였고, 아침이 오기도 전에 일부 차는 저 멀리 도체스터 넥까지 흘러내려갔다. 배들은 전혀 파손되지 않았다. 일주일 뒤 한 신문은 선장 소유의 맹꽁이자물쇠가 실수로 파손됐지만, 곧 그에게 온전한 자물쇠가 전달되었다고 보도했다. 모두 약 4만 킬로그램 분량에 1만 파운드 가치에 달하는 동인도회사 차가 바닷물 속에 가라앉았는데, 자유를 위한 대가 치고는 약소하다고 말했다.[11]

보스턴 차 사건 1773년 차세법에 분노한 보스턴 시민들이 인디언 복장을 하고 배에 올라 영국에서 수입한 4만 킬로그램에 달하는 차를 바다로 내던지는 사건이 발생한다.

차를 바닷속으로 내던지는 작업을 실제로 누가 했는지는 알려지지 않았다. 군중 가운데에는 다양한 계층의 보스턴 주민과 인근 마을에서 온 농민들이 포함돼 있었다. 차세법 저항운동은 수입 거부 운동과는 비교가 안 될 정도로 많은 '민중'을 끌어들였다. 이에 비해 수입 거부 운동에서는 일부 변호사와 기타 전문직이 가담하기는 했지만 상인들이 주도적인 세력이었다. 여러 계층의 사람들은 개인 재산 파괴를 불안해 했으나, 그들은 이 문제를 이미 예상하고 대책을 세웠다. 아메리카 식민지 담당 장관인 다트머스 백작은 이들을 가리켜 '폭도'라고 비난했다. 하지만 멀리 떨어진 영국에 있는 장관은 폭정을 두려워하는 식민지인의 정서를 제대로 이해하지 못했다. 영국의 정치에 대한 두려움이 너무나 컸기 때문에 평소에 온건한 시민마저 이런 반란 행

동에 가담했던 것이다.[12]

보스턴 차 사건에 대한 영국 의회의 대응

토머스 허친슨이 작성한 차 사건의 공식 보고서는 1774년 1월 27일 영국에 도착했다. 이 보고서는 적어도 일주일 이상 묵은 것이었다. 1월 19일에 영국에 도착한 배가 이미 이 사건을 알려주었기 때문이다. 1월 25일에는 필라델피아에 차를 하역할 예정이었던 폴리호가 회항해 그레이브샌드에 들어섰다. 곧 다수의 목격자들이 정부의 조사를 받았는데, 그중에는 다트머스호의 선주인 프랜시스 로치도 포함돼 있었다.[13]

차세법에 대한 저항 소식이 속속 도착하자, 식민지에 뭔가 조치를 취하지 않으면 식민지가 완전히 독립하게 될 것이라는 확신이 더욱 강해졌다. 이 문제에 대한 일반적인 생각은 이랬다. 만약 국왕과 의회의 지고한 권위를 주장하지 않는다면, 그 권위는 영영 사라져버리고 말 것이다. 국왕의 각료들이 즐겨 사용하는 비유를 빌려 말하자면, 아버지는 반항하는 아들을 엄히 다스리거나 아니면 영원히 포기해야 한다는 생각이었다.

그렇지 않아도 최근에 허친슨이 웨이틀리에게 보낸 편지들이 보스턴에서 발간된 사건, 허친슨 총독과 앤드루 올리버 부총독을 해임해 달라는 매사추세츠 의회의 탄원서, 아메리카 내에서 가을 내내 벌어진 소요 사건 등으로 분위기가 어수선한 가운데 이런 주장이 나왔다.

어떤 조치를 취하자는 제안이 나오기도 전에 이미 아메리카에 대한 악감정은 매우 강력하게 표출됐다. 우선 차 사건의 공식 보고가 도착하고 나서 이틀 뒤 추밀원 회의실에서 그런 악감정이 터져 나왔다. 추밀원 위원들은 허친슨과 올리버의 해임을 요청한 탄원서를 심의하기 위해 모였는데 매사추세츠 의회의 대리인인 벤저민 프랭클린은 회의에 참석하라는 지시를 받았다. 청문회에 참석한 프랭클린은 영국 내각이 그를 더이상 신임하지 않고 질책하기로 결정했다는 것을 알아챘다. 그들은 이를 통해 그동안 아메리카인이 영국의 권위에 저항한 데 대해 쌓인 울분을 보여주려고 했다. 내각은 그런 공격의 적임자로 법무차관인 알렉산더 웨더번Alexander Wedderburn을 선택했는데, 이 사람은 직함에 구애받지 않고 아무런 거리낌 없이 욕설을 마구 해대는 위인이었다. 프랭클린은 영국의 통치자들이 앉아 있는 방에서 한 시간 이상 묵묵히 서 있었고, 웨더번은 그를 계속 비난했다. 식민지 의회가 보낸 탄원서에 대한 이야기는 거의 나오지 않았다. 웨더번은 프랭클린이 토머스 허친슨의 편지들을 손에 넣기 위해 애를 썼다고 청문회 위원들에게 수차례 이야기했고, 성품이 타락했다고 매도하면서 프랭클린을 여지없이 질타했다. 프랭클린은 끝이 퍼진 구식 가발을 쓰고 무늬가 있는 맨체스터 벨벳 신사복을 입은 채 무표정하게 서 있을 뿐이었다. 마침내 회의장에서 나왔을 때, 프랭클린은 지금 탄원서의 요청이 각하된 것 이상의 일이 일어났다는 사실을 깨닫게 되었다.[14]

웨더번이나 그의 비난을 묵과한 내각 각료들에게는 자기 절제가 부족했을 뿐만 아니라, 영국 정부가 아메리카의 고충 사항을 진지하게 검토하도록 유도할 성의나 존중심도 없었다. 그러나 차 폐기 사건으로 인한 충격과 좌절이 너무나 커서 정책에 대한 이견을 차분히 검토할 수 없음은 물론이었고, 더 나아가 정치체제의 성격을 생각해볼 여지도 아예 없었다. 전임 총리인 로킹엄은 그 사건은 어떻게 봐도 정당화될 수 없다고 주장했고, 채덤은 간단히 "범죄 행위"라고 말했다. 국왕은 마침 영국으로 휴가를 나와 있던 게이지 장군과 얘기를 나눈 뒤, 무력을 사용해서라도 13개 식민지 모두를 굴복시키라고 지시했다. 노스 총리는 그런 분위기를 정확하게 파악하고 몇 주 뒤 이렇게 선언했다. "우리는 내부세와 외부세, 세입의 목적을 위한 세금과 무역 규제를 위한 세금, 대표와 과세 등에 대해 더 이상 논쟁하지 않을 것이다. 이제는 오로지 우리가 식민지에 대해 권위가 있는지 없는지만을 논의할 것이다."[15]

　차 사건을 두고 이런 입장을 밝힌 것은 결코 타협을 용납하지 않는다는 뜻이었다. 프랭클린이 추밀원 회의실에서 호된 질책을 당하던 날, 내각은 13개 식민지의 독립적 지위를 격하하거나 아니면 몇몇 사람들이 꿈꿨던 것처럼 최소한 영국 의회가 한때 아메리카에서 누렸던 영향력을 회복해야 한다고 결정했다. 이 정책을 지지한 내각은 노스가 그래프턴에게서 정권을 이양받은 이후 인사 교체가 별로 없었다. 노스는 여전히 총리이자 재무장관이었다. 그렇다고 그가 예전보다 더 강력한 사람이 된 것은 아니었다. 그는 평온한 날씨에는 훌륭한 지도자였지만, 악천후에도 강력한 통솔력을 발휘할 수 있는 정치가는 아니었다. 또한 그는 아메리카의 자치를 완전히 파괴해버리는 법안을 밀어붙일 정도로 강한 분노를 느끼지도 않았다. 다만 강력한 보복을 원하는 다른 각료들을 제지할 의지도 없었다. 노스 역시 의회의 지고한 권위를 믿었고, 이 믿음은 그를 무장해제시켰다. 노스의 이복동생인 다트머스는 1772년 아메리카 담당 장관이 되었다. 그는 노스와 마찬가지로 식민지 문제에 대해 온건한 태도를 취했지만, 그 역시 의회의 지고한 권위를 믿었고 그 권리 행사를 조금도 늦출 생각이 없었다.

내각에 있는 세 명의 강경파는 주권이 어디에 있는지 분명하게 보여주는 조치를 취하자고 요구했다. 그들은 옛 그렌빌 파이며 상당한 능력의 소유자인 북부장관 서퍽Suffolk과 두 명의 베드퍼드 파 인사인 추밀원 의장 고워Gower와 해군장관 샌드위치였다. 두 명의 베드퍼드 파 중에서 샌드위치가 좀 더 강력한 영향력을 발휘했다. 그는 전통적인 정치가였지만 동시에 상당히 유능한 각료였다. 록퍼드Rockford와 앱슬리Apsley 백작은 내각에서 영향력이 별로 없는 각료였지만, 둘 다 식민지에 대한 강제조치에 찬성했다.

참을 수 없는 법이 통과되다

이런 구도였기 때문에 확실한 조치를 취하자는 결정은 손쉽게 내려졌다. 그래도 내각의 바퀴가 원만하게 굴러가기 시작하는 데에는 한 달이 걸렸다. 이 기간 동안 다트머스 식민지 장관은 정부의 대응을 차 사건의 주도자들 처벌에만 국한할 수 있는지 살펴봤다. 먼저 법무 장관 설로Thurlow와 법무차관 웨더번은 '보스턴 사람들은 대역죄를 저질렀으며 그들을 재판에 회부하는 데 필요한 증거를 입수해야 한다'고 판단했다. 하지만 설로와 웨더번은 목격자들의 진술서를 받아서 한 달 동안 그 문제를 면밀히 검토한 결과, 보스턴의 주도자들을 기소하기에는 증거가 불충분하다는 보고서를 올려서 다트머스와 국왕을 분노하게 했다.[16]

법무부 인사들이 사건을 심리하는 동안 내각은 보스턴 항구를 폐쇄하고 매사추세츠 식민지 정부를 좀 덜 위험한 곳으로 옮기기로 결정했다. 법률 전문가들은 행정 조치로 항구를 폐쇄하는 데 동의했다. 영국 정부는 식민지 문제에 최종 결정권을 직접 행사하는 것을 피하기 위해 영국 의회가 대행하도록 요청했다. 의회는 그 일에 매우 적극적으로 협조했다. 노스는 3월 14일에 정부 계획을 발표했고, 나흘 뒤 보스턴 항구 법안을 하원에 제출했다. 보스턴은 더 이상 어떠한 해양 무역도 할 수 없고 식량과 연료 수송을 위해 연안 선박들만 엄중한 감시 아래 출입할 수 있다는 내용이었다. 항구는 국왕이 재개항을 명령할 때까지 폐쇄되며, 국왕은 동인도회사가 차 손실에 대해 보스턴 시로부터 전액 배상을 받을 때까지 재개항을 명령해서는 안 되었다.[17]

이 법안에 대한 토론이 의회 내에서 이루어진 토론 중에서 가장 눈에 띄는 것은 아니었다. 노스는 법안의 목적이 보스턴을 징벌하고, 동인도회사의 돈을 돌려받으며, 폭동과 폭도의 위협이 없는 안전한 항구를 만드는 것이라고 설명했다. 아무도 이런 경건한 목적에 이의를 제기하지 않았는데, 단지 전 재무장관이었던 도드즈웰Dowdeswell만이 정부가 보스턴의 해명 없이 정책을 추진한다고 지적했을 뿐이었다. 그러나 많은 의원이 보스턴의 해명은 충분히 들었다고 생각했고, 심지어 식민지의 오랜 친구들조차도 그 법안을 칭송했다. 가령 아이작 베러Isaac Barré는 "나는 그 법안이 적절하다고 보기 때문에 좋아하고 찬성하며 기쁜 마음으로 받아들인다"고 말했다.[18]

적당하든 아니든 그 법안은 굉장히 빠른 속도로 하원을 통과했다. 하원은 법안의 2차 독회에서 찬반양론을 벌일 생각도 하지 않았고, 보스턴 항구를 폐쇄하는 대신 벌금 조치를 취하자는 로즈 풀러Rose Fuller 하원 의원의 수정안도 물리쳤다. 법안은 3월 25일 3차 독회를 완료하고 상원으로 전달됐고, 그곳에서도 신속하게 승인됐다. 국왕은 3월 말 그 법안을 재가했다. 그렇게 보스턴은 6월 15일 부로 모든 거래를 중단해야 했다.

　보스턴 항구법은 아메리카인들이 '참을 수 없는 법Intolerable Acts'이라고 부른 5대 법 가운데 첫 번째였다. 의회는 보스턴 항구법 통과 이후 석 달 만에 나머지 법들도 통과시켰다. 두 번째와 세 번째 법은 보통 매사추세츠 정부법으로 알려진 매사추세츠 규제법과, 정의의 불편부당한 시행법인데, 첫 번째보다 더 큰 반대와 활발한 토론이 있었으나 두 건 모두 엄청난 과반수로 통과됐다. 매사추세츠 정부법은 영국 의회가 아메리카에서 지고한 권위를 확립해야 한다고 주장해온 영국 관리들의 제안을 그대로 반영한 것이었다. 그렇게 하기 위해서는 국왕의 특허장을 바꾸어야 했는데, 이는 전례가 없는 법이었으며 이전의 관례와 칙허를 크게 약화하는 내용이었다. 간단히 말해서 이 법은

보스턴 항구법 풍자 만평 보스턴 항구법을 비판하는 그림으로 영국 의원들이 아메리카를 상징하는 원주민 여성에게 강제로 차를 들이붓고 있다.

특허장으로 일부 자율을 허락받은 매사추세츠 정부를 왕실 직영 정부로 전환하겠다는 것이었다. 식민지 의회는 선출 기관으로 그대로 존속하겠지만, 8월부터 총독 자문 위원들은 국왕이 직접 임명하게 되었다. 또한 총독은 필요할 경우 대부분의 공무원을 마음대로 임명하거나 해임할 수 있었다. 더 이상 국왕의 허가 없이 시청회의를 개최해서는 안 되었고 자유농들이 아니라 보안관들이 배심원을 선임하게 되었다. 이런 내용의 법은 매사추세츠의 자치권을 크게 축소했다. 관련법인 정의의 불편부당한 시행법 또한 식민지 권한을 축소했다. 가령 식민지에서 중죄를 저지른 영국 관리는 영국이나 다른 식민지로 보내서 재판을 받게 될 터였다.[19]

하원 의원인 로즈 폴러는 이런 법안을 심의하던 중 톤젠드 차 관세를 폐지하자고 제안했다. 이 주장은 엉뚱하거나 상식과 어긋난 것은 아니었는데 아메리카에 적용될 새로운 강압법들이 이 관세가 유지되는 한 성공할 가능성이 없기 때문에 제안된 것이었다. 일단 세금이 철폐되면 아메리카인은 그들에게 처방된 약을 삼킬 터였다. 폴러는 4월 19일에 차 관세 철폐를 제안했고, 휘그당의 하원 의원인 버크는 아메리카 과세에 대해 연설하면서 즉각 지지를 표시했다. 버크의 연설은 재치가 넘쳤고, 일관된 정책 없이 식민지 문제를 혼란에 빠트린 정부의 산만한 시도를 명쾌하게 지적했다. 그는 정부의 방식이 "위풍당당하게 들어간 곳에서 어려움이 있다고 야비하게 빠져나오는 것"이었다고 말했다. 그러나 이 연설은 식민지의 정체론에 대해 아주 제한된 인식을 드러냈다. 물론 버크는 차세를 철폐해야 한다고 주장했지만, 그것은 어디까지나 업무의 편의를 위한 것이었지 식민지의 헌법적 권리를 지지하기 위한 것은 아니었다. 선언법은 영국 의회가 "사정이 어떻든 모든 경우에 식민지를 구속한다"라고 선언했는데, 아메리카의 친구들이라는 사람들조차 이런 입장에서 조금도 벗어나지 않았다.

국왕은 5월 20일 두 법에 서명했다. 그는 2주 뒤에 또 다른 숙영법을 승인했는데, 이 법은 아메리카의 민간 당국에 영국군 주거지와 식량 제공을 강요하려고 추가된 시도였다. 1765년의 숙영법은 민간 당국에게 막사를 제공하라고 요구했다. 그다음 해 수정된 법은 여관, 술집, 빈 건물 등에 군대가 숙영할 수 있도록 했다. 이번에 통과된 법은 군대가 개인 집에서도 숙영할 수 있도록 했다. 이 법은 5월에 별 이견 없이 하원을 통과했고, 채덤이 반대 의사를 표시하기는 했지만 상원에서도 쉽게 통과됐다.[20]

이 4대 법은 일종의 징벌이었고, 13개 식민지에 복종을 강요하기 위한 것이었다. 6월 말 발효된 퀘벡 법은 이런 목적을 갖고 있지는 않았지만, 그 시점과 조항들 때문에 보스턴 차 사건에 대한 영국 의회의 강압 조치로서 참을 수 없는 법의 하나로 간주됐다.

식민지에서 수입 거부 운동이 다시 일어나다

많은 식민지인이 보스턴 항구를 폐쇄하고 매사추세츠 정부를 개편하는 법률을 '참을 수 없는 법률'이라고 매도했지만, 1774년 봄에는 많은 시민이 그 참을 수 없는 것을 참아보려고 했다. 그러나 새뮤얼 애덤스와 보스턴 통신 위원회는 보스턴의 징벌을 참을 수 없음은 물론이고 그런 타협적 자세 또한 참지 못했다. 영국 의회가 취한 조치의 모든 내용은 점진적으로 알려졌으나, 그중에서도 가장 과격한 조치인 보스턴 항구 폐쇄 소식은 5월 10일 식민지에 도착해 그달 말까지 13

개 식민지에 널리 퍼져나갔다.

애덤스는 이 소식이 널리 확산되기를 기다리지 않고 곧바로 행동에 돌입했다. 그와 통신 위원회는 보스턴이 영국과 영국령 서인도제도와의 모든 거래를 중단할 것을 제안했고, 아메리카의 나머지 식민지도 그렇게 해달라고 강력하게 요구했다. 시청회의는 이 주장에 대해 즉각적으로 지지를 표시했으나, 그 순간 반대 의견도 대두됐다.

직전의 수입 거부 운동으로 식민지 전역에서 배신자를 비난하는 목소리가 높아졌다. 〈보스턴 크로니클〉의 발행인인 존 메인이 존 핸콕과 그의 동료들이 겉으로는 수입거부 합의안에 동의하면서 사실은 합의를 위반하는 사기를 쳤다고 비난하자 사람들은 보스턴에 대해 의심의 눈길을 보냈다. 또한 상인조차 어디에서나 돈을 벌기를 원했으므로 또다시 거래를 중단하라는 요구에 과거와 같은 열의를 별로 보이지 않았다. 영국의 조치에 분노해 거래를 중단하기로 한 상인들도 자신들만 이런 조치에 동참해서는 안 된다는 우려를 표시하면서, 이 조치가 모든 식민지에서 예외 없이 시행돼야 한다고 주장했다. 따라서 식민지 모든 지역의 상인들은 영국을 향한 경제 제재 조치가 13개 식민지에서 일괄적으로 이루어지는지 알 수 있는 구체적인 증거를 기다리면서 망설이고 있었다.

증거를 기다리는 상인들의 태도는 단합된 행동에 결코 보탬이 되지 않았다. 보스턴 상인들 중에서 미적거리는 사람들은 게이지 장군이 총독 임명장을 들고서 5월 13일 등장하자 내심 환호했다. 그 직후 한 무리의 상인들이 12월 차 사건 때 없어진 찻값을 물어주겠다고 제안했고, 6월 초에 영국으로 돌아가는 토머스 허친슨에게 그 보상 제안을 런던에 전달해달라고 요청했다. 보스턴 통신 위원회는 이런 반대

운동을 무시할 수 없었고, 며칠 뒤 '엄숙한 동맹과 협약'을 제안하면서 일반 대중의 서명을 받겠다고 선언했다. 이 협약에서는 서명자들에게 다음과 같은 사항을 맹세하게 했다. 즉, 영국과의 모든 거래를 중단하고, 8월 31일 이후 영국에서 수입된 물품의 구매를 거부하며, 이 협약에 서명하지 않는 사람들과 거래를 끊겠다는 것이었다. 그다음 단계는 시청회의를 동원하는 것이었다. 여기에서도 과격파들이 수완을 발휘해서, 시청회의는 6월 17일 차에 대한 배상에 반대하는 표결을 했다. 그리고 열흘 뒤에는 엄숙한 동맹과 협약을 공개적으로 지지했다. 두 건은 쉽게 성사되지 않았다. 상인들은 두 건에 격렬하게 반대하면서 시청회의에 참석해 통신 위원회를 해체해야 한다고 주장했다. 해산 제안은 성사되지 않았으나, '엄숙한 동맹'의 위협 또한 실패했다. 100명 이상의 상인들이 그 동맹과 배후인 통신 위원회에 반대하는 항의문을 작성해 서명한 뒤 공표했던 것이다.[21]

애덤스와 위원회는 이 투쟁에서 승리했지만 승리의 가치는 없었다. 물론 뉴잉글랜드의 여러 지역에서 수입 거부를 지지했고, 다수의 통신 위원회가 보스턴의 지지 호소에 우호적으로 반응했다. 뉴잉글랜드 이외의 지역에서는 '고통받는 보스턴'에 보급품을 보내주겠다고 약속한 곳들이 있었고, 참을 수 없는 법에 대한 비난도 잇따랐다. 가장 인상적인 반응은 버지니아에서 나왔다. 버지니아 의회는 보스턴이 '적대적 침략'을 견디고 있다고 선언하면서 보스턴 항구가 폐쇄될 예정인 6월 1일을 '금식·치욕·기도의 날'로 정하자고 주장했다. 그리하여 그날에 "우리의 민권을 파괴하고 내전이라는 해악을 가져올지도 모르는 이 무서운 재앙을 피하게 해달라고 빌면서 신의 도움을 간절히 호소하자"고 제안했다. 금식의 날 지정은 청교도적인 보스턴을 기쁘게 했을 것이다. 그 도시에서는 이런 날들이 명예롭고 오래된 전통이었기 때문이다. 이것은 영국 내전 기간 동안에 느꼈던 자유에 대한 위협을 다시금 느끼게 하려는 의도였다. 제퍼슨은 이런 방식이 자신에게 영감을 불러일으킨다고 주장했고, 패트릭 헨리와 리처드 헨리 리 등 다른 대여섯 명의 의원에게도 마찬가지라고 말했다. 이 의원들은 자신들의 과감함을 의식하고 있었기에 청교도 혁명에서 사용되었던 형식과 언어들을 18세기 독자들에 맞춰 근대화한 결의안을 '급조'했다. 비록 대담하고 '급조된' 것이기는 했지만, 단식을 요구한 그 결의안은 원로 의원들의 귀에 솔깃하게 들렸고 그들은 즉각 결의안에 동의했다. 총독 던모어Dunmore 경은 영국의 권력을 대표하는 총독들이 언제나 그렇게 했듯이 버지니아 의회를 해산했다.[22]

다른 식민지에서도 비록 강도는 떨어졌지만 이와 유사한 보스턴 지지 선언이 나왔다. 다소 누그러진 지지선언문의 이면에는 상인과 대중지도자 사이의 갈등이 있었다. 그들은 보스턴 항구법에 대응해 어떤 행동을 취할 것인가를 두고 대립했다. 각 '측'에서 다양한 의견이 나왔으나, 그래도 보스턴 상황이 '공통적인 대의'를 대표한다는 보스턴의 주장에 대부분 동의했다. 즉, 보스턴의 자유가 곧 13개 식민지 전부의 자유를 대변하며, 만약 영국 의회가 그 자유를 억압한다면 모든 식민지가 자유를 잃게 된다는 의미였다. 이런 주장을 받아들인다고 해서 모든 단체가 구체적인 대응 행동에 합의한 것은 아니었다. 영국과의 거래를 전면 중단하자는 보스턴의 요구는 모든 상인 단체의 노골적인 반발을 불러일으켰다. 심지어 일부 '대중' 단체들 사이에서도 회의론이 일었다. 가령 뉴욕의 기술공들이 그런 경우였는데, 4년 전에 있었던 수입 거부 운동이 붕괴하면서 많은 기술공뿐만 아니라 다른 사람들도 실망했다. 1770년 여러 도시의 기술공은 경쟁이 억제된 상태에서 대규모 이익을 얻는 유혹을 물리치기가 어려웠다. 보스턴의 상인들은 실제로 이런 겉과 속이 다른 작전을 구사했다고 비난을 받아왔다. 그랬던 보스턴이 자신들의 필요에 따라 거래 중단을 운운하자 다른 지역의 사람들은 의심의 눈길을 보냈다. 또한 보스턴 상인들은 인근 로드아일랜드의 상인들을 의심했고, 뉴욕과 필라델피아 사이에서도 서로 의심하는 경향이 있었다.[23]

대륙회의가 개최되다

각 지역 상인들 사이에는 불신이 팽배했지만, 대륙회의를 개최하자는 제안은 놀라울 정도로 쉽게 합의됐다. 그렇게 된 이유는 꽤 분명했다. 1770년에 배신을 당했다고 느낀 상인들도 13개 식민지 전역에서 단합해 일사불란한 행동을 한다면 성과를 낼 수 있다고 자신했다. 이들은 준수 의무와 제재 조치가 확실히 이루어지기만 한다면 경제적 압박이 성공할 수 있다고 판단했다. 비록 소수였지만 이런 총회에서의 단합된 행동에 반대하는 상인들도 있었다. 하지만 이들도 영국 의회의 조치가 자신들의 사업뿐만 아니라 정치적 자유에 위협이 된다고 느꼈다. 이제는 영국 의회에 대응해야 할지 말지를 결정하는 것이 아니라, 어떻게 대응할 것인지가 문제였다.

보스턴의 지도자들이 책략을 꾸미고 식민지 전역에서 이 문제에 대한 논의가 전개되는 동안, 식민지 의회들과 비공식 단체들은 논의를 중단하고 행동에 나서기 시작했다. 코네티컷 하원이 그 선두 주자 중 하나였다. 이 의회는 6월 초 산하 통신 위원회에다 1차 대륙회의에 보낼 대표를 선발하라고 지시했다. 그로부터 2주가 채 지나지 않아 로드 아일랜드 의회도 대표단을 선발했다. 메릴랜드, 뉴햄프셔, 뉴저지, 델라웨어, 노스캐롤라이나의 5개 식민지에서는 총독들이 소요를 막기 위해 의회를 해산했기에 의회를 대신할 비상단체인 지역회의에 의지해야 했다. 8월 버지니아에서도 그와 유사한 단체인 임시회의에서 대표를 선출했다. 뉴욕에서는 현지 위원회가 대표를 뽑았고, 사우스캐롤라이나에서는 식민지 의회가 주민이 뽑은 사람들을 비준했다. 북부 변경의 크리크 인디언 봉기로 크게 놀란 바 있는 조지아는 1774년에 대표를 보내지 않기로 결정했다. 대표단을 파견하면 영국 군대가 도움을 주지 않을까 봐 우려했기 때문이었다. 보스턴은 멀리 떨어져 있지만 인디언은 가까이 있었다. 인디언의 위협은 조지아의 영국을 향한 충성심을 되살려놓지는 못했지만, 그들이 과감하게 행동하지는 못하게 했다.[24]

참을 수 없는 법에 대응하는 전술을 둘러싼 현지의 갈등은 굉장히 중요했고, 대륙회의의 조치에도 영향을 미쳤다. 하지만 그 갈등을 너무 확대 해석해서는 안 된다. 중요한 사실은 대륙회의가 소집되었다는 것이고, 아메리카인 스스로가 대영제국의 미래에 영향을 주는 중요한 결정을 내릴 능력이 있음을 증명했다는 것이다. 그렇게 할 수 있었던 이유는 대표단이 공유한 가치와 이해관계가 각 식민지의 의견 불일치를 압도하고도 남았기 때문이다.

1774년 9월 5일 대륙회의가 처음 개최됐을 때, 대부분의 아메리카인은 영국 의회가 13개 식민지에 과세할 권한이 없다는 데 동의했다. 이런 입장은 지난 10년 동안 줄기차게 선언됐고, 인지세법 위기가 끝나기 전 이미 만장일치에 가까운 지지를 받았다. 그렇지만 그 때만 해도 영국 의회가 대영제국의 일부인 식민지의 사안에 대해 법을 제정할 수 있는 권리를 지닌다는 걸 부정하는 사람은 거의 없었다. 그러나 그 뒤 몇 년 사이에 그런 권리마저도 일부 논객의 노골적인 저항을 받았다. 영국 의회는 어리석게도 톤젠드 법을 제정함으로써 식민지인의 이런 거부감을 더욱 부채질했다. 그들은 사전 동의 없이 자신들의 재산을 빼앗아가는 것에 식민지가 매우 진지하게 반대하고 있다는 사실을 마치 모르는 것처럼 행동했다.

영국 의회의 권위에 대한 부정은 여러 형태로 나타났다. 예컨대 대표 기관의 권력이나 대영제국의 성격이 논의 대상이었다. 윌리엄 히크William Hick는《의회 권한의 성격과 범위Nature and Extent of Parliamentary Power》로 '대표 기관의 권력에 관한 논의'에서 대표 파견이야말로 입법권의 핵심 요소라는 주장을 폈다. 그는 이렇게 물었다. 영국 의회에 대표를 보내지 않은 13개 식민지가 무슨 수단으로 그 의회에 권력을 위임하겠는가? 식민지인이 의회에 권력을 위임하지 않은 것이 분명하니, 그들에 대한 의회의 결정은 "폭력과 압제"에 지나지 않는다는 것이 그의 주장이었다. 제임스 윌슨James Wilson은《의회의 권위에 대한 고찰Considerations on the Authority of Parliament》에서 '대영제국의 성격에 대해' 논하면서, 식민지는 오로지 국왕에게만 충성을 바칠 의무가 있다고 가정했다. 그는 영국 의회가 국왕과 관련된 문제들을 제외하고는 제국 내의 사실상 독립적인 정부들에 대해 관할권이 없다고 주장했다.[25]

그러나 대륙회의가 소집되기 전날 밤에 발간된 정치 이론서들에서는 국왕의 권위 또한 격하됐다. 인지세법 소동이 벌어진 동안에 의회와 내각이 온갖 비난을 다 받았지만 국왕은 전혀 공격을 받지 않았다. 이런 비난 논문들에서 국왕은 부지불식간에 사악한 각료들에게 포로로 잡힌 사람, 전에는 현명했으나 이제는 신민의 이해에 무감각해진 사람 정도로 묘사됐다. 이런 약간 냉소적인 태도는 1774년에 발간된 대부분의 글에서 계속 유지됐으나 한 가지 차이점이 있었다. 참을 수 없는 법이 야기한 도전적인 분위기 속에서, 식민지인들은 그들이 겪고 있는 실정과 억압에 국왕이 직접 연루됐다고 거침없이 지적했다. 그렇지만 조지 3세가 사악하다고 말하는 것은 삼갔고, 단지 그가 실수를 저질렀다고 말했다. 젊은 토머스 제퍼슨은 《요약된 견해A Summary View》에서 이렇게 말했다. "국왕은 우리 땅에 단 한 명의 병사도 주둔시킬 권리가 없다." 그러나 "국왕 폐하는 명시적으로 민간이 군부에 종속되도록 만들었다"는 것이 그의 견해였다. 그리고 이는 영국에서 노르만 정복 시기에 시작되어 정복자가 모든 토지 소유권을 갖고 봉건적 질서를 확립한 '임의적 조치'를 아메리카에 식민지를 건설하면서 그대로 확대해 강제 적용하기 위한 시도라는 것이었다. 제퍼슨에 따르면 이런 '임의적 조치' 중 최악은 영국과 아메리카 내의 모든 땅을 국왕이 소유하고 있다는 주장이었다. 따라서 봉건적 토지 보유권이 도입됐고, 그에 부수된 온갖 강탈이 시작됐다. 영국에서는 이 제도가 어떤 정당성을 인정받는지 몰라도 아메리카에서는 발붙일 자리가 없다고 제퍼슨은 주장했다. "왜냐하면 아메리카는 노르만인 윌리엄에 의해 정복된 것도 아니고, 아메리카 땅이 그와 그의 상속자들에게 바쳐진 것도 아니기 때문이다." 아메리카는 자연권을 행사하기 위해 영국을 떠나온 자유인들에 의해 창설됐고, 영국이라는 나라는 "선택이 아니라 우연히 머물렀던 곳"일 뿐이었다. 그리고 아메리카는 그 건설자들이 "공공의 행복을 촉진하기 위해" 가장 적합하다고 생각한 법률과 규정을 기반으로 건설됐다.[26]

대영제국에 대한 제퍼슨의 전제는 다음과 같은 주장에서 분명하게 드러난다. "영국 의회는 이 식민지에 관할권이 없으며, 의회가 지금껏 해온 일은 강탈 행위다. 반면 국왕은 아메리카에 대해 제한적인 권위만 갖고 있을 뿐이다." 요약하자면 제퍼슨은 "왕은 인민의 봉사자이지 소유주가 아니다"라고 주장했다. 제퍼슨의 이러한 주장은 여러 사람이 다른 곳에서 명백하게 밝힌 점을 다시 반복한 것이다. 즉, 왕은 법률의 구속을 받으며 계약의 당사자로서 계약이 정한 한계와 규정 내에서 통치를 한다. 제국은 사실 독립적으로 운영되는 정부로 구성되어 있으며, 그 구성원이 합의한 규정 아래 서로 연결되어 있다.

이런 제국관은 구성원의 다양한 이해관계를 절충해야 한다는 문제가 있다. 만약 계약의 해석에 이견이 있을 경우 그것을 중재하는 기관이 누구인가 하는 문제도 대두된다. 이런 문제를 해결하는 전통적인 방법은 감독 기관인 의회에 권한을 부여하는 것이었다. 1차 대륙회의가 열렸을 때, 아메리카의 많은 사람이 영국 의회가 그런 권한을 행사해야 한다고 보았다. 버지니아의 저명한 국교회 성직자인 조너선 바우처Jonathan Boucher는 《한 버지니아인이 의회 구성원에게 보내는 편지A Letter from a Virginian to Members of Congress》에서 그런 소신을 피력했다. 이것은 영국 의회의 지배권과 식민지의 종속적 지위를 강력하게 개진한 글이었다. 하지만 바우처의 주장은 지난 10년 동안의 현실을 부정한 셈이었다. 그는 이 세상에 '영국 공동체'가 존재한다고 하면서 13개 식민지는 그중 자그마한 일부일 뿐이라고 지적했다. 영국 의회에서 다수를 차지하는 대표들이 제국을 통치했다. 따라서 작은 부분은 전체가 있기 때문에 존재할 수 있듯 식민지들은 저 다수파들에게 복종할 의무가 있다는 것이었다.[27]

바우처의 이런 소신은 1774년 대부분의 아메리카인을 화나게 했다. 영국 의회의 권한이 도전 불가능한 것이라는 가정이 대부분의 아메리카인을 분노하게 만드는 언어로 표현되었기 때문이다. 그는 자유의 대의가 언제나 "악당"과 "가짜 정치인"을 끌어당기고, "선의를 가졌으나 미혹에도 쉽게 흔들리는 대중의 마음"을 파고드는 "애국심 사기꾼"을 만들어낸다고 썼다.

어찌 됐든 일반 대중은 "배고픈데도 밥을 먹지 않으려 하고 자상한 어머니를 화나게 만드는 말 안 듣는 어린아이들"에 비유되는 것을 좋아하지 않았다. 토머스 브래드버리 챈들러Thomas Bradbury Chandler는 대륙회의가 개최된 지 사흘 만에 발간된《아메리카의 질문자The American Querist》에서 또다시 그런 비유를 사용했다. 챈들러가 제시한 질문 중 하나는 "하급자는 상급자에게, 특히 어린아이는 부모에게 언제나 존경심을 바쳐야 하는 의무가 있는 것 아닌가?"라는 것이었다. 챈들러는 바우처와 마찬가지로 선언법 속에서 식민지와 영국 의회의 관계를 잘 묘사해주는 문장을 발견했다. 식민지인은 "사정이 어찌 됐든 모든 경우에" 영국 의회의 구속을 받아야 했다.[28]

커져가는 아메리카인들의 불안

선언법 속의 이 표현은 아메리카인들을 화나게 만들었다. 존 핸콕은 3월 올드 사우스 예배당에서 보스턴 학살 사건을 추모하는 연설을 하면서 이 표현을 인용했다. 식민지인의 동의 없이 식민지에 세금을 부과할 수 있다는 주장은 영국 정부의 '미친 헛소리' 중의 하나이며, 그 집행을 위해 영국이 군대를 파병해야 할 정도로 무모했다. 핸콕은

올드 사우스 예배당 1729년 청교도 집회소로 설립된 곳으로 1773년 차를 싣고 오는 다트머스호를 대비한 집회가 열렸다. 이후 보스턴 학살 사건 추모 장소로도 쓰이면서 미국 혁명사에서 기념비적인 장소가 되었다.

대륙회의 계획이 수립되기도 전에 이런 발언을 했다. 여름에 이르러 회의 계획이 무르익고 영국의 주장이 더 많이 알려지자, 많은 아메리카인이 더욱 거세게 반응했다. 전체적인 반응은 그동안 너무나 잘 알려져 있어서 별로 놀라울 것도 없었다. 즉, 영국 의회는 아메리카에 아무런 권위도 갖고 있지 않으며, 복잡한 제국 구조 때문에 편의상 일반적인 감독권을 행사할 수 있을 뿐이라는 것이었다. 의회는 제국의 무역을 규제할 수 있지만, 그 규제의 원칙에 식민지가 사전에 동의했다는 것을 명심해야 했다. 그렇지만 의회는 식민지에 과세를 할 수 없고 식민지의 내정에 개입해서도 안 된다는 것이 아메리카인들의 반응이었다.

의회의 감독권을 인정하는 양보안은 아메리카의 저술가나 성직자들의 맹렬한 영국 정부 비판에 묻혀 희미한 목소리에 지나지 않았다.

그해 여름에 나온 소책자들과 설교의 주요 주제는 한 가지 명백한 사항에 집중되어 있었다. 영국 정부가 참을 수 없는 법을 통해 아메리카의 자유를 파괴하려고 작정했다는 것이다. 한 익명의 뉴욕 필자는 이렇게 썼다. "영국 내각은 영국 의회 내에서 아메리카인들의 재산을 멋대로 다루는 데 필요한 권위를 확립하려고 몰두하고 있다."[29] 사우스캐롤라이나의 윌리엄 헨리 드레이턴William Henry Drayton은 이제 문제는 비헌법적 과세를 넘어서서 과연 영국이 "아메리카에 대해 전제정치를 펼 수 있는 헌법적 권리를 가졌는지" 여부로 확대됐다고 말했다. 다른 곳에서도 식민지인들은 유사하게 암담한 주장을 폈다.[30]

대륙회의를 따르려는 아메리카에 적합한 구제책으로 시정안을 내놓을 수는 있었겠지만, 그것이 쉽게 성취될 수 있으리라는 낙관적인 예측은 나오지 않았다. 영국 의회와 내각은 그런 시정안 내에서 어두운 측면을 담당했고, 그로부터 어떤 밝은 전망이 나올 것 같지 않았다. 그러나 뭔가 시도는 해야 했다. 어떤 아메리카인들은 영국에 대한 수출 금지를 포함해 전면적인 무역 금지를 실시해야 한다고 주장했다. 또 어떤 사람들은 군사적 대비를 해야 한다고 제안했고, 적어도 한 명의 목사는 "정의로운 전쟁"이라는 교리를 설교했다.[31]

사태를 시정해야 한다는 이런 분노와 제안 속에는 아메리카인이 사악함과 부정부패를 대면하고 있다는 공통된 인식이 있었다. 만약 그들이 스스로를 방어하지 못한다면 그런 악과 부패가 아메리카 땅에 상륙할 터였다. 이런 확신의 원천은 프로테스탄트 문화에 깊이 뿌리를 내리고 있었는데, 대부분의 갈등이 선과 악의 문제이자 정의와 불의의 문제라는 믿음이 특히 대표적이었다. 이 견해에 따르면 자치는 미덕과 정의에 바탕을 둔 것이었고, 존 핸콕이 지적한 바와 같이 아메리카인은 '정의롭지 못한' 정부를 상대하고 있었다. 사악함의 증거는 어디에서나 발견됐다. 영국이 아메리카에 보낸 상비군이 대표적인 증거였다. 조시아 퀸시Josiah Quincy가 지적한 바와 같이 "상비군은 무자비한 방탕과 한심한 비겁함"을 하층계급 사람들 사이에 널리 유포했고, "사회의 상류계급"에게는 "돈을 밝히는 오만함과 과도한 낭비"를 전파했다. 사악함의 증거는 퀘벡에 거주하는 프랑스계 이주자들의 종교와 언어의 자유를 보장하는 퀘백법에서도 발견됐다. 에버니저 볼드윈 Ebenezer Baldwin은 그 법에 의해 "가톨릭이 승인됐다"면서 13개 식민지도 곧 그렇게 될 것이라고 주장했다. 재판 운영법Administration of justice Act에도 또한 사악함과 부정부패가 나타났다. 이 법은 매사추세츠의 영국관리가 영국에서 재판받을 수 있게 해서, 흡혈귀나 괴물 같은 세관 관리들이 더 보호받도록 만들었다.[32]

이런 결론들과 정책들, 즉 부패와 죄악이 드러나는 매사추세츠 정부법, 보스턴 항구법, 1764년 이래 영국이 시행해온 대 아메리카 정책 등은 오랜 걱정들을 다시 보여주고 있었다. 1774년에 달라진 것이 있다면 분위기가 거의 절망에 가까웠다는 점이다. 어떤 것도 통하지 않는다는 절망감이 가득했다. 어떻게 호소하고 탄원해도 영국은 제정신을 차리지 않았고, 한때 앵글로아메리카인들의 생활을 가득 채웠던 선량함과 자유를 위해 봉사하려는 의지는 보이지 않았다. 영국인은 많은 것을 할 수가 있었는데도 그렇게 하지 않았다. 영국이 도덕적으로 자제했더라면 아메리카인을 부패로부터 자유롭게 하는 데 도움을 줄 터였다. 영국 관리와 상비군을 파견하지 않았더라면 아메리카인의 제도는 깨끗하게 보존됐을 것이고, 아메리카인들의 자치 권한을 원칙에 입각해 보호해주었더라면 자유를 보존할 수 있는 유일한 기회를 살릴 수 있었을 것이다.

제1차 대륙회의에 모여든 대표들

여름 내내 정치 시론집과 소책자들을 통해 분명하게 표명된 절망감은 1차 대륙회의에서 즉각적으로 드러나지는 않았다. 8월 말과 9월 초 말을 타고 필라델피아로 모여든 대표들은 이 회의에 대해 흥분과 자부심, 경외감을 느꼈을 뿐, 영국을 향한 분노를 느끼지는 않았다. 매사추세츠 대표인 존 애덤스와 새뮤얼 애덤스는 동료들과는 다른 감정을 갖고 있었으나 분노는 억제했다. 그들과 그들의 동료인 로버트 트리트 페인Robert Treat Paine과 토머스 쿠싱은 모두 날카로운 사람들이었고, 아무런 사심 없이 매사추세츠와 아메리카에 봉사하려고 했다.

역사가들은 존 애덤스와 토머스 제퍼슨을 종종 비교했다. 애덤스는 제퍼슨을 존경했고, 생애 중 딱 한 번을 빼놓고는 좋은 사이를 유지했으며, 노인이 되어서는 제퍼슨에게 속마음을 열어 보이기도 했다. 제퍼슨은 아주 평온한 외양을 유지한 반면, 늘 불안감을 느끼던 애덤스는 단 한순간도 그런 평온함을 얻지 못했다. 제퍼슨은 우아한 반면, 애덤스는 결코 막돼먹지는 않았으나 충동적인 기질로 인해 다소 거칠었다. 그는 제퍼슨처럼 다재다능하지는 못했으나, 제퍼슨 못지않게 날카로웠고 종교사와 정치학이라는 두 분야에서는 애덤스의 학문이 제퍼슨을 능가했다.

존 애덤스는 인생을 구원의 탐구 과정이라고 생각하지 않았으나, 청교도 선조들이 갖고 있던 충동과 욕구를 다분히 지니고 있었다. 그는 열심히 노력해 공직 생활에서 뭔가를 이루고 싶어 했고 인기와 명

토머스 제퍼슨(1743~1826)과 존 애덤스(1735~1826) 토머스 제퍼슨(왼쪽)은 버지니아주 주지사였으며 미국 제3대 대통령을 지냈다. 존 애덤스(오른쪽)는 매사추세츠주 대표를 거쳐 미국 제2대 대통령을 지냈다. 제퍼슨과 애덤스는 미국 독립 선언서 작성에 참여했다.

성을 갈망했지만 오로지 세상의 인정을 받으려고 행동하는 사람은 아니었다. 그의 처신은 아메리카 문화의 도덕으로부터 영향 받았는데, 그것은 대체로 청교도의 문화였다. 그는 명예와 부와 학문을 가치 있는 것으로 생각했으나, 경건과 미덕이 그보다 더 중요하다고 생각했다.

애덤스의 공직 생활에 대한 관심은 그의 평생을 지배해온 청교도적 가치와 밀접하게 연결돼 있었다. 그가 청년 시절 처음으로 집필한 논문은 술집을 비판하는 내용이다. 술집에 반대하는 그의 견해는 절약을 강조하고 시간과 재능의 낭비를 혐오하는 전통적인 프로테스탄트 가치관을 반영했다. 그에게 있어서 술집은 사람들을 빚지게 하고, 일을 못하게 하며, 시간을 낭비하게 하는 곳이었다.

존 애덤스에게 인지세법과 여타 조치들에 반대하는 것은 마치 술집의 부도덕함을 비판하는 것처럼 자연스러운 일이었다. 1760년대와

1770년대의 정치적 쟁점은 단지 법률이나 정체의 문제가 아니라 도덕적 원칙의 문제였다. 영국인들은 강력했지만 동시에 부패했기 때문에 위협이 되었다. 아메리카인들은 온 힘을 다해서 그들의 부패에 저항해야 마땅했다. 만약 그런 저항을 하지 않는다면 미덕, 경건, 자유는 상실되고 말 터였다. 이런 확신이 곧 혁명 기간 내내 존 애덤스를 행동하게 만든 힘이었다.

공공 문제에 대한 강박적 관심, 영국을 향한 분노, 불안과 공포 등이 있었음에도, 1차 대륙회의에 참석할 당시 존 애덤스는 행복한 남자였다. 그는 1764년 결혼한 아내 애비게일 스미스 애덤스Abigail Smith Adams를 사랑했고, 아내에게도 사랑을 받았다. 애비게일은 남편 못지않은 재치와 온정의 소유자였고, 혁명 전야에 이미 남편이 그 뒤 여러 해 동안에도 성취하지 못한 원숙한 판단력을 지니고 있었다. 남편보다 아홉 살 연하인 그녀는 존 애덤스의 고향 브레인트리에서 가까운 마을인 웨이머스에 사는 부유한 목사의 딸이었다.

존 애덤스는 1735년 브레인트리에서 농부인 존 애덤스와 수산나 보일스턴Susanna Boylston의 아들로 태어났다. 외가인 보일스턴 가문은 사회적으로 애덤스 가문보다 상류계급이었고 더 부유했다. 어린 존은 행복한 소년 시절을 보냈고, 그래머 스쿨을 거쳐 하버드 대학을 졸업(1755)했다. 그는 우스터에서 교사 생활을 했고, 그 후 2년 동안 법률을 공부해 1758년에 서퍽 법조계에 들어갔다. 1차 대륙회의에 참석할 당시 그는 이미 경험 많은 법률가였다. 그는 브레인트리에서 말단 공직을 맡다가 1766년 도시행정위원에 선출돼 중요한 자리를 맡았다. 1768년 보스턴으로 이사한 뒤 매사추세츠 지방 정계에서 더 큰 역할을 수행했다. 보스턴은 1770년에 그를 일반법원에 대표로 파견했고,

이 해에 보스턴 학살 사건 재판에서 프레스턴과 부하 병사들을 변호했다. 존 애덤스는 매사추세츠 내에서 잘 알려진 만큼의 보상을 받지 못한다고 생각했으나, 아무튼 시민들에게는 크게 존경받았다.

존 애덤스와 사촌 새뮤얼 애덤스가 참가한 1차 대륙회의의 다른 대표들도 그들 못지않게 유능한 사람들이었다. 사실 여러 대표는 두 애덤스보다 더 큰 사회적 업적을 이룬 인물들이었다.

두각을 나타낸 버지니아 대표들

버지니아 대표들은 특히 동료들에게 강한 인상을 안겨주었다. 그들은 우아했고 처신이 분명했으며 목적의식도 뚜렷했다. 존 애덤스는 그들을 가리켜 "재기 발랄하고 일관된 목적을 지닌 사람들"이라고 말했다. 리처드 헨리 리는 대가다운 남자였고, 페이턴 랜돌프는 무척 잘생긴 남자였으며, 리처드 블랜드는 학식 높은 서생 같은 남자였다. 다른 사람들도 이런 인상을 받았다. 코네티컷의 사일러스 딘Silas Deane이 볼 때 페이턴 랜돌프의 외양은 고상했다. 조지 워싱턴은 겉모습은 근엄했지만, 매우 젊어 보이는 얼굴, 자연스러우면서도 군인 같은 자세를 유지했다. 워싱턴은 이미 프렌치-인디언 전쟁에서 혁혁한 전공을 세워 전설적 인물이 되어 있었다. 1차 대륙회의가 열리는 동안 그의 명성은 더욱 높아졌다. "워싱턴은 보스턴 항구법 소식을 듣고서, 필요하다면 자비로 1000명의 병사를 모아 아메리카 수호에 나서겠다"고 말했다는 이야기가 널리 알려졌기 때문이다. 딘은 워싱턴의 재산이 "그런 일을 할 수 있을 정도로 충분하다"고 보고했다. 버지니아 대표단 전원은 델라웨어의 시저 로드니Caesar Rodney의 칭송도 받았다. 로드

니는 "그처럼 합리적이고 세련된 사람들을 본 적이 없다"고 말했다.[33]

당시는 웅변가를 높이 평가하던 시대였고, 버지니아인들은 그에 걸맞게 행동했다. 딘은 패트릭 헨리에 대해 "내가 지금까지 들어본 가장 완벽한 연사"라며 극찬했고, 헨리의 우아한 음악적 목소리를 글과 말로 형용하지 못하는 것을 한탄했으며, 그의 스타일과 매너의 타고난 우아함을 크게 칭송했다. 리처드 헨리 리도 대륙회의에서 헨리 못지않은 웅변 실력을 과시했다. 그리하여 딘과 존 애덤스는 그들을 가리켜 "로마 웅변가인 키케로" 또는 "그리스 웅변가인 데모스테네스"의 환생이라고 불렀다.

버지니아인들이 여러 측면에서 뛰어나긴 했지만, 대륙회의에 대한 개인적 기록을 남긴 거의 모든 대표는 다른 참가자들의 능력과 인품 역시 존경한다고 고백했다. 존 애덤스는 아내 애비게일에게 이렇게 썼다. "이곳에서 관대하고 공적인 마음이 가득한 사람들을 보고 있노라니, 내 고향에서 보았던 돈만 밝히는 무리가 생각나 얼굴이 붉어졌다오."[34] 애덤스가 이처럼 대륙회의를 칭송한 것은 이해할 만한 일이다. 그곳에는 버지니아인들 외에도 뛰어난 정치인들인 펜실베이니아의 존 디킨슨과 조지프 갤로웨이가 있었다. 뉴욕의 제임스 두에인James Duane과 존 제이John Jay는 이미 그 당시에도 능력이 뛰어나다는 평가를 들었다. 메릴랜드의 새뮤얼 체이스Samuel Chase, 사우스캐롤라이나의 크리스토퍼 개드즈던과 에드워드Edward와 존 러틀리지John Rutledge는 능력은 다소 떨어지지만 그들 나름의 방식으로 인상적인 인물들이었다. 게다가 이들은 아주 중대한 회의에 참석 중이었고, 존 애덤스의 얼굴을 붉게 만든 '돈만 밝히는 무리들'의 사소한 관심사 따위는 전혀 안중에 없었다. 하지만 그들이 완벽하게 사심 없는 사람들은 아니었

식민지주	대표	비고
뉴욕	제임스 두에인, 존 에이, 시몬 보럼, 윌리엄 플로이드, 존 해링, 존 제이, 필립 리빙스턴, 아이삭 라우, 헨리 위스너	
매사추세츠	존 애덤스, 새뮤얼 애덤스, 로버트 트리트 페인 토머스 쿠싱	
뉴햄프셔	나다니엘 포솜, 존 설리번	
로드아일랜드	스티븐 홉킨스, 사무엘 워드	
코네티컷	사일러스 딘, 엘리퍼렛 다이어, 로저 셔먼	
뉴저지	스티븐 크랜, 존 디 하트, 제임스 키즈니, 윌리엄 리빙스턴, 리차드 스미스	
델라웨어	시저 로드니, 토마스 맥켄, 조지 리드, 케이저 로드니	
메릴랜드	새뮤얼 체이스, 로버트 골드보로, 토마스 존슨, 윌리엄 파카, 매튜 틸그만	
노스캐롤라이나	리처드 카스웰, 조셉 휴이스, 윌리엄 후퍼	
사우스캐롤라이나	크리스토퍼 개드즈던 에드워드 러틀, 존 러틀리지, 토마스 린크 주니어, 헨리 미들턴	
펜실베이니아	존 디킨슨, 조지프 갤로웨이, 에드워드 비들, 찰스 험프리, 토마스 미핀, 존 모튼, 사무엘 로드, 조지 로스	찰스 톰슨 (대륙회의에서 1774~1789까지 서기 역임)
버지니아	리처드 헨리 리, 페이턴 랜돌프, 리처드 블랜드, 조지 워싱턴, 벤자민 해리스, 패트릭 헨리, 에드먼드 펜들턴	페이턴 랜돌프 (1차 대륙회의 의장)

제1차 대륙회의 참가 대표 1774년 처음 열린 대륙회의에서 조지아주를 제외한 12개주가 대표를 파견했다.

다. 그들은 정계의 일반적 관행인 관직 사냥에 관심을 두진 않았지만 대륙뿐만 아니라 출신 지방의 이익을 지키는 일에도 깊은 관심을 갖고 있었다.

아메리카의 권리에 대한 토론

그들은 정치적 엔진을 가동하는 친숙한 방식을 포기하지도 않았다. 두 애덤스는 그들과 매사추세츠 동료들이 동정받는 동시에 의심받고 있다는 점을 잘 알았기에 철저히 겸손함의 가면을 쓰고 있었다. 필라델피아 체류 초기에 그들은 매사추세츠 사람들이 침례교도를 박해했다는 비난에 직면해 고향의 종교 기관을 옹호하느라고 애를 먹었지만, 이런 당황스러운 사태에도 정치적으로 순진한 척하는 태도를 그대로 유지했다. 그러나 그들은 막후에서 고향 보스턴에서처럼 책략과 계획을 꾸몄다. 존 애덤스는 이렇게 보고했다. "우리는 남의 눈에 띄지 않으면서도 회의의 맥박을 느끼고 그 깊이를 측정해야 했습니다." 또한 그는 다른 사람들을 활용해 "우리의 감정, 의도, 욕구를 넌지시 이해시켰습니다"라고 덧붙였다.[35]

이런 "감정, 의도, 욕구"의 온전한 범위는 알려지지 않았다. 그러나 참을 수 없는 법들이 폐지될 때까지 영국과의 거래를 전면 중단해야 한다는 확신, 만약 영국 의회가 그 법의 폐지를 거부한다면 대륙회의는 13개 식민지에 무장을 요청해야 한다는 희망 등은 확실하게 그 범위 안에 포함돼 있었다. 그러나 대륙회의가 식민지에 무장을 요청할 가능성은 거의 없었다. 비록 구체적인 조건은 확정하기 어려웠지만, 대부분의 대표는 경제적 제재 방침을 선호했다. 보스턴에 주둔한 영국군을 공격하자고 제안한 크리스토퍼 개드즈던 같은 열혈남을 제외하면 전쟁이 터지기를 바라는 사람은 아무도 없었다. 이러한 전쟁 기피 현상은 대영제국 안에 남고 싶다는 강력한 욕망에서 비롯된 것이기보다는, 전쟁에서 패하는 결과와 그로 인해 전면적인 전제정치가 나타날지도 모른다는 우려에서 비롯됐다.[36]

공식 회의에서 전쟁의 가능성은 토론되지 않은 듯하다. 그것은 대표들이 매일 참석하는 점심식사와 만찬에서 사적으로만 오간 주제였다. 이런 만남에서 많은 것이 논의됐다. 즉 펜실베이니아 의회의 의장인 조지프 갤로웨이가 제공한 의사당보다는 카펜터스 홀이 대표들의 회의장이었다. 대륙회의 의장으로는 페이턴 랜돌프가 뽑혔는데, 이는 매사추세츠 대표들과 남부 식민지 대표의 작품이었다. 이와 유사한 거래를 통해 찰스 톰슨Charles Thomson이 서기관으로 뽑혔으나 톰슨은 대표가 아니었다. 각 식민지에 한 표를 줄 것인가 아니면 인구 비례로 표수를 줄 것인가 하는 문제는 회의장 밖에서 뿐만 아니라, 공식 회의에서도 충분히 논의됐다. 결국 대표들은 각 식민지가 한 표를 행사하기로 결정했는데, 이는 크고 작은 식민지가 모인 대륙회의의 단합을 위한 필수적인 조치였다.[37]

공식 회의는 9월 5일 시작됐다. 이날부터 10월 26일 산회할 때까지 아메리카 권리의 바탕은 무엇이고, 그 권리를 어떻게 옹호할 것인가? 이 두 가지 사항이 핵심 주제였다. 이 주제는 위원회에 배당되어 즉각 토의가 시작됐지만 쉽게 합의에 도달할 수 없는 문제였다.

아메리카 권리에 대한 토론은 진지하고 상세했으나, 한편으로는 묘하게도 초연한 측면이 있었다. 마치 지난 10년 동안 영국과 식민지 사이에 아무런 일도 없었던 것처럼 말이다. 이런 '초연한 경향'은 제임

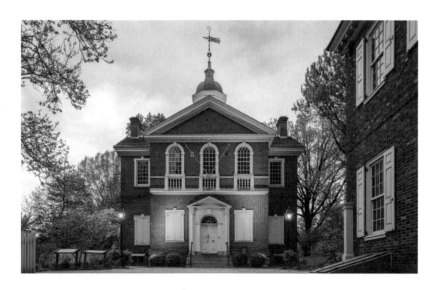

카펜터스 홀 식민지의 대표들로 구성된 대륙회의는 의사당보다는 펜실베이니아 목수 길드 회관이었던 카펜터스 홀을 회의장으로 이용했다.

스 두에인, 존 러틀리지, 조지프 갤로웨이 등에 의해 대표됐다. 이 세 사람은 식민지 권리가 자연법에 근거를 두어야 한다는 주장을 거부했다. 갤로웨이는 식민지인이 줄곧 펼쳐온 정체론 주장을 전혀 받아들이지 않으려고 했다. 그는 이렇게 말했다. "나는 아메리카인의 권리를 과세와 입법의 구분, 세입을 위한 법과 무역 규제 사이의 구분 등에서 발견하지 못했다. 나는 자연법에서도 우리의 권리를 찾아보려고 했으나 자연 상태에서는 그것을 발견하지 못했고, 정치 사회의 상태에서만 그것을 발견할 수 있었다." 그가 말하는 정치 사회는 영국 정체, 관습법, 식민지 특허장에 의해 규정되는 것이지, 자연법에 의해 정의되는 것이 아니었다. 갤로웨이는 자연을 권리의 토대로 삼는 것을 거부했는데, 그런 자연권에 대한 폭넓은 관점이 결국 독립 주장으로 귀결되는 것을 두려워했기 때문이었다. 그러나 대륙회의의 흐름이 영국 의회의 권위를 거부하되 그 이상의 과격한 요구는 피하려는 것임을 잘 알고서, 그는 식민지의 권리 주장은 결국 "우리 선조가 아메리카로 이민 온 이래로 영국 의회가 제정한 모든 법률로부터 면제받는 것"하나로 귀결된다고 선언했다.[38]

갤로웨이는 아마도 이런 공식 표현을 내심 믿지 않았을 것이며, 다른 사람들도 그것을 진지하게 받아들이지 않았다. 대부분의 대표는 식민지의 권리가 리처드 헨리 리의 주장처럼 "자연, 영국 헌법, 특허장, 아주 오래된 관습이라는 네 가지를 토대로 한다"고 믿었다. "가장 넓은 토대인 자연"은 식민지인에게 가장 많은 보호를 제공했다. 리는 식민지인이 추가적인 권리 침해로부터 보호받기 위해서는 이 자연권의 방어가 필요하다고 말했다. 제이, 윌리엄 리빙스턴, 로저 셔먼Roger Sherman 등도 이와 비슷한 주장을 펴서 대륙회의를 흡족하게 했다. 그리하여 토론이 시작된 당일, 위원회는 식민지의 권리가 자연법, 영국 헌법, 식민지 특허장에 바탕을 두고 있다고 동의했다.

대륙회의 소위원회 구성

이런 일반적인 합의를 권리 선언으로 작성하는 일은 소위원회가 맡았고, 대위원회는 참을 수 없는 법에 대응하기 위해 구체적으로 어떤 조치를 취할 것인지를 논의했다. 이 문제는 9월과 대륙회의가 산회한 10월 말까지 주된 토의 사항이었다. 특히 영국 의회가 식민지 무역에 어떤 권한을 행사할 수 있는가 하는 문제에 많은 시간을 할애했다.

9월 후반에는 수입 거부, 소비 거부, 수출 거부의 문제가 무작위로 다루어지면서 혼란스런 토론이 시작됐다. 매사추세츠 대표들은 토머스 쿠싱과 두 명의 애덤스를 내세워 즉각적인 대영 무역의 중단을 요구했다. 그러자 각 지방의 이해관계가 충돌했다. 전에 공동의 대의를 힘차게 주장하던 버지니아인은 1775년 8월 10일 이전에는 수출을 억제하는 조치에 동의하지 말라는 지시를 받고 회의에 참석했다. 이 날짜는 1774년 수확된 버지니아 담배가 건조를 거친 후 출시되는 최종 시점이었다. 사우스캐롤라이나인도 수출 거부에 대해 이견이 있었는데, 그 조항이 쌀과 인디고에 적용돼서는 안 된다는 것이었다. 두 작물은 모두 영국 시장으로 수출되는데 수출 금지를 1775년 8월 이후로 미루려는 버지니아의 반대는 수출 금지를 아예 막아보려는 사우스캐롤라이나의 결의에 힘을 실었다.[39]

남부 식민지인의 가장 큰 우려와 요구 사항들이 이처럼 개진되고 난 뒤, 대륙회의는 수입 금지 쪽으로 시선을 돌렸다. 이 문제에는 상당한 합의가 이루어져 영국과 아일랜드로부터의 수입은 1774년 12월 1일 자로 중단하기로 결정했다. 이로써 다시 대영 수출 금지 문제를 논의할 수 있을 것 같았다. 대륙회의가 이 어려운 문제를 해결하려고 시도할 때, 펜실베이니아 대표인 조지프 갤로웨이는 영국과의 갈등을 수출 거부 등 제재 조치로 해결할 것이 아니라 13개 식민지 의회에 의해 선출된 아메리카 의회를 설립하는 헌법적 개정으로 해결하면 어떻겠느냐는 주장을 내놓았다. 이 '아메리카 의회'와 영국 의회는 상업 등 영국과 식민지의 공동 관심사에 관해 공동으로 법을 제정할 수도 있으리라는 얘기였다. 그러한 법안들은 어떤 것이든 발효되기 전 '두 의회' 양쪽의 승인을 받아야 할 것이었다. 또 순수한 현지 문제들은 각 식민지의 의회가 해결하면 될 터였다.[40]

갤로웨이의 계획은 당시 영국과 아메리카에서 널리 신봉되던 전제
사항에 바탕을 둔 간단한 논리였다. 즉, "족장제, 군주제, 귀족제, 민주
제와 같은 정부의 성격에 관계없이 모든 정부는 최고 권한을 가진 의
회를 둬야 한다"는 전제였다. 갤로웨이는 상당한 설득력을 발휘하며
이 제안을 개진했고, 제임스 두에인, 존 제이, 에드워드 러틀리지는 이
제안에 찬성했다. 심지어 러틀리지는 "거의 완벽한 계획"이라고 말
하기까지 했다. 그러나 다른 대표들은 완벽함에 의문을 표시했다. 가
령 버지니아의 패트릭 헨리는 "갤로웨이의 계획을 채택할 경우, 우리
의 선거구민은 부패한 영국 의회로부터 해방되겠지만, 다시 아메리카
의회의 마수에 걸려들 것이다. 그 의회는 온 세상을 향해 뇌물이 정부
제도의 일부라고 선언한 나라에 의해 다시 매수될 것이다"라고 주장
했다. 아메리카 의회가 영국 의회와 비슷한 부정부패의 제도로 전락

제1차 대륙회의 1774년 13개 식민지 중 12개 식민지 대표가 모여 첫 번째 대륙회의를 열었고, 대영 제국과
의 무역 중단을 촉구하는 대륙협회 선언문을 발의했다. 그림 가운데 연설하는 사람이 패트릭 헨리다.

할 것이라는 가능성은 헨리 이외에 다른 대표도 우려하는 바였다. 게다가 많은 대표는 과연 이 계획으로 현재의 위기에서 벗어날 수 있을지에 대해 의문을 품었다. 리처드 헨리 리는 지난 여러 세기 동안 어려움에 빠진 대표들이 전가傳家의 보도寶刀처럼 써먹은 수법을 꺼냈다. 그는 선거구민의 의사를 물어본 뒤 입장을 결정하겠다고 대답했다. 대륙회의는 당분간 이 계획을 보류하기로 결정했는데, 식민지들의 의견이 6대 5로 갈리면서 단 한 표 차이로 그런 결정이 났다.[41]

갤로웨이와 그의 보수적인 지지자들의 주장을 물리친 뒤 대륙회의는 여러 개의 위원회를 구성해 일을 분담하기로 했다. 수입 거부, 소비 거부, 수출 거부 등의 합의안을 실행할 기구를 설립하는 일 등 해치워야 할 난제들이 많았기 때문이었다. 9월 중 거의 모든 대표가 진이 빠질 정도로 논의했던 아메리카 권리 문제도 마무리를 져야 했다. 일부 신중한 대표들이 국왕에게 고충을 처리해달라는 탄원서를 제출하자고 제안했고, 만약 대륙회의가 국왕에게 상황을 설명할 거라면 영국 국민에게도 역시 설명을 해야 하는 것이 아니냐는 얘기가 나왔다. 위원회들이 그런 탄원서를 작성할 수 있었으므로, 대표들은 위원회를 구성했다.

각 위원회가 실무를 추진하던 10월 초에 다른 대표들도 손 놓고 가만히 있지는 않았다. 모두들 뭔가 해야 한다고 느꼈는데, 특히 회의장 밖 분위기가 그런 느낌을 더욱 강화했다. 매사추세츠 대표단은 보스턴시가 겪고 있는 압제에 관한 소문을 전했고, 10월 6일 보스턴에서 폴 리비어Paul Revere가 서픽 결의안과 보스턴 통신 위원회의 편지를 가지고 말을 달려 대륙회의에 왔다.

서픽 결의안은 새뮤얼 애덤스가 신임하는 부하인 조지프 워렌이 작성했고 서퍽 카운티가 1774년인 9월 9일 채택했다. 당시 과도한 현상이 날마다 벌어지기는 했지만, 결의안은 지나치게 과도한 수사를 사용했다. 이 결의안의 서문은 참을 수 없는 법이 비헌법적이라는 선언에 그치지 않았다. 서문은 그 법을 묘사하는 데 "살인적"이라는 단어를 쓰기도 했다. 서문은 거기서 한술 더 떠서 저항을 촉구했다. 참을 수 없는 법이 철폐될 때까지 매사추세츠 주민은 국왕에게 내는 세금을 거부하고, 영국·아일랜드·서인도제도와의 무역 거래를 중단하며, "영국 상품과 제품"을 소비하지 말자고 주장했다. 그는 또한 전쟁에 나갈 준비를 하라고 촉구했다.

폴 리비어가 가져온 보스턴의 편지는 시민이 무슨 행동을 해야 하는지를 대륙회의에 묻고 있었다. 영국군이 도시의 경비를 강화하고 식민지 의회가 해산된 상태이므로 조언과 리더십이 절실히 필요한 상황이라는 것이었다. 보스턴 주민은 도시에 그대로 머물러야 하는지 아니면 도시를 떠나야 하는지 혼란스러워 했다. 그들은 어떤 행동을 취하기 전 대륙회의의 조언을 원했다.[42]

보스턴의 지도자들이 대륙회의로부터 어떤 조언을 듣기를 원했는지는 불분명하다. 그들이 받은 것은 달래는 내용 외엔 별 것 없는 안전한 조언들이었다. 그 조언들은 매사추세츠 정부 법에 따라 관직에 오른 사람들을 비난하는 내용과, 참을 수 없는 법을 시행하기 위해 무력을 사용한다면, "온 아메리카가 보스턴의 저항운동을 지원할 것"[43] 이라는 내용이었다. 대륙회의는 이런 표현에 도달하기 전 여러 의견을 들었다. 가령 갤로웨이의 고상한 견해는 보스턴이 알아서 처리하도록 그냥 내버려두라는 것이었다. 반면 크리스토퍼 개드즈던은 영국군이 병력을 강화하기 전 민병대가 그들을 공격해야 한다고 주장했다. 이런 두 의견에 비하면 대륙회의가 도시의 소개疏開를 권유해야 한다는 리의 제안은 상당히 합리적이었으나, 이 또한 거부당했다.

권리선언과 대륙협회

보스턴 문제가 보류된 지 사흘 뒤인 10월 14일, 대륙회의는 권리선언을 발표하기로 합의했다. 식민지의 권리는 회의 첫날부터 대표들이 골몰해온 문제였다. 그들은 이제 식민지의 권리가 자연법, 영국 헌법, 식민지 특허장에 바탕을 두고 있다는 선언문을 채택했다. 이 세 가지 권리의 원천은 타협의 산물이었으나, 선언 자체는 결코 약하지 않았다. 그렇지만 전혀 새로운 것도 아니었다. 이 선언문이 주장한 권리들은 거의 10년 동안 아메리카의 대의로 주장되어온 것이었다. 이 선언은 식민지가 스스로 과세하고 입법하겠다는 의지를 대내외에 천명했다. 아메리카인은 "영국 의회"에 대표를 파견하지도 않았고, "아메리카 현지의 사정이나 기타 사정 등으로 인해 대표를 파견할 수도 없었다."[44]

선언의 이 부분은 대륙회의에서 폭넓은 지지를 이끌어냈다. 그다음 사항은 이보다 지지를 덜 받았지만 그래도 과반의 지지를 얻었다. 즉, 식민지는 사안의 필요에 따라 "외부 상업"의 규제에 대해 "흔쾌히 동의하고" 그런 규제에 "영국과 아메리카의 상호 이익"이 존재한다는 것을 인정한다는 선언이었다. 선언문의 이 부분에는 두 명의 애덤스, 리처드 헨리 리, 그리고 영국 의회가 아메리카를 통치하는 권한을 갖고 있다는 주장을 전면적으로 거부하는 사람들의 의사가 반영됐다. 나머지 부분들은 선언의 요점을 잘 드러냈다. 식민지는 국왕에 대

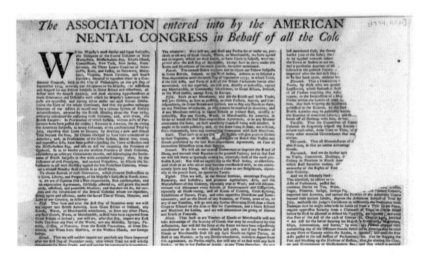

대륙협회 선언문 영국 의회의 '참을 수 없는 법'을 식민지 자유에 대한 위협으로 간주하고 수입 거부 운동을 촉구하는 선언문. 토머스 제퍼슨, 존 애덤스, 사무엘 애덤스, 패트릭 헨리, 조지 워싱턴 등 각 지역 대표들의 서명이 아래 보인다.

한 충성 의무를 인정하지만, 식민지의 권리를 침해하는 "영국 의회의 법들"은 받아들일 수 없다는 것이었다. 그리고 의문의 여지가 없게 하기 위해, 대륙회의는 영국 의회가 저지른 "위반과 침해"의 사례를 열거했다.

대표들은 선언문을 작업하는 동안, 수입 거부, 소비 거부, 수출 거부를 실천하는 구체적인 방안을 결정했다. 그들은 여기서 곧 난관에 봉착했다. 사우스캐롤라이나 대표단은 고향 농장주들의 이익을 위해 철저히 입을 다물었다. 사우스캐롤라이나 대표들은 쌀과 인디고가 수출 금지 품목에서 제외되지 않는다면 '대륙협회'에 서명하지 않겠다고 버텼다. 무역 제한에 대한 합의가 요구되었기 때문이다. 그들의 선언은 다른 대표들에게 항의를 받았지만, 캐롤라이나 대표들이 쌀만 보

호해달라고 하자 대륙회의가 양보했다.[45]

대륙협회는 "대영 수입 금지는 12월 1일부터 발효하며, 동인도회사 차의 소비 거부는 즉각 시행하고, 대영 수출 금지는 필요시 1775년 9월 10일 이후에 실시한다"고 지시했다. 대표들은 이러한 지시 사항이 무력의 뒷받침 없이는 성공할 가능성이 없다는 사실을 알았다. 이 지시 사항에 힘을 실어주기 위해, 대륙회의는 '모든 지방, 도시, 마을'에서 의회 의원들을 투표할 자격이 있는 사람들에게 위원회를 선출할 것을 요구했다. 이 위원회는 지난 10년 동안 합의안을 시행한 다른 위원회처럼 대륙협회의 결의안을 시행할 예정이었다. 물론 모든 도시에 이런 위원회가 설치된 것은 아니었지만, 여러 위원회들이 층을 이룬다면 약속 위반의 여지도 크게 줄어들 것이었다. 대륙협회 산하의 위원회는 일찍이 아메리카의 어떤 정부도 누려보지 못한 운영권을 갖게되었다. 그들은 세관 장부를 검사하고, 위반자들의 이름을 현지 신문에 보도하며, 이제 "아메리카 자유의 적들"[46]로 규정된 위반자들과의 "모든 거래를 중지"시킬 수 있었다.

대표들은 10월 20일 대륙협회 안에 서명했다. 그들은 남은 며칠을 이용해 국왕에게 보내는 탄원서와 영국, 아메리카, 퀘벡의 주민에게 보내는 연설문을 작성했다. 국왕에게 보내는 탄원서는 별로 큰 열의를 이끌어내지 못했다. 가령 워싱턴과 존 애덤스는 그 탄원서가 사태를 시정해줄 것이라고 보지 않았다. 대륙회의는 영국 의회에 탄원서를 보낼 생각조차 하지 않았다. 그 기관에 탄원서를 보내면 영국 의회가 아메리카에 관해 무슨 권위라도 가진 것처럼 보일 우려가 있기 때문이었다.

대륙회의는 10월 26일에 산회했다. 그리고 필요할 경우 1775년 5

월 10일 2차 회의를 개최하기로 합의했다. 어떤 외부 인사가 대표자들의 편지와 일기를 읽었다면, 그는 산회가 적시에 이뤄졌다고 생각했을 것이다. 대표들은 피곤한 기색을 보였다. 열심히 일해서 피곤한 것도 있었지만 서로에 대해서도 피곤함을 느꼈다. 회의 내내 동료들의 재치와 웅변에 짓눌렸던 존 애덤스는 산회하기 이틀 전 짜증을 느껴 "대륙회의에서 평소와 마찬가지로 불평과 설전이 벌어졌다"고 기록했다. 이어 그런 설전에 신경이 날카로워진 애덤스는 에드워드 러틀리지에 대해 일기에다 이렇게 썼다. "젊은 네드 러틀리지는 형편없는 녀석이다. 참새, 공작새, 허영 많고 허약하며 변덕스럽고 지루하며 모자라고 유치한 녀석이다."[47]

　이런 감정을 느꼈음에도, 대표들은 상호 존중심이 가득한 상태로 필라델피아를 떠났다. 그들은 대표인 자신들과 주민이 공동의 이해와 가치를 공유한다는 것을 증명해보였다. 한동안 그들의 이해관계, 특히 경제적 이해관계가 그들을 분열시킬 뻔했으나 결국 대륙협회를 성사시켰다. 협회는 아메리카인들을 함께 묶는 가치를 표현했고, 자치권을 보호하려는 욕망에는 정체론을 초월하는 도덕적 관심사가 깃들어 있음을 보여주었다. 그들은 다음과 같은 결의를 했다. "검소, 절약, 근면을 권장하며, 사치와 낭비, 특히 모든 종류의 경마, 모든 종류의 놀이, 투계, 과시적 행사, 연극, 기타 값비싼 여흥과 오락을 억제하고 불용不용한다."[48] 이런 결의를 통해 도덕이 대륙협회의 근간이 되었다. 이처럼 청교도의 기준을 숭상한다는 의도를 밝힘으로써, 대륙회의는 독재 정부에 저항하는 또 다른 무기를 발견했다고 주장했다. 왜냐하면 대륙회의는 아메리카인에게 그들의 미덕인 공공 복지에 관한 헌신이 곧 정치적 자유의 밑바탕이라고 상기시키려고 했기 때문이다. 실제로 대륙회의는 그런 미덕이 없으면 모든 종류의 자유가 사라지고 말 것임을 아메리카인에게 각인시키려고 했다. 대륙회의가 검소, 절약, 근면을 권장하며 사치와 낭비를 비난한 것은 결코 우연한 일이 아니었다. 대륙회의는 아메리카인이 이해하는 어휘들만 골라 썼다. 그 어휘는 식민지 창건 이래 아메리카에 존재해온 프로테스탄티즘에서 나왔다. 청교도 윤리를 강조하면서 아메리카인들은 오래된 생활방식을 상기해냈다. 18세기 동안, 인생 내내 더 많이 획득하고 소비하라는 강요 때문에 잊어버렸던 이전의 생활방식 말이다. 영국과의 위기가 닥치면서 아메리카인은 자신이 본래 어떤 사람이었는지 계속 고민해야 했고, 대륙협회는 아메리카인에게 검소하고 절약하는 생활이라는 새로운 도전 과제를 제시했다.

전쟁

1차 대륙회의 이후에도 여전히 아메리카인들은 영국에
어떻게 대응해야 할지를 두고 논쟁을 벌였다. 그러나 식민지의
각 도시에 설치된 지역 위원회들은 지방정부를 대신해 사실상
권력을 장악하면서 점차 대륙협회의 뜻을 관철하는 데 성공했다.
영국 내각은 이와 같은 아메리카인들의 반란을 진압하라는 명령을
게이지 장군에게 내렸고, 렉싱턴과 콩코드에서 아메리카 민병대와
영국군 사이에 첫 교전이 발생하면서 전쟁이 시작됐다.

제1차 대륙회의 이후의 엇갈린 전망

1차 대륙회의에 참석한 대표들은 박수와 찬탄을 받으며 고향으로
돌아갔다. 적어도 일부 대륙에서는 그랬다. 매사추세츠 대표들은 식사
와 연회 초대 때문에 귀향의 발걸음이 늦어졌다. 한동안 필라델피아
와 보스턴 사이에 있는 모든 지역에서 그들에게 경의를 표시하고 싶
어 했다. 매사추세츠 대표들은 이미 필라델피아에서 충분한 대접을
받았으므로 돌아가는 길에서는 꼭 필요한 곳만 빼놓고는 그런 초대를
공손하게 거절했다. 그럼에도 이들은 파머에서, 존 애덤스에 따르면
훌륭한 애향인사였던 스코트Scott 부부의 초대를 받아들여 그 집에 머
물렀다. 스코트와 그 지역 의사인 데이너Dana는 대륙회의의 조치를 반
가워하면서 영국 의회가 결국은 참을 수 없는 법을 폐지하고 그 뒤에

는 무역을 규제하는 일에만 집중할 것이라고 믿었다. 애덤스는 "스코트 부부는 영국 의회가 이번 겨울 내에 모든 법을 폐지할 것이라고 굳게 믿고 있었다"고 일기에다 적었다. 이어 회의적인 어조로 "나는 이 의사나 스코트 부부처럼 그런 강력한 믿음을 갖고 있지 않다"라고 덧붙였다.[1]

이처럼 영국 의회가 굴복할 것이라는 사람들의 기대는 대륙회의의 조치가 동의를 얻을 수 있었던 이유 중 하나였다. 그럼에도 절대 다수의 아메리카인이 존 애덤스의 회의론에 동의했으며, 그 위기가 계속된다고 하더라도 별로 개의치 않았다. 애덤스는 파머에서 이른바 '화약 소동'에 대해 더 많은 것을 알게 되었다. 그것은 9월 초 여러 식민지를 휩쓸고 지나간 소문인데, 게이지 장군이 이미 찰스타운에 저장돼 있던 화약을 탈취해갔다는 내용이었다. 하지만 그것이 헛소문으로 밝혀지자 그 평계로 상비군과 싸우려고 했던 사람들은 실망했다.[2]

일부 대표들은 영국이 한발 물러서야 평화가 지속될 터인데 그런 전망은 매우 어둡다고 기록했다. 존 디킨슨은 당시 매사추세츠 연락책으로 런던에 있던 아서 리Arthur Lee에게 보낸 편지에서 자신의 견해를 밝혔다. "나는 평화를 간절히 바랍니다. 평화가 즐거운 것이기는 하나, 예기치 못한 방식으로 찾아올 때 가장 고마울 것입니다." 여기서 디킨슨의 표현은 아주 야릇하다. 식민지 상황이 전쟁에 처한 것도 아니고 그렇다고 해서 평화로운 것도 아니라는 속뜻이었다. 디킨슨과 애덤스의 견해는 당시 대륙회의 내에서 우세했던 의견을 대표했다. 두 사람은 자신들이 대륙회의에서 한 역할 때문에 반역자로 체포되어 영국으로 압송되어 재판을 받을 가능성은 낮게 보았지만, 다른 대표들은 회의 중이나 나중에 그렇게 될지도 모른다는 우려로 고민했다고

시인했다.[3]

　그렇지만 사람들의 칭찬은 대부분의 대표를 즐겁게 했고, 특히 칭찬이 계속될수록 더욱 즐거워했다. 신문들은 대륙협회의 내용을 게재했고, 지역회의와 현지 위원회들은 계속 축하의 메시지를 보내왔으며, 대표들이 필라델피아에 머물면서 발생한 비용을 서둘러서 환급해줬다. 이처럼 식민지의 찬탄이 계속됐지만 곧 정반대 현상도 나타났다. 대륙회의와 그 업적을 욕하고 비난하는 태도였다. 이런 비난은 주로 신문과 소책자에 익명의 저자가 쓴 논평의 형태로 나타났다. 이 글들에 대한 우호적인 답변들 역시 무기명이었다. 그 필자들은 대부분 무명 인사였으나, 이미 유명했거나 곧 유명해질 사람들도 여러 글을 집필했다.

　대륙회의 비판자들 중에는 그 회의에 대표로 참가했던 조지프 갤로웨이가 있었다. 그는 대륙회의에 참가하기 전부터 식민지와 영국의 관계를 깊이 생각해왔는데, 필라델피아에서 들었던 많은 이야기도 그의 마음을 바꿔놓지 못했다. 영국 의회가 대영제국 내 최고의 지배권을 가졌으나 식민지 역시 나름의 권리를 가졌으므로, 갤로웨이는 영국-아메리카 연맹이 두 권리를 모두 보호해줄 가장 좋은 수단이라고 확신했다. 그러나 그는 대륙회의에서 "그 빌어먹을 보잘것없는 독립"이라고 평한 독립의 열망을 보았고, 자신의 열망과 상충되는 비전 때문에 우울해졌다.[4]

　갤로웨이는 한 소책자에서 자신의 입장을 설명하면서 민중 지도자들에 대한 경멸감을 감추지 않았다. 다른 사람들도 비록 영국-아메리카 연맹이라는 그의 거대한 계획에 동의하지는 않았지만 그런 경멸감은 공유했다. 대륙회의를 가장 경멸했던 사람들 중에는 매사추세츠의 브리스톨 카운티에 사는 법률가인 대니얼 레너드Daniel Leonard 가 있었다. 레너드는 매사추세츠 출신임을 암시하는 '매사추세텐시스 Massachusettensis'라는 필명으로 글을 썼고, 이에 맞서 존 애덤스는 뉴 잉 글랜드를 나타내는 '노방글루스Novanglus'라는 필명으로 그에게 답변 했다. 이 두 사람의 편지에서는 매우 거친 공격이 오갔고 독립에 대한 열망 역시 제기되고 또 거부됐다.[5]

국교회 성직자인 새뮤얼 시버리Samuel Seabury와 뉴욕 킹스 칼리지의 학생 알렉산더 해밀턴Alexander Hamilton 사이의 소책자 싸움은 더욱 치열 했다. 시버리는 만약 아메리카인이 대륙회의의 지시를 따른다면 전쟁 이 발생할 것이라고 예측했다. 해밀턴은 전쟁을 두려워하지 않았다. 그는 시버리에게 보낸 답변에서 화려한 수사적 솜씨를 과시하면서 아 메리카의 권리를 굳건히 옹호했다.[6]

이런 설전과 다른 사례들은 영국 의회의 권한을 놓고 심각한 의견 분열이 아메리카에 있었음을 보여주었다. 대륙회의는 대중적인 기구 였고 아메리카인 과반수의 지지를 받고 있었다. 하지만 어떤 사람들 은 대륙회의의 조치에 의문을 표시하고 반대했다. 또한 그보다 많은 사람은 오래된 충성심과 대영제국을 벗어난 미래에 대한 공포 때문에 의견을 드러내기 주저하고 있었다.

강의 신들 매사추세츠의 분노에 직면하다

이처럼 애매모호한 상황에서는 공격에 나선 사람이나 구체적인 행 동 강령이나 정책을 가진 사람이 주도권을 잡게 되어 있다. 대륙협회 는 그런 정책을 표명했고, 그 정책을 실천할 수단도 제안했다. 그 수단은 식민지의 마을, 카운티, 도시에 이미 설치된 위원회들이었다. 이 위원회들은 공식적 권한은 갖고 있지 않았지만 사실상 정부 역할을 하고 있었다. 이런 비공식 권력의 가장 성공적인 형태는 매사추세츠와 버지니아에서 가장 극단적으로 나타났는데, 위원회는 기존의 권위를 완전히 축출해버리지 않았을 뿐 사실상 그 권위를 모두 인수한 상태였다.

게이지 장군은 10월 초 매사추세츠 의회가 소집되기도 전에 의회를 해산함으로써 부지불식간에 이런 단체들에게 기회를 제공했다. 그렇게 최초의 지역회의가 10월 말에 수립됐고, 매사추세츠에는 사실상 혁명 정부가 들어섰다. 그러나 게이지가 의회를 해산하고 그 자리에 지역회의가 들어서기 오래전부터 소규모 정치적 혁명이 이미 매사추세츠 서부에서 벌어지고 있었다.

매사추세츠 서부에는 햄프셔와 버크셔라는 두 카운티가 있었고, 이곳에는 식민지 전체 인구의 약 15퍼센트가 살았다. 이 지역을 가로지르는 코네티컷강은 목재, 가죽, 고기, 곡식 등을 외부로 수송하는 수단이 되었다. 이 지역의 가장 중요한 지역은 강의 연안을 따라 생겨났고, 서부 주민은 대부분 코네티컷강 계곡과 버크셔의 비좁은 공간에서 농사를 지으면서 생계를 유지했다.[7]

소수의 지역 토호가 한 세대를 넘는 기간 동안 이 서부 지역을 지배했다. 그들은 하트필드의 이스라엘 윌리엄스Israel Williams, 존 워딩턴John Worthington 대령, 조지프 홀리Joseph Hawley 등이었다. 윌리엄스는 유능하고 강인한 정신의 상인인 동시에 토지 투기꾼이자 정치가였다. 워딩턴은 스프링필드 지역에서 윌리엄스와 비슷한 위세를 떨쳤고, 홀리는 토지 투기를 하지 않았다는 점 등에서 두 사람과 달랐으나 노샘프

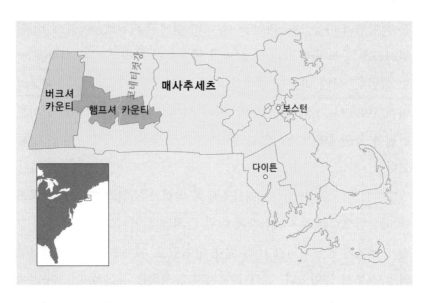

매사추세츠 서부 정치적 혁명의 발원지 햄프셔 카운티, 버크셔 카운티, 코네티컷강은 매사추세츠 서부 정치적 혁명의 발원지다.

턴에서 마음대로 지역 행정을 주물러댔다. 이 세 사람과 그들 가족 외에도 그들과 유사한 소수의 사람들이 있었는데, 스토다드 가문Stoddards과 파트리지 가문Partridges이 대표적이었으며 앞서 언급된 세 사람과 인척 관계인 경우가 많았다. 이들은 계곡 일대를 완전히 장악해 '강의 신들River Gods'이라는 별명을 얻었다.

강의 신들은 정치에도 깊숙이 개입했다. 그들과 그들의 친척 및 측근은 판사, 도시 행정위원, 도시 서기, 보안관 등으로 근무하면서 모든 소속 관청들을 완전히 장악했고, 사업상의 지배력과 국왕이 임명한 보스턴 총독과의 연줄로 다른 모든 행정 업무도 사실상 좌지우지했다. 오로지 조지프 홀리만이 보스턴과 일정한 거리를 유지했다. 그는 총독과의 유대 관계를 고집스럽게 거부했음에도 스스로의 노력으로 노샘프턴의 공공 행정 업무를 장악했다.

다른 강의 신들은 버나드나 허친슨과 다름없이 제국주의 정책에 대한 소요 사태를 우려의 시선으로 바라보았다. 강의 신들은 동부의 왕당파 토리들이 선망하는 권력을 실제로 이미 행사하고 있었기 때문에, 보스턴 사람들이 폭동을 일으키고 항의를 하는 동안에도 서부를 평온하게 유지할 수 있었다. 그들은 인지세법을 무시했고 톤젠드 법 당시의 수입 거부 운동도 무관심하게 바라보았다. 그들은 1768년에 나온 아메리카 식민지 담당 장관 힐즈버러의 회람 편지를 불쾌하게 여기지 않았으나 그들이 매사추세츠 의회로 보낸 의원 중 여섯 명은 힐즈버러 식민지 장관에 도전한 '영광스러운 아흔둘'의 편에서 표를 행사했다. 다른 세 명의 의원은 이 유명한 결정을 내린 회의에 참석조차 하지 않았다. 그래도 서부는 다음 해인 1769년에 이 세 명을 그대로 식민지 의회에 또다시 진출시켰다. 이처럼 힐즈버러에 찬성하고서 살아남은 의원은 식민지 전역에서 세 명을 제외하고 두 명이 더 있을 뿐이었다. 서부는 새뮤얼 애덤스의 회의도 대수롭지 않게 여겼다. 햄프셔 카운티의 여러 지역에서 오로지 한 명의 대표만 그 회의에 참석했고, 버크셔 카운티에서는 아예 참석하지 않았다.

강의 신들은 그동안 그들이 주민에게 강요해온 복종 때문에 부지불식간에 빚을 지고 있었다. 수천 명에 달하는 보통 사람들이 그들 때문에 겪은 굴종과 인내로 인해 증오심을 품었던 것이다. 1772년에 영국 내각이 상급법원 판사들의 봉급을 식민지 의회의 소관으로 하지 않고 세관 수입에서 지불하는 것으로 의결하자, 강의 신들에 대한 증오심이 서부에서 노골적으로 터져 나왔다. 6개 도시가 이 새로운 정책에 반대하는 결의안을 통과시킨 것이다. 현지 법원들은 증오의 대상이었다. 강의 신들과 그 측근들이 법원을 이용해 소액 채무자들을 억압하며 무자비한 모습을 보였기 때문이다.

참을 수 없는 법들은 확실히 참아줄 수 없는 것들이었다. 특히 특허장을 폐지하고 사법 행정을 대중의 통제로부터 멀리 떼어놓은 법들이 문제였다. 그동안 수면 아래 잠복해 있던 증오심이 일시에 터져 나왔다. 7월과 8월에 폭도가 카운티 법원들을 폐쇄했다. 햄프셔에서는 1778년까지, 버크셔에서는 1781년까지 법원들은 폐쇄된 상태로 있었다. 법외 기구들인 도시와 카운티 회의들이 개최돼 그들 나름의 법원을 설치했으며, 어떤 경우에는 여전히 합법성을 주장할 수 있었던 시청회의에 모든 사무를 이관했다. 예를 들어 피츠필드의 시청은 특별위원회를 임명해 사건들을 심리하게 했다. 다른 지역들은 이미 업무 부담이 많은 도시 행정위원들에게 의존했다. 매사추세츠 동부의 사람들은 이런 조치들을 예의 주시했고, 그 결과 보스턴에서는 소배심원과 대배심원들이 업무를 거부함으로써 상급법원을 폐쇄시켰다.

이러한 조치들은 강의 신들에게 굴욕감을 안겨주었으나, 그들은 곧 주민의 분노를 더욱 직접적으로 느끼게 되었다. 이스라엘 윌리엄스와 존 워딩턴 대령은 국왕이 임명한 만다무스 카운슬mandamus council의 위원으로 임명됐다. 이 자문 위원회는 매사추세츠 행정법에 의해 새롭게 구성된 국왕 직속 기관이었다. 두 사람은 감히 그 임명장을 받아들일 생각도 하지 못했다. 그들이 미처 임명 거부 의사를 밝히기도 전에 성난 군중이 몰려와 그들을 위협하자 공개 사임했다. 워딩턴 대령은 완전히 겁을 집어먹고 편을 갈아타면서 동부 기성 체제와 다져왔던 오랜 유대 관계를 단절했고 이스라엘 윌리엄스는 자신의 권력이 사라진 것을 인정했지만 열성파들의 행동은 싫다고 말했다. 윌리엄스가 자문위원 지위를 거부한 지 오랜 후인 1775년 2월에, 그는 군중의 또 다른 방문을 받았다. 당시 군중은 영국 왕당파인 그가 자신들의 비위에 맞춰 행동하기를 노골적으로 기대했고, 토리들에게 아첨 비슷한 행동을 요구했었다. 이에 굴복하지 않았던 윌리엄스는 그날 밤을 훈제소에서 장작 냄새와 훈제 고기 냄새를 맡으며 보내야 했고 이후로는 조용히 입을 다물었다.

만다무스 위원들은 보스턴에 주둔한 영국군으로부터 보호를 받지 못했기에 윌리엄스나 워딩턴 대령과 비슷한 대우를 받았다. 티모시 러글스Timothy Ruggles는 자신의 임명 건이 알려진 뒤 하드윅의 친구에게서 집으로 돌아가지 말라는 경고를 받았다. "여기에는 자네의 피를 보겠다고 하는 사람들이 있네. 그들은 기꺼이 자네의 피를 보고 싶어 하는 다른 많은 사람에게 영향력을 가지고 있어."[8] 우스터에서 2000명이나 되는 폭도의 방문을 받은 티모시 페인Timothy Paine은 강요에 못 이겨 사직서를 써야 했다. 그 사직서에는 그가 원하지도 않은 임명을 받아들여서 참으로 잘못했다는 사죄의 문장까지 쓰여 있었다. 그는 군중 한가운데에서 모자를 벗은 채 사직서를 낭독하기까지 했다. 우스터 군중 가운데는 여러 민병 중대가 포함돼 있었는데, 그들은 또 다른 카운슬 위원을 찾아서 북서쪽으로 약 19킬로미터 떨어진 러트랜드까지 행군했으나 그 위원은 그들이 도착하기 전에 도피했다. 대니얼 레너드에게도 군중이 찾아왔다. "그들은 내 집 앞에서 전투 대형을 짜고 서 있었다."[9] 이 군중은 좀처럼 물러가려 하지 않았으며 그날 밤 그의 집에 총격을 가했다.

이런 전술은 효과를 보았다. 보스턴의 대피소로 도피하지 못한 거의 모든 카운슬 위원들이 사임했고, 보스턴에 남아 있던 위원들은 종 잇조각에 불과한 권력을 행사했을 뿐이었다. 보스턴 이외의 지역에서는 현지 단체, 시청, 회의, 위원회, 때로는 군중 등이 사실상 정부 노릇을 했다. 회의와 위원회는 전통적인 방식들에 구애받지 않으면서 저항의 에너지를 대부분 받아들였고, 정치적이고 군사적인 자원이 되는 조직들의 통제권을 장악했다.

대영 무역의 중지는 이 단체들이 할 수 있는 가장 쉬운 일이었다. 보스턴 항구를 폐쇄함으로써 영국에서의 수입은 이미 원천 봉쇄되었다. 보스턴 외곽의 열혈 인사들은 도시의 주민을 완전히 대피시켜서 영국군에 대한 공격을 준비하려고 했다. 농촌 지역 지도자 대부분과 마찬가지로 보스턴 위원회 역시 이 제안을 못마땅하게 여겼다. 하지만 여름 내내 이 열혈 인사들은 함께 모여 행동 계획을 짰으며, 전쟁을 모의하지는 않았지만 대비는 하고 있었다. 우스터 카운티의 남자들이 특히 적극적이었다. 그들은 8월에 만나 아메리카에 대한 영국 의회의 모든 권한을 거부하면서 더 큰 규모의 대중 집회를 요청했고, 미들섹스, 서픽, 에섹스 카운티 등의 대표들과 함께 보스턴의 대중 집회에 참석했다. 9월 초 우스터 회의는 카운티 법원들을 폐쇄했고 민병대를 재조직하기 시작했다. 우스터 회의는 먼저 기존 민병대 지휘관 전원에게 사표를 받았고, 이어 '공동의 대의'에 대한 충성심이 철저한 사람을 새로운 지휘관으로 뽑으라고 지역에 촉구했다.[10]

현지의 이런 군사적 움직임 때문에 10월 초 마침내 지역회의가 개최됐다. 게이지는 이미 식민지 의회가 소집되기도 전에 그것을 해산시킨 바 있었다. 그러자 의원들과 다른 많은 대표가 케임브리지에서 만나 회의를 열었다. 이 회의에는 새롭게 각성한 농촌 지역이 평소 식민지 의회에 보내는 것보다 더 많은 대표를 파견했다. 예를 들어 햄프셔 카운티는 평소 20명의 대표를 보냈는데, 이번에는 39명을 보냈다. 그들은 전쟁으로 몰고 가는 조치들을 강력하게 밀어붙임으로써 열의를 표시했다. 매사추세츠 서부 대표들의 주도로 지역회의는 무기와 탄약 예산 2만 파운드를 3주 만에 승인했는데, 이 돈은 정부가 거두어들인 세금에서 나올 예정이었다. 또한 회의는 안전 위원회도 창설했는데, 그에 앞서 위원회가 서부 인사들로 채워지도록 조치했다. 그리고 이 위원회 또는 위원 다섯 명 이상의 결의로 민병대에 무기를 제공하고 각종 물품을 조달하며 행동에 나서도록 명령하는 것을 가능하게 했다. 지역회의에서 발언된 내용은 이 조치들보다 훨씬 더 호전적이었다. 한때 소극적이었던 어느 대표는 보스턴 주민을 대피시키고 그다음에 도시를 공격해 국왕의 수비대와 함께 불태워버려야 한다고 주장했다.[11]

지역회의는 10월 말 산회하면서 11월 마지막 주 이전에는 다시 소집하지 않기로 결정했다. 11월 말 소집된 지역회의는 1차 대륙회의의 토론 결과를 검토했다. 대륙협회는 매사추세츠 사람들에게 약한 조치처럼 보여서 그것을 승인하지 않았으나, 의무 사항을 강화하는 수단을 발견하자 마침내 승인했다. 또한 도시에 대한 농촌의 반감이 작용해, 수입 거부 운동이 시작된 직후부터 모든 수입품의 판매 또한 금지돼야 한다는 주장도 나왔다. 지역회의는 이 주장을 받아들여, 비록 1774년 12월 1일 이전에 합법적으로 수입된 것이라고 할지라도 1775년 10월 10일 이후에는 판매해서는 안 된다고 결정했다. 예전엔 상인들에게 속았지만 다시는 그런 일이 벌어져서는 안 된다고 다짐했다.[12]

12월 초 지역회의는 산회했으나, 그 직전에 보스턴 주둔군에 대해 어떤 조치를 취할 것인가를 두고서 험한 말이 오가는 논쟁을 벌였다. 새뮤얼 애덤스는 필라델피아에서 돌아와 뒤늦게 진행된 회의들에 참석했는데, 그는 서부인들이 하는 말에 호감을 느꼈다. 당연하게도 애덤스는 대규모 병력을 준비하기를 선호했다. 그가 볼 때 민병대는 2만 명 정도가 적당했고, 보스턴의 영국군을 즉각 공격하는 것이 타당한 행동 노선이었다. 그러나 다른 동부인들은 그리 확신하지 못했다. 그중에서도 토머스 쿠싱은 영국군을 공격할 경우 매사추세츠 식민지가 혼자서 싸워야 할 것이라고 말했다. 왜냐하면 다른 식민지는 영국이 노골적인 모욕을 가하지 않는 한 전쟁에 끼어들지 않으려고 할 것이었기 때문이다. 애덤스는 다른 식민지도 매사추세츠의 방어를 위해 망설임 없이 달려올 것이라고 장담했다. 그러자 쿠싱은 버럭 소리를 질러댔다. "애덤스 씨, 그건 거짓말입니다. 그것이 거짓말인 것을 당신도 나도 이미 알고 있지 않습니까."[13]

1774년 가을 버지니아의 지도자들 사이에서는 이런 격렬한 언쟁이 벌어지지 않았다. 심지어 상인들도 1차 대륙회의가 채택한 대륙협회를 만족하며 적극적으로 받아들였다. 그들에게는 그럴 만한 이유가 있었다. 대륙회의가 개최되기 직전인 8월 지역회의가 카운티 법원들을 폐쇄했기 때문이었다. 버지니아에 사는 스코틀랜드인 상사 대리인들과 상인들이 버지니아에 협회가 발족하기 전 부채를 미리 회수하려고 하자, 이를 막으려고 법원 폐쇄 조치를 강행한 것이었다. 스코틀랜드 상인들은 현지 법원을 통해 채무자들을 강하게 압박하고 있었다. 이제 대륙협회가 현지 합의를 대체하게 되자, 상인들은 그들에 대한 보복을 막으려고 대륙협회를 적극 수용하면서 선수를 친 것이었다.[14]

그들에게는 충분히 우려할 만한 이유가 있었다. 1년 전 버지니아 식민지 의회 소속 잔류 의원들의 독촉에 따라, 적어도 30개 카운티에서 자유농들이 영국과의 거래를 중단하는 문제를 논의했다. 당시 농부들은 수출 거부가 상책이라고 생각지는 않았지만, 버지니아에 영국 제품을 못 들어오게 하는 데는 대체로 동의했다. 1차 대륙회의 산회 후 두 달 사이에 버지니아 61개 카운티의 약 절반이 대륙협회의 뜻을 강제하기 위한 위원회를 구성했고, 나머지 카운티들도 1775년 초 그 뒤를 따랐다.

대륙협회, 아메리카의 적들을 제압해나가다

버지니아 위원회들은 대륙협회의 방침을 강제하기 위해 간단하면서도 정확한 두 가지 전제를 공유했다. 첫째, 대부분의 버지니아인이 대륙회의가 추천한 수단을 승인하고 있다. 둘째, 이러한 지지 기류 속에서 합의의 위반자를 공개적인 비난에 노출시키는 것은 가장 효과적인 처리 방법이다. 위원회는 위원들을 먼저 선출한 뒤 위원장을 뽑았다. 오렌지 카운티에서는 제임스 매디슨 시니어James Madison, 캐롤라인 카운티에서는 에드먼드 펜들턴Edmund Pendleton, 리치먼드 카운티에서는 랜던 카터, 찰스 시티에서는 벤저민 해리슨Benjamin Harrison이 선출됐다. 이들은 모두 저명한 농장주들이었는데, 상인들과 다른 농장주들을 협회에 참여시키는 일에 착수했다. 서명을 거부하거나 의무 사항에 항의하는 자는 '아메리카의 적'으로 낙인찍혔다. 예를 들어 알렉산더 렉키Alexander Leckie는 반대 의사를 표시했다가 캐롤라인 위원회의 분노를 샀다. 참석자 전원이 대륙협회에 서명할 것으로 기대된 공적 모임에 참석한 렉키는 옆에 있던 젊은 흑인에게 이렇게 말했다. "젠장, 잭,

몸을 돌려서 저기 가서 서명하고 와." 3주 뒤 렉키는 이런 경박한 태도와 부주의한 언행 때문에 공개 사과문을 발표해야 했다. 그는 대륙회의에 참석한 버지니아 대표들의 출장비 환급을 위한 모금 행사에서 "저 빌어먹을 놈들"이라는 욕을 했었고, 지역의 열성파인 워커 탤리아페로Walker Taliaferro가 1770년의 합의를 위반했다는 말을 널리 퍼트리기도 했었다. 그러나 렉키는 태도가 백팔십도 바뀌어 아주 고분고분하게 나왔다. 그는 "공개 비난과 공개적 분노의 힘"이 참으로 "무섭다"고 말했다. 이와 같은 곤경을 치른 사람들은 많았다. 존 모리스John Morris는 "우리 고장의 이익에 위배되는 말을 했다"는 이유로 위원회에 고발돼, "정말로 죄송하다"고 공개적으로 사과해야 했다. 웨스트모어랜드 카운티의 학교 교장인 데이비드 워드로브David Wardrobe는 아메리카를 "비방하고 욕하며 적대시하는" 편지를 썼다는 이유로 고발당했다. 위원회는 그 고발이 타당하다는 판결을 내리고서 워드로브의 학교가 현지 예배실을 사용하지 못하게 하는 지시를 내렸다. 또 학부모에게는 자녀를 워드로브의 학교에 보내지 말라는 통지를 보냈고 워드로브 자신은 《버지니아 가제트》에 참회한다는 반성문을 게재하라는 지시를 받았다. 그는 매우 비참한 어조로 다음과 같이 반성했다.

"저는 무릎을 꿇고서 이 고장의 용서를 청원하는 바입니다. 저는 이 고장에서 받은 혜택과 양식을 배은망덕하게 갚았습니다. 제 잘못에 대한 이런 참회를 통해 제가 크게 존경하는 사람들 사이에서 다시 살아갈 수 있기를 희망하며, 이것이 《버지니아 가제트》에 게재되기를 소망합니다." [15]

언론과 출판의 자유를 보호하는 절차가 독립 혁명 말기에 들어와 비로소 사법 과정에 분명하게 구현되기는 했지만, 워드로브나 기타 인사들에 대한 조치는 분명 탄압이었다. 워드로브도 분명 공포를 느꼈을 테지만, 그보다 훨씬 강압적인 사례도 많았다. 오렌지 카운티 위원회는 존 윈게이트John Wingate에게 그가 소장한 대륙회의를 비판하는 소책자들을 모두 제출하라는 명령을 내렸다. 겁을 주는 방식은 언론을 통제하고 신문을 검열하며 반대의견을 억압하는 이런 사건과 기타 많은 사건에서 사용됐다.[16]

위원회들은 이처럼 반대파를 탄압함으로써 영국과 서인도제도에서 오는 물품의 수입을 강제로 금지 할 수 있었다. 또한 위원회는 위반자들에 대한 직접적인 행동에도 나섰다. 예를 들어 가을에는 버지니아에서 소규모 차 사건이 발생했다. 상인들은 수입 금지된 물품을 폐기하지 않고 위원회에 맡긴 후 그 물품을 판매해달라고 빈번하게 요청했다. 이 덕분에 상인들은 수입품에 대한 투자 자금을 건질 수 있었는데 위원회가 물품의 판매 대금 중 본전은 상인들에게 돌려주고 이익금은 보스턴 빈민 구제 기금으로 사용했기 때문이다. 수입 금지는 모리배들, 즉 수입 금지 품목의 재고를 많이 가지고 있지만 양심은 별로 없는 상인들이 활동할 여지를 주었다. 위원회는 이런 모리배들에게 대응하는 방법도 가지고 있었다. 가령 캐롤라인 카운티에서는 물품의 상한가를 미리 정해놓았고, 폭리의 증거를 잡기 위해 상인들의 거래 장부를 불시에 검사하기도 했다. 그럼에도 불구하고 모리배처럼 행동한 몇몇 상인은 신문에 그 이름이 공개됐고 아메리카의 적으로 매도돼 사업과 사회로부터 매장됐다.

그해 말에 이르자 대륙협회는 완전히 효과를 발휘했고, 현지 위원회들은 던모어 총독의 서글픈 관찰대로 사실상 버지니아 정부가 되었다. 총독은 1774~1775년 겨울 버지니아 의회가 현지의 조치들을 지원하는 것을 막으려고 최선의 노력을 다했지만, 민병대를 조직하고 무기를 모으는 일까지는 막지 못했다. 이 두 가지 일은 각 카운티에서 순조롭게 진행됐다. 조지 워싱턴과 그의 친구 조지 메이슨은 페어팩스에서 민병대를 조직했고 그들의 지도 아래 카운티 위원회는 모든 과세 품목에 3실링의 세금을 부과했는데 이렇게 징수된 돈으로 군용품을 구입했다. 비록 위원회는 세금을 거둘 법적 권한은 없었지만, 납세 거부자 명단을 요청해서 그것을 공표하는 방식으로 세금 징수를 도왔다. 대부분의 카운티가 이 정도로는 사업을 진척시키지 못했으나, 많은 카운티는 자발적으로 훈련과 군령을 받아들이는 독립적인 민병대를 조직했다. 젊은 제임스 매디슨은 자신의 아버지가 위원장으로 있는 오렌지 카운티의 안전 위원회에 선출됐고 곧 이런 예측을 했다. "미래를 대비하는 이런 확고한 조치들은 우리 적들을 겁먹게 하고 그들에게 도전할 수 있다는 용기를 우리에게 줄 것이다."[17]

대륙협회의 활동과 아메리카 무장론에 무관심하거나 심지어 저항한 세력도 있었는데 조지아 식민지가 그중 하나였다. 그곳의 총독 제임스 라이트는 인디언에 대한 공포와 영국의 보호 필요를 교묘하게 이용해 식민지 의회를 산회시켰고, 1775년에 개최된 지역회의를 방해해 '식민지 애향심'을 논외의 문제로 만드는 데 성공했다. 그보다 훨씬 북쪽인 펜실베이니아의 퀘이커 교도들은 열혈 인사들을 진정시켰다. 코네티컷의 페어필드 카운티에서 영국 국교도가 통제했던 여러 마을은 대륙협회와 국왕에 대한 모든 반대를 맹렬히 비난했다. 그러나 펜실베이니아와 코네티컷에서도 현지 위원회들이 수입 거부를 강제하면서 대륙협회가 발효됐다. 또한 사우스캐롤라이나에서도 여러 위원회가 생겨났고 영국으로부터의 수입은 사실상 중단됐다. 서부의

불타는 페기스튜어트호 상인이자 선주인 앤서니 스튜어트는 수입 거부 운동에 지레 겁을 먹어서, 차를 싣고 도착한 자신의 배를 불태웠다.

페기스튜어트호가 그려진 아메리카 독립 100주년 기념 메달

무관심에도 불구하고 노스캐롤라이나는 수입 거부 운동을 밀어붙였다. 메릴랜드의 위원회들도 버지니아 못지않게 열성적인 활동을 펼쳤다. 그리하여 아나폴리스 상인인 앤서니 스튜어트Anthony Stewart는 크게 겁을 먹은 나머지, 바로 그 무렵 차를 가득 싣고 도착한 자신의 배 페기스튜어트호를 불태워버렸다. 메릴랜드 지역회의는 12월에 들어서 물품의 가격을 규제했고, 현지 위원회들에게 협회의 목적을 널리 홍보하라고 지시했다.[18]

전쟁의 서막이 열리다

영국 의회와 내각은 아메리카인들이 '참을 수 없는 법'을 아주 증오한다는 사실을 뒤늦게 알게 되었다. 두 기구는 8월 중순 정기적으로 업무를 쉬었고 1774년도 예외는 아니었다. 아메리카 담당 장관 다트머스는 그 여름의 사건들을 누구보다도 면밀히 주시했고, 유럽에서 식민지로 무기가 밀수된다는 소식을 듣고 지방에서 런던으로 재빨리 돌아오기까지 했다. 대륙회의가 소집됐다는 소식에 그 모임을 불법 단체로 간주했으나 동요하지는 않았다. 그는 친구에게 보낸 편지에서 만약 대륙회의가 타협적인 '어조'를 채택하거나 좀 더 온건한 제안을 내놓는다면 발생 기원이나 성격에 대해서는 문제 삼지 않겠다고 말했다. 그러나 왕은 노스 총리에게 보낸 편지에서 다소 완고한 어조로 이렇게 썼다.

"이제 주사위는 던져졌소. 식민지는 굴복하거나 승리해야 할 것이오. 짐은 가혹한 조치를 취하고 싶은 마음은 없으나 우리도 후퇴해서는 안 되오. 우리가 냉정한 태도를 취하고 채택된 조치들을 철저하게 이행하면 그들도 결국 굴복하게 될 것이라고 보오."

왕은 식민지가 제정신이 든 이후에 "정의를 지키기 위해서는 언제나 하나의 세금은 있어야 하며 짐은 차세茶稅가 그에 합당하다고 생각하오"라고 덧붙였다.

대륙회의가 수입 거부를 채택할 가능성이 높다는 보고서를 받고서 노스의 태도도 점점 강경해졌다. 그는 토머스 허친슨에게 말했다. "식민지가 영국과 거래하지 않겠다고 한다면, 영국은 그들이 다른 누구와도 거래하지 못하도록 하겠다."[19]

초가을에 노스 내각은 아메리카 문제보다 더 심각한 사안을 염두에 두고 있었다. 내각은 9월 말 새로운 의회를 구성하기 위한 총선을 실시한다고 선언했다. 1768년에 선출된 의회는 1775년에 임기가 만료

될 예정이었지만, 내각은 선수를 쳐 야당을 놀라게 하고 앞으로 7년 동안 필요한 과반수 의석을 확보하기로 결정했다. 아메리카 문제는 급진적인 윌크스파가 참을 수 없는 법의 폐지를 요구하는 소수의 선거구들을 제외하고는 총선에서 그리 중요한 부분이 아니었다. 선거구는 소수였고, 정책은 이슈가 되지 못했으며, 유권자들은 무관심했다. 연초에 버크는 "런던 외곽 지역인 하운즐로 히스의 흉악한 노상강도 사건이 아메리카의 소요 사태보다 더 많은 화제를 만들어낼 것이다"라고 말할 정도였다. 이제 총선이 임박했으므로, 아메리카 현지의 불만과 장차 식민지에서 전개될 어려운 일들은 "폴란드의 분할 문제만큼이나 영국인의 관심사가 되지 못할 것"이라고 말했다. 내각도 그렇게 기대했고, 11월 중순에 선거 결과가 나왔다. 이제 내각은 하원에서 또다시 넉넉한 과반수를 확보했다.[20]

내각이 총선을 선언한 다음 날 식민지의 게이지 장군에게서 불길한 소식이 흘러들어 오기 시작했다. 보스턴 항구법을 강력하게 시행하려다가 어려움에 봉착했다는 소식이었다. 그 법에서는 물품을 "항구의 어떤 부두나 섬, 시내, 선착장, 둑, 기타 어떤 장소에서도" 하역해서는 안 된다고 규정했다. 게이지는 이 조문을 항구 내 어디에서든 화물이 이동해서는 안 된다는 뜻으로 해석해 인근 섬과 강 건너 찰스타운도 고립시키기 시작했다. 그 직후 불가피하게 밀수가 성행했다. 만다무스 자문위원들에 대한 폭도의 린치, 법원의 폐쇄, 지역의 전쟁 준비, 그리고 마을회의 등도 게이지를 더욱 놀라게 했다.

게이지가 내각에 보낸 편지들에는 그의 절망과 공포가 반영돼 있었다. 그는 자신이 보스턴의 '오합지졸'을 상대하고 있는 것이 아니라고 보고했다. 뉴잉글랜드의 '자유농freeholders과 농부들'을 상대하고 있다는 것이었다. 그들을 분쇄하기 위해서는 증원군이 필요했다. 게이지는 뉴욕과 캐나다에 있는 연대들에 보스턴으로 집결하라고 명령했으며, 본국에서도 증원군이 필요하다고 주장했다. 물론 증원군이 바로 도착할 수는 없었다. 무방비와 취약한 상태에서 떨면서 게이지는 참을 수 없는 법들의 일시 정지를 건의했지만 결국 이 법들은 아메리카인들을 격앙시켰다.[21]

게이지의 보고서에는 공포감이 드러났지만, 동시에 그것은 사실이기도 했다. 그가 현재 거느리는 병력만으로는 폭동을 진압할 수가 없었다. 참을 수 없는 법들을 폐기하면 아메리카에서 가장 과격한 분자들의 영향력을 억제할 수 있을 터였다. 그러나 국왕과 내각은 사태를 다르게 보고 있었다. 그들은 아메리카의 저항에 대한 보고를 계속 올리는 게이지를 불쾌하게 생각했다. 토머스 허친슨은 다트머스와 존 파월John Powall이 서퍽 결의안에 대해 보고받고서 대경실색했다고 적었다. 노스는 허친슨에게 사태가 절망적이라고 말하면서 "의회는 결코 양보하지 않을 것이며 양보할 수도 없다"라고 주장했다. 그가 보기에 사태는 결국 폭력에 이를 것이었다. 그는 며칠 뒤 매사추세츠가 "사실상 반란을 일으켰으므로 반드시 진압해야 한다"고 잘라 말했다. 왕도 그 의견에 동의했다. "매사추세츠 정부는 반란 상태이고, 이제 전쟁으로 그들이 영국에 굴복할 것인지 아니면 독립할 것인지를 결정해야 하오." 그러나 국왕은 참을 수 없는 법들의 정지를 건의한 게이지의 조언에는 불쾌감을 표시하며 "그건 가장 어리석은 건의라오"라고 노스에게 말했다.[22]

게이지는 늦여름과 초가을에 보낸 보고서들로 인해 자신의 앞날을 확실히 망쳐버렸고, 12월에 본국 소환이 확실해졌다. 그보다 한 달 전인 11월 북부장관 서퍽은 게이지의 해임을 국왕에게 건의했으나, 대륙회의에 관한 나쁜 소식들이 계속 전해지자 국왕은 해임을 보류했고 게이지의 절망은 더욱 깊어졌다. 대륙회의는 비밀로 진행됐지만 내각은 제보자로부터 대륙회의의 진행 사항을 일일이 보고 받았다. 게이지가 2만 명의 증원군을 요청하면서 결정적인 일격을 가하자고 제안하면서 참을 수 없는 법의 정지를 건의하자, 국왕은 이제 참을 만큼 참았다고 판단했다. 그는 아메리카 사정에 밝은 군인인 제프리 애머스트에게 아메리카 주둔 영국군의 지휘를 제안했다. 아메리카를 싫어하여 그곳 근무를 원하지 않았던 애머스트는 국왕의 제안을 거절했다. 그 직후 국왕은 임시방편으로 게이지를 보좌할 소장급 장군을 파견하기로 결정했고, 마침내 윌리엄 하우William Howe, 헨리 클린턴Henry Clinton, 존 버고인John Burgoyne이 파견됐다.[23]

아메리카 반란 진압 계획

그러나 아메리카인의 반란에 어떻게 대응할 것인가 하는 정책의 문제가 여전히 남아 있었다. 1월 말에 내각은 새로운 정책을 결정했으나, 그것은 노골적 반발을 불러왔던 예전 정책과 매우 유사했다. 이 정책의 주된 특징은 '탄압'에 맞추어져 있었다. 뉴잉글랜드의 무역을 대영제국의 범위 내로 엄격히 규제하고 뉴잉글랜드 배들의 어업을 금지한다는 것이었다. 또한 추가 군함과 병사를 게이지와 그레이브스Graves 제독에게 파견한다는 내용도 있었다. 그리고 유화책의 일환으로 식민지가 모든 영국군의 필수품을 지원한다면 식민지에 대한 과세를 중지하겠다는 제안도 포함됐는데, 이 경우에도 과세권은 여전히 영국이 보유하도록 했다. 이 정책에는 애매모호한 점이 있었으나 그래도 주된 강조점은 탄압에 있었다. 다트머스와 노스는 무력을 사용하기 전 타협을 원했다. 국왕은 과세권을 양보하지 않는 범위 내에서 타협하는 방안에 반대하지는 않았으나, 각료들이 여전히 간직하던 희망은 더 이상 기대하지 않았다.[24]

내각이 아메리카 계획을 의회에 보고하기 전인 1월, 내각은 평화를 회복해야 한다는 채텀의 마지막 호소를 물리쳐야 했다. 늘 비밀스럽고 극적인 것을 좋아한 채텀은 내각의 주된 반대파인 로킹엄 파에게는 자신의 계획을 알려주지 않았고, 그들을 자신의 편으로 끌어들이려고도 하지 않았다. 그의 제안은 보스턴 주둔 영국군의 철수, 의회의 주권을 재확인하되 식민지인의 동의 없이 식민지에 과세하지 않는다는 내용의 법률 제정 등이었다. 또한 채텀은 이러한 식민지 권리 인정에 대한 보답으로 대륙회의가 국왕에게 항구적인 세입을 보장해야 한다는 제안도 했다. 마지막으로 참을 수 없는 법들은 폐지하고 지난 10년 동안 식민지가 반발해온 다른 10여 가지 법도 폐지하겠다고 제안했다.[25]

이는 과감하지만 가망 없는 제안이었다. 이 제안은 제국과 식민지의 관계를 근본적인 방식으로 재규정하는 것이었다. 채텀의 주장은 아메리카인이 영국 의회의 주권을 거부할 의도가 없으며, 의회가 불쾌한 법률을 폐지하고 식민지에 과세할 수 있는 정당한 권리를 행사하지 않겠다고 약속하기를 전제한 것이었다.

영국 의회는 채텀의 황당한 제안을 즉각적으로 물리쳤고, 그 뒤 두 달 동안 내각의 계획을 승인하는 과정에 착수했다. 상하원은 2월 첫 주 동안 식민지가 반란 상태이므로 식민지를 영국의 법률과 주권에 복종시키기 위해 무력 조치를 취할 것을 국왕에게 건의하는 연설문을 승인했다. 의원들은 오래 발언했고 토론을 길게 했으나, 주제는 단 한 번도 의심의 대상이 되지 않았다. 2주 뒤 노스는 화해의 상징으로 '올리브 가지'를 식민지에 내밀었다. 해당 지역 내에 있는 영국의 민간인과 군인에게 조건에 맞는 지원을 제공하는 식민지에 대해서는 과세를 유예하겠다는 제안이었다. 이 제안이 의회의 승인을 받은 이후, 내각은 뉴잉글랜드의 무역과 어업을 억제하는 법안을 밀어붙였다. 4월에는 억제 대상이 뉴욕과 노스캐롤라이나를 제외한 모든 식민지로 확대됐다. 버크는 정부가 이 법안을 통해 "영국의 지배 지역을 파괴하면서 영국의 권위를 보존하려고 한다"고 냉소적으로 논평했다.[26]

보스턴에 있던 게이지는 무력 이외에 다른 방법으로는 더 이상 영국의 권위를 보존할 수가 없다고 생각했다. 그는 가을과 겨울에 일련의 놀라운 사건들을 접하면서 무력만이 아메리카인을 굴복시킬 수 있다고 확신하게 되었으나, 그런 진압 작전에 투입될 충분한 병력이 그의 수중에 없었다. 그를 가장 심란하게 만든 것은 아메리카인의 저항과 적개심이 너무나 크다는 점이다. 만다무스 카운슬 위원들에 대한 압박은 가혹했으나 그래도 예상한 바였다. 그러나 1774년 9월 그가 찰스타운의 화약과 케임브리지의 대포를 압수하려고 했을 때 식민지인의 반응은 너무나 격렬했다. 그 소문이 뉴잉글랜드에 퍼지자 멀리 있던 코네티컷의 민병대까지 보스턴으로 몰려들었다. 집결한 대원들의 수는 약 4000명이었으며 그들의 태도는 싸움을 불사했다.[27]

이 사건이 지나가자, 게이지는 매사추세츠 민병대가 점점 강해지고 있다는 사실을 실감하지 않을 수 없었다. 지역회의의 모든 조치는 오싹한 것이었고, 무기와 군수품을 사들이는 예산이 배정돼 착착 집행

보스턴 넥에 설치된 영국 요새 1774년 9월 토머스 게이지 장군은 목재와 흙으로 방벽을 강화하고, 본토로부터의 공격을 효과적으로 막기 위해 요새 앞에 도랑을 파도록 했다.

되고 있었다. 대륙회의는 산회하면서 지역 민병대를 소집할 권한을 안전 위원회에 부여했는데, 위원회는 게이지가 500명 이상의 정규군을 보스턴 밖으로 내보낼 경우 즉각 민병대를 소집할 예정이었다.[28]

게이지가 시도한 것이 모두 실패로 돌아가지는 않았다. 그는 9월 보스턴 넥의 요새를 강화하기 위해, 보스턴 인근에서 그 작업에 투입될 인부들과 건축 자재를 판매할 사람들을 찾았다. 물론 보스턴 항구법으로 실업자가 된 장인과 공인처럼 비우호적인 시민은 기회만 있으면 벽돌을 부수고 짚을 태우는 등 공사를 방해했으나 그래도 요새 작업은 계속 진행됐다. 보스턴 넥이 대포의 설치로 강화된 뒤, 게이지는 노동력과 자재뿐만 아니라 정보까지도 돈으로 살 수 있다는 점을 알았다. 장군은 겨울 동안 정확한 숫자는 알려져 있지 않지만 여러 명의 제보자를 매수했다. 제보자 중에는 지역회의의 실력자들과 가까운 의사인 벤저민 처치Benjamin Church도 있었다. 처치와 다른 제보자는 자발적으로 정보를 제공했으나, 그중 일부는 보수를 받았다는 증거가 있다. 그들이 해준 이야기와 누설한 계획들을 접수한 게이지는 아메리

일촉즉발의 메사추세츠 동부 영국군은 서퍽과 우스터 지역 정찰에 실패했고, 아메리카 식민지인들은 콩코드와 우스터에 영국군에 맞설 무기와 탄약을 저장해 두었다.

카 내에서 영국의 전망이 밝지 않다고 생각했다.[29]

　게이지는 아메리카인의 조롱과 무시를 느끼며 보스턴에서 점점 입지가 좁아지고 있다고 판단했다. 결국 1775년 1월 말 내륙으로 들어가는 도로를 정찰하기 시작했다. 정찰 임무를 맡은 브라운Brown 대위는 드버니어DeBerniere 소위와 한 명의 사병을 대동해 서퍽과 우스터의 여론을 살피고 도로 지도를 작성하는 작업에 나섰지만 그들은 우스터 카운티까지 가지도 못했다. 날카로운 눈매의 술집 주인이 민간인 복장을 한 그들의 정체를 꿰뚫어보고 그 소식을 주위에 알렸던 것이다. 그들은 곧 보스턴으로 돌아가라는 경고를 받았고 운 좋게 몸성히 귀대했다. 이 사건 외에도 유사한 경험들을 겪은 게이지는 비우호적인 고장에서 상비군을 지휘한다는 것이 얼마나 어려운지 절실히 느꼈다. 그는 면밀히 감시당했고 방해 행위를 겪었으며 분대 규모의 병력만 움직여도 모두 포착돼 제지당했다. 감시자들 중에서는 폴 리비어가 뛰어난 활약을 했다. 리비어는 실업자가 된 장인들의 비공식 집단 우두머리였고, 이 집단은 영국군의 모든 움직임을 면밀히 주시했다. 영국군이 무슨 특이한 행동을 하면 리비어는 곧 그 소식을 조지프 워렌에게 보고했고, 워렌은 다시 콩코드의 안전 위원회에 보고했다.[30]

영국 특공대의 콩코드와 우스터 습격 계획

게이지는 지역회의 지도자들을 체포하거나 콩코드와 우스터에 저장돼 있는 군수물자를 압수하는 방안도 고려했을 법하다. 의도가 무엇이었든 간에, 게이지는 콩코드와 우스터 방면으로 정찰대를 파견해 그 속셈의 일부를 드러냈다. 그는 보스턴에서 콩코드와 우스터 방면으로 나가는 길에서 대규모 병력을 훈련차 행진시켜 도시 안팎의 열렬한 감시자들을 놀라게 했다. 겨울의 우울한 석 달 동안 게이지가 간절히 바란 것은 구체적 대응 방안을 담은 본국의 훈령이었으나 그가 받은 것이라고는 유럽에서 식민지로 밀수되는 총포를 압수하라는 명령뿐이었다. 물론 할 수만 있다면 그도 기꺼이 그렇게 했겠으나 그것은 불가능한 일이었다.

1775년 4월 14일 마침내 식민지 담당 장관인 다트머스가 보낸 장문의 편지가 도착했다. 그는 영국 내각의 입장을 요약한 다음, 명시적인 지시를 내리지는 않았으나 질책하는 어조로 보아 뭔가 구체적인 행동에 나서라고 요구하는 것 같았다. 그 편지는 게이지가 보낸 지난

보고서에 대한 내각의 실망을 드러냈다. 패널 홀에서 민병대의 군사 훈련을 허용해서는 안 되는데 게이지가 그것을 방치했다는 것이다. 또한 2만 명의 증원군 요청은 받아들일 수 없고 그런 병력은 필요치도 않으리라는 것이었다. 왜냐하면 매사추세츠의 폭력은 "무식한 오합지졸"이 아무런 "계획", "협동", "단결"도 없이 저지른 것이기 때문이었다. 물론 게이지는 오래전부터 식민지인을 오합지졸로 보는 판단이 잘못됐다고 지적해왔었다. 아무튼 게이지가 보고한 대로 "실제 반란"이 벌어졌거나 존재한다면, 그리고 사람들이 "아무튼 노골적인 반란을 저지르려고 한다면," 그 경우 "폭력은 폭력으로 퇴치해야 할 것"이었다.

폭력의 사용을 촉구하면서도, 다트머스의 뜻은 민병대를 발견할 때마다 공격하라는 것은 아니었다. 오히려 내각과 국왕은 지역회의 지도자들을 체포하는 것이 가장 적절한 행위라고 보았다. 다트머스는 게이지에게 사전 예고 없이 은밀하게 움직이라고 말한 뒤, 이런 은밀한 당부와는 어울리지 않게 준비 없고 조직되지 않은 사람들은 "무서운 상대가 되지 못한다"고 다소 애매모호하게 말했다. 게이지는 그런 행동을 취하면 전쟁이 벌어질 것이라고 이미 오래전 경고했다. 하지만 다트머스는 이제 와서 "전쟁을 해야 한다면 반란자들이 준비된 상태보다는 무질서한 상태에서 벌어지는 것이 더 낫다"고 답했다.[31]

국왕이 임명한 식민지 담당 장관의 지시에는 물론 엄청난 무게감이 있었다. 이런 사정을 알기 때문에 다트머스는 만약 현지 상황이 다른 행동 노선을 요구한다면 그렇게 해도 좋다는 재량권을 게이지에게 부여했다. 아무튼 게이지는 뭔가 행동을 취해야 했다. 다트머스는 이제 피할 수 없는 과업을 해내야 하는 무거운 책임을 게이지에게 안겼다.

이 무렵 게이지도 휘하 병력의 열세를 걱정하긴 했지만 뭔가 행동하기를 원했다. 그는 다트머스의 편지를 받은 지 하루 만에 지역회의 지도자들을 체포하는 작업이 아니라, 콩코드와 우스터에서의 무기와 탄약 압수를 준비했다. 사실 지도자들 대부분은 게이지가 체포할 수 없는 곳에 있었다. 농촌 지역으로 보낼 특공대를 선발하면서 게이지는 첫 번째 실수를 했다. 그는 수류탄 투척병과 경보병 중대를 소속 연대로부터 징발하라고 지시했는데 그들은 엘리트 병력이었다. 수류탄 투척병은 키가 크고 신체가 강인한 병사들이었고, 경보병은 기동력이 뛰어난 훈련받은 병사들이었다. 따라서 게이지의 선택은 논리적이고 현명했으나 이 특공대의 약점은 병력에 있는 것이 아니라 너무 성급하게 편성해 조직력이 불완전하다는 것이었다. 지휘관은 휘하 병사들을 모두 알지 못했고, 병사들도 서로 모르는 사이였으며, 통신이 두절된 채 총격전을 벌여야 하는 비상시에 서로 어떤 임무를 분담해야 하는지도 알지 못했다.[32]

이 급조된 특공대의 지휘관은 10연대의 프랜시스 스미스Francis Smith 대령이었다. 게이지는 경보병을 지휘할 장교로 존 피트케언John Pitcairn 소령을 선발했는데, 그는 장교로서 재능이 뛰어났지만 해병 출신이어서 지상군의 운용 방식에는 확실히 어두웠다. 게다가 피트케언 휘하의 경보병 부대는 약 400명의 병력이었는데, 행진의 가장 중요한 단위인 선발대를 맡아야 했다. 그리고 그 뒤로 같은 숫자의 수류탄 투척병이 따라갔다. 보스턴에서 콩코드에 이르는 최단 거리는 백 만灣을 가로지르는 것이었다. 병력을 수송할 소형 배들이 강에서 부두로 이동했고, 이어 4월 16일에 노를 저어 찰스강에 닻을 내리는 군함 곁으로 갔다. 소형 배들은 그곳에서 대기했다.

조지프 워렌은 이런 준비 상황을 곧 바로 보고받았다. 물론 소형 배들을 이 동시켜 만에 집결시키는 모습을 감출 수는 없었다. 워렌은 4월 16일 폴 리비 어를 렉싱턴으로 보내 그곳에 은신 중 인 존 핸콕과 새뮤얼 애덤스에게 뭔가 수상한 일이 진행 중이라고 알렸다. 리 비어는 그날 밤 돌아오던 도중 찰스타 운에 멈춰 영국군이 야간에 이동할 경 우 그것을 알리는 신호 방식을 결정했

폴 리비어(1734~1818) 은세공인이었 던 리비어는 렉싱턴과 콩코드 전투 당 시 전령으로 활동했다.

다. 만약 영국군이 보스턴 넥을 넘어서 내지內地 쪽으로 이동하면 노스 교회의 첨탑에 등을 1개만 걸고, 그들이 수로로 이동하면 2개를 걸라 는 것이었다.[33]

렉싱턴 전투와 콩코드 전투

영국군은 4월 18일 준비를 완료했고, 게이지는 보스턴에서 경고를 하기 위해 달려오는 기수를 차단하려고 그날 오후 소규모 정찰 장교 단을 파견했다. 하지만 이 조치는 실익도 없고 어리석기까지 했다. 왜 냐하면 그 정찰단이 감시를 당했기 때문이다. 아메리카인은 지난 몇 달 동안 긴장하고 있었고 이제 흥분하기 시작했다. 게이지의 계획이 이미 새 나갔거나 아니면 한 부사관이 부주의하게 떠들어댔기 때문에 "내일 대소동이 벌어질 것이다"라는 소문이 쫙 퍼져 있었다. 그날 초

저녁에 보스턴 광장을 거닐던 한 영국군 장교는 민간인이 서로 주고 받는 얘기를 엿들었다. "영국군이 이미 이동을 했지만 목표를 놓칠 것이다." 장교가 그 목표가 무엇이냐고 묻자 "콩코드의 대포"라는 대답이 돌아왔다.[34]

그런데도 게이지는 특공대의 움직임을 비밀로 유지하려고 했다. 4월 18일 밤 10시경, 그는 잠자는 부대원들을 깨웠다. 소리치며 명령한 것이 아니라, 부사관들이 부대원을 일일이 흔들어서 깨웠다. 부대는 잠시 뒤 광장에 집결했고 광장 근처에 계류 중이던 작은 배에 승선했다. 그리고 노를 저어 이스트 케임브리지에 있는 레치미어 포인트로 갔다. 그곳은 수심이 너무 얕아 작은 배들을 육지까지 끌어다 댈 수 없었다. 그래서 병사들은 무릎까지 물에 젖은 채 연안으로 걸어 들어가 그 주위에 널리 퍼져서 대기했다. 식량을 날라 와 배분하기 위해서였다. 그리고 마침내 이 작업이 완료되고 전진을 시작했을 때는 새벽 2시였다.[35]

부대는 곧 다시 발을 적셔야 했다. 레치미어 포인트에서 길을 떠난 부대는 스미스 대령의 명령에 따라 월리스 여울을 걸어서 건넜던 것이다. 스미스는 그들이 여울 위의 다리를 걸어갈 경우 군화 소리가 온 사방에 울릴 것을 두려워했다. 군인들은 조용히 걸었지만 소머빌과 케임브리지를 지날 때 사람들의 잠을 깨웠고, 오늘날의 알링턴의 메노토미를 지나간 시간은 새벽 3시경이었다. 이미 온 사방에 경계령이 내려졌고, 영국군은 그들의 도착을 사전 경고하는 '경보' 권총 소리가 멀리서 울리는 것을 들었다.

해뜨기 직전인 새벽 4시 30분경 부대는 렉싱턴에 접근했다. 사람들은 그들이 도착하기만을 기다리고 있었다. 조지프 워렌이 영국군의 광장 집결과 동시에 내지로 사전 경고를 보냈던 것이다. 폴 리비어는 교회에 등 2개를 건 다음, 배를 타고 직접 노를 저어 찰스타운으로 갔다. 그는 거기서 콩코드로 달려갈 말에 올랐다. 또 다른 긴급 파발마를 탄 윌리엄 도스William Dawes는 동일한 목적지를 염두에 두고서 넥을 넘어 달려갔다.

콩코드로 향하는 두 개의 잘 알려진 길이 있었다. 하나는 찰스타운에서 메드퍼드로 갔다가 이어 메노토미를 지나 렉싱턴을 경유하는 길이었고 다른 길은 록스버리 근처에서 넥을 우회해 케임브리지로 갔다가 메노토미로 가서 그곳에서 첫 번째 길에 합류하는 길이었다. 리비어는 메드퍼드 근처에서 지름길을 타려고 하다가 영국 정찰대에 붙잡

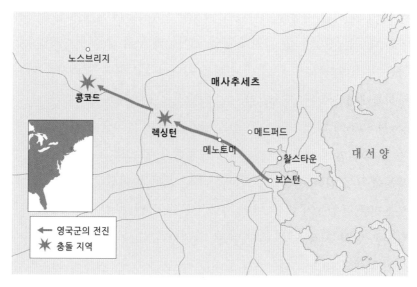

콩코드와 렉싱턴에서의 전투 1775년 4월 18일 영국군은 콩코드를 비밀리에 공격하기 위해 새벽부터 보스턴에서 출발하였으나, 전령을 통해 이 소식을 이미 접수한 민병대가 렉싱턴에서 기다렸고, 메드퍼드와 메노토미에서도 합류해 콩코드로 집결하였다.

힐 뻔했다. 그는 전속력으로 말을 달려 체포를 피했고 자정쯤에 렉싱턴에 도착했다. 그 와중에 리비어는 메드퍼드와 메노토미의 민병대를 깨웠고, 메노토미와 렉싱턴 사이의 길에서도 되도록이면 많은 사람을 깨웠다. 렉싱턴에 도착한 리비어는 애덤스와 핸콕을 침대에서 깨어나게 했고 함께 도스를 기다렸는데, 그는 30분 늦게 도착했다. 그들은 다함께 콩코드로 말을 타고 갔는데, 의사 새뮤얼 프레스콧Samuel Frescott이 렉싱턴 외곽에서 합류했다. 리비어는 콩코드까지는 가지 못했다. 도중에 순찰대를 만나 검문 도중 체포돼 말에서 내렸고, 마침내 방면되자 걸어서 렉싱턴까지 돌아갔다. 다른 사람들은 경고장을 가지고 콩코드까지 갔다.

존 파커John Parker 대위가 지휘하는 렉싱턴 민병대는 리비어가 말을 타고 콩코드로 떠난 직후 렉싱턴 그린에 집결했다. 그들은 거기서 목적 없이 한 시간 이상을 기다렸다. 그곳에 모인 약 130명의 사람들에게 파커 대위는 무엇을 할 것인지 물었고 어둠과 추위 속에 서 있던 사람들은 일단 해산하고 앞으로의 경과를 기다리자고 했다. 그러자 파커는 부하들에게 해산 후 북소리가 나면 재빨리 집결하라고 지시했다.

4시 30분에 타데우스 보우먼Thaddeus Bowman이 영국군이 가까이 왔다는 소식과 함께 재빨리 말을 타고 도착했고 북소리가 울렸다. 파커가 부하들을 소집하는 동안 그린에는 대혼란이 벌어졌다. 어떤 사람은 북소리를 들었는가 하면 어떤 사람은 듣지 못했다. 탄약이 부족한 사람들은 탄약 저장소인 예배당으로 달려왔다. 그렇지만 파커는 몇 분 사이에 대략 70명이 넘는 2열 종대를 콩코드로 가는 길에서 90미터가량 떨어진 곳에 집결시킬 수 있었다. 그곳은 그린 기지로 향하는 길이었다.[36]

존 파커(1729~1775) 존 파커가 이끄는 렉싱턴 민병대는 콩코드를 공격한 영국군을 대파해 아메리카 독립 전쟁 최초의 승리를 거두었다.

곧 피트케언이 지휘하는 경보병 6개 중대가 종대로 행진해오는 모습이 보였다. 그들은 주홍색 상의에 흰색 바지를 입었고, 총검은 이른 새벽의 햇빛을 받아 반짝거렸다. 피트케언은 민병대를 발견하자 행진 대열을 전형적인 전투 대형으로 변경했다. 3열의 행진 대열을 2개 분대 또는 소대로 바꾼 것이었다. 이렇게 대형을 바꾸는 동안, 뒤쪽에 있던 대열이 전투 대형으로 넓히면서 커다란 함성과 만세 소리를 질러 댔다. 많은 영국군의 숫자와 고함치며 달려가는 기세에 놀란 한 민병 대원이 그린에서 벗어나 달아나자고 말했다. "이 적은 수로 저들과 맞서는 것은 어리석은 일입니다"라고 그는 항의했다. 파커는 그 말을 전혀 들으려 하지 않았고 이렇게 대꾸했다. "달아나는 첫 번째 민병은 우리 총에 맞아 죽을 것이다." 그러나 그 직후 피트케언과 두세 명의 장교가 민병대 앞 약 30미터 지점까지 말을 타고 달려오자 그는 마음을 바꿨다. 피트케언은 민병대를 향해 소리를 질렀다. "총을 내려놔. 이 빌어먹을 반군놈들아. 빨리 해산해." 파커는 그 소리를 듣자 해산을 명령했고, 부하들은 머스킷 소총을 든 채로 그린에서 달아나기 시작했다. 그러나 피트케언은 해산만으로는 성에 차지 않았는지 아메리카인들에게 또다시 총을 버리라고 명령했다. "빌어먹을! 왜 총을 내려놓지 않는 거야?" 이 욕설은 다른 장교의 욕설로 메아리쳤다. "빌어먹을 놈들! 저놈들을 다 처치해버릴 거야!"[37]

그 뒤에 벌어진 사건의 경과는 불분명한데, 아마 앞으로도 밝혀지긴 어려울 것이다. 아무튼 누군가가 총을 쏘았다. 아메리카인 목격자들은 영국군 장교가 쏘았다고 증언했고, 영국군 목격자들은 이를 부인했다. 일단 총성이 울리자 곧바로 한 영국 장교가 명령을 내렸다. "발사! 대응하라, 발사!" 그러자 한 소대가 일제사격을 가했다. 피트케언은 발사를 중지시키려고 했으나, 그가 소리치기도 전에 두 번째 일제사격이 민병대를 향했다. 교전은 1~2분 사이에 끝났다. 여덟 명의 민병대원이 사망했고 열 명이 부상을 당했으며, 한 명의 영국군 사병이 다리에 찰과상을 입었다. 부상자 중에는 민병대 지휘관 존 파커의 사촌 조나스 파커Jonas Parker도 있었다. 그는 도망가지 않고 버티다가 총을 발사했고 두 번째 일제사격 때 총에 맞았다. 그는 부상 후유증으로 결국 사망했다.[38]

피트케언과 장교들은 몇 분 뒤 부하들을 다시 3열 종대로 정렬시켰다. 이어 수류탄 투척병과 스미스 대령이 행진했고 공중에 일제사격을 하며 축하를 한 뒤에 다시 콩코드를 향해 출발했다. 영국군은 자신들의 임무를 비밀로 하려는 시도가 무산됐음을 잘 알았기에 이때부터 고적대 소리를 요란하게 울려대며 행진했다.

그들은 콩코드로 가는 길로 행진하면서 저 멀리서 인근의 민병대를 소집하기 위해 쏘아대는 경고 총소리를 들었다. 더 멀리 떨어진 마을로 급행 파발마가 파견됐고, 그날이 다 가기 전에 저 멀리 우스터의 민병대도 렉싱턴과 콩코드를 향해 출발했다. 그보다 훨씬 전인 새벽 1시쯤에 체포를 피한 프레스콧이 윌리엄 도스와 함께 달려와 영국군의 도착을 콩코드에 알렸다. 곧 종이 울렸고 콩코드 민병 3개 소대가 마을에 집결했다. 이 소대들은 경고 1분 만에 출동하기로 한 긴급 소집병이었다. 조지 미노George Minot가 지휘하는 긴급 소대는 노인과 소년들로 구성됐는데, 다른 소대들이 마을 광장에 합류했고 오전 중에 인근 마을의 민병들이 부대별로 또는 소속 부대 없이 콩코드로 모여들기 시작했다.[39]

스미스 대령이 지휘하는 영국군 대열은 오전 7시경에 도착했다. 주목표물이자 군수물자가 숨겨져 있다고 추정되는 제임스 바렛James Barrett 대령의 집에 도착하기 위해 스미스 부대는 모여 있는 여러 건물을 지나가야 했다. 그곳에는 예배당, 두세 군데의 술집, 20~30채의 민가 등이 있었다. 도로는 약 18미터 높이의 등성이를 지나가다가 오른쪽으로 꺾여 첫 번째 등성이와는 직각을 이루면서 두 번째 등성이를 따라갔다. 이 두 번째 등성이 끝에 이르면 길은 왼쪽으로 돌아서 콩코드강 위에 놓인 노스 다리를 건너가고 이어서 바렛 대령의 집 근처가 나왔다. 노스 다리를 내려다보는 펑카태셋 언덕의 높이는 60미터 정도였다.

영국군의 3열 종대는 몇 시간 동안 아무런 저항도 받지 않았다. 도중에 콩코드 민병 1개 소대가 도시의 중심부로 진입하는 영국군 쪽으로 다가오다 곧 뒤로 철수했다. 그들은 총을 쏘지 않았다. 첫 번째 등성이에 있던 민병대 역시 스미스가 경보병 중대를 그쪽으로 보냈는데도 발사하지 않았다. 오히려 그 등성이의 민병대는 수적으로 너무 열세여서 두 번째 등성이에 있는 민병대에 합류했다. 스미스의 보병 부대는 이곳도 점령했다. 민병대는 그들에 앞서서 펑카태셋 언덕으로 철수했던 것이다.

스미스 대령은 경보병 3개 중대를 노스 다리 건너 바렛 대령의 집으로 보내고, 나머지 3개 중대를 다리 근처에 주둔시킨 뒤, 수류탄 투척병을 주택, 술집, 기타 건물을 수색하는 일에 투입했다. 하지만 그 수색 작업은 재앙이 되고 말았다. 우연인지 고의인지는 밝혀지지 않았지만 수색 도중 대장간과 법원 건물에 불이 붙었다. 화재 연기는 펑카태셋 언덕에 있던 민병들을 놀라게 했다. 그들은 액턴, 베드퍼드, 링컨, 웨스트퍼드, 그리고 농촌 출신의 무소속 지원병들로 인해 병력이 400명 정도로 불어나 있었다. 이때 바렛 대령의 부관인 조지프 호스머Joseph Hosmer가 물었다. "저들이 마을을 불태우는 걸 그냥 놔두고 볼 거요?" 그 대답은 "아니오"였고 "마을 한가운데로 행진해 마을을 지키든가 아니면 지키던 중에 죽자"고 결의했다. 그들은 언덕에서 내려와 노스 다리로 갔다. 다리는 마을의 주요 건물로부터 800미터 남짓 떨어진 지점에 있었다. 거기서 그들은 정규군 3개 중대와 충돌했는데, 민병대에게는 다행스럽게도 영국군 3개 중대 중 1개 중대 뒤에 다른 2개 중대가 바짝 뒤따르고 있어서 뒤에서 발포할 수 없는 상태였다. 첫 번째 중대는 총을 발사할 수 있었고 실제로 그렇게 했다. 첫 몇 발은 빗나갔다. 그러자 아메리카군 장교는 경악하며 고함을 내질렀다. "이런 젠장! 저놈들이 총을 쏘아대는데!" 이어 날아온 총탄은 목표물에 명중해 살을 파고들었다. 두 명의 민병대원이 쓰러져 죽었고 한 명은 부상을 당했다. 이어 효과적으로 흩어진 아메리카 민병대의 사격은 영국군에게 큰 타격을 가했다. 세 명의 영국군 병사가 쓰러져 죽었고 아홉 명의 장병이 부상을 당했다.[40]

아메리카군의 공격으로 충격을 받은 정규군은 혼란에 빠졌다. 그들은 곧 대열을 흐트러뜨리면서 죽은 사병들과 한 명의 부상자를 그대로 방치한 채 혼비백산하여 퇴각했다. 그러나 군기가 없기는 아메리카군도 마찬가지였다. 그들은 우왕좌왕하면서 전투 대열을 재정비하지 못했고 그러다가 마을에 도착했다. 이 혼란의 와중에 바렛의 집에 투입된 영국군 3개 중대는 다리를 다시 건너서 본진에 합류했다. 이때가 오전 11시경이었다. 정오에 스미스 대령은 다시 한 번 병력을 규합해 부상병들을 두 대의 이륜마차에 나눠 싣고서 보스턴을 향해 행진했다.

첫 행진은 아무런 저항 없이 전진했지만 메리엄 모퉁이에서 영국군 대열은 민병대와 충돌했고 다시 전투가 시작됐다. 전장은 양 측이 마주보고 길게 두 줄로 늘어서야 하는 곳이었다. 길이가 25킬로미터 정도에 폭은 300~400미터에 지나지 않았다. 삼림이 울창하고 시냇물이 지나가는 곳의 폭은 50미터도 채 되지 않았다. 아메리카인은 영국군 종대를 향해 총을 쏘았고, 나무와 바위, 심지어 건물이나 울타리 뒤에 숨어서 저격했다. 영국군은 종대를 유지하면서 가능한 한 대응 사격을 했다. 경보병 중대의 측면 방어병들이 민병대를 도로 한가운데로 밀어붙였을 때는 사정없이 쏘아댔다. 병력의 숫자나 엄호물, 지형지물 등에서는 민병대가 유리했으나, 그들은 부대 단위를 제대로 통제하지 못해 각자 싸우는 양상이 되어 유리한 이점을 낭비했다. 영국군 중대는 길가에서 계속 날아오는 총탄 때문에 정연한 대오를 유지하지 못했다. 오합지졸 상태로 렉싱턴에 도착한 그들은 먼저 외곽에서 대열을 재정비한 뒤 그린을 향해 행군했다.[41]

스미스 부대에게는 다행스럽게도, 퍼시Percy 준장이 오후 2시 30분에 병력 1000명의 지원 연대를 이끌고 렉싱턴에 나타났다. 스미스의 피곤한 병사들은 한 시간 동안 휴식했고, 퍼시의 대포가 민병대를 향해 불을 뿜었다. 한 시간 뒤 규모가 훨씬 커진 부대는 다시 한 번 행진을 시작했다. 대열이 메노토미에 이를 때까지 이렇다 할 저항은 보이지 않았다. 그곳에서 새로운 민병대에 콩코드에서부터 뒤따라온 민병대가 합류했다. 이제 전투는 살벌해져서 백병전으로 이어졌는데, 총검에 손도끼와 몽둥이가 맞서는 형상이었다. 부대원들의 좌절감을 잘 이해하는 영국군 지휘관은 병사들의 노략질을 묵인했다. 그들은 민간인을 공격했고, 주택을 파손하거나 불태웠다. 약탈이 만연했다.

퍼시 준장은 케임브리지에서 추격자들을 뿌리치고 부대를 찰스타운으로 퇴각시켰다. 그는 해지기 직전에 그곳에 안전하게 도착했다. 그의 뒤에는 낙오자, 부상자, 사망자, 실종자들이 남겨졌고 많은 숫자의 민병대원도 있었다. 영국군은 모두 273명의 사상자를 냈고, 아메리카군 사상자는 95명이었다.[42]

여러 면에서 이 전투는 혁명 기간의 다른 전투와는 전혀 달랐다. 우선 25킬로미터에 달하는 전선戰線은 다시는 존재하지 않았다. 비록 앞으로 계속될 전투와는 양상이 달랐지만 이 전투는 앞으로 영국군이 직면하게 될 핵심적인 문제를 제기했다. 그것은 군대가 아니라 반란을 일으킨 민중을 어떻게 진압할 것인가 하는 문제였다. 물론 전쟁은 18세기의 다른 많은 전쟁을 닮기도 했다. 전통적인 군대들이 전략에 따라 서로 맞서기도 했다. 하지만 민간인이 계속 동원된다는 점과 통상적인 전투 방식을 사용하지 않는다는 점에서 전혀 다른 전쟁이었다. 그렇다고 해서 완전한 민간인 전쟁, 즉 반란을 일으킨 민중과 군대가 서로 싸우는 전쟁도 아니었다. 물론 그렇게 될 뻔한 순간도 있었다. 이 긴 투쟁 과정에서 민중의 열정과 도덕적 강인함은 프랑스 혁명 전에 치러진 어떤 18세기 전쟁에서보다 더 큰 역할을 수행했다.

절반의 전쟁

렉싱턴 전투 소식은 빠르게 식민지 전역으로 퍼졌고
다른 곳에서도 전투가 시작됐다. 식민지인들은 제2차 대륙회의를
열어 조지 워싱턴을 사령관으로 선출하고 본격적으로 전쟁에 나섰다.
훈련된 군대를 갖춘 영국군은 치열한 전투 끝에 벙커힐을 점령했으나
이제는 한 번의 승리만으로 전쟁을 끝낼 수 없게 되었다.
워싱턴은 영국군에 비해 보잘것없는 민병대를 군대로 만드는 일에 돌입했다.
아메리카군은 퀘벡 원정에 나서 실패를 맛봤지만 보스턴에서는 결국
하우를 철수시키는 데 성공했다.

쉴 새 없이 달리는 파발마들

렉싱턴 전투 소식을 알리는 첫 통신문은 인근 워터타운에서 10시 경 작성되어 매사추세츠의 다른 지역과 코네티컷에 송부됐다. 문장은 간략했다. "영국군이 민병대를 공격했음. 여섯 명이 사망하고 네 명이 부상. 보스턴 쪽에서 더 많은 정규군이 오고 있음." 통신문의 작성자인 조지프 파머Joseph Palmer는 이 메시지와 함께 이스라엘 비셀Israel Bissel을 파견했고, 비셀에게 필요할 때마다 파발마를 제공하라는 내용을 추가했다. 통상 보스턴과 뉴욕 사이를 오가던 파발꾼 비셀은 그 뒤 닷새 동안 자신과 파발마들이 기진맥진할 정도로 달려 필라델피아에 도착했다. 그가 도로를 달려가던 사이 다른 파발꾼들도 그 뒤를 뒤따랐는데, 그중 몇 명은 보스턴과 콩코드 사이에서 벌어진 전투에 대해 매우 부정확한 보고를 전했다. 그중 가장 황당한 것은 영국 특공대가 2만 명의 아메리카인에 의해 윈터힐에서 포위당했다는 것이다. 이 보고에는 귀환하던 스미스 특공대를 구원하려는 증원군을 지휘한 퍼시 백작이 사망했다는 내용도 포함됐다. 그 시각 퍼시는 죽기는커녕 4월 19일의 전공에 대해 육군과 동료들에게 찬사를 받고 있었다.[1]

전장에서 이런 잘못된 메시지들도 전달됐지만 사태의 핵심을 은폐하지는 않았다. 즉 전쟁이 시작됐고 가능한 한 빨리 다른 식민지에 그 사실을 알려야 한다는 점이었다. 그중 한 메시지는 필라델피아 남쪽 사람들에게 전쟁 발발 사실을 널리 알리라고 권고했다.

수요일 밤 12시, 크리스틴 브리지Christeen Bridge는 토머스 카우치Thomas Couch 대령에게 이 소식을 전함. 대령은 다시 메릴랜드의 엘크 책임자 토비아스 랜돌프Tobias Randolph에게 보냄. 밤낮없이 소식을 계속 전해야 함.

4월 30일 일요일 덤프리스. 제군들, 동봉한 메시지가 오늘 아침 10시에 접수되었음. 한 시간 안에 파발마를 수배하여 당신의 지역으로 보냄.

메시지가 전해지면서 그것을 빨리 전달해야 하는 긴급성도 더욱 높아졌다.

"제발 조금도 지체하지 말고 파발마를 보내기 바람. 그리고 매리언 Marion 씨에게 밤낮없이 그것을 전하라고 편지할 것", "이 소식을 전하는 데 한순간도 지체하지 말기 바람", "급행 파발마에게 밤낮없이 달려가라고 지시하기 바람", "우리 고장의 행복, 우리의 자유와 행운을 위해 단 한순간도 지체하지 말기 바람."

사우스캐롤라이나의 찰스턴은 다음과 같은 주의와 함께 그 소식을 접수했다. "당신에게 중요한 정보를 보냄. 이 순간 접수한 것임."[2]

그것은 중요한 소식인 만큼 엄청난 반응을 이끌어냈다. 뉴잉글랜드에서는 이웃 식민지에서 온 민병대가 보스턴에 집결했다. 며칠 사이에 수천 명의 병력이 도시 주위의 언덕에 집결했고, 사실상 도시를 농촌 지역과 분리시켰다. 더 남쪽에서는 민병대가 계속 늘어났고, 무기와 탄약이 수집됐으며, 매사추세츠에서 오는 새로운 소식을 열렬히 기다렸다. 전쟁은 여전히 국왕에게 충성을 바치는 사람들을 절망에 빠트렸거나 아니면 이참에 국왕의 권위를 강화해야겠다는 결의를 다지도록 했다. 렉싱턴과 콩코드 전투 이후 며칠 동안 국왕파는 자신들의 본심을 드러내놓고 말하지 못했다. 그러나 반역자들은 별로 감정을 억제하지 않았다. 그들은 배신당한 느낌이었고, 영국군의 탄압에 분개했으며, 식민지인의 자유를 억압하려는 음모의 야만적 민낯이 낱낱이 드러났다고 느꼈다. 이런 분위기에서 그들은 행동에 나서려 했고 반격하기를 원했다. 토머스 제퍼슨은 한 편지에서 "타협을 향한 그들의 마지막 희망이 분쇄됐다"라고 적었다. 제퍼슨은 버지니아인에 대해 이렇게 썼다. "복수의 열망이 모든 계급 사람들을 사로잡은 듯하다."[3]

코미디 같은 승리, 타이컨데로가 요새 공격

5월 초, 챔플레인 호수에 있는 타이컨데로가 요새를 장악한 아메리카인은 신중하게 행동했지만 실상은 복수심에 불탔다. 이 요새는 챔플레인 호수 남서쪽에 있었고, 조지 호수 쪽에서 들어오는 진입로가

타이컨데로가 요새 뉴욕 북부 허드슨강과 퀘벡 남단 세인트로렌스강 유역을 잇는 교역로에 위치하고 있어 전략적으로 중요한 요새다. 타이컨데로가는 이로쿼이족 말로 '호수 사이의 땅'을 의미한다.

내려다보였다. 프랑스인은 1755년 그곳에 카리용 요새를 지었는데, 1758년에 몽칼름은 영국군 장군인 제임스 에버크롬비James Abercromby 와 맞서 싸울 때 이 육중한 요새를 활용했다. 그런데 그다음 해 애머스트가 압도적인 병력을 동원해 이 요새를 빼앗았다. 영국은 요새 탈환 과정에서 입힌 손상을 보수하고서 요새에 '두 길이 만나는 곳'이란 뜻으로 타이컨데로가라는 새로운 이름을 부여했다.[4]

이 요새는 1775년 당시 성벽, 능보稜堡, 방색防塞 등이 황폐해져 있었는데, 완전히 파괴되지는 않았지만 상당한 보수 작업이 필요한 상태였다. 이 성채에는 경비대가 주둔했는데, 2명의 장교와 48명의 병사

그리고 24명의 여성과 아이들이 거주했다. 이들은 요새 안에서 살기는 했지만 요새를 방어할 능력은 갖추지 못했다. 퀘벡 주둔 영국군 지휘관인 가이 칼턴Guy Carleton이 프랑스인, 인디언, 영국 정규군을 모두 규합해 세인트로렌스강, 리슐리외강, 챔플레인 호수와 조지 호수까지 내려와 허드슨강 계곡으로 침투함으로써 식민지를 둘로 갈라놓으려고 한다는 소문이 퍼지자 뉴잉글랜드와 뉴욕 사람들은 이 요새를 더욱 걱정했다. 특히 이곳을 잘 아는 영국군 일부가 프렌치-인디언 전쟁 때부터 그곳에 설치된 대포와 박격포를 탐내왔기 때문이다. 이들을 막으려고 결심한 아메리카인 중에는 이선 앨런Ethan Allen과 베네딕트 아놀드Benedict Arnold가 있었다.

코네티컷의 리치필드에서 태어난 앨런은 한때 납을 캐는 광부와 농부로 일했고 그 뒤 현재의 버몬트인 뉴햄프셔 그랜츠로 이주했다. 이 지역은 뉴욕과 뉴햄프셔가 서로 자기 땅이라고 주장하며 분쟁이 빈번했었다. 그 때문에 앨런이 이끄는 민병대인 그린 마운틴 보이스Green Mountain Boys와 뉴욕 출신의 정착자들 사이에는 폭력 사태가 자주 벌어졌고 뉴욕 당국은 앨런의 머리에 현상금을 걸었다. 변경 지역 그의 추종자들은 그를 앨런 대령이라고 불렀는데 앨런은 덩치가 크고 강인했으며, 욕설을 자주 하고 거칠게 행동하기를 좋아했지만 전형적인 오지인奧地人 스타일은 아니었다. 그는 독서를 좋아했고 글도 썼는데, 이신론적理神論的 소책자인 《이성은 인간의 유일한 신탁이다》라는 글이 유명했다.[5]

아놀드는 앨런처럼 덩치가 크지는 않았지만 지력과 야망은 그보다 뛰어났다. 그는 1775년 당시 34세였고, 운동선수처럼 날렵했으며, 우아하고 매력적이었다. 무엇보다 아놀드는 명문가 출신이었다. 그의 집안은 로드아일랜드 상인 세계에서 부와 명성을 쌓았고, 아놀드 자신은 코네티컷의 뉴헤이븐에서 상업으로 성공했다.

렉싱턴 전투 직후 코네티컷 계곡의 소규모 상인과 지주 집단이 앨런을 찾아와 타이컨데로가 요새를 탈취하려는 계획을 의논했다. 앨런은 적극적으로 동의했다. 그는 휘하의 민병대인 그린 마운틴 보이스와 코네티컷 후원자들이 모아준 소규모 비정규군을 이끌고 타이컨데로가에서 약 3킬로미터 떨어진 핸즈 코브로 진출했다. 한편 아놀드는 스스로 요새 점령의 적임자라고 자임하면서 자신을 후원해달라고 매사추세츠 안전 위원회를 설득했다. 그는 휘하에 병력이 없는데도 5월 10일 혈혈단신으로 핸즈 코브로 갔고, 거기에서 앨런과 약 200명의 추종자들을 발견했다. 아놀드는 그 병력을 지휘하게 해달라고 요청했으나 앨런은 거부했다. 두 사람은 서로 언쟁을 벌였으나 그럼에도 새벽 공격을 위해 가능한 한 많은 병력을 배에 태워 이송하는 데에는 협조했다.

그다음에 벌어진 일은 일종의 코미디 같은 승리였다. 요새 수비대는 침대에 누워 있다가 공격을 당했다. 코미디의 백미는 앨런이 침실에서 바지를 손에 들고 잠든 표정으로 서 있던 조슬린 펠텀Jocelyn Feltham 중위에게 버럭 소리 지른 장면이었다. "거기서 나와, 이 빌어먹을 쥐새끼야!" 어떤 사람들은 쥐새끼 대신 "스컹크" 또는 "개자식"으로 불렀다고도 전했다. 중위가 무슨 권위로 이렇게 명령하느냐고 묻자 앨런이 대답했다. "위대하신 여호와와 대륙회의의 이름으로." 그의 이신론 신학에서는 아마도 여호와와 대륙회의가 동급의 권위를 갖고 있었을 것이다.[6]

크라운 포인트는 이틀 뒤 함락됐다. 그곳 수비대의 병력은 열두 명

타이컨데로가 요새 점령 1775년 5월 10일 새벽, 이선 앨런이 이끄는 '그린 마운틴 보이스' 민병대는 요새를 급습해 단숨에 수비대를 제압하고 요새를 점령하였다.

도 채 되지 않았다. 이런 군사행동에서 아무도 심하게 다치지는 않았다. 그 뒤 며칠 동안 아놀드는 리슐리외강에 있는 진지인 세인트 존스를 점령했다가 곧 포기했다. 그러나 앨런은 이 진지를 중요하다고 여겨서 계속 점령했는데, 강 하류 쪽에서 올라온 영국군에 의해 쫓겨났다. 5월 말에 이르러 코네티컷은 타이컨데로가 요새와 크라운 포인트 요새를 보유하기로 결정했으나, 그 두 요새의 책임자는 아놀드도 앨런도 아니었다. 뉴욕 식민지는 자신들의 땅인 타이컨데로가 주위에서 벌어지는 이런 군사작전을 불안한 시선으로 바라보았다. 그러나 1년 사이에 타이컨데로가의 중요성이 크게 대두됐는데, 그 위치나 요새 때문이 아니라 거기에 설치된 대포 때문이었다.

제2차 대륙회의에서 조지 워싱턴이 사령관으로 선출되다

아메리카인이 타이컨데로가를 점령한 5월 10일 필라델피아에서는 2차 대륙회의가 개최됐다. 대표들은 지난번 1차 회의 뒤 고향으로 출발할 때 받았던 영광과 찬사를 떠올리며 회의 장소에 도착했다. 그들은 필라델피아에 이르는 연도에서 병사들의 호위를 받았고, 다시 모든 사람의 칭송과 환영을 받았다. 존 애덤스는 "주위에서 벌어지는 불필요한 행렬"에 대해 불평하는 척했으나 그 순간을 즐겼다. 심지어 암말이 놀라서 달아나는 바람에 1인승 이륜 경마차가 노상의 바위에 부딪쳐 박살이 나버렸는데도 여전히 즐거워했다.[7]

1차 회의 때의 대표들이 대부분 참석했지만, 몇몇 새로운 저명인사들도 있었다. 가령 펜실베이니아에서는 벤저민 프랭클린과 제임스 윌슨, 매사추세츠에서는 존 핸콕이 왔고, 6월 말에는 집으로 돌아간 페이턴 랜돌프를 대신해 토머스 제퍼슨이 도착했다. 뉴욕 대표단은 대표를 다섯 명 추가하는 획기적인 변화를 보였는데, 그중에는 사업가인 조지 클린턴George Clinton, 로버트 R. 리빙스턴, 필립 스카일러Philip Schuyler 등이 있었다. 유독 조지아만 대표를 보내지 않았지만, 조지아에 위치한 세인트 존스 교구는 성직자인 라이먼 홀Lyman Hall을 파견했다.

모든 식민지에서 자발적인 민병 중대가 설립됐고, 무기가 수집됐으며, 적어도 뉴잉글랜드에서는 전쟁을 지지하는 열기가 식민지 전역으로 퍼져나갔다. 이 시점에서 한자리에 모인 대표들은 이런 사태에 무심할 수가 없었고, 그럴 생각도 없었다. 게다가 많은 대표는 해당 식민지의 민병대 지휘관이었다. 대륙회의에 식민지가 직면한 문제의 심각성을 알려주기라도 하려는 듯이, 조지 워싱턴은 군복을 입고 회의장에 나타났다. 또한 워싱턴은 대륙회의에 자신의 군사적 경험을 말해주었고, 그들은 곧 군사 문제에 관하여 그에게 조언을 구했다. 호전적이긴 하지만 군사 경험이 없었던 존 애덤스는 군에 들어가기를 열렬히 소망했다.

"오, 내가 군인이라면 얼마나 좋을 것인가! 나는 앞으로 군인이 되기 위해 군사 서적을 읽고 있다. 모든 사람이 군인이 될 것이고 돼야 하며 꼭 그래야만 한다."[8]

모든 사람이 군인이 된 것도 아니고 그렇게 되기를 바라지도 않았으나, 대륙회의의 참석자들은 이제 군인이 필요하고 콩코드 노상에서 전투가 발생한 이상 무력을 사용해야 한다는 데에는 동의했다. 그러나 타협을 할 것인지 아니면 독립을 할 것인지, 즉 전쟁의 목적에 대해서는 일치된 합의가 없었다. 대표들 중에서 누구보다 타협을 원한 사람은 《펜실베이니아 농부의 편지》의 저자인 존 디킨슨이었다. 다른 사람들과 마찬가지로, 디킨슨은 헌법적 권리가 확보되는 조건으로 타협을 원했다. 하지만 그런 타협의 전망이 밝지 않았기 때문에 그의 심기는 울적했다. 아무튼 영국이 '비무장의 아메리카인을 상대로 야만적인 학살을 자행하면서' 전쟁을 일으키자 그는 이렇게 물었다.

"우리 고장 사람들에게 타협을 생각해보라고 권유할 만한 명분이 남아 있는가? 국왕을 존중하고 모국을 사랑하라고 권장할 만한 명분이? 없다. 우리가 모국을 존경하고 사랑하는 동안 모국의 칼은 우리의 혈관을 찢어놓았다."[9]

이 주장에서 쓸쓸함이 강하게 느껴지지만 그 감정은 독립에 대한 디킨슨의 혐오보다 더 강력하지는 않았다. 그 혐오감은 무엇보다도 전통적인 유대 관계에 대한 미련에서 비롯되었음이 틀림없다. 하지만 새로 탄생한 국가가 고립된 채 공격받을지도 모른다는 공포는 독립을 더욱 혐오하게 만들었다. 프랑스와 스페인은 무대 뒤에서 어슬렁거리면서 영국을 공격하고 영국의 땅을 빼앗으려고 혈안이 되어 있었다. 이런 상황에서 독립을 선언한 식민지는 매우 위험한 세상을 살아가야 할 터였다.

이런 가능성은 대륙회의에서 공개적으로 논의되지는 않았다. 영국과의 완전 단절을 지지하는 그룹들이 자신들의 목표는 독립이라고 아직 시인하지 않았기 때문이었다. 하지만 그들은 타협 가능성에 대해 노골적인 회의감을 드러냈다. 애덤스 가문과 리 가문 사람들로 구성된 리-애덤스 준토가 이런 그룹의 대표였는데, 그들은 조용하면서도 신중하게 행동했다. 매사추세츠인들에 대한 오래된 의심이 여전히 남아 있는 까닭이었다. 이 새로운 연맹은 대륙회의에서 일치단결을 끌어내려면 영국과의 관계에서 타협을 추구하는 온건파 대표들보다 더 급진적으로 움직일 수는 없다고 생각했다. 존 애덤스는 대륙회의를 육두마차에 비유했다. "가장 빨리 달리는 말은 좀 천천히 달리게 하고, 가장 느린 말은 좀 속도를 내게 해야 보조를 맞출 수 있다."[10]

그러나 대륙회의는 전쟁 중 일관된 속도로 움직인 법이 거의 없었다. 전쟁 첫 6개월 동안 대륙회의는 급하게 움직였고, 산적한 업무들 사이를 헤쳐 나가야 했으며, 때로는 갑자기 행동에 나서기도 했다. 개회 직후 대륙회의는 렉싱턴과 콩코드에서 벌어진 사건들을 알리는 매사추세츠의 보고서와 편지들을 접수했다. 보고서들은 회의장에서 낭독됐고, 이어 대륙회의는 그것을 출판하라고 지시했다. 그다음에 매사추세츠 지역회의의 의장인 조지프 워렌의 편지를 접수했다. 그 내용은 대륙회의가 전쟁의 "방향과 지원"을 제공하고 그 영도 아래 "강력한 군대"를 창설해야 한다는 것이었다. 이 요청은 대부분의 대표들이 피하고 싶어 한 고통스러운 질문을 제기했다. 특히 중요한 문제는 13개 식민지가 서로 일치단결해 연합군으로 싸울 것인지의 여부였다. 대륙회의는 분명 이 질문에 답변할 준비가 되어 있지 않았기 때문에 이 편지를 전체 위원회에 회부했다. 그곳이 편지가 가져올 논쟁을 안전하고 확실하게 유보시킬 수 있는 장소라고 믿었다.[11] 사태는 빠르게 대륙회의를 압박했다. 먼저, 회의는 식민지에 곧 들어올 것으로 예상되는 영국군에 어떻게 대응해야 하느냐는 뉴욕의 질문에 대답해야 했다. 5월 15일의 회의에서는 영국군이 "평화롭게 안정적으로" 행동할 경우에 "수세"를 취하고 영국군이 요새를 세우고 재산을 침해하며 도시 외부와의 통신을 단절한다면 "폭력에는 폭력으로 맞서야 한다"고 뉴욕에 조언했다.[12]

이틀 뒤 이선 앨런과 베네딕트 아놀드가 타이컨데로가를 점령했다는 소식이 전해졌는데, 그것은 수세적인 행동이라고 할 수가 없었다. 대륙회의는 불안감을 느끼지 않을 수 없었다. 타이컨데로가 요새의 점령은 영국군을 자극할 뿐만 아니라, 뉴햄프셔 그랜츠 지역에 대한 뉴욕과 뉴햄프셔 사이의 해묵은 싸움을 다시 점화할 것이기 때문이었다. 또 다른 난처한 문제는 코네티컷 부대와 그린 마운틴 보이스가 뉴욕 당국자들에게 사전 보고 없이 뉴욕 경계 내 요새를 점령했다는 사실이었다.

대륙회의는 이런 문제들을 가능한 한 무시하면서 타이컨데로가에서 탈취한 대포와 군수물자를 조지 호수 남쪽으로 이동시키라고 지시했다. 일단 그곳에서 재고 목록에 올린 뒤, "우리 식민지에서 그토록 열망하듯 영국과 식민지가 예전의 조화로운 관계로 회복될 때 그것들을 안전하게 돌려주는 것이 자기 보존의 법칙에 비추어 현명하면서도 일관된 행동이 될 것"이라고 말했다.[13] 대륙회의의 이런 어정쩡한 행정 스타일은 추후 모든 공식 기구들에서 나타나는 완고한 태도를 감안하면 잘 설명되지 않는다. 이 경우 대륙회의의 조치는 대표들 사이의 내적 분열 때문에 생긴 신중함을 반영했다. 대륙회의의 내부 분열 따위는 안중에 없었던 아놀드와 앨런은 요새 철수를 반대했다. 그러자 며칠 뒤 대륙회의는 마음을 바꿔서 '캐나다의 압박받는 주민들'에게 편지를 보냈다. 그 편지는 '공동의 자유'를 얻기 위한 투쟁에 동참해달라는 것이었다. 프렌치-인디언 전쟁 이래 아메리카인은 캐나다인을 '동료 신민'으로 생각해왔으나, 최근에 캐나다인을 '노예'로 만드는 퀘벡 법이 통과됐으므로, 아메리카인은 '그들의 고통에 공감한다'는 지적도 했다. 대륙회의는 이런 우호적인 태도를 입증하기 위해 6월 1일 식민지 군대가 캐나다를 침략하는 것을 금지했다. 그러나 한 달도 채 지나지 않은 6월 27일, 의회는 입장을 번복해서 최근 북부 지방 책임자로 임명된 필립 스카일러 장군에게 캐나다를 침공해 점령하라는 지시를 내렸다.[14]

이런 정책 번복의 와중에 독립 선언이 나온 것은 아니다. 대륙회의는 1년 뒤에나 독립 선언을 하게 된다. 회의는 독립이냐 타협이냐를 명확하게 결정내리지 않으면서도 사실상 주권 국가의 대표 기관으로 행동하기 시작했다. 캐나다 공격을 결정한 것도 그런 권위를 보여주는 결정적 증거다. 대륙회의는 한 달 전 고충의 시정과 평화와 화합의 회복을 탄원하는 서신을 국왕에게 보내기로 결정했으면서도, 동시에 모든 식민지에는 무장을 하라고 지시했다. 대륙회의는 그다음 날인 5월 27일에 군수물자를 확보하는 수단과 방법을 강구할 위원회를 임명했다. 일주일 뒤에는 화약을 매입할 자금 6000파운드를 빌려오기로 표결했다. 그리고 6월 14일에는 펜실베이니아, 버지니아, 메릴랜드에서 소총 중대 소집 계획을 승인하여 대륙군을 모병하기로 결정했다. 이 중대들은 보스턴 근처에 집결한 뉴잉글랜드 병력에 추가될 예정이었다. 대륙회의는 대륙군을 통제할 규칙과 규정을 작성하는 책임을 맡은 위원회의 위원장을 임명했다. 군대에는 장수가 필요하므로, 그다음 날인 6월 15일에 '아메리카의 자유를 위해 모병됐거나 모병될 모든 대륙군'의 사령관으로 조지 워싱턴을 선임했다. 대륙회의는 그 뒤 며칠 동안 군대를 조직했고, 워싱턴 예하의 주요 지휘관과 참모를 선임했으며, 군대의 재정을 위해 200만 달러의 화폐를 발행하는 것을 승인했다.[15]

제2차 대륙회의 1775년 6월 14일 13개 식민지 대표들은 식민지 군대를 결성하고 그다음 날 조지 워싱턴을 총사령관으로 임명해 영국군과 전쟁을 준비하도록 했다.

천신만고 끝에 벙커힐을 점령한 영국군

대륙회의가 대륙군을 조직하는 동안 보스턴에 주둔 중이던 영국군과 그 주위 뉴잉글랜드에 포진한 아메리카군은 벙커힐 전투를 벌였다. 이 전투에서 양측의 사상자가 많이 생겼지만 승부가 깨끗하게 결정 나지는 않았다. 양측은 이런 접전을 예상하지 못했다. 6월 초, 게이지는 도체스터 하이츠를 점령하기로 결정했다. 이곳은 보스턴 일대를 내려다볼 수 있어 전략상 중요했지만 아무도 거들떠보지 않았다. 게이지는 새로 부임한 동료 장군 윌리엄 하우, 존 버고인, 헨리 클린턴을 만족시키기 위해 뭔가 공격적인 태도를 보일 필요가 있었다. 버고인은 자신 포함한 이 세 장군을 '이름난 3인방'이라고 겸손하게 표현했는데, 이들은 5월 하순 케르베루스에 도착해 게이지를 압박했다. 그들이 파견됐다는 사실은 영국 내각이 게이지의 행동에 불만을 품고 있다는 뜻이며 게이지도 그것을 알고 있었다. 뭔가 해야 할 필요를 느끼던 게이지는 6월 18일 도체스터 주위의 언덕으로 진군하라고 명령을 내렸다. 하지만 며칠 뒤 그 정보가 보스턴 밖으로 새 나가 매사추세츠 안전 위원회에 알려졌다. 그러자 위원회는 보스턴 주위에서 아메리카군을 지휘하는 아테머스 워드Artemas Ward 장군에게 영국군보다 먼저 움직여서 도체스터 하이츠뿐만 아니라 찰스타운반도의 벙커힐도 점령하라고 지시 내렸다. 점령 순서는 이러했다. 먼저 벙커힐로 즉시 이동해 그곳을 접수하고 그다음에 도체스터 하이츠로 가라는 것이었다.[16]

평시에 매사추세츠의 농부였던 워드 장군은 20년 전 프렌치-인디언 전쟁에서 싸우긴 했으나 다른 식민지 장군들과 마찬가지로 실제 군대를 지휘해본 적은 없었다. 그는 경험이 없었기 때문에 매사 조심했고, 그래서 때로는 비겁하게 보이기도 했다. 워드는 행동에 나서는 대신 참호를 파고서 대치하는 것을 좋아했다. 과감한 선제공격이나 모험적인 작전을 펼칠 생각은 전혀 없었지만 안전 위원회가 행동에 나서라고 요구하고 전략회의에 근무하는 부하 장교들이 재촉하는 마당에, 워드에게는 달리 선택의 여지가 없었다.[17]

부하 장교들 중 코네티컷 출신의 정력적인 이스라엘 퍼트넘Israel Putnam 준장과 윌리엄 프레스콧William Prescott 대령이 유독 힘들게 굴었다. 퍼트넘은 당시 57세의 농부 출신으로 키는 작았으나 곰처럼 단단한 몸집에 정력이 넘쳐흘렀다. 전설적 이야기들에서는 '올드 퍼트'라고 불린 퍼트넘은 힘이 장사여서 프렌치-인디언 전쟁에서는 이로쿼이족에 생포되고서도 살아남았다. 그는 아바나를 점령하려고 했다가 쿠바 해안에서 배가 난파됐으나 결국 살아남았다. 그러나 퍼트넘 준장은 지휘관이 반드시 갖춰야 할 신중함과 균형감은 부족한 사람이었다. 퍼트넘은 공격 방법이나 화약에 능통했지만, 전술과 전략, 병사들과 자원으로부터 최대 효과를 이끌어내는 신중한 작전 계획 등에 대해서는 어두웠다. 서부의 목사들이 '새로운 신학'을 모르는 것처럼, 퍼트넘은 그런 전략에 대해서는 잘 알지 못했다. 연대장으로서 공격에 앞장을 서는 데에는 그를 따를 자가 없었다. 하지만 작전 참모로서는 누구보다도 자격이 모자란 사람이었다. 당연한 일이지만, 그는 찰스타운반도 공격을 적극 지지했다. 준장의 뜻에 윌리엄 프레스콧 대령도 동의했다. 대령은 금년 49세로 저명하고 부유한 가문 출신이며 매사추세츠 연대의 연대장을 맡았다. 프레스콧은 평소 무모하게 행동하는 법이 없었다. 조용히 필요한 말만 하는 사람이었기 때문에, 사람들은 그의 말에 귀를 기울였고 그의 조언을 중시했다. 그가 벙커힐 점령에 찬성했다는 것은 워드에게 큰 심적 부담이 되었다.

전략회의에는 공격 계획에 찬성하는 다른 사람들도 있었다. 거의 일흔이 다된 노장 코네티컷의 세스 포머로이Seth Pomeroy도 그중 한 사람이다. 1745년 프랑스를 상대로 루이스버그 포위 공격에 참가했던 노장군은 베테랑으로 행동거지가 너무나 침착했다. 그에게서는 전투냐 대기냐를 결정할 때 군인들이 흔히 보이는 조급증을 찾아볼 수 없었다. 지역회의에서 금방 물러나와 소장으로 지휘관 임명을 기다리던 조지프 워렌도 내심은 워드 장군처럼 선제 공격을 꺼렸으나 결국 공격 계획에는 찬성했다.

워드는 싫든 좋든 프레스콧에게 약 1000명의 병력 지휘를 맡기면서 찰스타운반도의 세 언덕 중 가장 규모가 큰 벙커힐 방어를 강화하라고 지시를 내렸다. 대략 삼각형처럼 생긴 이 반도의 밑변은 찰스강을 사이에 두고 반대편의 보스턴과 800미터 정도 떨어져 있었다. 반도의 윗부분은 북서쪽으로 1.6킬로미터 정도 떨어진 곳으로, '넥Neck'에 의해 본토와 연결됐다. 이 목 부분은 너비가 100~200미터 남짓에 불과하고 만조 시에는 물에 잠기기도 했다. 북동쪽으로는 미스틱강이 반도와 본토를 갈라놓고 있었다. 그리고 반대편에 만이 있어 찰스강이 이 만으로 흘러들었다. 찰스타운반도에서 가장 넓은 곳의 폭은 800미터 정도였다. 평화 시에는 자그마한 마을이었으나 당시에는 사람이 거의 살지 않던 찰스타운은 반도의 남서쪽 귀퉁이를 차지했다. 벙커힐은 넥에서 약 270미터 솟아올라 있고 높이는 약 30미터였다. 아래쪽으로 약 550미터 정도 내려가면 높이 약 20미터의 브리즈힐이 있는데, 이 언덕의 동쪽과 서쪽 등성이는 가팔랐다. 높이가 약 10미터밖에

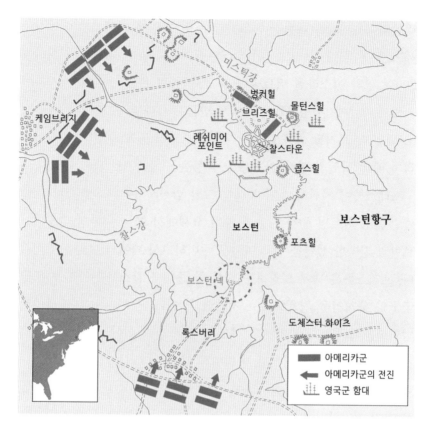

벙커힐 전투 1775년 6월 뉴잉글랜드 벙커힐에서 아메리카 민병대가 보스턴 항구를 점거한 영국군을 몰아내기 위해 선공을 감행했다.

안 되는 몰턴스힐은 반도 남동쪽의 미스틱강과 찰스강이 만나는 지점에 있었다. 브리즈힐과 몰턴스힐 사이의 땅에는 울타리 친 목초지, 벽돌 굽는 가마, 점토 채취장, 작은 늪지 등이 들어서 있었다.

프레스콧은 6월 16일 초저녁 케임브리지에 1000여 명의 병력을 집결시켰다. 자신의 연대 외에도 다른 매사추세츠 2개 연대, 새뮤얼 그리들리Samuel Gridley 대위가 지휘하는 포병 48명에 야포 2문의 매사추세츠 포병 중대, 그리고 새뮤얼 놀턴Samuel Knowlton 대위가 지휘하는 200여 명의 이스라엘 퍼트넘 연대 소속 공병 부대도 있었다. 제복이 없었기 때문에 이 병사들은 집에서 만든 옷이나 다른 민간인 옷을 입고 있었고, 크기도 종류도 제각각인 머스킷 소총을 들었다. 병사들은 각자 배낭, 당일치 식량, 참호용 도구 등을 지참하기로 되어 있었다.

프레스콧이 지휘하는 이 부대는 그날 밤 9시가 넘자 케임브리지를 출발했다. 퍼트넘 준장은 흙을 채워 요새에서 쓰는 원통형 바구니인 보람과 길쭉한 섶단을 실은 마차를 준비하고서 넥에서 그들을 맞이했다. 프레스콧은 넥에 도착하는 즉시 한 중대를 찰스타운으로 보내 영국군의 움직임을 경계하라고 지시했다. 이어 본대는 반도를 남하해 벙커힐을 점령하고 브리즈힐 바로 앞에서 멈춰 섰다. 여기에서 프레스콧과 그의 장교들, 퍼트넘, 공병대장 리처드 그리들리Richard Gridley 대령은 벙커힐 방어를 강화하라는 지시에도 불구하고 브리즈힐에 참호를 파기 시작했다. 이렇게 한 이유는 분명하지 않지만, 브리즈힐이 보스턴과 가깝다는 것이 주된 이유였던 것으로 보인다. 그들은 브리즈힐에서 주된 보루 작업이 끝나면 벙커힐에도 부대를 보내 참호 작업을 하기로 결정했다.

그리들리 대령은 공병 작업에 착수해 대략 네모꼴에 각 면의 높이가 약 40미터인 보루를 그렸다. 측면의 입구는 벙커힐을 마주 보게 하여 영국군의 공격을 피하게 했다. 찰스타운을 바라보는 측면에는 브이자 형의 두 면으로 된 흙으로 만든 철각보凸角堡가 바깥쪽으로 비쭉 내밀게 되어 있었다. 그리들리가 이런 축성의 밑그림을 바닥에 완성할 무렵, 시간은 이미 자정이었다. 이제 병사들이 깊은 참호와 높은 토성으로 축성을 하기 위해 땅을 팔 시간은 동트기 전까지 네 시간 정도 남아 있었다. 삽과 곡괭이로 무장한 병사들은 재빨리 작업에 착수했다. 새벽빛이 동틀 무렵 그들은 사방 약 2미터 높이의 벽을 쌓았으나 여전히 할 일이 많이 남아 있었다.

해가 뜨자 일하기는 쉬워졌으나 항만에 정박하고 있던 배들의 감시에 노출됐다. 라이블리호가 그들을 맨 먼저 발견하고 즉각 발포했다. 그 직후 그레이브스 제독은 라이블리호에 포격 중지를 명령했으나 잠시 후 포격 재개를 명령했다. 이번에는 좀 더 가까이 있는 배들과 만 건너편 콥스힐의 포대에서 포격을 가했다. 이 포격은 별로 타격을 주지 못했다. 배들의 함포는 언덕에 대포알을 떨어트릴 정도밖에 포를 쓰지 못했고, 콥스힐의 포대는 사정거리 밖에 있었다. 하지만 포격의 소음은 전쟁을 겪어본 적이 없는 프레스콧 휘하 많은 병사를 당황하게 만들었다. 소음뿐이 아니었다. 대포알이 날아와 보루 밖에서 일하던 병사 한 명이 죽었고 또 다른 대포알에 물이 가득 든 커다란 물통 2개가 박살났다. 정오가 되기 직전, 먼지가 병사들을 숨 막히게 했고 밤새 일한 탓에 피로가 찾아들었다. 한 병사는 편지에서 당시 상황을 "우리는 밤새 잠도 못 자고 노동을 심하게 했기 때문에 몹시 지쳐 있었다"고 묘사했다. 프레스콧의 부하들은 슬금슬금 사라지기 시작했다.[18] 포격에 대한 두려움과 교대 없이 진행된 야간 작업에 지쳐 병사들의 사기는 땅에 떨어졌다. 프레스콧은 부대원들에게 무슨 일이 벌어지고 있는지 꿰뚫어보았다. 만약 단호하지 못한 지휘관이었더라면 부대원들의 불안에 굴복했을지도 모른다. 하지만 프레스콧은 부대원들에게 보루 작업을 계속하라고 독려했다. 설득해도 별로 효과가 없자, 부하들에게 위험은 그들의 머릿속에 있는 것이지 영국군의 대포에 있는 것이 아니라고 가르쳐주기 위해 보루 벽에 올라서 자신을 의도적으로 포격에 노출시켰다. 그는 부대원들 위에 우뚝 서서 보루 위를 거닐며 격려하거나 작업 지시를 내렸고, 때로는 배고픔과 두려움에 지친 부하들에게 참호 작업을 계속하라고 거세게 요구했다.

퍼트넘 또한 용감했다. 그는 벙커힐과 브리즈힐 사이를 말을 타고 왕복했고, 워드 장군에게 증원군과 군수물자를 요구하기 위해 케임브리지에 두 번이나 다녀왔다. 안전 위원회의 위원들을 포함해 다른 사람들도 비슷한 요청을 했다. 워드는 한참 지체하고 망설이다가 뉴햄프셔 2개 연대를 증파했다. 그런데 퍼트넘은 일 욕심 때문에 심각한 실수를 저질렀다. 그는 벙커힐 축성에 필요하니 참호 작업 도구를 보내달라고 프레스콧에게 요구했다. 프레스콧은 도구를 갖다주러 간 병사들이 다시 돌아오지 않을 것을 우려해 그 명령의 이행을 가능한 한 미뤘다. 보루 작업 당시 500명을 투입했는데, 그중에서 단 한 명도 빼낼 수 없다고 판단했다. 하지만 퍼트넘이 고집을 부리자 프레스콧은 마침내 양보했다. 그가 몇 명의 병사를 보냈는지는 알 수 없으나, 실제로 돌아온 병사는 거의 없었다.

프레스콧이 벙커힐로 '지원병'을 보내기 전, 보루의 남동쪽 구석에서 북동쪽 미스틱강에 이르는 길이 약 100미터의 흉벽이 완성됐다. 하지만 훤한 대낮에 보니 보루가 취약하다는 것이 분명하게 노출됐다. 특히 그 보루는 머스킷 소총 사정거리 밖에서 미스틱강 쪽, 즉 반도의 옆을 파고드는 측면 공격에 취약했다. 다른 측면도 노출되기는 마찬가지였으나, 찰스타운과 그곳에 주둔하는 부대가 어느 정도 보호해주었다. 흉벽은 이제 동쪽 측면에서는 어느 정도 엄폐 기능을 발휘했으나, 그래도 강둑을 따라 이동하는 공격에는 노출된 상태였다.

라이블리호의 포격 소리에 불면의 밤을 보내던 게이지 사령관은 소스라치게 놀랐다. 그는 5월에 식민지 장관인 다트머스에게 코네티컷과 로드아일랜드는 '노골적인 반란' 상태이고, 남쪽으로는 뉴욕과 펜실베이니아, 다른 남부 식민지들도 무장을 하고 있다고 보고했다. 당시 보스턴에 주둔하고 있던 게이지와 휘하 병사들은 내륙 지방에서 오던 보급도 끊기고 반란군에게 포위된 상태에서 식료품 비축분과 반란 세력의 확장 소식에 불안해서 잠을 이룰 수 없었다. 또 6월 17일 오전 찰스타운반도에서 벌어진 일은 그에게 자신감마저 빼앗아갔다.[19]

게이지가 그날 오전에 기도를 올렸는지는 알려지지 않았으나, 이름난 3인방인 하우, 클린턴, 버고인에게 조언을 구한 것은 확실하다. 군사 고문들과 참모들이 종종 그러하듯이, 서로 충돌하는 조언을 했다. 클린턴은 보루 뒤쪽에 병력을 급파하고 해군을 활용해 넥 쪽에서 증원군을 계속 보내자고 제안했다. 그리고 나서 반도의 남단에 두 번째 부대를 투입한 후 아메리카인들을 양쪽에서 협공해 몰살시키자는 의견이었다. 클린턴의 계획은 해군의 제해권을 적절히 활용하자는 것이었으나, 아군은 적군의 두 부대 사이에 갇혀서는 안 된다는 전통적인 용병술에 위배됐다. 게이지는 이 용병술을 근거로 클린턴의 제안에 반대했고, 다른 두 장군도 반대했다. 그들은 좀 더 논의한 뒤 반도의 남동쪽 구석인 몰턴스힐 근처 몰턴스 포인트에 상륙해, 미스틱강을 따라 측면으로 이동하면서 배후에서 공격하기로 결정했다. 이 계획 자체는 현명했으나 몰턴스 포인트에 상륙하기로 한 것은 어리석은 결정이었다. 조수가 빠지고 있었기 때문이다. 게이지는 이른 오후까지 기다렸다가 하우 장군이 지휘하는 상륙군을 해안에 도착시켰다. 만약 그들이 찰스타운 부두를 이용했더라면 기다릴 필요도 없었고 희생도

찰스타운을 포격하는 영국 해군 하우가 이끄는 영국 함대는 벙커힐과 브리즈힐에 주둔한 아메리카군에 일제 포격을 퍼부어 영국군 상륙을 도왔다.

적었을 것이었다. 그곳을 지키는 병사가 별로 없었기 때문이다. 하지만 하우의 군대가 몰턴스 포인트에 상륙할 무렵, 아메리카인은 이미 왼쪽 측면이 취약하다는 사실을 파악하고 그쪽을 강화해놓았다.[20]

하우 부대는 경보병 10개 중대, 수류탄 투척병 10개 중대, 4개 연대, 그리고 다섯 번째 연대의 일부 병력 등 전체적으로 약 1500명이었다. 예비 부대인 해병 2개 연대와 2개 대대 소속 보병 700명은 포대에 남아서 연락이 올 때까지 대기하기로 했다. 준장 로버트 피곳Robert Pigot 경이 하우 바로 밑의 지휘관이었다.[21]

부대는 정오경에 28척의 대형 거룻배에 승선해 2열을 형성하고 몰턴스 포인트로 노를 저어 갔다. 그 모습은 일대 장관을 이뤘다. 병사들은 거룻배에 부동자세로 앉았고 소총에 장착한 총검은 정오의 햇살을 받아 반짝거렸다. 거룻배가 반도에 접근할 무렵, 군함은 넥 쪽에 포격을 강화하면서 벙커힐과 브리즈힐에 있는 병사들을 서로 떼어놓고 보루를 허물어트리며 영국군의 상륙을 용이하게 하려고 했다. 군함들 단독으로만 80발의 대포를 발사했고, 게이지는 여러 수상水上 포대들과 콥스힐의 포대 등에도 추가로 포격을 하라고 지시했다. 포문에서 나온 연기가 물 위를 떠돌았고 함성과 섬광이 끊이지 않고 계속됐다.

하우는 오후 1시경 병력을 몰턴스 포인트에 상륙시켰다. 아무도 상륙을 저지하지 않았다. 병사들은 곧 전형적인 공격 대형인 3열 횡대로 정렬했다. 병사들이 정렬을 완료하자 하우는 1500명 중 나머지 병력과 예비대를 수송해오는 동안 일정한 간격으로 산개해 휴식을 취하라고 명령했다. 그는 공격 계획이 승인됐을 때는 그곳에 없었던 흙벽과 벙커힐에서 브리즈힐 쪽으로 이동하는 병력을 보고서 생각에 잠겼다. 아마 그는 이것이 보루를 강화하기 위한 움직임이라고 판단했을 것이다.

프레스콧이 아메리카군의 취약한 왼쪽 측면을 강화 중이라는 것을 알았더라면 하우는 즉각 공격 명령을 내렸을 것이다. 프레스콧은 하우의 상륙 지점을 정확히 예측했고, 주 공격 대상이 아메리카군의 왼쪽 측면이 될 것이라고 판단했다. 흙벽 동쪽의 방비 없는 지역이 너무 걱정이 된 프레스콧은 놀턴 대위와 약 200명의 병사를 그쪽으로 보내 방어하게 했다. 놀턴 중대의 방어선은 흙벽의 연장선이 아니라 그 흙벽에서 약 180미터 북동쪽으로 떨어져서 흙벽과 평행으로 달리는 가로대 울타리였다. 놀턴의 부하들은 또 다른 울타리를 뜯어서 맨 앞쪽 울타리에 나무와 돌을 함께 쌓아올렸고 빈 공간에는 최근에 벤 건초를 채웠다. 이 임시 '공사'는 실제보다 훨씬 더 강력해보였다. 놀턴이

벙커힐 전투 아메리카군은 브리즈힐에서 미스틱강까지 전선을 구축해, 상륙한 영국군의 공격에 맞섰다.

부하들을 가로대 울타리 뒤에 배치하자, 아까 하우가 관찰했던 부대가 이동해 와 놀턴의 부하들과 합류했다. 이 증원군은 워드 장군이 그토록 보내지 않으려고 했던 뉴햄프셔 2개 연대였는데, 각각 존 스타크John Stark 대령과 제임스 리드James Reed 대령의 휘하에 있었다. 스타크는 부대만 이끌고 온 것이 아니라 전략과 주도권도 함께 가지고 왔음을 즉각 보여주었다. 그는 휘하 병사들을 놀턴의 부하들과 함께 울타리에 배치했을 뿐만 아니라, 물가를 따라 돌로 된 흉벽을 쌓아올렸다. 그 흉벽 바로 옆 해변에는 약 3미터 높이의 벼랑이 있어서 아메리카군의 진지를 보호해주었다. 비록 비좁기는 했지만 이 해변은 4~5열 종대의 병력이 통과할 정도는 되었다.[22]

아군을 두 적군 사이에 갇히게 하지 말라는 전통적 용병술을 잘 지키는 하우였지만, 이번에는 적의 보루를 공격하기 위해 그 규칙을 무시해버렸다. '촌사람들'을 상대로 할 때 무심결에 제국 사람들의 머릿속에 곧잘 떠오르는 우월감이 그의 판단을 흐려놓았는지도 모른다. 아무튼 강화된 진지는 횡대가 아니라 종대로 공격해야 한다는 것이 표준 군사 교범이었다. 종대 공격은 신속하게 움직이며 병력을 집중 공격하는 데 용이하다. 이 전투 이론은 울프 장군이 고안한 것으로 전술 교범에도 수록돼 있었다. 종대 공격의 목적은 대열을 갖춘 공격자들이 백병전을 위해 참호에 접근할 때까지 참호 안에 있는 방어군의 조준 사격에 노출되는 약점을 피하기 위한 것이었다. 울프는 소수의 저격병을 종대 사이에 배치해 산발적으로 총격을 가하며 방어군의 주의를 분산시킬 것을 권고했다. 그러면 종대 병력이 참호 안으로 재빨리 달려들어 방어군을 많은 숫자로 제압할 수 있었다. 그러나 하우는 이런 규칙을 무시하고 횡대로 부대를 정렬시켜 공격하기로 결정했다.[23]

다만 하우 부대의 오른쪽 끝부분인 미스틱강을 접한 물가에서는 선택의 여지가 없어서 그는 종대 공격을 결정했다. 그는 여기에 11개 경보병 중대를 4열 종대로 배치했다. 좀 더 상류 쪽에는 26개 중대를 2열 횡대로 배치했는데, 공격 1선은 수류탄 투척병으로 구성됐다. 이 병력이 가로대 울타리를 공격하기로 했다. 하우 자신도 병사들 사이로 들어가 그들과 함께 아메리카인의 총격을 감내했다. 하우에게는 노련한 솜씨와 기지는 부족했지만 용기가 부족하지는 않았다.[24]

이 37개 중대가 영국군의 오른쪽을 담당했다. 하우는 피곳 준장에게 왼쪽을 맡겨 경보병 3개 중대, 수류탄 투척병 3개 중대, 38연대, 43연대, 47연대, 제1해병대 등으로 구성된 38개 중대를 주었다. 이 왼쪽 부대는 하우의 오른쪽 부대와 마찬가지로 3열 횡대로 전개했다. 공격에 나선 영국군 전력은 모두 합쳐서 병사 2200명, 야포 6문, 12파운드 대포 2문, 곡사포 2문이었다.

하우의 작전 계획은 각 중대가 보조를 맞춰 일관되게 앞으로 나아가는 것이었다. 주 공격 루트는 오른쪽으로 강변에 있는 경보병 중대가 가로대 울타리를 향해 나아가면 그들보다 상류 쪽에 있는 수류탄 투척병 중대와 지원 중대가 가세하는 형태였다. 피곳은 왼쪽에서 공격할 예정이었지만, 그의 선제 공격 목적은 양동陽動작전으로 보루 안에 있는 아메리카인의 주의와 화력을 피곳 쪽으로 돌리는 것이었다. 일단 경보병과 수류탄 투척병이 오른쪽을 돌파하면 그다음에는 강에서 내륙 쪽으로 공격해서 밀고 나아가려는 계획이었다. 그러면 서로 떨어져서 노출된 흙벽과 보루는 측면 공격으로 쉽게 점령될 터였다.

이 작전 계획은 상당히 복잡한 데다 타이밍도 어긋나고 협력까지 부족해 곧 난관에 봉착했다. 영국군은 함께 전진했지만 울타리, 웃자란 풀, 가마터, 늪지, 점토 채취장 등이 곧 영국군의 대열을 흐트러놓았다. 대포를 쏘는 동안 대기했다가 다시 진군하는 것도 혼란과 무질서를 가중시켰다. 대포는 곧 쓸모없는 것으로 판명됐다. 대포알이 대부분 포에 맞지 않는 크기였기 때문이다. 왼쪽의 피곳 또한 울타리와 웃자란 풀을 상대해야 한 데다 보루에서 180미터 정도 떨어진 찰스타운 건물에 숨어 있던 아메리카인들이 총격을 가했다. 영국군은 곧 뜨거운 쇠와 가연 물질을 내포한 소이탄燒夷彈을 찰스타운에 쏘아 건물을 불태우면서 방어군을 밖으로 몰아냈다. 하지만 피곳 준장은 여전히 앞으로 전진하는 데 어려움을 겪었다.[25]

로열 웰치 퓨질리어라고 불린 23연대가 주도하는 경보병은 웃자

벙커힐 전투 영국군 경보병은 아메리카군의 일제사격으로 큰 타격을 받고 퇴각했다.

란 풀이나 울타리 때문에 곤란을 겪지는 않았다. 비록 비좁기는 했지만 강변은 평탄한 평지였기 때문이다. 수발(隨發)식 머스킷 소총으로 무장한 보병들은 착검한 채 앞으로 재빨리 내달렸다. 그들의 임무는 총격이 아니라 기동력과 많은 숫자로 식민지인을 제압하는 것이었기 때문이다. 스타크는 돌 울타리 뒤에서 그들이 진격해오는 모습을 지켜보며 부하들에게 가만히 있으라고 지시했다. 영국군 종대가 진지에서 약 45미터 지점까지 진격해오자, 그제야 그는 부하들에게 발사를 지시했다. 그처럼 가까운 거리에서 밀집 종대에 가해진 총격은 빗나갈 수가 없었고, 수발총병 연대의 제1열은 다량의 머스킷 소총알을 맞고서 이리저리 흔들리며 쓰러지기 시작했다. 그들은 용맹한 장교들의 지휘를 받은 용감한 병사였다. 그들의 장교들은 스타크 부하들의 집중사격에도 계속 진격할 것을 명령했다. "우리 경보병은 총알받이 중대였다"라고 어느 영국군 장교는 당시를 회상했다. 집중된 머스킷 총격 때문에 96명이 강변에 쓰러져 죽었다. 또 다른 영국군 장교는 "병사들의 시체가 우리 안 양 떼처럼 두껍게 쌓였다"라고 슬프게 말했다.[26] 아무리 군기가 뛰어난 병사들이라고 할지라도 일제사격을 그렇게 오래 견뎌낼 수는 없었다. 그들은 1~2분 뒤에 퇴각했는데, 어떤 사람들은 그들이 대열도 갖추지 못한 채 달아났다고 말했다.

그들보다 상류 쪽 전장인 가로대 울타리 앞에 있던 수류탄 투척병들도 처참하게 빽빽이 쌓인 시체 신세가 되었다. 아메리카인들은 이들이 사정거리 안에 들어올 때까지 기다렸다가 일제히 머스킷 소총을 발사했다. "수류탄 투척병들은 끈질긴 인내심을 발휘하며 전진했으나 훈련 성과를 충분히 보여주지는 못했다. 그들은 착검하고 전진하라는 명령이 떨어지자마자 높은 가로대 울타리, 반군의 일제사격 때문에 어려움에 봉착했고, 비록 응사를 하기는 했지만 곧 혼란에 빠져서 뒤의 제2선과 뒤섞이게 되었다"고 하우는 당시 상황을 보고했다. 하우는 부대가 울타리, 웃자란 풀에 가로막혀 우왕좌왕하고 가로대 울타리에서 쏘아대는 일제사격으로 죽어 쓰러지는 모습을 지켜보면서 "전에는 한 번도 겪어보지 못한 순간이었다"라고 적었다. 그것은 공포의 순간이었다. 비록 하우 자신은 그 두려움을 시인하지 않았지만, 틀림없이 휘하의 부대가 패배해 곧 전멸할 것임을 직감했을 것이다.[27]

나중에 하우는 장교들의 용기를 칭찬했다. 장교들은 어려운 상황에서도 부대를 규합해 두 번째 공격에 나섰고 이 공격은 왼쪽의 피곳 부대와 협력해 마침내 보루와 흉벽을 점령했다.[28] 하우가 '두 번째 공격'이라고 기록한 이 작전은 사실 두 번의 공격을 하나로 뭉친 것이었다. 우리가 가진 증거에 따르면, 수류탄 투척병은 가로대 울타리와 흉벽을 향한 두 번째 공격을 시도했고, 동시에 왼쪽에 있던 피곳 부대가 보루를 공격했다. 그러나 이 동시공격은 영국군 장교가 보고한 것처럼 '끝없는 일제사격' 때문에 실패로 돌아갔다.[29] 이 끊임없는 사격은 실제로는 매우 세심하게 계산된 것이었다. 보루 내에서 프레스콧은 구두쇠가 황금을 아끼듯이 탄약을 철저히 아꼈다. 처음부터 그는 화약과 납탄의 부족을 근심했다. 그의 부하들은 일제사격을 훈련받은 적이 없었지만 적이 가까이 다가올 때까지 탄약을 아끼도록 지시를 받았다. 사실 많은 병사가 훈련이라고는 아예 받아본 적이 없었다. 프레스콧은 지시 사항을 철저히 감독했다.

프레스콧이 노력했음에도 두 번째 공격을 물리치면서 남아 있던 화약과 총탄이 대부분 소진됐다. 하우의 부대는 장교들을 따라 언덕까지 왔다가 아메리카인들에게 약 30미터 지점까지 접근하고서는 다시 언덕을 내려와야 했다. 30분 뒤에 전개된 세 번째 공격은 흉벽과 보루에 집중됐다. 강변의 스타크 부대나 가로대 울타리의 놀턴 중대에 대해서는 아무런 공격도 시도하지 않았다. 이 무렵 하우는 해병 제2대대와 63연대로부터 400명의 새로운 병력을 지원받았다. 두 번째 공격 때와 마찬가지로 첫 번째 진격은 종대로 이루어졌다. 그는 이제 전술교범의 원칙을 따랐다. 횡대 돌격은 마지막에 이루어졌다. 이번에는 대포가 그를 지원했고, 수류탄 투척병이 선도하는 보병은 총검을 번쩍거리며 고개를 넘어갔다. 온 사방에서 "전진하라, 전진하라"는 고함이 울려 퍼졌다.[30] 보루의 오른쪽에 있던 방어군은 겨냥을 잘해 공격을 주도하던 피곳의 해병대를 저지했다. 이때 렉싱턴 전투에서 명성을 얻은 피트케언 소령도 총탄에 맞아 전사했다. 그러나 아메리카인의 탄약이 다 떨어져 수류탄 투척병을 저지할 수가 없었다. 몇 분 뒤 수류탄 투척병이 보루 안으로 들어왔고, 일부는 흙벽을 타고 일부는 뒤에서 침입했다. 프레스콧의 부하들 대부분은 무질서하게 철수했으나, 보루 안에 갇혀 있던 서른 명 정도의 병사는 복수를 원하는 영국군의 총검에 스러졌다.[31]

뒤이은 퇴각은 완전히 무질서하게 이루어지지는 않았다. 가로대 울타리의 놀턴 중대와 해변에서 이동해온 스타크 연대는 프레스콧 부대를 엄호 사격을 하면서 벙커힐로 퇴각했다. 흙벽에 있던 병사들도 대포의 포격을 받으면서 퇴각을 해왔으나 거의 마지막으로 보루를 떠나던 조지프 워렌이 전사하는 등 큰 피해를 입었다.

벙커힐 전투에서 워렌 장군의 죽음 당시 매사추세츠 의회 의장이었던 조지프 워렌 장군은 민병대가 무사 후퇴하도록 마지막까지 영국군과 맞서 싸우다 전사하였다.

영국군의 추격은 천천히 전개됐다. 브리즈힐의 영국군 부대는 승리를 거두었지만 부대 구성은 붕괴된 상태였다. 추격을 하려면 부대를 정비해 재편성해야 했는데, 그렇게 하기에는 시간이 걸렸다. 보스턴에 가만히 눌러앉아 있기가 답답해 반도로 건너온 클린턴 장군은 왼쪽에서 최후의 공격에 가담했고, 브리즈힐에서 우왕좌왕하던 영국군을 재편성해 벙커힐 공격에 나서게 했다. 하지만 그가 부대의 무질서를 극복하고 다시 질서를 잡았을 때 아메리카인은 이미 반도에서 완전히 철수한 상태였다. 방향도 지휘도 없이 그냥 달아난 병사들도 있었지만, 대부분의 병사는 장교들의 지휘를 받으며 그런대로 질서를 지켜 철수했다. 밤이 되자 상황은 모두 종료됐다. 영국은 찰스타운 넥까지 반도를 완전히 점령했다. 이것을 승리라고 할 수 있는지 의문이지만, 아무튼 이 승리를 얻기 위해 영국군은 사망 226명, 부상 828명의 대가를 치렀다. 반면 아메리카인의 손실은 사망 140명에 부상 271명이었다.[32]

"위대한 대의"를 위해 나선 조지 워싱턴

조지 워싱턴은 벙커힐 전투 2주 뒤인 7월 2일 케임브리지에 도착했다. 그는 그 자신이나 아메리카의 전망에 대해서 자신감을 내비치지 않았다. 하우의 정규군에 맞선 민병대의 항전에 고무됐지만, 아메리카인이 영국과의 전쟁에서 이길 수 있다거나 영국에 아메리카의 자유를 수용하도록 강요할 수 있다고는 확신하지 못했다. 사실 그는 불안한 마음으로 총사령관 자리를 받아들이면서 대륙회의에 우려 섞인 발언을 남겼다. "나의 능력과 군사적 경험으로 이 중요하고도 광범위

조지 워싱턴(1732~1799) 아메리카 독립 전쟁에서 대륙군 총사령관으로 전쟁을 승리로 이끌었고, 미국 건국의 아버지로 불리며 초대 대통령 (1789~1797)을 지냈다.

한 신임에 부응할 수 있을지 모르겠습니다." 워싱턴은 실패를 예상하는 일을 싫어했고, 그것이 그의 '명성'에 입힐 피해를 의식했다. 당시 그가 쓴 편지에는 명성이라는 단어가 자주 등장한다. 그러나 총사령관 임명을 거부하는 것은 자신의 '명예'에 흠집을 내는 일이었다. 명예라는 단어는 그가 자주 사용하는, 그의 기본적인 가치들 중 하나이기도 했다. 군대 지휘를 거부한다는 것은 스스로에게 불명예를 안기는 것일 뿐만 아니라 아내 마사에게 말했듯이 "친구들에게 고통을 주는 일"이었다. 아메리카의 전망에 대한 의구심, 명예와 명성, 친구들에 대한 배려, 자신의 능력에 대한 확신의 부족 같은 여러 걱정거리 때문에 그는 착잡한 심정이었다.[33]

이제 중년에 접어든 워싱턴은 평온한 태도, 엄청난 위엄과 품위, 인생사에 대한 달관 등 많은 것을 갖추었음에도 불구하고 젊은 시절의 긴장과 불안도 여전히 가지고 있었다. 물론 젊었을 때와는 분명히 달라진 점도 있었다. 젊은 시절에는 부와 명성에 대한 욕망으로 온몸이 불타올랐다. 18세기에 그와 같은 계급에 속한 젊은이라면 당연한 욕망이었다. 그러나 그가 주변의 많은 젊은이와는 다르게 지위가 굳건한 젠트리 계급이 아니었기 때문에 그의 부와 명성에 대한 갈망은 평범한 수준을 넘어서는 것이었다. 특히 1775년 당시 명예는 여전히 그의 관심사였지만, 그 나머지 것들은 더 이상 집착의 대상이 아니었다.

그는 더 큰 대의를 위해 자신의 명성을 걸 각오가 되어 있었다.

워싱턴은 1732년 버지니아의 평범한 농장주 가문에서 태어났다. 그 농장을 건설한 선조는 17세기에 식민지로 이주해온 사람이었다. 조지의 아버지 어거스틴 워싱턴Augustine Washington은 젠트리 계급이기는 했지만 대농장주는 아니었다. 워싱턴 가문의 사회적 신임도는 좋았지만 그리 저명한 편은 아니었다. 어거스틴 워싱턴은 보안관과 치안판사로 근무했지만 정계에서 이름을 떨치지 못했고 버지니아 의회에 진출하지도 못했다. 그는 1743년에 사망하면서 버지니아에 약 1만 에이커의 땅을 남겨놓았다.

조지 워싱턴은 아버지의 사망 이후 형 로렌스Lawrence와 함께 마운트버넌에서 살았다. 어머니 메리 볼 워싱턴Mary Ball Washington은 아들들의 삶을 편안하게 만들어주지 않았다. 죽은 남편에게 배신감을 느꼈던 그녀는 아들들에게 툭하면 불평불만을 털어놓았다. 자신의 신세가 너무나 가련하고 아들들이 잘 돌봐주지 않는다는 불평이었다. 조지는 어머니를 좋아하지 않았지만 어머니의 말을 경청했고 사랑을 느끼지는 못해도 존경의 마음을 표시했다.

워싱턴은 소년 시절 큰 덩치에 비해 수줍음이 많았다. 그는 사람들과 함께 있는 것이 편치는 않았으나 사교적인 사람이 되고자 무척 노력했다. 또래의 다른 소년들처럼 그는 책에서 도움을 얻고자 했다. 《남자들 사이에서 대화할 때 소년의 행동 또는 예절》[34]은 소년들의 행동 지침서인데, 투박한 소년들의 행동거지를 부드럽게 만들어주는 행동 원칙을 많이 소개했다.

"남 앞에 있을 때에는 흥얼거리는 소리로 혼자 노래를 불러서는 안 되고 손가락이나 발로 박자를 맞추어서도 안 된다. 머리, 다리, 발을 흔들지 말고, 눈알을 굴려서는 안 되며, 한쪽 눈썹을 치켜떠서는 안 되고, 입술을 비틀어서도 안 되며, 대화할 때 상대방에게 너무 가까이 접근해 얼굴에 침을 튀겨서도 안 된다."[35]

워싱턴은 사람들과 함께 있을 때 침을 튀기거나 신체를 긁는 행동은 결코 하지 않았다. 학교 교육을 제대로 받진 못했지만 문장력이 좋아서 가끔은 유려한 문장으로 사람들을 감동시키기도 했다. 수학 실력도 상당히 뛰어나 그 재능을 이용해 토지 측량을 하게 되었고, 16세에는 유능한 토지 측량사로 인정받았다. 당시 버지니아의 많은 농장주가 그러했듯이, 그도 토지 측량 기술 덕분에 토지에 대한 야망을 크게 품게 되었다. 토지 측량술을 통해 워싱턴은 토지 투기의 기회를 잡았다. 대표적으로 1748년 서부로 측량 작업을 하러 나갔다가 1500에이커의 땅을 얻어 돌아왔고 21세가 되었을 때는 이미 수천 에이커의 땅을 소유했다.

이 당시 워싱턴은 토지에 대한 욕망 못지않게 명성을 원했고, 곧 그것을 얻었다. 기회는 영국과 프랑스가 아메리카의 서부를 차지하기 위해 전쟁을 하면서 찾아왔다. 특히 오하이오강 분기점에서 전투가 치열했다. 토지 투기자들이 소유한 오하이오 회사는 1753년에 오하이오 분기점에 요새를 짓기로 결정했다. 그곳은 회사와 프랑스인이 서로 자기 땅이라고 주장하던 지역의 중심부였다. 문제는 어떻게 프랑스인을 쫓아낼 것인가였다. 워싱턴의 형 로렌스는 오하이오 회사에 주식을 갖고 있었는데, 버지니아 지사는 워싱턴에게 편지를 주며 현지로 파견했다. 편지의 내용은 프랑스인이 즉각 오하이오 일대를 떠나야 한다는 것이었다. 워싱턴은 황무지를 지나는 길로 여정을 떠났고 프랑스인으로부터 정중한 거절의 답변을 듣고서 버지니아로 다시 돌아왔다. 고향에서 그는 황무지 여행기를 집필했고 그 글에 매혹된 총독이 워싱턴에게 출판을 지시했다. 이 짧은 이야기는 멀리 런던 사람들에게도 감명을 주어 런던에서도 출판됐다. 워싱턴의 앞날은 점점 밝아지고 있었다.

일을 잘한다는 명성을 얻었기에, 워싱턴은 다음 해에 또 다른 일을 맡았다. 버지니아를 위해 오하이오 지방을 장악하는 원정대의 대장 역할이었다. 이 원정대 일은 실패로 끝났고 워싱턴과 그의 부하들은 피 흘리는 전투 끝에 프랑스인에게 포로로 잡혔으나, 워싱턴이 처신을 잘해 명성에 손상을 입지 않은 채로 돌아왔다. 그 전투에 대해 워싱턴은 형에게 이렇게 썼다. "총알이 스쳐 지나가는 소리를 들었어. 그 소리에는 매력적인 구석이 있더라고." 이 말은 널리 알려져 신문에 실렸고, 그의 명성을 더욱 높여주었다.[36]

그 이후 5년 동안은 별일 없이 지나갔다. 워싱턴은 버지니아 민병대의 지휘를 맡아서 변경을 수비하라는 지시를 받았으나 불운하게도 그가 볼 때 전쟁의 주요 무대는 다른 곳으로 옮겨갔다. 민병대를 잘 지휘한다는 것은 거의 불가능한 일이었다. 민간인 출신 부대원들은 권위를 우습게 여겼고, 믿을 만한 구석이라고는 하나도 없었다. 워싱턴은 할 수 있는 한 그들을 잘 상대하면서, 버지니아 정부와 아메리카에 나와 있는 영국군의 무관심에 속으로 분개했다. 이 시절의 워싱턴은 그리 매력적인 인물이 아니었다. 그는 영광과 보상을 탐욕스럽게 추구했으나 아무것도 성취하지 못했고, 평정심과 객관적인 시각도 확보하지 못했다. 사실 그에게는 명성보다도 이 두 가지 요소가 더 필요했다.

워싱턴은 1758년 후반에 민병대장직을 사임하고 마운트버넌으로 돌아와 결혼을 하고 곧 담배농사로 시선을 돌렸다. 부유한 미망인 마사 커스티스Martha Custis와의 결혼은 뜨거운 열정으로 맺어지지는 않았으나 그렇다고 정략결혼도 아니었다. 두 사람은 진심으로 서로를 좋아했고 결혼 생활은 행복했다.

1759년에서 1774년까지 15년의 세월은 평온하면서도 중요한 시기였다. 1759년 당시 워싱턴은 실망한 장교, 야심 많은 남자, 명예와 명성을 질투하는 자, 자기 연민에 잘 빠지고 모욕에 민감하며 이기적이고 자기중심적인 남자, 한마디로 요약하면 덜 성숙한 사람이었다. 하지만 그는 15년 동안 꾸준히 성장했다. 군사적 야망도 어느 정도 잦아들었고 자신보다는 가족, 친구, 이웃과 같은 남들에게 관심을 더 기울였다. 모욕에 민감하게 반응하기보다는 평온한 외양을 유지했고, 이기심보다는 관대함이 더 돋보였다. 어떤 변화로 이런 성숙의 과정이 진행됐는지 우리는 추측만 할 수 있을 뿐이다. 다만 우리는 워싱턴의 책임이 점점 더 커졌고 더욱 중요한 사람이 되었다는 것을 안다. 그 책임은 새로운 종류의 것이었고 군사적 야망이나 명예에 대한 욕심과는 무관했다. 그는 농장 관리의 어려운 문제들을 날마다 대면해야 했다. 친구들은 조언이나 돈, 혹은 위로를 얻기 위해 그를 찾아왔다. 게다가 행정 문제도 있었다. 워싱턴의 공직 생활은 치안판사를 맡은 법원에서 교회로, 그리고 다시 버지니아 의회로까지 확대됐다.

이 모든 의무 사항을 그는 완벽하게, 또 잘 알려져 있듯이 관대하게 수행했다. 그는 버지니아 의회에서 뛰어난 지도자는 아니었다. 중요한 문제들을 다룰 때 그의 의견이 중시되기는 했지만, 의정을 좌지우지하는 지도자 타입은 아니었다. 이 당시 그는 귀족적 리더십에 요구되는 것들을 잘 수행했다. 즉 어떤 결정 사항을 내리는 데 균형과 판단을 중시하면서 공동체의 이익을 무엇보다도 중시했다. 그의 이런 특징은 필라델피아에서 열린 2차 대륙회의에서 잘 드러났다.

이제 1775년 보스턴 외곽에서 군대를 마주한 워싱턴은 그동안 힘들게 갈고닦은 자신의 절제력이 커다란 시련에 부닥쳤다는 사실을 알았다. 그는 유럽의 가장 강대한 국가를 상대로 아직 독립의 결심을 굳히지 못한 식민지의 지원을 받는 보잘것없는 군대를 지휘해야 했다. 그러나 지난 15년 동안 천천히 발달해 온 워싱턴의 내적인 강인함과 현명함이 앞으로 벌어지게 될 8년간의 전쟁 동안 그를 지탱해줄 터였다. 또한 그에게는 두 가지 강력한 확신이 있었다. 하나는 그가 이 전쟁에서 신의 섭리를 수행할 도구로 선택됐다는 믿음이었다. 그는 이 믿음을 다음과 같은 말로 겸손하게 표명했다. "나를 이 일에 복무하도록 한 것이 일종의 운명이었다면, 나의 임무 수행이 어떤 좋은 목적에 봉사할 수 있기를 희망한다."[37] 다른 하나는 열정에 가까운 믿음이었다. 그것은 워싱턴이 "위대한 대의"라고 부른 것에 대한 애정, 즉 아메리카인의 자유 수호에 대한 애정이었다.

오합지졸과 정규군의 대전

워싱턴이 군대를 지휘하기 위해 7월 2일 케임브리지에 도착했을 때, 보스턴에 갇혀 있던 영국군은 벙커힐 전투에서 입은 피해로 여전히 출혈이 컸다. 그렇지만 영국군은 여전히 위험스러운 적이었고 전반적으로 잘 훈련되어 있는 데다 장교와 장비도 훌륭했다. 영국군의 숫자는 7월에 5000명이었으나, 10월 게이지의 후임이 된 하우가 그 다음 해 3월 보스턴에서 철수할 때는 병력이 1만 명으로 늘어나 있었다.[38]

영국군은 여러 면에서 그 시대의 통상적인 방식으로 싸우도록 조직된 전형적인 18세기 유럽 군대였다. 엄청난 변화를 가져온 프랑스 혁명 이전의 18세기에, 전쟁은 왕조 국가의 전유물이었고 제한된 목적을 위해 소규모로 치러지는 것이 보통이었다. 으레 사회의 두 계급이 전쟁을 수행했다. 하나는 장교를 배출하는 귀족계급이고, 다른 하나는 농민, 방랑자, 극빈층 등 병사를 제공하는 하층계급이다. 프로이센의 프리드리히 대왕은 대부분의 사람이 전쟁이 진행 중인 것을 안다면 그것은 성공적인 전쟁이 아니라고 말했다. 그는 다른 유럽의 통치자들과 마찬가지로, 중산층 및 건실한 생산자와 장인들을 전쟁의 유혈과 파괴로부터 보호하려고 애를 썼다.[39]

최하층민들로 구성된 군대는 동원하기도 훈련시키기도 어려웠으며 유지하는 데에도 돈이 많이 들었다. 병력은 반드시 소규모여야 했다. '반드시'라고 한 것은 전쟁에 들어가는 비용과 왕조 국가의 특징 때문인데, 국가의 수입은 늘 제한돼 있었고 무심한 사람들을 설득해 전쟁을 지원하도록 하는 데 어려움을 느꼈던 것이다. 따라서 전쟁은 왕조의 목적을 위해서만 수행돼야 했고, 19세기에 일반적인 현상이 되어버린 것처럼 국가의 목적을 위해서 수행돼서는 안 되었다. 18세기의 왕조들은 무장한 사람들을 두려워했는데, 프랑스 혁명이 보여주듯이 거기에는 충분한 이유가 있었다.

이렇게 구성된 군대에는 강도 높은 훈련과 가혹한 군기가 필수적이었다. 방랑자, 무지한 농민, 외국인 용병 등은 통치자를 향한 정신적 애착이나 민족에 대한 충성심이 없었다. 현대적 의미의 민족이라는 개념은 당시 존재하지도 않았다. 그러나 귀족계급에게는 그런 충성심이 있었고, 그들은 최하층민을 훈련시켜서 병사로 만들어내는 장교들을 제공했다. 군대 조직의 기준과 군사적 원칙의 방향을 제시한 프리드리히는 귀족 이외의 사람들에게 의존하는 것은 위험하다고 경고했다. 프리드리히는 부르주아 출신 장교들에게는 지갑을 두둑하게 하는 것 이외에는 다른 동기가 없다며 그들을 경멸했다. 하지만 프리드리히나 다른 18세기 군주들은 외국인 병사에 대한 의존을 피하지는 못했다. 강제 징집대徵集隊는 잉여인간들을 군대로 끌어왔고, 모집책들은 외국 용병을 고용했다. 그리고 귀족 출신의 장교들은 이 두 집단의 사람들에게 가혹하고 야만적인 훈련을 시키고 군기를 주입했다. 그럼에도 병사들의 탈영 비율이 놀라울 정도로 높았다. 한 프랑스 여행자가 관찰한 바에 따르면 프로이센 군대의 절반을 차지하는 본국 출신 병사들의 주된 임무는 나머지 절반인 외국 용병의 탈영을 막는 것이었다.

병사들은 명예도 모르고 훈련시키기도 어려우며 유지하는 데 고비용인 가난한 계급에서 뽑아왔기 때문에, 군 지휘관들이 전쟁에서 승리하는 것만큼이나 군대의 규모를 그대로 유지하는 일로 고심했던 것은 이해할 만하다. 지휘관들은 병사들을 모집하고 훈련하는 데 몰두하다 보니 군사적 행동을 가능한 한 합리적인 것으로 만들려고 애썼다. 통상적으로 군사 작전은 좋은 날씨에만 수행됐고, 겨울철 전쟁은 드물었다. 겨울 숙영지는 가능한 한 편안한 생활과 기회를 제공하는 장소로 골랐다. 이렇게 해야 인력과 무기를 보충할 수가 있었다. 지휘관들은 날이 좋아도 승리를 악착같이 추구하지 않았다. 혹시라도 패배해 그 뒤 엄청난 비용이 발생할 것을 두려워했기 때문이다. 지휘관들은 전투를 적극적으로 추구하지도 않았다. 한 독일 장교는 전투를 자포자기한 해결 방식이라고 규정했는데, 이는 지휘관들의 공통된 심정을 대변했다. 전면전과 그 결과물인 전면 승리라는 개념은 훨씬 후대에 발명됐다.

전술은 군사행동의 일반적 규칙을 만들어내는 전제 사항을 충실히 반영했다. 훌륭한 전술은 군대를 잘 움직여서 대규모 손상을 피하는 상황 하에서만 교전하는 것을 의미했다. 이런 고려 사항이 때로는 전투 결과보다 더 중요했다. 가령 패배했더라도 가벼운 손실을 당한 것은 용납되지만, 승리했더라도 아군 손실이 너무 크면 용납되지 않았다. 프랑스의 군사 권위자인 삭스Saxe 원수에 따르면, 적을 향해 총을 쏘는 등 야전野戰 무기의 실제적인 사용보다 행진 기술이 더 중요했다. 따라서 연병장에서 행진을 하고 복잡한 제식 훈련을 완전히 숙달시키는 밀집대형의 훈련에 엄청난 노력을 기울였다. 밀집대형의 움직임은 엄격하게 통제됐다. 병사간의 간격 및 종대와 횡대의 간격은 정확하게 미리 결정되어 있었다. 부대는 아무런 생각 없이도 곧바로 제식 동작을 할 수 있도록 훈련과 연습을 반복했다. 마치 장교의 목소리에 따라 자동적으로 움직이는 기계의 일부인 것처럼 말이다. 여러 세대의 군 지휘관들은 사실상 기계나 다름없는 군대와 병사들을 그 기계의 부속품으로서 오로지 명령에 의해서만 움직이는 존재로 만들려고 애써왔다. 제식 훈련은 군기를 함양하는 것 이상의 기능을 발휘했다. 그것은 연병장에서 병사들에게 움직임의 요령을 가르치고, 전장에서 병사들이 기계적으로 모방할 수 있는 동작을 제공했다. 다수의 아메리카인 관찰자들이 혁명 기간에 비난했던 것처럼 순전한 '전시용'은 결코 아니었다.

부대의 행진용 발걸음은 병사들을 일정한 대열로 고정시키기 위한 것이었다. 프리드리히 대왕의 장교들은 병사들에게 '프로이센식 발걸음'으로 걸어갈 것을 요구했다. 그것은 무릎에 힘을 주면서 발 전체를 들어 올리는 걸음걸이였다. 영국군은 무릎을 높이 들어 올렸다가 발바닥으로 세게 땅을 내려밟는 걸음걸이를 선호했다. 부대는 통상적으로 종대로 이동을 했고, 사격을 위해 횡대로 늘어설 때에는 각 사격 지점을 차지한 1열 뒤쪽에도 병사를 배치해 횡렬을 구성하도록 했다. 다른 대부분의 유럽 군대처럼 영국군도 보병을 3열 횡대로 배치시켰다. 제1열은 무릎을 꿇으면서 앉고 제2열의 병사들은 왼발을 1열의 병사 오른쪽으로 내밀면서 서 있고, 제3열의 병사는 제2열의 병사 오른쪽으로 발을 내밀면서 서 있는 자세를 취했다. 영국군은 이런 대형을 가리켜 '걸어 잠그기locking'라고 했는데, 이는 대형의 목적을 잘 말해준다. 이 대형은 많은 병사를 밀집대형으로 유지해 머스킷 소총의 일제사격 효과를 높이기 위한 것이었다. 다른 대형에서도 대부분 그렇지만, 병사들은 이 대형에서 일제사격의 지시가 있어야만 발사를 했다.[40]

    머스킷 소총의 발사는 또 다른 복잡한 절차를 거쳤는데, 그것은 명령에 따라 시작되고 끝나는 절차였다. 영국 보병의 표준 지침서인 험프리 블랜드Humphrey Bland의《군기의 개요An Abstract of Military Discipline》에서는 병사들의 머스킷 소총 장전과 관련해 17개의 개별 명령을 내려야 한다고 가르쳤다.[41] 보병은 6개 이상의 명령이 내려지기 전에는 발사를 하지 못했다. 발사 과정의 첫 시작인 '주의'의 명령까지 따지면 7개의 명령이 떨어진 이후에야 발사할 수 있었다. 이런 복잡한 명령 절차를 현대 역사가들은 어리석은 조치라고 생각하지만, 실제로 전쟁이라는 불합리한 과정을 합리적으로 통제하려는 목적에는 커다란 도움이 되었다. 만약 부대원들이 각자의 속도에 따라 무기를 장전한다면, 그

브라운 베스 18세기 영국 육군이 사용하던 머스킷 소총을 가리키는 별칭이다.

들은 아마도 서로를 방해하게 될 것이었다. 왜냐하면 브라운 베스는 길고 무거우며 다루기 어렵고 장전하기가 힘들기 때문이었다. 정밀한 감독이 없는 상태로 장전된 소총의 발사는 참으로 통제하기가 어려웠을 것이다. 각자 알아서 행동하는 것은 권장되지 않았고, 여러 명의 병사들이 일제히 발사해야만 파괴적인 공격력을 발휘할 수 있었다.

일제사격을 한 뒤의 후속 동작에서도 보병들은 철저한 군기 유지가 필요했다. 머스킷 소총은 1분당 세 발만 발사할 수 있고 유효 사거리가 약 90미터밖에 되지 않으므로, 밀집대형을 구성하거나 참호 속에 있는 적들을 분산시키려면 총검에 의존해야 했다. 총검 돌격은 다수의 병사들이 일제히 달려들어야만 효과를 거둘 수 있었다. 이것이 보병 횡대 3열을 강조하는 또 다른 이유였다. 삭스 원수는 4열 횡대를 권장했는데, 그는 맨 마지막 대열인 제4열이 창을 들도록 했다. 그러나 영국군 지휘관들은 3열 횡대에 의존했고, 어떤 경우에는 총검 돌격을 선호해 일제사격을 생략하기도 했다. 하우는 브리즈힐에서 총검 돌격을 시도했다가 참담한 결과를 맛보았으나, 보병들이 보루에 좀 더 가까이 다가간 뒤 다시 총검 돌격을 명령해 큰 효과를 거두었다.[42]

조지 워싱턴은 유럽의 군사 교리를 존중했다. 그는 버지니아 민병대의 지휘관으로 근무하면서 유럽의 권위 있는 병서들을 읽었고 곧 몸소 그 판단의 정확함을 확인했다. 그 병서들이 때때로 진실을 말한다는 사실은 그를 놀라게 하지 않았지만, 아메리카 민병대의 사정은 그를 놀라게 했고 실망시켰다. 무장을 한 동료 버지니아인은 민간인 시절과 조금도 다를 바 없었다. 그들은 고집 세고 제멋대로였으며 공공심이 부족했다. 케임브리지 인근에 집결한 시민군은 대체로 뉴잉글랜드 출신이었으나 더러 버지니아에서 온 사람들도 있었다. 1757년 젊은 시절의 워싱턴은 "군기는 군대의 혼"이라고 썼다. 그리고 이제 1775년에 그는 보스턴 인근에 모인 오합지졸을 군대로 변모시키는 방안을 찾아야 했다. 케임브리지에 도착한 지 일주일 뒤 그는 리처드 헨리 리에게 이렇게 썼다. "우리 군대의 군기 부족은 심각합니다. 언제 우리를 공격할지 모르는 적 앞에서 이 군대를 새롭게 조련하는 일은 너무나 힘들고 또 위험합니다." 워싱턴의 군대는 비전문가로 구성된 군대의 태생적 약점을 드러냈다. 이 군대에서 병사와 장교들이 갖고 있는 관심사와 유대 관계는 전문적인 군대의 목적과는 일치하지 않았다. 민병대는 그 군대의 성격상 언제나 신뢰하기 어려운 군대일 수밖에 없었다. 그들은 임시 근무를 하러 나온 민간인 집단이기 때문이었다.[43]

18세기 엘리트 집단의 전통적 편견을 지닌 버지니아인 워싱턴은 뉴잉글랜드군에서 또 다른 종류의 약점을 발견했다. 그 병사들은 대부분 매사추세츠 출신이었는데, 이 식민지를 버지니아에서는 평등을 강조한 민주주의를 주장하는 곳으로 인식했다. 그런데 이런 민주주의자들은 좋은 군인이 되지 못했다. 워싱턴은 "이 하층계급 사람들의 설명하기 어려운 종류의 어리석음"을 발견했고, 그 어리석음이 "병사와 거의 똑같은 기질을 가진 매사추세츠 출신 장교들 사이에 만연하다"고 기록했다.[44] 이 '어리석음'은 설명 불가능한 것으로 보였을지 모르지만, 워싱턴은 평등사상이 가져오는 불가피한 결과라고 받아들였다. 매사추세츠 사병들은 직접 장교를 뽑았기에 장교들의 지휘 능력에 당연히 한계가 있을 수밖에 없었다. "이런 장교들이 사병에게 명령을 내려서 실행에 옮기도록 하기란 어려운 일이었다. 오히려 사병들의 비위를 맞추는 것이 장교들의 주된 관심사 중 하나인 듯했다. 사병들이 그들을 뽑아주고 그들의 미소가 나중에 큰 도움이 되니까 말이다."[45]

워싱턴은 자신의 군대가 어떠해야 하는지에 대해 명확한 개념을 갖고 있었지만, 전통적인 유럽 사상을 고집하지 않았고 자신이 가진 것만으로 일을 꾸려나가는 능력도 있었다. 1775년 케임브리지에서 또는 전쟁 기간 내내 그는 전통적인 군대를 양성하려고 노력했지만 때로는 전통적인 군사 원칙에서 벗어나서 임기응변할 줄도 알았다. 그는 겨울에도 전투를 벌였고 비정규군인 민병대를 적절히 활용했다. 또한 그는 정치적 원칙과 국민에게 호소할 줄도 알았다. 그는 전쟁을 그가 속한 계급의 소수 장교들과 사회 밑바닥의 찌꺼기 인생들만 가지고 치르려고 하지 않았다.

자유로운 영혼들을 군인으로 만들어낸 워싱턴

워싱턴이 케임브리지에서 취한 첫 번째 조치는 그의 장점인 실용적 지성을 잘 보여주었다. 케임브리지에 도착한 다음 날 그는 아군 병력의 수와 현재 보유중인 화약에 대한 보고서를 요구했다. 그러나 그는 이 간단한 보고서를 작성하는 데에도 일주일이 걸리는 것을 보고서 군대가 얼마나 부실하게 조직되고 유지되는지를 파악할 수 있었다. 보고서에 정리된 정보도 그리 고무적이지 않았다. 군대의 병력은 사병과 부사관을 합해 1만 6600명이었는데, 그중에서 1만 4000명이 채 안 되는 수가 현재 근무 가능한 병력이었다. 워싱턴은 포위 작전을 펴려면 2만 명 이상이 있어야 한다고 판단했다. 영국군 병력은 1만 1500명이었는데, 그들은 보스턴 근처의 바다를 장악하고 있었으므로 언제든지 병력을 필요한 곳에 집중할 수 있었다.[46]

그다음 단계는 전선의 상태를 살펴보는 것이었다. 전선을 둘러보는 데에는 이틀이 걸렸다. 아메리카군이 잘 선택된 위치에 참호를 파놓고 있어서가 아니라 그런 준비를 안 해놓고 있었기 때문에 많은 시간이 걸렸다. 북쪽으로 찰스턴반도를 내려다보는 윈터힐과 프로스펙트힐에 얕은 보루가 설치되어 있었다. 보스턴 로드에는 조잡한 나뭇가지 장애물인 녹채가 설치됐고, 록스버리의 대로에는 보스턴 넥으로의 진입을 막기 위해 참호를 파놓았다. 그리고 남동쪽 공동묘지 근처의 도체스터 로드에는 흉벽이 설치됐다. 보스턴과 바다로부터의 진입로를 내려다볼 수 있는 도체스터 하이츠는 아직 양측 누구도 점령하지 않은 상태였다. 이런 진지 현황은 워싱턴의 불안한 마음을 전혀 달래주지 못했기 때문에 그는 즉시 요새화에 적합한 새로운 전선을 그었다.

만약 워싱턴이 보스턴의 영국군을 상대로 작전을 걸어서 그들을 쫓아내려고 한다면, 작전과 동시에 아메리카군을 훈련해야 했다. 이 군대가 도시를 포위 공격하도록 훈련하는 일은 전술적 지시까지 포함하지는 않았다. 가령 대대를 종대로 이동시키는 방법, 행진 대열에서 공격 대열로 바꾸는 방식을 가르칠 여유가 없었다. 워싱턴은 때때로 이런 호사스러운 훈련을 시킬 여력이 있었으면 좋겠다고 생각했겠지만, 그는 병력에게 포위 공격 요령을 훈련시킬 시간조차 없었다. 훈련은 아주 간단하면서도 원시적인 수준에서 진행돼야 했다. 식민지 군대에 대한 훈련은 먼저 군기를 주입시키고, 명령을 제대로 받들게 하며, 간단한 책무를 불평 없이 수행하고, 평소 익숙해 있던 느슨한 행동을 제재 하는 것이었다. 그들은 병영이나 참호에서 벗어나 잠을 잤는데, 아마도 장교들이 허가했을 터였다. 어떤 병사들은 보초선에서 벗어나 영국군 쪽으로 쓸데없는 총질을 했다. 이런 행동을 보면서 워싱턴은 당황스러움과 부끄러움에 움찔했다. 보초와 장교들은 초소선哨所線을 따라서 적과 대화를 나누었다. 부대는 최상의 전력을 유지해야 한다는 당연한 지시는 무시된 채 휴가가 남발됐다. 병영은 지저분했고, 화장실은 엉성하게 설치되어 어느 정도 사용한 다음에는 흙으로 마구 덮어버렸다. 하급 장교들은 사병들을 제대로 단속하지 못했고, 장교의 첫 번째 책무인 식량과 숙소의 감독을 소홀히 했다.[47]

전통적인 군대라면 장군은 이런 일에 신경 쓸 필요가 없고 상사나 중위가 다 알아서 해야 했다. 워싱턴의 휘하에는 유능한 장교들이 없었기 때문에, 그가 날마다 내리는 일반 명령에는 부사관이나 하급 장교가 담당해야 할 사소한 업무 지시가 가득했다. 워싱턴의 지시는 대체로 다음 두 가지 사항에 관련된 것이었다. 첫째는 군대의 복지였다. 가령 병참감은 빵이 "쉬었고 맛이 없다"는 불평을 조사해야 한다. 중대 장교들은 사병들의 식사와 주방을 검사해야 하고, 사병들은 침구에 깨끗한 짚을 사용해야 한다. "화장실은 일주일에 한 번씩 매립하고, 새로운 화장실을 파야 한다." 병영의 통로는 날마다 청소해야 하고 병영 근처의 음식 잔반과 썩은 고기는 즉시 불태워야 한다. 둘째는 사병들의 군기와 임무 수행의 기준에 관한 것이었다. 그는 사병들에게 자신이 지휘를 맡은 이 군대는 대륙회의의 명령을 받는 북아메리카 대륙 연합군이라고 말했다. 또한 그들이 각자의 자유를 위해 싸우기 때문에 그들에게 많은 것을 기대한다고 말했다. 그들은 "저주, 욕설, 술주정"을 멀리해야 할 것이었다. "그들은 정기적으로 예배에 참석해 우리의 안전과 방어에 필요한 수단을 달라고 하느님에게 열렬히 빌어야 한다." 또한 화약을 낭비해도 안 되고, 적과 잡담을 나누어도 안 되며, 보초를 게을리 서도 안 되고, 중대 장교들은 사병들의 군인답지 못한 행동을 단속해야 했다. 자신이 이런 사소한 일상 행동을 얼마나 중시하는지 널리 알리기 위해, 그는 군기 강조를 위한 군법회의를 개최했다. 군법회의에서는 드러밍아웃, 장교 해임, 벌금 부과, 매질 등이 엄격하고도 정연하게 실시됐다. 부하들을 수수방관한 장교들은 곧 불명예 속에서 군영을 떠나야 했다. 워싱턴은 그런 장교들을 "가혹하게 내팽개쳤다." 이 표현은 그가 직무유기를 한 장교들에게 얼마나

드러밍아웃 군법을 위반한 불명예 전역 대상자를 북을 치며 쫓아내던 것이 당시 군대 관습이었다.

크게 분노했는지를 잘 보여준다.[48]

워싱턴은 민병대의 자유로운 영혼들을 데리고 군대를 만들어내는 한편, 영국군에 대한 작전도 실시해야 했다. 모든 전선에서 곧바로 참호 작업이 실시됐다. 영국군도 똑같이 참호 작업을 했는데, 양측은 서로 경계의 시선을 거두지 않았다. 8월 말에 이르러 아메리카군의 축성은 거의 완료됐다. 워싱턴은 록스버리에서 넥으로 올라가 소형 배를 타고 만을 건너가서 영국군을 공격하자는 작전 계획을 내놓았다. 그러나 곧 소집된 전략회의는 그 안을 승인하지 않았다. 워싱턴은 상급 책임자들의 사전 승인 없이 작전을 전개하지 말라는 대륙회의의 지시를 기억하면서 전략회의에 승복했다. 이는 워싱턴이 민간인의 권위에 승복하고 남의 조언을 받아들여 행동을 자제한 여러 사례 중 첫 번째 것이었다. 초가을이 되어 탄약 부족이라는 한 가지 고질적인 문제는 해결됐다. 그러나 병력 부족이라는 또 다른 문제가 고개를 들었다. 코네티컷과 로드아일랜드에서 모병한 민병의 근무 기간이 각각 12월과 1월에 만료되기 때문이었다.

실속 없던 아메리카 대륙군의 퀘벡 원정

워싱턴은 보스턴 인근의 작전을 지휘하면서도 대륙회의의 뜻에 따라 캐나다 공략을 계획했다. 그러나 초여름에는 대륙회의의 뜻을 헤아리기가 그리 쉬운 일은 아니었다. 대륙회의는 6월 말까지 원정 작전을 결심하지 못하고 있었으나 6월 말이 되자 필립 스카일러 장군에게 캐나다를 공격하는 것이 "실용적"이고 캐나다인에게 "용납될 만한 것"이라면 그렇게 하라고 명령을 내렸다. 그러나 캐나다인 대다수가 프랑스계여서, 대륙회의는 그들이 아메리카의 원칙을 공유하지 않을 것이라고 생각했다.

스카일러가 뉴욕 서부에서 준비하는 동안, 워싱턴은 베네딕트 아놀드에게 매사추세츠에서 필요한 준비를 하라고 지시했다. 아놀드는 8월 말과 9월 초 사람과 물자를 모으면서 메인의 강을 따라 퀘벡으로 올라갈 계획을 세웠다. 아놀드는 20일이면 캐나다 총독으로 근무 중인 영국군 장군 가이 칼턴 경에게서 항복을 받아낼 수 있으리라고 생각했다. 아놀드의 낙관론은 북동부의 지리를 잘 모르는 데서 나온 것이다. 그는 약 290킬로미터만 여행하면 될 것으로 알았으나 실제로는 약 560킬로미터를 북상해야 했고 총 45일이 걸렸다.

아놀드는 출발 직후 퀘벡까지 가려면 부하들의 신체와 영혼이 무척 피곤해지리라는 점을 알았다. 메인 황무지로 들어가는 행군 첫 3주 동안, 그는 자신의 부하들이 뭐든지 할 수 있다고 생각한 듯했다. 그들은 뉴버리포트에서 케네벡강의 입구까지 240킬로미터의 뱃길을 9월 19일에 출발했다. 강이 넓고 깊어 배를 띄울 수 있어서, 그들은 사흘 뒤 가디너스타운에 도착했다. 그곳에서 대부분의 부대원은 예닐곱 명의 병사와 식량을 실을 수 있는 자그마한 배를 타고 이동하거나 강가를 걸어갔다. 소수의 병력은 아주 작은 배를 타고 갔으나 강폭이 좁아지자 하선해 도보로 이동 중인 다른 병사들과 합류했다.

원정대는 그레이트 캐링 플레이스까지 약 19킬로미터의 뱃길을 강을 타고 올라가 10월 11일 겨우 도착했다. 그곳에 도착하기 훨씬 전 보트에서는 물이 새기 시작했고, 아놀드에 따르면 빵의 '상당 부분'이 못 먹을 정도로 쉬어버렸다. 식량 부족을 채우기 위해 병사들은 송어 낚시를 했는데 한 시간 만에 '120마리'를 잡았다. 19킬로미터나 보트

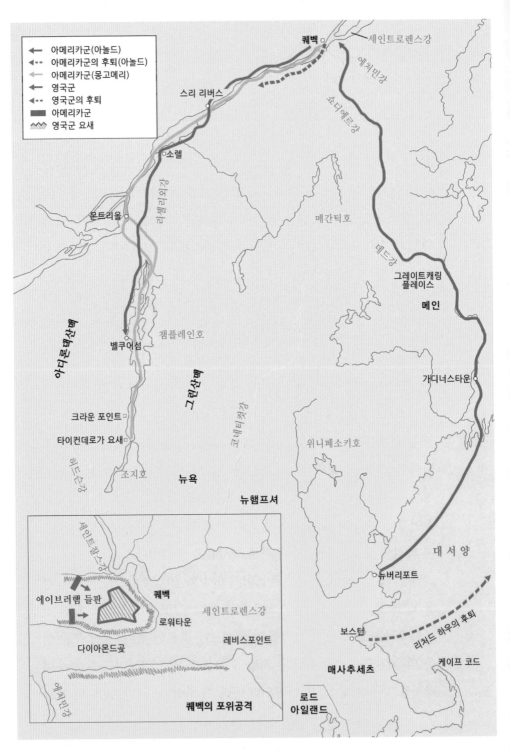

대륙군의 퀘벡 원정 베네딕트 아놀드가 이끄는 아메리카군은 메인의 케네벡강을 따라 퀘벡으로 진군하였으나, 영국군의 방어에 막혀 세인트피터 호수 쪽으로 퇴각했다가 몽고메리의 아메리카군과 합류해 다시 전열을 갖췄다.

의 노를 저어 가야 했기 때문에 병사들은 팔과 다리와 등이 아프다고 호소했다. 각 배의 무게는 180킬로그램 정도였는데, 병사들 외에 무기, 탄약, 식량을 싣고 있었기 때문이다. 아놀드의 보고에 따르면, 그런 고통과 피로에도 병사들의 사기는 드높았다.

행진의 나머지 구간은 더 까다로웠다. 너무나 힘들어서 원정대는 거의 붕괴할 뻔했다. 부대는 그레이트 캐링 플레이스에서 데드강으로 들어섰다. 아메리카의 강 중에서 이 강처럼 이름이 잘못 붙여진 곳도 없을 것이다. 데드강은 죽어 있는 강이 아니라 사나운 격류에다 통나무와 관목 조각이 가라앉아 있어서 행진을 가로막았고, 때로는 아예 전진조차 못 하게 했다. 병사들은 케네벡강으로 올라가는 도중에 물속에서 너무나 많은 시간을 보냈기 때문에, 아놀드는 그들을 '양서류 동물'로 비유했다. 그들의 몸은 늘 젖어 있었다. 특히 10월 19일 이후 사흘 동안 큰비가 내려서 강물이 둑 위로 범람했지만 그들은 계속 나아갔다. 때로는 먹을 것이 조금밖에 없거나 아예 없었다.

원정대는 10월 말에 이르러 데드강에서 하이트 오브 랜드에 이르는 약 48킬로미터를 답파했다. 하이트 오브 랜드는 케네벡강과 쇼디에르강의 분수령이 되는 곳이었다. 이 무렵 많은 병사가 질병에 걸렸다. 그즈음 눈이 내렸는데 그들은 벌써 며칠 동안 절반쯤 얼어버린 상태였고 식량, 의복, 구두가 간절히 필요했다. 그들은 이어서 메간틱 호수도 건너야 했고, 또 그곳에서 쇼디에르강을 타고 내려가 세인트로렌스강으로 들어서야 했다. 원정대는 11월에 매우 피곤한 상태로 세인트로렌스강에 도착했다. 이 무렵 병사의 수는 675명이었다. 약 300명은 중간에 돌아갔고 다른 사람들은 병이 들었거나 도중에 죽었다.

원정대는 퀘벡까지 약 6킬로미터를 남겨두었고 강을 건너면 목적지였으나 심한 폭풍우가 몰아쳐서 11월 13일에 가서야 비로소 강을 건널 수 있었다. 하지만 어떤 것도 아놀드를 가로막을 수 없었다. 그는 이처럼 비참한 행진을 겪고 나서도 여전히 전투를 바랐고 12월 말이 되어서야 간신히 전투에 나설 수 있었다.

퀘벡은 강력한 수비대를 자랑하는 곳은 아니었으나 병들고 장비가 부족한 아놀드 군으로는 점령할 수 없는 곳이었다. 그 도시는 세인트로렌스강과 그 지류인 세인트찰스강이 흘러가는 지역의 가장 높은 지점에 있었다. 이 높은 지점은 부어오른 엄지손가락 또는 여러 개의 손가락을 단단히 붙여놓은 형상이었는데, 그 손가락은 북동쪽을 가리켰다. 남동쪽에는 다이아몬드곶이 세인트로렌스강보다 90미터가량 높이 솟아올라 있었다. 북서쪽의 세인트찰스강을 따라서 지형은 완만하게 아래로 내려가며 등성이를 이루었다. 다이아몬드곶 북동쪽으로, 로워 타운이 강변의 비좁은 땅에 들어서 있었다. 그 땅의 남쪽에는 대충 세워진 2개의 목책과 1개의 목조 요새가 건설되어 있었다. 로워 타운의 북쪽에는 벽이 세워져 있었고, 그 바깥은 소규모 교외 지역을 형성했다.

도시의 중심부인 어퍼 타운은 고지대에 세워진 곳으로 삼면이 가파른 벼랑으로 둘러싸여 있고 서쪽에 있는 약 9미터 높이의 벽은 세인트로렌스강에서 세인트찰스강으로 뻗어 있었다. 이 벽은 일찍이 영국군 장군 울프와 프랑스군 장군 몽칼름이 승부를 내기 위해 싸우다가 둘 다 전사한 에이브러햄 평원을 내려다보았다. 벽에는 6개의 첨탑과 3개의 문이 있었는데 퀘벡의 방어군은 이 첨탑들에다 대포를 집중시켰다. 어퍼 타운 내에서 영국군은 약 1800명의 병력을 모집했다. 이 부대에는 민병대, 스코틀랜드 군인들, 소수의 해병들, 항구에 정박 중인 배에서 데려온 다수의 선원이 기묘하게 뒤섞여 있었다.

아놀드 부대는 성벽 앞에서 며칠 동안 용감하게 싸웠으나 곧 30킬로미터가량 뒤인 푸앵트 오 트랑블로 퇴각했다. 그곳에서 12월 초, 뉴욕 서부 스카일러 부대의 부사령관 리처드 몽고메리_{Richard Montgomery}가 아놀드 부대와 합류했다. 몽고메리 장군은 18세기 로맨스에 등장하는 멋진 주인공처럼 매력적이고 용감했다. 그의 부대는 계속 북상해 11월에 몬트리올을 함락했다. 그는 이어 약 300명에 달하는 병력에 식량, 겨울 의복, 대포, 탄약 등을 휴대하게 하여 아놀드 부대가 고통받고 있는 곳까지 인도해왔다. 아놀드는 몽고메리를 반갑게 맞이했고, 원정대는 약 3주 만에 퀘벡을 공격할 준비를 마쳤다.

이번에는 포위 공격이 아니라 돌격을 해야 했다. 뉴잉글랜드 출신의 아놀드 병사들은 새해가 되면 전역할 예정이었기에 그해 말까지만 부대에 머물 예정이었다. 설사 그들이 의욕적이었다고 할지라도 장기간의 포위 공격을 유지할 수는 없었다. 왜냐하면 봄이 되어 세인트로렌스강의 얼음이 녹으면 영국군을 태운 수송선이 강을 타고 올라와 퀘벡시를 구원해줄 터이기 때문이었다.

12월 27일의 첫 공격은 무위로 돌아갔다. 12월 31일의 공격은 오전 일찍 시작됐는데, 바람이 거세게 불고 날씨는 영하로 떨어지는 심한 눈보라 속에서 작전을 수행해야 했다. 부대를 전투 대형으로 고정시키는 데에만 세 시간이 걸렸다. 그들은 오전 2시쯤 움직이기 시작했는데, 아놀드 휘하의 600명은 로워 타운의 북쪽으로 향했고, 몽고메리 휘하의 300명은 남쪽을 노렸다. 영국군은 일주일 동안 옷을 입은 채 잠을 잤고, 공격이 예상되는 로워 타운의 바로 그 지점에 방비를 강화하며 기다리고 있었다.

퀘벡 원정에서 몽고메리 장군의 죽음 대륙군의 한 축을 이끌던 몽고메리 장군은 머리에 총을 맞아 즉사했다.

오전 5시에 아메리카군이 공격했다. 아놀드 부대는 영국군이 세워놓은 첫 번째 장애물을 돌파했으나 두 번째 장애물에서 저지당했다. 아놀드는 다리에 총을 맞아서 피를 많이 흘리며 들것에 실려 나갔다. 몽고메리는 머리에 총을 맞아 그 자리에서 즉사했다. 아놀드 부대의 전위를 맡은 대니얼 모건Daniel Morgan이 용맹하게 돌진했음에도 북쪽 공격은 실패했다. 몽고메리 부대는 그보다 더 빨리 무너졌다. 두 시간 사이에 두 부대는 끝장이 나버렸고, 눈과 얼음 그리고 영국군의 뛰어난 전략에 갇힌 약 400명의 아메리카군이 포로로 붙잡혔다. 그리고 약 50~60명이 죽거나 부상을 당했다.

아놀드는 약 1.6킬로미터 떨어진 지점으로 후송됐다. 그는 그 뒤 몇 달에 걸쳐 소규모 증원군을 받았다. 봄이 되어서도 여전히 상처를 회복 중이던 아놀드는 부대의 지휘를 내려놓고 천천히 말을 달려 몬트리올로 갔다. 그가 데이비드 우스터David Wooster 소장 휘하에 남겨놓은 부대는 1776년 여름이 되면 퀘벡의 성벽 안으로 들어갈 수 있기를 희망했다. 아메리카인은 훌륭한 용기와 기상 덕분에 1775년 18세기의 대행진 중 하나인 퀘벡 장정을 수행했다. 원정대와 캐나다에서 그들에게 합류한 병사들은 마침내 그들이 퀘벡시를 점령하리라는 희망을 품지 않을 수 없었다. 그들은 정말로 그런 희망을 품을 만했다.

도체스터 하이츠의 대포에 영국군이 보스턴에서 철수하다

아메리카 원정대가 캐나다에서 실패를 겪는 동안, 남쪽의 보스턴에서는 포위 공격이 놀라울 정도로 신속하게 끝나버렸다. 아메리카군이 압박을 가하자 영국군은 공격에 나서서 포위 공격을 뚫든가 아니면 보스턴에서 철수해 갇힌 상태를 끝내야만 했다. 하우는 철수를 선택했다.

2월의 추운 날씨가 계속되면서 포위 공격이 끝났다. 워싱턴은 추운 날씨를 계기로 적극적인 공격에 나서기로 했다. 그는 이미 가을부터 뭔가 행동에 나서야 한다고 생각했다. 날씨가 영하로 떨어지면서 두껍게 언 얼음은 케임브리지와 보스턴 사이에 있는 병사들의 무게를 충분히 감당할 수 있었다. 워싱턴은 전략회의를 소집했고, 병력을 보스턴에 급히 파견해 공격에 나서는 작전 계획을 승인해달라고 요청했다. 그는 민병대 7000명과 대륙군 약 9000명으로 구성된 1만 6000병력과 최근 포병 대령 헨리 녹스Henry Knox가 타이컨데로가와 크라운 포인트에서 수송해온 중포 50문 이상을 보유하고 있다고 보고했다.[49]

헨리 녹스는 자신이 관할하는 박격포를 닮은 사람이었다. 그는 키가 크고 몸무게도 당시 130킬로그램 가까이 될 정도로 뚱뚱했으며 목소리는 대포소리처럼 우렁찼다. 또한 쾌활하고 다정하며 아주 매력적인 남자였다. 그는 자신의 병과兵科에 대해서 잘 알았으며, 왕성한 추진력을 지니고 있어서 어떤 어려움에도 실행을 두려워하지 않았다. 그가 봉착했던 제일 큰 어려움은 자신의 휘하에 대포가 거의 없다는 점이었다. 그러나 워싱턴은 1775년 11월에 그를 타이컨데로가에 보내 그곳에서 포획한 대포를 옮겨오라고 지시했다.[50] 도로도 마차도 없었지만, 녹스는 올버니까지 44문의 대포, 14문의 박격포, 1문의 곡사포를 수송해왔다. 그는 먼저 바닥이 평평한 평저선에다 대포를 실어 조지 호수를 건넜고, 그다음에는 썰매를 이용해 눈과 얼음을 뚫고 이동해 허드슨강을 무려 네 차례나 건넜다. 올버니에서는 무거운 대포가 얼음을 뚫고 강에 빠지는 바람에 그것을 꺼내느라고 잠시 지체한 뒤 말과 소가 끄는 짐차에 대포들을 싣고서 버크셔강을 건넜다. 그렇게 녹스는 1월 후반에 프래밍엄에 도착했고, 2월 초 대포는 포좌에 안

헨리 녹스 수송 부대 대륙군은 소가 끄는 썰매로 얼음 호수와 강을 건너 타이컨데로가 요새의 대포를 보스턴까지 수송했다.

착되어 사격 준비를 완료했다.

대포와 새로 유입된 병력에도, 전략회의는 워싱턴의 공격 계획을 승인하지 않았다. 대신 하우가 벙커힐의 실수를 반복하기를 희망하며, 그때까지도 양측이 무시하고 있던 도체스터 하이츠를 점령하라고 권고했다. 만약 하이츠에다 대포를 설치해놓으면 하우는 더 이상 유지가 불가능해져서 행동에 나서거나 아니면 보스턴에 눌러앉아 있다가 부대가 괴멸되고 말 터였다.

워싱턴은 전략회의의 공격 거부를 관대하게 받아들였고 도체스터 하이츠 점령이라는 대안을 수용했다. 그러나 이 계획에는 난점이 있었다. 보스턴 항구는 얼어붙었고 도체스터반도의 땅을 위시해 그 주위의 모든 땅도 얼어붙었다. 문제는 과거에 브리즈힐에서 했던 것처럼 어떻게 하면 그 땅을 하룻밤 사이에 요새화할 수 있느냐는 것이었다. 땅이 얼어서 너무나 딱딱했기 때문에 굴착이 어려웠고, 하룻밤 사이에 해치운다는 것은 불가능했다. 하지만 요새가 없으면 영국군이 쉽게 공격해올 것이고, 경험이 없는 아메리카인은 참호가 없으면 영

도체스터 하이츠 워싱턴은 보스턴이 한눈에 내려다보이는 도체스터 고지를 점령해 보스턴 공격의 발판으로 삼으려 했다.

국군을 격퇴하지 못할 터였다. 이때 루퍼스 퍼트넘Rufus Putnam 대령이 해결안을 내놓았다. 땅을 파고 들어가 참호를 만드는 것이 아니라 땅 위에 흙을 쌓아올려 축성하면 된다는 것이었다. 따라서 2월 후반에 도 체스터 근처의 부대는 커다란 나무 구조물을 만들기 시작했다. 이 구 조물을 먼저 땅에다 세운 뒤 거기다가 보람, 섶단, 건초더미를 채워 넣 어 완성하면 되었다. 보람은 흙으로 채워 넣고 건초는 가능한 한 많은 흙을 파서 채우면 되었다. 또한 퍼트넘은 인근 과수원에서 녹채를 가 져다가 축성 주위에 두르고 흙을 채운 통을 흉벽 밖에다 세울 것을 건 의했다. 그 통들은 방어벽처럼 보이겠지만, 실제로는 적군이 언덕을 공격해오면 아래로 굴릴 예정이었다.[51]

도체스터 근처의 병사들이 망치질과 톱질을 하고 보람과 통을 채울 흙을 파는 동안, 워싱턴은 케임브리지에 있는 부대들에게 백 만을 건 너 보스턴을 공격할 준비를 하라고 지시했다. 강인한 '올드 퍼트' 이 스라엘 퍼트넘이 이 작전의 지휘를 맡았고, 존 설리번John Sullivan과 너 새니얼 그린Nathanael Greene이 도강을 지휘할 예정이었다. 실제로 성사 되지는 않았지만, 이 공격은 영국군이 도체스터 하이츠의 아메리카군 을 공격할 경우에 대비한 것이었다. 3월 1일이 되자 모든 준비가 완전 히 끝났다.

워싱턴은 자신의 의도를 감추기 위해 레치미어 포인트, 코블힐, 록 스버리에 있는 아메리카 포대로 하여금 3월 2일 밤에 보스턴을 가볍 게 포격하도록 지시했다. 대포를 몇 발 쏘기는 했지만 아무 효과도 없 었고, 중박격포의 하나인 '올드 소우Old Sow'가 부서지는 바람에 아메 리카인의 자존심만 약간 상처를 입었을 뿐이다. 포격은 다음 날 밤 에 다시 시작됐고, 영국군도 지난밤과 마찬가지로 포격으로 대응해왔다. 3월 4일 밤에 양측 대포가 무제한으로 불을 뿜었고, 밤 7시경 어둠을 틈타서 토머스Thomas 장군이 도체스터 하이츠로 부대를 이끌고 갔다. 파견된 부대는 그곳에 흉벽을 설치할 병력 1200명과 엄호해줄 보병 800명이었다. 300대의 우차와 마차가 나무 구조물, 보람, 섶단, 굴착 도구들을 싣고 갔다. 공병들이 보루를 설치하는 동안, 보병들은 임시 거점인 눅스힐에 머무른 후 이동해 캐슬 윌리엄을 마주보는 지점에 포진했다. 아침이 되어 새로운 공병이 언덕 위로 올라가 밤새 일한 공병들과 교대했고, 동틀 무렵에는 2개의 보루가 거의 완성됐다.

하우는 3월 5일 아침 이 보루들을 보고서 깜짝 놀랐다. 거기에서 요새로 보호된 아메리카군이 그의 목을 겨누며 노려보고 있었다. 그레이브스는 12월에 소환되어 떠났고, 그의 후임으로 온 해군 사령관 몰리뇌 슐덤Molyneaux Shuldham 제독은 하우에게 또 다른 불쾌한 소식을 전했다. 적이 언덕에다 중포를 설치한다면 해군은 더 이상 항구 내에 머물 수 없다는 것이었다.[52]

하우는 이미 몇 주 전에 보스턴에서 철수하기로 결심했었다. 그는 그곳을 싫어했고 전임 사령관인 게이지와 마찬가지로 갇힌 느낌이었다. 영국 본국에서의 지령은 그에게 상황에 따른 재량권을 주었다. 그래서 그는 준비가 덜 된 상태로 도시에서 철수하거나 하이츠의 아메리카군을 몰아내 시간을 벌어야 했다. 처음에는 공격을 결정했다. 배와 예인선들이 집결하기 시작했고 부대들도 소환했다. 탄약과 식량이 지급됐고, 그날 밤 도체스터반도에 상륙하려는 계획이 세워졌다. 결국 다음 날 아침에는 공격이 시작될 터였다. 그러나 이런 준비가 완료되기 전에 벙커힐의 기억이 그의 결심을 가로막았고, 그리하여 그는 공격을 취소하고 보스턴에서 철수하기로 결정했다. 3월 5일 밤의 높은 바람과 거센 비가 하우의 체면을 어느 정도 세워주었다. 배와 예인선들이 높은 파도에 흩어져서, 공격이 아예 불가능했던 것이다.[53]

늘 경계를 게을리하지 않던 워싱턴은 영국 해군이 보스턴 부두에 수송선을 보내는 광경을 불안하게 지켜보았다. 그 부두에는 지난 2주 동안 무기, 비품, 장비, 그리고 부대들이 집결하고 있었다. 승선 작업의 계획은 불완전했고 적재 작업 또한 부실하게 이루어졌다. 포병과 용기병 부대의 군마 등 많은 것을 뒤에 남겨둬야 했다. 그러나 이런 황급한 상황에서도 영국군은 주택과 상점을 약탈해 더욱 악평을 얻었다. 3월 17일에 이르러 마지막 배가 하역 작업을 마치고 출항함으로써, 보스턴을 워싱턴 군에게 넘겨주었다. 그러나 그들은 열흘 동안이나 외항을 빠져나가지 않았다. 적재 작업이 너무나 황급히 이루어져서 짐들의 무게를 적절히 재배치해야만 바다로 나아갈 수가 있었다. 그들은 1776년 3월 27일에 항구를 벗어났고, 보스턴은 더 이상 영국군을 보지 않게 되었다.

거의 1년에 걸친 전투가 끝났다. 그것은 존 애덤스가 그 당시 말한 "절반의 전쟁"이 아니었고, 아메리카 측에서 전면적인 노력을 기울인 온전한 전쟁도 아니었다. 캐나다에 대한 점령 시도는 식민지가 "방어선 위에서 행동"한다는 주장, 즉 방어전을 펴는 데 만족한다는 애덤스의 주장을 정면으로 반박하는 것이었다. 그렇지만 애덤스의 실망은 이해할 만했다.[54] 그는 보스턴 포위 공격뿐만 아니라 북부로의 공격도 원했다. 나아가 아메리카가 독립을 선언하기를 바랐다. 1776년 3월에 독립 선언은 애덤스가 생각한 것보다 훨씬 가까이 와 있었다. 아마 영국군이 보스턴에서 퇴각한 바로 그다음 날에 독립 선언이 나왔더라면 그는 더욱 흡족해했을 것이다. 존 애덤스는 인내심이 강한 사람이 아니었다. 하지만 책략이 아주 풍부했고 때로는 현명하기까지 했다. 그러나 1776년에 그의 지방 사람들은 그보다 더 인내심이 많았고 어쩌면 더 현명했던 듯하다.

독립

전쟁이 발발했음에도 아메리카인들은 여전히 독립을 선언해야 하는지에
대한 확신이 없었다. 그러나 화해를 원하지 않는 영국의 태도가
아메리카인들의 의견을 독립 쪽으로 몰아붙였다. 점차 각 식민지들은
영국과의 관계를 끊고 자치를 시작했고, 결국 1776년 7월 4일 식민지들은
독립을 선언하기에 이르렀다. 토머스 제퍼슨의 주도로 작성된 독립 선언서에
는 모든 인간이 평등하게 창조되었다는 담대한 제안이 담겨 있었다.
그러나 아메리카인들을 영국 국왕의 지배로부터 해방한 이 제안의 의미가
아메리카인들 자신이 소유한 흑인 노예에게까지 적용되지는 않았다.

미련이 남은 아메리카인들과 매정한 영국인들

영국군이 보스턴에서의 오랜 시련에서 벗어날 동안, 2차 대륙회의는 결국 독립 선언으로 귀결될 논의에 몰입해 있었다. 대륙회의는 1775년 5월 10일에 회기를 시작했는데, 렉싱턴 전투와 벙커힐 전투 사이의 중간쯤에 해당하는 날이었다. 아메리카가 대영제국 안에 남는 것과 독립하는 것 중에서 어느 쪽이 아메리카의 자유를 더 보장해 줄지에 대해 논의하느라 대륙회의는 그 시작부터 시련에 직면해 있었다. 대표들은 아메리카의 행동 목표가 무엇이어야 하는지를 논의하는 동안에도 뭔가 행동에 나서야 한다는 것을 명확히 알았다.

무엇이든 긴급한 조치가 필요했다. 렉싱턴 도로 상에서의 충돌로 인해 양군은 피를 흘리며 보스턴 근처에서 서로 대치하고 있었고 대류회의는 즉각적으로 모병할 필요가 있었다. 따라서 대륙회의는 6주에 걸쳐서 모병에 집중했고, 동시에 전쟁의 방향을 지휘할 권한을 장악했다. 아울러 장군들을 임명하고 부대를 창설하는 와중에도 대륙회의는 아메리카의 권리를 어떻게 옹호할 것인지에 대해 깊이 논의했다.

1775년 봄 독립을 지지하는 대표들은 많지 않았고, 그중에서도 독립 선언을 지지하는 자는 더욱 없었다. 다수의 대표는 실패하더라도 계속해서 화해를 시도해야 한다고 생각했는데, 그 이유는 무엇보다도 대부분의 아메리카인들이 화해를 선호했기 때문이었다.[1]

하지만 존 애덤스는 영국과의 결별을 선호했다. 그는 이런 말을 하기도 했다. "나도 누구 못지않게 화해를 좋아한다. 헌법적 바탕 위에서 화해를 이룰 수 있다는 희망이 있다면 말이다." 애덤스는 이 희망이 합리적이라고 보지 않았다. 왜냐하면 국왕, 영국 의회, 행정부, 유권자들이 "여러 해에 걸쳐 서서히 부정부패에 의해 오염되고 단련되었기 때문"이었다. 따라서 결론은 분명했다. "공적 부정부패라는 암덩어리는 아주 깊게 뿌리를 내리고 있다. 그것은 너무나 널리 퍼져 있어서 완전히 도려내지 않고는 치유가 불가능하다."[2]

정치적 외과 수술이 성공을 거두기 위해서는 민중이 그것을 지지해야 한다. 그러나 아메리카 민중은 대표들과 마찬가지로 분열되어 있었고, 대부분의 사람은 과격한 조치에 반대했다. 애덤스는 민중을 "다루기 힘든 거대한 기계"에 비유했다. 그들에게 무언가를 강요할 수는 없었다. 저절로 굴러가도록 내버려두면서, 그들이 마침내 자신들의 자유를 보호할 최고 수단을 발견하기를 기대하는 수밖에 없었다.[3]

아무튼 애덤스뿐 아니라 그 누구도 5월에는 독립 얘기를 꺼내지 않았다. 애덤스는 대표들에게 제국과의 유대 관계가 국왕을 통해 유지될 수 있을 것이나 영국 의회는 아메리카의 통치에 개입하지 말아야 한다고 말했다. 존 디킨슨은 그런 견해에 반대하면서 양보를 지지했고 이런 제안을 했다. "보스턴 차 사건의 배상금을 지불하자. 그리고 영국 의회가 우리의 무역을 규제할 권한을 갖고 있다고 인정하자. 한 번 더 국왕에게 고충 처리를 호소하자."[4]

그 뒤 몇 주 동안 대륙회의는 이런 의견 차이를 불완전하게 봉합했다. 대륙회의는 벙커힐 전투 이틀 전에 군대의 모병을 승인했고, 그 직후 조지 워싱턴은 아메리카군의 지휘를 맡기 위해 필라델피아에서 보스턴으로 출발했다. 존 디킨슨과 그 주위의 온건파는 군대 창설에 반대하지 않았다. 또한 대영 평화 협상에 회의적인 워싱턴을 온건파 인사로 대체하려고 하지도 않았다. 온건파는 7월 초 국왕에게 또 다른 탄원서를 보내는 것이 현명하다고 대륙회의를 설득했다. 그렇게 나온 것이 이른바 올리브 가지 탄원서인데, 그것은 국왕에게 갈등에서 벗어날 방안을 마련해 달라는 내용이었다.

존 애덤스는 그 탄원서 속의 나약한 태도를 경멸했지만, 우유부단하게 흔들리는 대륙회의 정책을 할 수 없이 받아들였다. 애덤스의 마음은 평온하지 못했지만 그래도 강경한 태도를 선호하는 대표들의 숫자가 점점 늘어나고 있다는 사실에서 위로를 받았다. 벙커힐 소식이 전해진 그날에 토머스 제퍼슨이 대표 자격으로 필라델피아에 도착했다. 영국의 반응이 알려지기 시작하면서 이미 회의에 참석 중인 대표들은 점점 더 타협을 불가능한 일로 여기게 되었다.[5]

존 디킨슨은 누구보다도 내적 갈등을 심하게 느꼈다. 그는 국왕에게 보내는 두 번째 탄원서를 쓰는 동시에 제퍼슨과 함께 거병擧兵의 대의와 필요를 말하는 선언서를 작성했다. 제퍼슨이 선언서의 초안을 작성했는데, 디킨슨도 벙커힐 전투 이후 누구 못지않게 자신도 자유를 열망한다는 것을 보여주기 위해 그 초안을 좀 더 강경하게 수정했다. 선언서는 영국 의회를 맹비난하는 내용이었다. "영국 의회는 식민지를 노예로 만들려는 잔인하고 불순한 목적을 폭력으로 달성하려고 했으며, 그 때문에 우리는 의회에 대항해 무기를 들 수밖에 없었다." 이 선언서는 대륙회의에서 7월 6일에 승인됐다. 대륙회의는 이틀 뒤 국왕에게 두 번째 탄원서를 보내기로 동의했고, 그달 말에 노스 총리의 유화적 제안을 거부했다.[6]

이 여름에 진행된 회의에는 뭔가 '변덕스러운 경향'이 있었다. 존 애덤스는 회의의 특징을 그렇게 규정했다. 대륙회의는 아직 결심하지 못한 듯했다. 회의는 평화를 애걸하면서 동시에 전쟁을 준비했고 화해를 탄원하면서 아메리카의 자유를 보호하겠다는 결의를 내비쳤다. 또한 영국군에게는 죽음을 경고하면서 국왕에게는 존경심을 표시했다.[7]

그러나 그 무더운 여름의 몇 주 동안에 벌어진 행동에는 일관성이 있었다. 사람들이 벙커힐에서 죽었고, 아메리카인이 죽어갈 때마다 온건파의 세력은 그만큼 떨어져 나갔다. 죽음과 고통은 뉴잉글랜드에 국한된 효과 이상의 의미를 갖고 있었다. 전투 소식은 널리 퍼졌고, 중부와 남부 식민지의 병사들이 보스턴으로 행군하기 시작했다. 그들이 고향을 떠나면서 타협의 정신 또한 떠나갔다.

영국 관리들은 실수를 거듭하며 온건파의 지지를 얻을 만한 것을 죄다 파괴하는 데 일조했다. 전쟁이 시작되자 내각의 인사들은 균형 감각을 거의 유지하지 못하는 듯했다. 노스의 기질은 여전히 평화적이었으나 국왕의 분노를 달래줄 정도로 강력하지는 않았다. 다트머스 식민지 장관은 노스를 도와 흉악한 전쟁 욕구를 억누를 수도 있었을 테지만, 신임을 별로 받지 못해 가을에 내각을 떠났다. 다트머스의 후임자 조지 저메인George Germain 경은 강골이었고, 아메리카인을 굴복시키겠다는 욕구를 부채질했다.[8]

렉싱턴과 콩코드 전투 소식은 타협을 불가능한 것으로 만들었고, 벙커힐 전투는 식민지 제재의 결의를 더욱 굳혀놓았다. 국왕은 8월 후반이 되자 아메리카인의 행동에 대해 공적인 자리와 사적인 자리를 가리지 않고 분노를 터트렸다. 그는 식민지가 "노골적이고 조직적인 반란"을 꾀하고 있다고 선언했다. 국왕은 두 달 뒤 의회에 보낸 성명서에서 아메리카에 반란을 일으키려는 "지독한 음모"가 존재하고 있고, "그 반란은 독립된 제국을 건설할 목적으로 공공연하게 진행되고 있다"고 말했다.[9]

아메리카에서 전투가 시작되자 영국 의회 내의 많은 의원은 확실히 일치된 결론을 내렸다. 그들은 내각의 지도를 따라 그해가 다 가기 직전인 1775년 12월 22일 아메리카 금지법을 통과시켰다. 이는 식민지와의 모든 거래를 중지시키는 법으로써 아메리카의 배와 화물을 영국 해군의 만만한 사냥감으로 만들었다. 법에서는 "식민지와 거래하는 모든 배는 명백한 적의 선박 또는 물건으로 간주되어 국고에 몰수되고, 모든 해사법원과 기타 법원에서 그런 식으로 간주되고 판단되어 몰수될 것이다."[10] 라고 규정했다.

국왕과 내각과 의회가 4월 이후에 내린 조치들은 아메리카인들에게 독립을 결심하라고 부추기는 것이나 다름없었다. 영국군은 두 번이나 진군해 식민지인을 끔찍하게 살해했다. 대륙회의의 탄원서는 답변할 가치가 없는 것으로 판단이 내려졌다. 아메리카인은 반역자 겸

폭도로, 무력으로 제압해야 할 대상으로 규정됐다. 영국의 입장에서 아메리카인의 상업을 봉쇄하는 것은 처음에는 그리 불길한 조치로 보이지 않았을 것이다. 그러나 아메리카인은 당연히 불길하다고 생각했다. 국왕 정부가 반란을 진압하겠다고 한 말이 진심임을 다시 한번 보여주는 것이었기 때문이다. "반역자", "음모", "적들" 같은 말은 협상의 여지를 없애버렸고, 그나마 얼마 없던 협상파들은 몇 달이 흘러가면서 점점 사라졌다. 영국군은 계속해 뉴잉글랜드를 위협했고, 아메리카 경제를 파괴하겠다는 영국 의회와 내각의 결의는 더욱 분명해졌다.[11]

10월 들어 영국의 조치에 대한 소식이 들려오자, 아메리카인은 국왕이 자신들을 반역자들로 선언한 것을 알게 되었다. 그로부터 얼마 지나지 않아 대륙회의가 지난 7월에 승인한 탄원서 접수를 영국이 거부했다는 소식이 전해졌고, 더 많은 병력이 아메리카로 건너오는 중이라는 말도 들려왔다. 대륙회의가 금지법을 접수한 1776년 2월에 이르러, 화해의 가능성은 가뭇없이 멀어졌다.

그렇지만 대륙회의는 독립 선언을 여전히 자제했다. 회의는 아메리카인이 영국과의 영원한 결별을 선호한다는 확증을 기다렸다. 대표들 중 일부는 여전히 지난해의 끔찍한 상처를 치유할 만한 협상이 가능하다는 희망을 품고 있어 선뜻 행동에 나서기도 어려웠다.

또한 여러 식민지에 파견되어 있던 영국 관리들도 본국의 내각 못지않게 실수를 저질렀다. 여름 동안 노스캐롤라이나와 사우스캐롤라이나의 총독들은 식민지 의회에 복종을 강요하려다가 실패하자 몸을 돌려 근해에 있는 군함으로 달아났다. 그들은 자신들보다 앞서서 안전한 영국 군함으로 도피한 버지니아 총독 던모어 경의 뒤를 따른 것이었다. 던모어가 배로 도피한 사이 기존 버지니아 의회는 지역회의라는 새 이름으로 통치의 책무를 떠맡았다. 버지니아 의회가 노스의 유화적 제안을 거부하자 던모어가 의회를 해산해버렸기 때문이었다. 11월에 이르러 던모어는 더욱 심한 좌절감을 느꼈다. 그는 영국의 권력이라는 것이 갑판 위에 무료하게 앉아 있는 그의 처지와 마찬가지로 바다 위에 외롭게 떠 있다는 생각이 들었다. 그는 11월 초 버지니아의 노예들에게 반란을 일으키라고 부추기면서 만약 그들이 총독 편에 가담해 노예주들과 싸운다면 그들을 해방해주겠다

던모어 선언 버지니아 총독이었던 던모어 백작은 1775년 11월 계엄령을 선포하면서 흑인 노예들에게 농장주를 떠나 왕을 위해 싸우라고 호소했지만 실패했다.

고 약속했다. 던모어의 이런 행동 때문에 그나마 버지니아에 남아 있던 영국에 대한 충성심마저 사라지고 말았다. 노예 반란의 가능성은 백인의 머릿속에 항상 자리잡고 있는 공포였는데, 그것을 건드렸으니 백인들의 반감은 이루 말할 수가 없었다. 던모어는 한술 더 떠서 1776년 1월 1일 영국 해군의 배에서 노퍽마을을 포격하라고 지시했다. 그 마을은 포격을 맞아 불타올랐는데, 버지니아 전역에서 그 광경을 볼 수 있을 정도였다.[12]

총독 없이 자치를 시작한 매사추세츠

영국이 여러 달에 걸쳐서 실수를 저지르는 동안, 옛 식민지 정부들

은 새로운 권위의 토대를 찾아 나섰다. 매사추세츠는 이 문제와 관련해 심한 압박을 받았다. 그 전해에 영국 의회는 용납할 수 없는 방식으로 매사추세츠 정부를 개편했다. 이제 보스턴 인근의 전쟁에 직면한 상황에서, 지역회의는 대륙회의에 행동 지침을 요청했다. 전투를 지원하는 규정들을 따라야 하는가, 아니면 총독의 명령을 받던 1691년의 칙허장 시절로 돌아가야 하는가? 지역회의는 6월에 이런 답변을 받았다. 매사추세츠는 참을 수 없는 법들 중 하나인 매사추세츠 정부법의 의무 사항을 준수할 필요가 없으며, 비록 국왕이 임명한 총독은 없으나 지금껏 해오던 관례대로 행정을 펴나가면 된다는 것이었다. 이 '해결안'은 매사추세츠 내의 우세한 의견을 만족시켰고, 권위의 전통적인 기반을 유지했다는 점에서 현실적이었다. 대륙회의는 다섯 달 뒤 뉴햄프셔 회의에 주민 대표를 소집하라고 권유함으로써, 식민지가 독립 정부인 것처럼 행동하도록 유도했다. 만약 필요하다면 "그들이 판단하기에 인민의 행복을 가장 잘 충족시킬 수 있는 정부 형태를 수립할 수 있다"는 조언이 이들에게 주어졌다. 또한 그 정부는 영국을 상대로 하는 "현재의 갈등"이 계속되는 한 통치를 계속할 수 있다고도 조언했다. 이런 대륙회의의 조언은 얼마 뒤 행동 지침을 요구하는 사우스캐롤라이나에도 전해졌다.[13]

이 조치는 독립에 반대하는 대륙회의 내의 대표들, 특히 존 디킨슨을 번민하게 만들었다. 뉴햄프셔에 대륙회의의 조언이 전달된 직후에 펜실베이니아 의회는 디킨슨의 권유를 받아들여 대표들에게 영국과의 결별이나 펜실베이니아 정부 형태의 변화에 대해서는 동의하지 말라는 지시를 내렸다. 그해 말 델라웨어와 뉴저지 의회도 대륙회의에 참가한 대표들에게 비슷한 지시를 했고, 1776년 1월 메릴랜드도 같은

조치를 취했다.[14]

《상식》으로 독립 논쟁에 기름을 끼얹은 페인

식민지의 의회들이 이런 조치를 하는 동안에도, 그들의 신중함을 뒤흔들어놓는 분위기가 더욱더 무르익어 갔다. 좀 더 구체적으로 말하자면 모든 영국에 대한 믿음이 상실됐고, 독립 주장을 더욱 부추기는 것이었다. 1월에 이르러 그 분위기를 잘 전달하는 유능한 대변인 토머스 페인이 등장했다. 그는 독립 혁명 시대에 나온 가장 중요한 소책자 중 하나인 《상식》을 쓴 사람이었다.[15]

토머스 페인(1737~1809) 영국 출신의 정치이론가이자 작가로, 1776년 발행한 《상식》에서 미국 독립의 당위성을 명확하게 제시해 혁명의 불길을 더욱 타오르게 했다.

토머스 페인은 코르셋을 만들어 생계를 꾸린 영국 퀘이커 교도의 아들이었다. 아메리카에 도착한 지 겨우 13개월 만에 《상식》을 발간했다. 이주 당시 39세였는데, 그전에는 손을 댄 모든 일에서 실패를 맛보았던 그는 아버지처럼 코르셋 제조로 생계를 유지하려고 했으나 실패했다. 학교에서 교사 생활을 했으나 역시 실패했고 세금 징수원으로도 근무했으나 결국에는 해고됐다. 또 작은 가게를 열었으나 그것마저 실패했다. 결혼도 두 번 했으나 결과는 좋지 않았다. 첫 번째 아내는 아이를 낳다가 죽었고, 두 번째 아내는 말만 아내일 뿐, 부부 사이에 성 관계가 없었던 것이다.[16]

페인의 친구이자 세무 관리인 조지 스콧George Scott이 1774년 그를 벤저민 프랭클린에게 소개했다. 당시 프랭클린은 식민지 대리인의 임무를 마무리하는 중이었다. 프랭클린은 페인에게서 아직 아무도 발견 못한 재능을 발견했다. 그래서 페인이 아메리카로 가려고 한다는 얘기를 듣고서 자신의 사위이자 필라델피아 상인인 리처드 바크Richard Bache에게 소개장을 써주었다. 페인은 아메리카에서 사업을 해볼 생각은 없었으나, 1774년 11월 30일에 현지에 도착하자 바크를 찾아갔다. 곧 그는 현지 신문에 시와 논평을 기고하기 시작했다.[17]

페인은 다양한 실패를 경험하는 과정에서 글쓰기 기술을 배웠고 그 기술을 인류에게 혜택을 가져다주는 대의에 바치기로 결심했다. 그가 아메리카인에게 보내는 메시지는 그들이 평소에 갖고 있던 몇 가지 확신에 심각한 도전을 제기했다. 가령 아메리카인은 그들의 권리가 오래된 정체正體에 뿌리를 두고 있으며, 그들의 이해는 영국과의 전통적인 유대 관계에 의해 보호받는다고 확신했다. 페인은 그런 확신이 "환상"이라고 지적했다. 그러한 과거의 정치적 진실은 이제 더 이상 진실이 아니라고 말했다. 영국의 정체는 영광스러운 문화의 소산이 결코 아니며, 군주제와 귀족제라는 "고대의 전제정에서 나온 두 가지 잔존물"이라는 것이었다. 아메리카의 저술가들은 전쟁이 시작된 이후에도 군주제에 대한 공격은 피해왔다. 오히려 국왕이 비양심적인 내각의 손아귀에 장악되어 있다고 말했다. 페인은 이런 얘기는 다 헛소리라며 경멸했다. 그는 군주제를 "악마가 우상숭배를 위해 세상에 세워놓은 발명품 중 가장 번창한 제도"라고 설명했다. 그는 왕위의 세습이 자연에 위배되는 관습이라고 지적했다. "자연은 그런 세습을 승인하지 않는다. 만약 승인하는 것이라면 자연이 그렇게나 자주 사자 대신 당나귀를 인류에게 제공해 그 세습을 웃음거리로 만들지는 않았을 것이다."《상식》에는 이런 종류의 재치가 번뜩거렸다. 그리고 동시에 아메리카인을 영국과 연결해주는 제도를 날카롭게 공격했다. 이런 파괴적인 공격은 아메리카 대중의 마음에 호소할 만한 맥락과 언어로 수행됐다. 이어 페인은 《구약성경》에 서술된 군주제의 역사를 인용하면서 독자들이 군주제와 이교주의와의 연계를 파악하지 못할 것을 우려해 군주제는 정부의 교황제敎皇制라고 노골적으로 말해버렸다.[18]

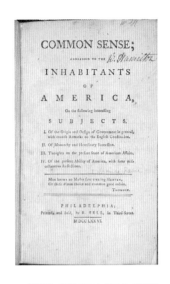

《상식》 초판(1776) 토머스 페인은 《상식》에서 뛰어난 군주를 사자로, 어리석은 군주를 당나귀로 풍자하며, 왕위의 세습이 자연에 위배되는 관습이라고 지적했다.

충격을 잘 받지 않는 사람들과 개신교의 편견에 사로잡히지 않은 사람들을 위해, 페인은 아메리카의 상황에 관해 "단순한 사실, 명료한 논증, 그리고 상식"을 제공했다. 그는 만약 일시적인 타협이 성사된다면 아메리카의 상황은 더욱 악화될 뿐이라고 지적했다. 페인은 이런 주장을 뒷받침하려고 여러 전통적인 논증을 인용했는데, 주로 영국과 아메리카의 이해관계의 차이점을 강조했다. 아메리카인들에게 가장 큰 반향을 일으킨 주장은 다음과 같은 것이었다. 최근에 아메리카인이 피의 희생을 치렀고, 그 때문에 '모국'에 대한 아메리카의 사랑은 이미 사라져버렸다. 현재 벌어지는 갈등에 아메리카인들은 많은 열정을 쏟았고, 영국을 향한 그 열정은 곧 증오로 바뀌었다. 이러한 분석의 결론은 너무나 분명했다. "타협은 이제 헛된 꿈이다."[19]

페인이 쓴 내용 중 상당 부분은 렉싱턴 전투 이후 아홉 달 동안 많은 사람이 주장한 것이었다. 이 시기 사건들은 국왕과 의회가 가진 완고함과 적개심을 보여주었고, 타협에 대한 믿음을 더 이상 유지하기 어렵게 만들었다.《상식》은 아메리카인이 권리 보호 투쟁에서 얼마나 동떨어졌는지 깨닫게 해주었다. 또한 이제는 1763년의 관계로 되돌아갈 수도 없음을 각성시켰다. 페인의 주장대로라면 국왕도, 영국 의회도, 영국 국민도 예전의 제도를 유지할 생각이 없었다. 그의 주장 중 일부는 지난 12년 동안 소책자 저자들이 줄기차게 해온 말이었다. 즉 식민지를 노예화하려는 음모가 준비 중이라는 것이었다. 그런데 페인은 거기서 한발 더 나아갔다. 기존의 영국-아메리카 제도의 구조가 곧 음모라는 것이었다. 군주제 또는 영국의 정체가 곧 음모이기 때문에 이제 아메리카인에게는 선택의 여지가 없었다. 그들은 독립을 선언해야만 했다.

독립 선언은 이제 하나의 상식이었고, 페인은 거기서 더 나아가 그것이 역사 속 단절이라고 생각했다. 그는 아메리카인에게 그들이 하는 행동의 중요성을 몇 개의 문장으로 요약했다. "우리는 이 세상을 새롭게 시작할 힘을 가지고 있다. 현재와 비슷한 상황은 노아 시대 이후 지금까지 존재하지 않았다." 이런 주장을 사람들이 얼마나 진지하게 받아들였는지는 말하기가 어렵다. 그러나 이는 아메리카의 과거에서 내려오는 기독교 천년주의 유산에 대한 호소였다. 페인의 주장은 역사의 단절을 제안했지만 동시에 치유 방안도 제시했다. 그것은 아메리카 혁명이 기독교의 역사 속에서 뚜렷한 한자리를 차지하게 되리라는 확신이었다.[20]

당연히 거기에는 응답이 있었다. 그 응답에 대한 응답이 다시 나왔고, 페인과 다른 저자들이 내놓은 이 응답들은 험담과 비방의 극을 달렸다. 그러나 동시에 이 논쟁에 참가한 사람들은 진실을 향해 팔을 내뻗었고 아메리카의 미래를 흘낏 엿보았다. 당장 독립을 선언해야 한다는 《상식》에 반대하는 비판자들은 다양한 주장을 내놓았다. 어떤 사람들은 타이밍을 놓쳤다고 주장했고 또 어떤 사람들은 아메리카의 자유는 오래된 정체正體가 제공하는 안전망이 없으면 지속될 수 없으므로 독립 주장은 잘못됐다고 반박했다. 그러나 몇몇 사람이 아메리카는 완전히 새롭게 시작해야 한다는 페인의 꿈이 중요하다는 것을 알아보고서 혁신, 유토피아, 이상주의, 무정부 상태 등 18세기에는 잘 사용되지 않던 단어들을 동원하면서 그 점을 논의했다. 페인은 '포레스터'라는 필명으로 이런 응답에 화답했다. 이 필명은 유럽의 부정부패에서 자유로운 아메리카 생활의 이미지를 떠올리게 했다. 페인은 독립된 아메리카는 "새롭게 글을 쓸 수 있는 하얀 백지"라고 말했다. 그는 이렇게 물었다. "아메리카가 하느님을 제외하고 두려워할 것이 무엇인가? 세속의 갈등에서 멀리 떨어진 아메리카는 그 땅을 둘러싼 바다와 그 내륙에 풍부한 개척지와 함께 편안하게 살아갈 수 있다."[21]

페인은 필라델피아에서 《상식》을 발간했고, 그의 포레스터 논평들은 이 도시의 신문에 게재됐다. 그의 지지자들과 적들 또한 필라델피아의 신문을 선택했다. 그러나 논쟁은 '대륙'과 관련된 것이었기에, 《상식》은 주요 아메리카 도시와 마을에서 두 번째로 간행됐다. 물론 이 논쟁은 확산되어 존 애덤스 같은 거물부터 이름없는 논쟁자들까지 끌어들였다. 몇 달 사이에 《상식》은 10만 부가 발간됐고, 독립과 타협을 둘러싼 논쟁은 신문의 지면을 가득 채웠다.[22]

토머스 페인이 제시한 상식 중에는 이런 것도 있었다. 만약 식민지가 독립을 선언한다면 영국을 적대시하는 유럽 국가들이 식민지에 도움을 제공할 가능성이 있다는 주장이다. 유럽 국가들은 아메리카의 내부적 논쟁이 원만히 타협되길 원하지 않을 것이었다. 영국과 아메리카는 과거에 힘을 합쳐서 외부의 적과 싸웠다. 독립을 선언한다는 것은 유럽 국가들에게 이런 연합이 이제는 없다는 것을 확인해주는 것이었다. 특히 프랑스는 크게 안심할 것이다. 그리고 대륙회의의 일부 대표는 프랑스의 자금과 무기를 끌어오기를 희망했다.

독립 선언서를 준비하다

1776년의 첫 몇 달 동안 외국으로부터 지원받을 방법을 찾아보려는 대륙회의 내 무리의 숫자는 점점 늘어났다. 타협보다는 독립이 아메리카의 살 길이라고 믿은 이 급진파들은 일련의 행동 계획에 동의했고, 그 계획이 독립을 위한 성공적인 전쟁 수행에 도움을 줄 것이라고 생각했다. 두 명의 애덤스, 리 일파, 그들의 추종자들은 각 지역에 새로운 지역 정부를 수립하는 것이 제일 중요한 첫걸음이라고 생각했다. 그들은 이 정부들에 대해 어떤 뚜렷한 생각을 가지고 있지는 않았지만, 그런 정부 수립이 곧 아메리카 인민을 독립으로 이끄는 수단이 된다고 보았다. 일단 식민지들이 각자 정부를 수립한다면 다음 단계가 진행돼야 했다. 이에 대해 존 애덤스는 패트릭 헨리에게 이렇게 말했다. "모든 식민지가 연합을 하면서 대륙 헌법의 범위를 규정해야 합니다. 그런 다음 식민지를 각각 주권 국가 또는 다수의 연합 주권 국가들로 선언해야 합니다. 그리고 마지막으로 외국과 조약을 맺어야 합니다."

이런 조치들이 곧 뒤따르게 될 것이 분명해진 6월 3일에, 애덤스는 헨리에게 이 세 가지 조치의 시간적인 순서는 그리 중요하지 않다고 썼다.[23]

급진파는 이미 2월에 그들의 계획에 중요하다고 생각한 일련의 조치들을 검토했었다. 그들의 계획은 애덤스가 헨리에게 말한 세 가지 조치에 집중됐으나, 견고한 정부만이 취할 수 있는 다양한 조치도 포함했다. 존 애덤스가 작성한 비망록에 그런 조치들이 열거되어 있었다. 가령 프랑스 및 스페인과 동맹을 맺어야 한다, 주화와 지폐를 규제해야 한다, 군대를 모병해 캐나다와 뉴욕에 주둔시켜야 한다, 삼ㆍ마직물ㆍ초석硝石ㆍ화약 등의 생산을 장려해야 한다, 세금을 거두어야 한다, 프랑스ㆍ스페인ㆍ네덜란드ㆍ덴마크 등과 조약을 체결해야 한다, 영국 배들을 아메리카 사략선의 공격 대상으로 삼아 나포해야 한다, 영국에 선전포고를 하면서 독립을 선언해야 한다 등이었다. 급진파의 의제에는 다른 사항도 있었으나, 그들의 화급한 관심사는 독립 선언이었다.[24]

급진파는 대륙회의 내에서 결연하지만 쇠락해가는 반대에 직면했다. 《상식》이 여론의 대세는 독립이라고 주장하면서부터 온건파의 힘이 많이 약해졌다. 그러나 급진파가 이런 온건파를 어떻게 상대할 것인가는 까다로운 문제였다. 온건파는 급진파 못지않게 아메리카를 사랑했다. 그들은 지난해에 무자비하게 짓밟힌 아메리카의 자유를 보호하는 일에도 깊은 관심을 갖고 있었다. 그러나 그들은 아메리카가 대영제국 밖으로 나가기보다는 그 안에서 자유를 추구하는 것을 선호했다. 몇몇 사람은 과연 식민지가 모국의 보호 없이 자유로운 국가로 존속할 만한 충분한 힘을 갖추고 있는지 의심스러워 했다.

대륙회의는 국왕의 아메리카 비난에 대한 답변을 작성하는 위원회의 위원으로 온건파 다섯 명을 임명했다. 메릴랜드의 제임스 윌슨과 로버트 알렉산더Robert Alexander, 뉴욕의 제임스 두에인, 노스캐롤라이나의 윌리엄 후퍼William Hooper, 그리고 존 디킨슨이었다. 국왕은 식민지가 영국과 결별하려 한다고 맹비난을 했던 것이다. 급진파는 온건파가 독립 선언에 대한 입장을 명확하게 밝힐 것을 압박하기 위해 이 위원회의 구성에 동의했다. 윌슨이 작성한 위원회 보고서는 작성 이후 많은 비난을 받아왔다. 보고서는 식민지인이 영국 신민으로 남기를 바라면서도 자유인이 되기로 결심했다는 내용이었다. 이제 이런 태도는 더 이상 통하지 않았다. 위원회가 2월 13일에 보고서를 상정하려고 하자 급진파는 그것을 보류하는 데 성공했다. 윌슨 보고서의 상정 보류는 온건파 내에서 격렬한 반대를 일으키지 않았다. 영국의 적대적인 태도에 대한 보고서가 계속 들어오면서 온건파도 희망을 잃어가고 있던 탓이었다. 국왕의 분노를 보여주는 새로운 증거는 그들을 동요시켰고, 이어 그들은 외국인 용병이 아메리카로 오고 있다는 사실을 알게 되었다.[25]

겨울이 지나가고 봄이 오자 급진파는 대륙회의 내에서 행동을 더욱 가속화했다. 대륙회의는 3월 말 "식민지의 주민이 무장한 선박으로 연합 식민지의 적을 감시하는 것"을 승인했다.[26] 전에 식민지가 절반의 전쟁을 하고 있다고 개탄한 존 애덤스는 호레이쇼 게이츠Horatio Gates에게 이제 식민지가 적어도 "4분의 3 전쟁"을 수행하고 있다고 말했다.[27] 그리고 4월 초, 여러 달에 걸친 고된 논의 끝에 대륙회의는 영국을 제외한 전 세계에 식민지 무역을 개방하는 데 동의했다.

대륙회의가 이렇게 조치한 것은 이제 독립으로 나아가는 길 이외에는 방법이 없다고 마침내 결정을 내렸기 때문이었다. 식민지 의회들과 그 대리 기관인 지역회의는 지역 주민의 분위기를 파악하고 대륙회의에 파견한 대표들에 대한 제약을 철회하기 시작했다. 3월 21일 사우스캐롤라이나는 대표들에게 아메리카의 방어를 위해서 필요한 것은 다 해도 좋다는 허가를 해주었다. 이 완곡한 표현은 모든 사람에게 사우스캐롤라이나가 독립 선언의 준비가 되었다는 뜻으로 이해됐다. 그 직후 조지아 대표단은 그보다 더 강력한 지시를 받았다. 그것은 사실상 대표들에 대한 제약을 풀어줘 독립에 투표하라는 뜻이었다. 노스캐롤라이나의 지역회의는 4월 12일 대표들에게 "다른 식민지 대표들과 함께 독립 선언을 하고 외국과 동맹을 맺어도 좋다"는 권한을 부여했다. 로드아일랜드는 다른 식민지보다 더 노골적으로 5월 첫째 주에 자체적으로 독립을 선언했다. 또한 대륙회의에 파견한 대표들에게 공동의 적을 무찌르기 위한 시도에 다른 식민지와 협력하라는 폭넓은 권한 위임도 해주었다.[28]

이 조치들은 서로 조정된 것이 아니었고, 이 식민지들은 대륙회의가 아메리카 전역을 하나로 묶는 단합된 조치를 취해야 한다고 주장하지도 않았다. 대륙회의에서와 마찬가지로 지역회의에서도 식민지가 영국으로부터의 독립을 선언하기 전 국가들의 자유로운 연맹으로 뭉쳐야 한다는 논의가 있었다. 또한 대륙회의에서와 마찬가지로, 각식민지의 대다수는 아메리카가 자유를 위한 전쟁에서 승리하려면 프랑스와의 동맹이 필요하다고 생각했다. 아메리카의 대의를 열렬하게 옹호해온 패트릭 헨리조차도 아메리카 연합 이전에 독립을 선언하는 것을 두려워했다.[29]

5월 15일에 이르러, 버지니아에서는 뒤에서 '온건파 노인'이라고 불리는 에드먼드 펜들턴 같은 온건파들도 우려를 털어냈다. 그날 펜들턴이 작성한 결의안에서는 버지니아 대표단이 대륙회의에 다음과 같이 제안할 것을 권했다. 대륙회의는 각 식민지가 "자유롭고 독립된 국가들"이라고 선언해야 하고, 대륙회의가 필요하다고 판단하는 "어떤 조치들에 대해서" 동의하겠다는 것이었다. 가령 대륙회의는 자체 판단에 따라 언제 어떤 방식으로든 다음과 같은 일을 할 수 있었다. "외국과 동맹 관계를 맺고 식민지 연합을 구성할 수 있다. 단 정부 구성권과 각 식민지의 내부 사안을 규제하는 것은 각각의 식민지 의회에 위임해야 한다."[30]

이 결의안은 며칠 뒤 버지니아 대표단에 도착했고, 5월 27일에 대륙회의에서 낭독됐다. 대륙회의에서는 이제 영국의 적대적인 태도에 대한 추가 증거로 인해 더욱 강경해진 급진파가 득세하고 있었다. 영국 정부가 아메리카의 반대를 무력으로 진압하기로 결정했다는 소문과 보고가 유럽에서 들려왔다. 국왕의 각료들이 아메리카행 군대에 독일 용병을 추가하느라고 바쁘다는 소식은 아메리카를 무력으로 진압하겠다는 의도 외에는 달리 설명할 길이 없었다. 대표들은 다음과 같이 물었다. 내각이 협상할 생각이 없는데 어떻게 아메리카가 협상에 나설 수 있단 말인가?

화해의 희망이 사실상 사라져버린 가운데 이제 앞으로 어떻게 일을 처리해나갈 것인가 하는 문제만 남았다. 버지니아가 행동에 나서기 닷새 전인 5월 10일 오래 논의되어온 첫 번째 조치가 취해졌다. 대륙회의는 각 식민지에 "그들의 형편에 알맞은" 정부를 구성하라고 권고했다. 그러면서 그 정부는 "지역 주민과 아메리카 전체의 행복과 안전에 기여하는" 것이어야 한다고 설명했다.[31] 이 결의안은 아무런 반대도 불러일으키지 않았다. 그러나 사흘 뒤 존 애덤스가 내놓은 결의안 서문에는 반대하는 목소리가 있었다. 그는 5월 15일에 승인된 이 서문에서 다음과 같이 주장했다.

> 영국의 국왕 폐하는 상하원과 공동보조를 취하면서 최근에 의회에서 제정된 법률에 의해 식민지 거주민을 왕실의 보호망에서 제외해버렸다. 고충의 시정과 화해를 위한 식민지의 겸허한 탄원서에 대한 답변이 내려올 가능성은 없다. 외국 용병의 도움을 받는 영국 군대가 이 식민지의 선량한 거주민을 살해하기 위해 파견됐다. 이 식민지 거주민이 영국 왕실의 통치를 받는 정부에 충성 맹세를 바치는 것은 이성과 양심에 어긋나는 일이다. 따라서 왕실이 내세우는 권위를 기반으로 한 모든 활동은 불필요하며 제압돼야 한다. 식민지 인민의 권위 아래에서 행사되는 모든 정부 권력은 적들의 적대적인 침략과 잔인한 파괴에 맞서서 거주민의 목숨, 자유, 재산뿐만 아니라 그들의 내부적 평화, 미덕, 질서 등을 보존하는 데 적용돼야 한다.[32]

이 서문은 단계별 독립이라는 모든 외양을 걷어치우자는 것이었는데, 중요하지만 제한적인 조치만을 제안한 본문과도 상치됐다. 온건파가 항의한 것처럼 이 서문은 식민지의 독립 선언을 재촉했다. 특히 영국 왕실의 권위에서 나오는 모든 정부를 철폐하고 인민의 권위 아래에서 권력을 행사하는 새로운 정부를 수립해야 한다고 촉구한 부분에서 그런 뜻이 더욱 분명하게 드러났다. 온건파의 평가는 그들의 과격한 동료들의 분위기를 잘 파악한 것이었는데, 이제 그런 분위기가 식민지 전역에 퍼져나가고 있었다.[33]

하지만 급진파는 그들을 지원하는 여러 증거를 불신했고, 그들에게 얼마나 많은 지원 세력이 있는지를 이해하지 못했다. 그래서 그들은 몇 주 동안 망설였다. 그러나 6월 7일 리처드 헨리 리는 이런 제안을 했다. "식민지 연합은 자유롭고 독립적인 국가들이며, 그들에게는 영국 왕실에 충성심을 바쳐야 할 이유가 없다. 식민지 연합과 영국 사이의 정치적 유대 관계는 이제 완전히 단절돼야 마땅하다."[34] 대륙회의는 다음 날인 금요일과 월요일인 6월 10일에 리의 결의안을 심의했다. 독립에 대한 찬반 양측의 입장은 낯익은 것이었고, 그들의 논의 또한 그러했다. 양측은 이성적으로 발언했으나, 양측 모두 대중의 태도에 대해서는 잘못된 판단을 내렸다. 양측은 중부 식민지, 특히 펜실베이니아와 메릴랜드가 "영국과 결별할 준비가 완전히 되어 있지 않으나 신속하게 결별을 향해 움직이고 있다"는 데 동의했다. 온건파는 중부 식민지의 미비한 상황은 그곳 주민 때문이라고 보면서, 대륙회의에 "주권자인 인민이 독립을 원한다는 명확한 목소리를 낼 때까지" 행동을 유예하라고 조언했다. 반면에 급진파는 민중이 "그러한 조처를 선호한다. 그들의 몇몇 대표들이 내린 지침은 그것이 아니었음에도 그렇다"라고 판단하며 민중은 오직 "우리가 길을 제시해주기를 기다릴 뿐"이라고 주장했다. 온건파가 행동의 유예를 원하는 데에는 다른 이유도 있었다. 그들은 여름이 되면 전쟁이 좀 더 유리한 국면으로 접어들어 외국과 동맹을 맺기가 더 수월할 것이라고 생각했다. 여기에 급진파는 이렇게 응답했다. 지금 독립을 선언하는 것이 오히려 더 많은 동맹 관계를 가져올 수 있다.[35]

대륙회의는 양측의 이런 주장을 청취한 뒤 7월 1일까지 리의 제안을 최종적으로 결정하기로 했다. 그때까지 대기하는 동안 대륙회의는

독립 선언서 작성 프랭클린, 애덤스, 제퍼슨 (왼쪽부터)은 독립 선언서의 기틀을 잡아 미국 건국의 아버지로 불린다.

장차 필요하게 될 독립 선언서를 작성할 위원회를 임명했다. 존 애덤스, 벤저민 프랭클린, 로저 셔먼, 로버트 R. 리빙스턴, 토머스 제퍼슨으로 구성된 위원회는 6월 28일까지 그 작업을 끝내기로 했는데, 선언서 작성 업무는 대부분 제퍼슨이 맡았다.

제퍼슨은 1776년 당시 서른셋이었다. 그는 구치랜드—그가 태어난 다음 해에 앨비말 카운티가 되었다—의 섀드웰에서 피터 제퍼슨Peter Jefferson과 제인 랜돌프Jane Randolph 사이에서 태어났다. 피터 제퍼슨은 토머스가 태어나기 직전에 젊은 아내와 함께 제임스강의 지류인 래비너강 상류 지대로 이주했다. 그는 야심이 많은 사람이었고 웨스트버지니아의 지도자로 성장했으나 아들 토머스가 열네 살 되던 해 사망했다. 그의 아내는 그에게 재산을 가져다주지는 않았지만, 이 결혼은

토머스 제퍼슨(1743~1826) 버지니아 주 대농장주의 아들로 태어나 농장을 이어받았다. 변호사로 활동했고 버지니아주 의회 의원으로 선출돼 독립선언서 작성에 참여했다.

그의 출세에 도움이 되었다. 랜돌프 가문은 영향력 있는 대가문이었고, 그런 가문의 사위라는 사실은 그를 다른 평범한 사람들과 구별해주었다.

피터 제퍼슨은 아들의 교육에 관심이 많았다. 그래서 아들을 근처의 목사에게 보내 라틴어와 그리스어를 공부하게 했다. 토머스 제퍼슨의 고전 사랑은 이 시기에 형성됐다. 그는 1760년부터 1762년까지 윌리엄 앤 메리 대학에 들어가 수학했고, 조지 위스George Wythe와 함께 법조계에 들어갈 준비를 했다. 위스는 윌리엄스버그의 저명한 법률가였고 훌륭한 고전학자이기도 했다. 제퍼슨은 다니던 대학의 자연철학 교수인 윌리엄 스몰 William Small을 통해 위스를 만났다. 스몰은 제퍼슨에게서 비범한 재주를 발견했기 때문에 제퍼슨을 제자 겸 친구로 생각했다. 스몰과 위스는 활기 넘치는 교양인이었다. 제퍼슨은 누구의 지시가 없더라도 스스로 공부할 사람이었지만, 두 사람은 젊은 제퍼슨에게 높은 기준을 제시했고, 이 두 스승의 권면 덕분에 더욱 학문에 힘썼다.

제퍼슨은 진지한 학생이었지만 그렇다고 늘 엄숙하기만 한 젊은이는 아니었다. 위스는 그에게 에드워드 코크Edward Coke의 《영국법 원론 Institutes of the Lawes of England》 4부 중 첫 번째 부분인 〈리틀턴에 관한 코크의 견해〉를 읽게 했다. 제퍼슨은 곧 그 책의 4부까지 다 읽었지만, 가끔 그 책에 대해 불평을 털어놓기도 했다. 그는 어느 날 친구인 존 페이지John Page에게 "악마가 늙은 코크를 데려갔으면 좋겠어. 내 삶에서 저 늙고 지겨운 악당처럼 나를 피곤하게 만든 자는 없었으니까"라고 고백했다. 이 말을 했을 때 제퍼슨은 열아홉 살이었다. 그는 코크를 피곤해했고 젊은 친구들과 함께 어울리는 모임을 동경했다. 그는 페이지에게 말했다. "내가 아는 모든 젊은 여성에게 나의 안부를 전해주게." 젊은 버지니아 신사라면 대개 사귀는 친구들이 많았는데, 제퍼슨의 교우交友 목록도 긴 편이었다. 그런 친구들 중에는 앨리스 코빈Alice Corbin도 있었는데, 그는 그녀에게서 '양말대님 한 켤레를 얻어낼' 계획이었다. 이 시절 그가 쓴 편지들은 '벨린다'라고 부르던 첫사랑 레베카 버웰에 대한 열광으로 가득 차 있었고, 무도회와 젊은 여성들에 대한 꿈, 자신의 미래에 대한 불확실성 등도 담겨 있다.

무엇을 꿈꾸었든 간에 제퍼슨은 분명 자신의 미래가 법학 공부와 담배 농사에 달려 있다고 믿었다. 그는 보통 젊은이들을 뛰어넘는 투철한 책임의식을 발휘하며 그 두 가지 일에 전념했다. 아버지는 그가 열네 살 때 별세했고, 스물한 살이 되었을 때는 어머니와 여동생 엘리자베스Elizabeth를 돌보는 책임을 맡았고 그 책임을 성실하게 이행했다. 그는 집안의 재산을 세심하게 관리했고, 법조계에 들어간 무렵부터 담배 농사를 짓기 시작했다. 젊은 시절에 그가 남겨놓은 회계 기록은 지출 항목의 모든 세부 사항을 철저하게 기록하는 꼼꼼한 젊은이의 모습을 보여준다. 가령 법률 업무로 출장을 나갔을 때 옷을 세탁하고 세탁부에게 1실링을 지불한 것도 회계 기록에 꼼꼼하게 기재했다. 말의 편자를 갈았으면 그것도 회계 장부에 기록해두었다.

제퍼슨은 그 외에 여러 중요한 일로 지역 주민에게 깊은 인상을 심어주었고, 그리하여 1769년에는 앨비말 카운티 출신으로 버지니아 의회에 선출됐다. 3년 뒤인 1772년 1월 1일, 그는 젊은 과부인 마사 웨일스 스켈턴Maetha Wayles Skelton과 결혼했다. 제퍼슨은 아내에 대해서 별로 기록을 남기지 않았고 친구들에게도 아내 얘기를 별로 하지 않았지만, 부부는 서로 깊이 사랑했다.

1775년에 전쟁이 터지기 전까지 제퍼슨의 생활은 버지니아 농장주의 일반적인 생활과 별반 다르지 않았다. 그러나 1776년 당시 서른셋이었던 제퍼슨은 이미 비범한 사람이었다. 남들과 다른 점은 엄청난 범위의 관심사와 뛰어난 학문에만 그치지 않았다. 자신 주위의 모든 것에 대해서 흥미를 느꼈고, 책에서 배울 수 있는 것은 무엇이든지 배우려고 했다. 그는 건축, 음악, 고전문학, 정치, 법률, 역사, 과학을 공부했다. 하지만 가장 남다른 특징은 학문도 관심사도 아닌 뛰어난 인품이었다. 그는 체계적인 사상가나 이론가는 아니었다. 그는 철학의 형식적인 문제에는 관심이 없어서 플라톤을 경멸했다. 그는 추상 개념을 별로 좋아하지 않았지만 그의 생각은 종종 사변적思辨的이었다. 그는 자신이 공부한 모든 것에 대해 날카로운 질문을 던졌고 경험적인 답변을 추구했다. 그는 증거를 추구하는 데 법률가 이상의 끈기를 보였고 과학자 같은 기질과 성향을 갖고 있었다. 그 시대 대부분의 사람들보다, 그리고 분명 모든 시대 대부분의 사람들보다 제퍼슨은 더 많은 상상력을 지니고 있었다. 혁명은 그의 상상력을 촉발시켰고, 아메리카의 자유인들 앞에 활짝 열린 기회의 들판을 마음껏 상상할 수 있었다.

13개 주 대표가 독립 선언서에 서명하다

6월 28일에 이르러 뉴욕을 제외한 모든 식민지가 대표단에게 독립 승인의 허가를 내주었다. 펜실베이니아는 독립 선언에 대해 특히 미온적이었으나, 5월 15일에 발표한 애덤스의 서문에 촉발되어 모여든 군중은 꾸물거리는 의회를 대신해 행동에 나섰다. 그리하여 7월 1일 대륙회의의 논의가 재개됐을 때 독립을 선언하자는 대표들이 절반을 훨씬 넘었다. 7월 1일의 투표 때 펜실베이니아 대표단은 사우스캐롤라이나와 함께 독립 선언에 반대표를 던졌다. 델라웨어에서 파견한 대표 두 명의 의견은 분열됐다. 뉴욕의 대표들은 독립을 선호하지만 오래된 지시 사항에 구속받고 있었기 때문에 찬성표를 던지지 못한다고 말했다. 다음 날인 7월 2일, 델라웨어 대표단 한 명이 더 추가된 세 명은 다수파에 합세했고 사우스캐롤라이나와 펜실베이니아도 독

독립 선언 식민지 대표들이 대륙회의에 독립 선언서 초안을 제출하고 있다. 오른쪽 서명을 하는 사람이 의장 존 핸콕, 가운데 서 있는 순서대로 왼쪽부터 존 애덤스, 로저 셔먼, 로버트 리빙스턴, 토머스 제퍼슨, 프랜시스 루이스다.

립 선언에 찬성했다. 오로지 뉴욕만이 독립을 지지하지 않다가 7월 15일 뉴욕 지역회의의 독립 선언 승인이 대륙회의에 도착했다. 그리하여 대륙회의가 여러 가지 수정을 가한 뒤 7월 4일에 독립 선언이 승인됐다.[36]

대륙회의는 1776년 7월 독립에 대해 큰 소동을 벌였으나, 실은 4월과 7월 사이에 약 90건의 독립 선언이 이런저런 형태로 필라델피아 이외의 지역에서 나온 바 있었다. 9개 식민지는 직접 행동에 나섰고, 다른 식민지는 대표단에 대한 지시를 통해 독립의 의지를 천명했다. 늘 남과 다르게 행동하는 로드아일랜드는 아예 독립 선언법을 통과시켰다. 다른 식민지는 그들의 규약에 서문을 덧붙이는 형식으로 독립을 선언했다. 적어도 8개의 카운티가 그들의 지역회의 또는 입법부에 지시 사항을 보냈다. 6개 이상의 반관반민 또는 민간단체가 독립을 선언했는데, 뉴욕 기계공들과 펜실베이니아의 민병대대가 대표적이었다. 그리고 50개 이상의 지역이 독립 선언서를 작성했다.[37]

이런 독립 선언서들은 영국과 벌여온 갈등의 역사를 아주 자세히 거론했다. 모든 문서가 18세기의 평범한 사람들이 선호하는 평범한 문체로 작성된 것은 아니었다. 어떤 선언서에서는 화려한 문장을 구사하면서 국왕과 영국 의회를 맹비난했다. 가령 사우스캐롤라이나 체로스 지구의 대배심은 이렇게 썼다.

"국왕과 의회의 보호는 제멋대로 취소됐고, 모든 잔인함과 압제의 표현으로 대체됐다. 독재, 폭력, 불의가 공정, 온유, 호의의 자리를 대신 차지했다. 유혈, 살인, 강도, 화재, 그리고 가장 악랄한 박해 등이 영국의 사악한 의도를 수놓았다. 따라서 자기 보호, 우리의 복지와 안전에 대한 배려가 중요하면서도 필요한 고려 사항이 되었다."

어떤 문장을 구사했든 간에 모든 독립 선언서의 결론은 뚜렷했다. 그런 결론 중에서 가장 눈에 띄는 것은 영국과의 결별이 올바른 길이라는 확고한 자신감이었다. 체로스 지구의 대배심은 그 결별을 가리켜 "유용성이 이미 증명됐고, 장래의 행복과 안전을 담보해주는 지속적인 수단"이라고 말했다. 1776년 초에 이르러 이런 결론은 많은 아메리카인에게 분명해졌다. 시, 읍, 촌락에 사는 사람들뿐만 아니라 아메리카 전역의 대륙군과 민병대에 소속된 사람들도 그렇게 보았다.[38]

독립의 근거는 전통적 계약 이론

연대 소속의 병사들은 7월 9일에 장교들이 읽어주는 독립 선언서를 들었고 그 뒤 여러 날에 걸쳐서 민간인들은 그것을 귀로 듣거나 신문에서 직접 읽었다. 군인과 민간인이 모두 환호하며 축하 반응을 보였지만, 독립 선언 중 어떤 부분이 가장 마음에 들었는지는 알 수가 없다. 아마도 대륙회의가 이제 아메리카는 영국으로부터 독립했다고 선언한 부분에 큰 감명을 받았을 것이다. 지난 1년 동안 아메리카의 독립은 그들에게 너무나도 분명한 결론이었다. 이제 그들은 그것을 증명해야 했고 필요하다면 목숨이라도 내놓아야 했다.

독립 선언서에서는 "모든 인간은 창조주로부터 양도 불가한 권리를 부여받았는데, 생존, 자유, 행복의 추구 등이 그러한 권리"라고 말하면서 이를 "자명한 진리"라고 했다. 그러나 아메리카인이 이 진리에 대해 어떻게 생각하고 느꼈는지는 불분명하다. 일반 대중은 이런 주장을 즉각 논의하지 않았다. 모든 사람이 "동등하게 창조되었다"는 주장에 대해서도 별로 논의가 없었다. 토머스 제퍼슨이 이 표현들

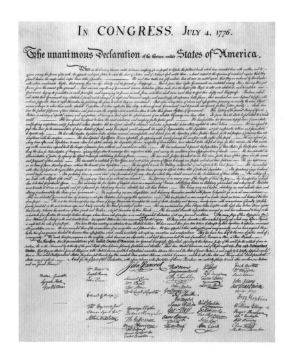

아메리카 독립 선언서 1776년 7월 4일 13개 식민지 대표들이 제2차 대륙회의에서 독립 선언서를 발표하였다.

을 썼는데, 그 당시나 그때 이후에도 이런 표현이나 독립 선언의 내용에 대단한 독창성이 있는 것으로 여겨지지는 않았다. 하지만 독립 선언에는 사람들이 일반적으로 생각하는 것보다 훨씬 더 깊은 독창성이 깃들어 있었다.

독립 선언은 일반적으로 존 로크의 계약 이론을 재천명한 것으로 이해된다. 다시 말해 아메리카를 통치하는 영국인이 아메리카-영국 관계의 근본적인 합의 사항을 위반했다는 것이다. 영국의 통치자는 계약을 반복해 위반했고, 마침내 아메리카인이 독립 선언을 하도록 내몰았다. 물론 아메리카인은 그전에 잘못을 시정해달라고 여러 번 요구했으나 번번이 거부당했다. 지난 12년 동안 아메리카인이 줄기차게 주장해온 것처럼 독립 선언은 아메리카인의 권리를 옹호하기 위한 것이며, 다른 모든 조치가 무위로 돌아간 다음 최후의 수단으로 나온 것이었다.[39]

대륙회의가 7월 4일에 승인한 문서는 이 위기 사태의 책임자가 국왕과 영국 의회라고 지목했다. 제퍼슨의 초안에는 다른 가해자도 있었는데, "우리의 영국 동포", 즉 영국인이었다. 제퍼슨이 보기에 영국 국민은 국왕 및 의회와 한통속이었다.

그들은 정의와 동포의 목소리에 귀를 닫았다. 법률의 절차에 따라 우리의 조화를 해치는 자들을 내각에서 해임할 기회가 주어졌을 때에도, 그들은 자유선거를 통해 그자들을 오히려 권좌에 다시 앉혔다. 바로 지금 이 순간에도 그들은 장관이 우리와 공동의 피를 나눈 군인들뿐만 아니라 스코틀랜드와 다른 외국 출신 용병을 아메리카로 보내 우리를 침략하고 파괴하는 것을 허용하고 있다. 이러한 사실은 고뇌하는 애정에 마지막으로 칼을 꽂는 격이고, 우리는 남자다운 정신에 입각해 이런 무감각한 동포를 영원히 포기할 수밖에 없다. 우리는 그들에 대한 우리의 옛 사랑을 잊어버리려고 애써야 하며, 인류의 다른 나머지, 즉 전쟁 중의 적이며 평화 시의 친구를 보듬듯이 껴안으려고 해야 한다. 우리는 함께 자유롭고 위대한 민족이 될 수도 있었다. 그러나 그들은 장엄과 자유의 공유가 자신들의 위엄에서 벗어난다고 생각하는 듯하다. 그들이 그렇게 생각한다면 그렇게 하도록 하라. 영광과 행복의 길이 우리의 앞에도 열려 있다. 우리는 별도의 국가로서 그 길을 걸어 올라갈 것이며, 우리의 영원한 작별을 선언해야 할 필요성을 인정하는 바다![40]

대륙회의는 영국 국민을 비난하는 문장을 대부분 삭제하고 국왕을 비난의 초점으로 삼았다. 하지만 영국 국민을 가리켜 "우리와 공동으로 피를 나눈 동포"라고 한 부분은 살려두었다. "정의와 동포의 목소리에 귀를 닫은"이라는 제퍼슨의 표현 또한 살려둬 그들을 아메리카를 압박한 자들 속에 포함시켰다. 대륙회의가 승인한 독립 선언의 첫 시작 부분에는 아메리카인이 그들을 서로 묶어주었던 "정치적 유대"를 해소한다는 표현이 들어 있다. 대륙회의는 영국과의 결별 결정은 민중이 기본적인 계약을 위배한 군주를 거부하는 것 이상의 의미를 갖는다는 점을 보여주고자 했다. 그래서 대륙회의는 제퍼슨의 초안에 있던 이 표현을 남겨 두었고, 그럼으로써 압제자들 중의 하나인 영국 국민과도 결별하겠다는 뜻을 간접적으로 암시했다.

역사가들의 일반적인 통설과는 다르게, 제퍼슨의 초안은 대륙회의가 최종 승인한 문서보다 여러 가지 이유로 훨씬 더 강력한 진술이다. 전에 "사랑"으로 서로 묶여 있던 한 민중이 다른 민중을 거부한다는 것은 중대하면서도 가슴 아픈 사건이다. "우리와 공동의 피"를 나눈 병사들이 아메리카인을 죽이기 위해 바다를 건너온다는 인식에 의해서 그 사건은 더욱 의미심장해진다. 제퍼슨의 초안에 나와 있는 것처럼 "고뇌하는 애정에 마지막으로 칼이 꽂힌 후" 아메리카인은 독립을 선언했다. 이 문장에는 배신당한 느낌, 아메리카인이 동포, 혈육, 형제에 의해 버림받았다는 느낌이 들어 있다. 영국 국민은 정의와 애정의 유대를 명예롭게 여기지 않고 "무감각한 동포"가 되어버렸다는 비난도 가미되어 있다.

대륙회의는 토머스 제퍼슨보다 아메리카 인민에 대해서 더 잘 알았기 때문에 이런 열정적인 비난을 삭제했다. 1776년에 이르러 대부분

조지3세의 동상을 끌어내리는 아메리카인 아메리카인들은 "고뇌하는 애정에 칼을 꽂은" 영국과의 결별을 고하고, 독립을 향해 나아가기 시작했다.

의 아메리카인은 더 이상 영국 동포를 사랑하지 않았다. 비록 전에는 깊은 애정을 느꼈지만 말이다. 이민자들은 '혈육'의 유대를 희석시켰고, 도시 이외의 지역에서 아메리카 생활이 갖고 있는 지방색은 제한된 범위의 향토주의를 형성했다. 물론 영국과의 유대 관계는 중요했다. 식민지는 18세기에 대영 무역을 지지했고, 영국의 정체를 존경하고 모방했으며, 프랑스와 영국의 전쟁 때에는 모국을 지원했다. 그러나 이 모든 경우 그들의 행동은 자기 이익과 전통을 따른 것이지, 깊은 애정의 정서가 있어서 그런 것은 아니었다. 그렇게 1776년 7월 4일에 대륙회의가 채택한 독립 선언서는 제퍼슨의 열정적인 호소 대신에 전통적인 계약 이론을 선호했다. 대륙회의의 독립 선언서가 묘사한 독립으로의 과정은 감정이 완전히 배제된 것은 아니었다. 하지만 그것은 배신당한 사랑의 감정이 아니라 독재적인 압제자, 기본법을 위반한 권리 파괴자에 대한 분노의 감정이었다.

따라서 대륙회의의 선언서는 제퍼슨의 것보다 더 무난하지만 상상력은 떨어지는 편이었다. 제퍼슨은 단지 영국 국민을 비난만 한 것이 아니었다. 그는 두 번째 국민, 즉 아메리카의 국민이 온전하게 형성된 존엄하고 자유로운 국민이라고 주장했다. 그는 이미 1774년에 아메리카인은 식민지가 창건되던 17세기부터 자유민이었다는 확신을 선언했다. 영국에서 아메리카로 건너오면서 그들은 모국으로부터 떨어졌고, 국왕에 대한 형식적 충성을 통해 정치적 유대 관계를 유지하기로 결정했다. 그리고 가장 중요한 애정의 유대로 영국 동포와 동맹을 맺었다. 하지만 영국 국민이 폭군을 지지했기 때문에 그 유대마저도 파괴됐다.[41]

제퍼슨이 볼 때 이제 남은 길은 아메리카인이 그들의 양도할 수 없는 권리를 옹호하는 것이었다. 만약 대륙회의가 상상력이 풍부한 대신 현실 감각이 떨어졌더라면 아마도 제퍼슨의 아메리카 역사관을 수용했을 것이다. 만약 그렇게 했더라면 독립 선언서는 훨씬 큰 정서적, 상징적 힘을 획득했을 것이고, 누가 독립을 선언한 것인가 하는 애매모호한 문제를 해결할 수 있었을 것이다. 가령 '자유롭고 독립적인 국가들' 또는 열정이라는 유대로 묶인 '하나의 민족'이 선언의 주체가 되었을 것이다.

아메리카인은 하나의 민족으로서 공통점이 많았는데, 그들이 통상적으로 생각하는 것보다 훨씬 많은 공통점을 갖고 있었다. 다만 함께 일하는 방법과 힘을 집중하는 방법을 아직 충분하게 배우지 못했다.

그들의 정치적 중앙 기구인 대륙회의는 1774년에 처음 만난 이후 많은 것을 배워왔다. 그러나 대륙회의와 주 정부들은 그들의 노력을 서로 잘 조정하지 못했다. 예를 들면 대륙회의는 1774년에 여러 식민지의 보이콧 운동인 대륙협회를 창설했다. 이때 식민지의 공식 정부가 아니라 현지 단체들이 그 보이콧 운동을 단속했다. 전통적인 권위 기관들은 1차 대륙회의가 시작되기 전 10년 동안 위기에 재빨리 대응하지 못했다.

현지의 비공식 통치 단체들은 때때로 무능하고 비효율적이었지만, 그 단체들 뒤에는 자신들의 동일성을 인식하기 시작한 민중이 있었다. 1760년대의 동요가 벌어지기 전 한 세대 동안에, 이 사람들은 많은 일을 함께 겪었다. 그들은 종교적 확신을 일깨워준 '대각성'을 경험했고, 애국심을 자극한 프렌치-인디언 전쟁을 겪었다. 이런 사건들은 국가적 경험이면서 동시에 대륙적 경험이었다. 1760년대에 시작된 갈등은 하나의 민족을 만들어내는 데 크게 기여했다.

제퍼슨은 이런 국가의 발전에 대해 장기적 안목을 갖고 있었기 때문에, 17세기에 식민지가 창설될 때부터 아메리카인은 자유인이었다는 주장을 폈다. 그는 독립 선언서 초안에서 이런 역사관을 재구성하지는 않았다. 그 대신에 아메리카인을 서로 연결시켜주는 정서적 유대 관계를 강조했다. 그의 선언서는 아메리카인으로부터 최선을 이끌어내는 강력한 선언이었다. 그는 자선, 상호 배려, 상호 사랑 등이 현실의 이해관계만큼이나 강하게 그들을 서로 연결한다는 점을 상기시키려고 했다. 그들이 함께 싸운 전쟁에서 상호간의 애정은 중요했고, 그들이 앞으로 건설하게 될 나라에서는 그 애정이 필수불가결한 것이 될 터였다.

모든 인간이 평등하게 창조됐다면 흑인 노예도 그러한가

많은 아메리카인은 노예를 소유했다. 그러나 대륙회의는 "모든 사람은 평등하게 창조됐다"는 제퍼슨의 주장을 독립 선언서 안에 채택했다. 노예 소유주인 제퍼슨은 어느 면에서 흑인도 백인과 동등하다고 생각했다. 왜냐하면 흑인은 인간의 주요한 특징인 '도덕적 감각'을 가지고 있기 때문이었다. 그러나 제퍼슨은 흑인이 백인과 함께 섞여 사회 내에서 평등을 누릴 수 있다고는 보지 않았다. 압제와 백인의 편견이 만들어온 역사 때문에 인종이 평등하게 섞여 살아가는 사회는 생각조차 할 수 없었다. 제퍼슨은 나중에 이런 견해를 《버지니아주에 대한 노트Notes on the State of Virginia》에서 피력했다. 즉 노예 제도가 흑인과 백인의 감정을 너무나 악화시켜 흑백이 동등한 자격으로 함께 살아가기란 불가능하다는 것이었다.[42]

그는 독립 선언서 초안에서 국왕을 아메리카 노예제를 영속시키고 인종 폭동을 사주한 자로 지목하려고 했다. 노예제 영속 운운은 어리석은 이야기이고, 인종 폭동 또한 제한적인 의미에서만 맞는 말이다. 가령 버지니아의 던모어 총독은 흑인에게 주인을 상대로 폭동을 일으킨다면 그 대가로 해방을 약속한다고 말했다. 당시 대륙회의도 알고 있었듯이 노예제를 만들고 유지한 것은 아메리카의 백인이었지 국왕이 아니었다. 대륙회의는 제퍼슨의 비난을 거의 전부 삭제해버리고 "국왕은 우리 사이에서 내부 소요를 일으키려고 했다"는 다소 불분명한 의미의 비난만 남겨두었다. 그렇지만 대륙회의는 모든 인간이 평등하게 창조됐다는 제퍼슨의 주장은 받아들였다.

대륙회의는 제퍼슨의 의미를 그대로 전달하려는 의도를 가지고 있었는지도 모른다. 어쩌면 그 당시 대부분의 아메리카인이 이해했듯이, "평등하게 창조"됐다는 것은 하느님의 눈앞에서는 모든 것이 평등하다는 뜻인지도 모른다. 그들이 어떻게 이해했든, 아메리카인에게는 흑인 노예를 해방할 의사가 없었다. 또한 그들 사이에 있는 소수의 흑인 자유민에게 영국과의 갈등에서 문제가 되었던 양도할 수 없는 권리를 부여하려고도 하지 않았다.

모든 인간의 평등성을 인정하기 위해 구체적인 행동에 나서야 한다고 주장한 백인은 별로 많지 않았다. 대부분의 백인에게는 독립 운동이 너무 중요한 나머지 다른 모든 관심사는 부차적이었다. 대륙회의가 승인한 독립 선언서는 아메리카인이 영국으로부터 자유롭다고 선언했다. 이 선언은 아메리카의 목적을 규정했고, 많은 사람이 목숨을 바치며 지키려고 했던 기준을 수립했다. 그 기준을 위해 앞으로도 더 많은 사람이 전장에서 싸우다가 죽어갈 터였다. 대부분의 백인 아메리카인은 독립 선언을 하는 것만으로는 충분하지 않다고 생각했다. 그들은 그 독립을 지키기 위해 목숨을 내놓았다. 그것은 영광스러운 행동이었다.

진지전

본격적인 전쟁이 개시됐지만 양측은 모두 적극적인 공세를
취하기보다는 신중한 태도로 전쟁에 임했다. 워싱턴은 군인보다는
시민에 가까워 보이는 아메리카군의 능력을 불신했고,
하우는 충분하지 못한 병력으로 섣불리 작전에 나섰다가 식민지를
굴복시킨다는 목표를 달성하지 못할까봐 두려워했다.
하우는 우수한 영국군을 데리고 뉴욕의 요새들에서 워싱턴을 몰아냈으나
결정적인 승리를 거두지는 못했다. 퇴각을 거듭하던 워싱턴은 전황을
역전시키고 식민지인들의 지지를 끌어내기 위해 1776년의 크리스마스에
모험적인 트렌턴 공격을 감행했고, 기습을 성공시키면서 전황을 역전시킬
발판을 마련할 수 있었다.

조지 워싱턴, 진지전을 주장하다

독립 선언서가 서명된 지 두 달 뒤 1776년 9월 초 조지 워싱턴은 그가 수행하고 있던 전쟁의 전략을 대륙회의에 보고했다. 그는 이 보고서에 이 전쟁이 '진지전', 즉 '방어적인' 전쟁이 될 것이라고 썼다. 아메리카군은 진지를 잘 단속하면서 크게 패배할지 모르는 대규모 전투인 '전면전'을 피해야 한다는 이야기였다. 패배를 우려하는 워싱턴의 입장은 충분히 이해할 만했다. 캐나다에서 참사의 소식이 들려온 여름 내내, 그의 입안에는 패배의 쓴 맛만 감돌았다. 그러다가 8월 27일, 하우가 롱아일랜드에서 아메리카군을 격멸하자 그 쓴 맛은 아린 맛으로 바뀌었다. 게다가 워싱턴은 미래의 희망조차 크게 가질 수 없었다. 맨해튼에 있는 그의 군대는 사병들이 살그머니 집으로 가버려 붕괴

직전이었고, 하우는 조용히 또 다른 공격을 준비하고 있었다.[1]

연이은 패배로 진지전을 해야 한다는 생각은 더 강해졌지만, 워싱턴은 하우가 그를 롱아일랜드에서 밀어내기 훨씬 이전부터 방어 전략을 써야 한다고 생각했다. 물론 그는 군인으로서 공격을 선호하는 본능도 있었다. 공격을 해야 용기와 기백, 명예 등이 살아나고, 그로 인해 명성과 영광을 얻을 수 있었겠지만, 이제 워싱턴은 이런 젊은 시절의 강한 본능쯤은 충분히 통제할 수 있었다. 20년 전 프렌치-인디언 전쟁에서의 고생스러운 경험이 그에게 본능을 억제하는 지혜를 가르쳤던 것이다. 또한 18세기에 나온 유럽의 병서들을 읽은 것도 그런 신중한 태도에 기여했다. 어쩌면 유럽 군인들의 사고방식을 지배하던 신중함의 원칙이 워싱턴의 마음속 명예욕이라는 관습을 대체한 것이다. 그러나 마음 깊은 곳에 자리잡은 공격의 열정은 때때로 그런 수양의 외피를 뚫고 밖으로 터져 나왔다. 가령 보스턴 포위 공격 때 그는 얼어붙은 만을 건너서 영국군에게 전면전을 시도하려고 했으나 전략회의의 결정 때문에 제지된 바 있었다.

1776년 늦여름 워싱턴에게는 공격을 자제할 수밖에 없는 다른 이유들이 생겼다. 심지어 이때는 하우 장군이 워싱턴에게 뉴욕은 보스턴이 아니라는 점을 인식시키기도 전이었다. 워싱턴의 부대에 신규 모집된 병사들이 들어오고 나가는 일이 빈번해지자 그는 뉴욕에서 늘 새로운 군대를 훈련해야 했다. 게다가 주요 항구를 해군도 없이 방어해야 했다. 설상가상 윌리엄 하우 장군에게는 6월부터 증원군이 도착하기 시작했다. 그의 형 리처드 하우Richard Howe 경이 지휘하는 약 3만 명의 병사와 수송선과 군함들이었다. 하우 형제의 병사와 배는 아메리카군의 것보다 많았고 그들은 전투 장소를 임의로 선택할 수 있었다. 상황이 이런데도 어쩌된 일인지 워싱턴은 뉴욕을 방어하는 것이 자신의 의무라고 생각했다. 대륙회의는 곧 그의 이런 생각을 만류했지만, 그가 그토록 두려워하던 전면전에서 거의 궤멸 일보 직전까지 간 뒤에야 비로소 워싱턴은 그 생각을 포기했다.

그는 롱아일랜드에서의 패배 직후 하우의 또 다른 공세를 불안하게 기다리면서 대륙회의에 전쟁 현황을 알리는 보고서를 작성했다. 궁지에 몰린 그의 군대로서는 방어전이 유일한 선택안이었다. 하지만 방어전 중에서도 왜 강력한 축성을 바탕으로 싸우는 진지전일까? 퇴각을 하면서 게릴라전을, 즉, 당시에 사용된 용어를 빌려 말하자면 빨치산 전쟁을 할 수도 있지 않았을까? 보급 수레와 탄약고 방비 때문에 항상 기동성이 떨어지는 영국군의 배후에서 얼마든지 교란 작전을 펼

롱아일랜드 전투 아메리카 독립 선언 직후인 1776년 8월, 뉴욕 브루클린에서 벌어진 첫 전투에서 대륙군은 영국군에 패배한다.

칠 수도 있었을 텐데? 워싱턴과 대륙회의는 영국이 아메리카 식민지를 군사적으로 점령해 복종시키려 한다는 사실을 알고 있었으니, 식민지 전 주민을 봉기시키는 데 더 집중해야 하지 않았을까?[2]

방어 전략은 아메리카군의 상대적 취약점 때문에 생겨났다. 그리고 워싱턴은 아군과 적군의 상황을 잘 알았기 때문에 진지전 또는 유리한 전장에서의 방어전을 선택했다. 영국군은 대양과 해안지대 그리고 대부분의 강을 지배했다. 영국군을 이스트강과 현재 허드슨강인 노스강에서 쫓아내는 것도 거의 불가능해 보였다. 그들은 수역을 통제했기에 비교적 빠르게 병력을 이동할 수 있었고, 원하는 곳에다 쉽게 병력을 집중할 수도 있었다. 워싱턴은 병력의 집중이 아주 중요하다는 것을 본능적으로 알고 있다. 그러나 유리한 고지들에 병력을 집중할 수단이 영국군에 비해 턱없이 부족했다. 영국군은 해상에서뿐만 아니라 지상에서도 강력했다. 그들은 정규군이었고, 자신들의 일을 잘 아는 전문가였으며, 좋을 때나 나쁠 때나 일정하게 발휘되는 군기와 기량을 갖추고 있었다. 반면, 아메리카군은 그렇지 않았다. 적어도 장군들이 보기에는 크게 미흡했다.

하지만 워싱턴은 대륙회의에 비밀리에 보내는 편지에서 병사들을 비난하지 않았고 단지 이런 '뼈아픈' 시인만 했다. "우리 군대는 의무를 다하지 않을 것입니다." 이 완곡한 표현에서 워싱턴의 열정을 불러일으키는 말은 '의무'라는 단어였다. 젊은 병사들을 다소 부정적으로 평가한 이 표현에서 그가 뜻한 바는 이러했다. 그들은 책임감 또는 충성심이 부족하다. 전문적인 군인들은 자신들이 죽거나 포로로 잡힐지 모르는 상황에서도 계속 싸운다. 명예를 존중하기 때문에 이런 희생도 마다하지 않는 것이다. 그러나 워싱턴은 일부 병사들에게 그런 소명의식이 없다고 보았다.

"성공이 매우 의심스러울 때나 적의 손에 붙잡힐 가능성이 있을 때, 용감하게 방어에 나서서 명예를 지켜야 한다는 생각으로는 병사들을 자극하기에 부족하다."

그는 슬픈 어조로 이렇게 보고했고, 그래서 그는 진지에 의존하게 됐다. 진지가 전략적으로도 가치가 높지만, 아메리카 병사들에게 진지에서만은 의무를 다해야 한다고 가르치기 위해서였다. "어린 군대"는 믿음직스럽지 못했기 때문에, 워싱턴은 이 부대를 "숫자와 군기에서 우세한 적들을 상대하는 전면전"에 노출시키지 않았다. 그리하여 "나는 삽과 곡괭이를 사용하는 수고를 아끼지 말라고 재촉합니다. 그렇지만 무슨 일이 있어도 강력한 진지를 구축해야 하겠다는 준비성마저도 발견하기 어려운 실정임을 고백합니다. 진지가 강력해지면 보다 큰 혜택을 얻을 수 있는데도 말입니다."[3]

왜 어린 군대는 떨쳐 일어나 싸우려고 하지 않을까? 워싱턴의 설명은 그들이 자유인이기 때문이라는 것이었다. 이는 워싱턴에게 절망감과 자부심을 동시에 안겨주었다. 그들은 자유를 위해 혁명의 길에 나섰지만, 역설적이게도 자유 때문에 전투를 잘 수행하지 못했다. 자유가 병사들의 성향에 큰 영향을 주었다는 점을 워싱턴은 잘 알았다. 아메리카인은 자유인이었기에 제약이나 기강을 답답하게 여겼다. 그런데 기강은 군대의 핵심이었고 그것은 오랜 훈련을 통해서만 얻을 수 있는데, 장기간의 훈련은 곧 장기간의 복무 기간을 의미했다. 전쟁이 계속되면서 워싱턴은 아메리카인들의 생활에서 핵심이 되는 자유가 부대의 전투력을 억제할 뿐만 아니라, 정규군을 대규모로 조직하는 일에도 방해가 된다는 점을 깨달았다. 또한 그 군대의 배후에서 온갖

지원을 아끼지 말아야 할 정치기구에서도 자유는 혼란을 일으키고 있었다.[4]

워싱턴은 전형적인 18세기 군대를 데리고 혁명을 완수하리라 다짐했다. 즉 개인의 독립성을 체계적으로 말살하던 18세기의 전근대적 조직으로 자유를 표방하는 아메리카의 최종적인 독립을 달성하려고 했던 것이다. 워싱턴은 자신의 소망이 모순적이라는 사실을 결코 이해하지 못한 듯하다. 아무튼 그는 그러한 욕망을 결코 포기하지 않으면서도 아메리카 혁명의 지지자들이 규정한 아메리카의 대의를 열렬하게 신봉했다. 대의란 곧 인간의 권리를 위해 싸운다는 뜻이었다. 이런 권리가 개인적 도덕이나 행동으로 구체화될 때, 그 권리가 반드시 군대의 의지나 기강을 방해하는 것은 아니었다. 일단 제대로 된 군대가 창설되면 그 군대에서는 명령이 준수되고 사병들은 의무를 다한다. 그렇지만 자유로운 사람들이 민병대에 갑자기 나타나 목숨이 위태로울 때에도 끝까지 진지를 사수하며 싸우리라고 기대할 수 있을까? 이에 대해 워싱턴은 이렇게 생각했다. 그 사람들을 적절히 교육하고 훈련한다면 자유인들이 소중하게 여기는 명예, 명성, 영광을 위하여 싸우게 될 것이다. 자유로운 사람들도 얼마든지 명예와 대의를 위해 싸울 수 있다. 하지만 민병대 같은 현재의 조직 상태로는 싸울 수가 없었다. 민병대의 경우 강한 지방색, 민주적으로 선출된 무능한 장교들, 군기를 경멸하는 풍조, 짧은 복무 기간 등이 장애 요인이었다.[5]

워싱턴은 이처럼 군복 입은 민간인을 불신했다. 모든 민중을 전쟁에 동원한다는 것은 당시로선 상상도 할 수 없었지만 20년 뒤 프랑스 대혁명에서 현실이 되었다. 민중은 자제력이 부족하고 조직과 기강의 구속을 기꺼이 받을 만한 능력이 없는 존재라 믿었던 워싱턴은 민중에 의한 사회 혁명이나 계급 전복을 불가능한 것으로 믿었고 혁명에서 할 수 있는 최선은 기껏해야 자유의 나쁜 버릇을 버린 자유민으로 구성된 상비군을 창조하는 것이었다. 워싱턴은 그런 군대가 용병부대보다 더 우수하다고 보았다. 그들에게는 대의가 있었고, 그들에게 명예 의식만 불러일으킬 수 있다면 전통적인 군대와 비슷한 군대로 훈련할 수 있을 것이었다. 그러나 불행히도 워싱턴의 군대에 드나드는 시민군에게는 자부심과 명예가 몹시 결핍되어 있었기에 그는 진지전을 옹호할 수밖에 없었다.

윌리엄 하우가 전투를 두려워한 이유

영국군의 전략은 아메리카군의 전략처럼 그리 간단한 것이 아니었다. 하우가 1776년 3월에 보스턴에서 철수할 때까지 영국의 내각은 전략은커녕 전쟁에 대한 전반적인 개념조차 없었다. 렉싱턴 전투 이후 1775년 내각이 처한 문제는 분명한 정책을 수립하지 못했다는 것이고 전략도 물론 수립될 수 없었다. 하우는 거의 1년 동안 보스턴에 갇혀 있었다. 본국의 왕은 식민지를 왕권과 의회 권력에 굴복시켜야 한다는 뚜렷한 목표를 갖고 있었고, 일단 굴복을 받아내면 1764년부터 시작된 소요 사태 이전의 상태로 되돌아갈 것이라고 생각했다. 노스는 국왕에 필적하는 결단력은 없었지만 선량하고 충실한 신하로서 국왕의 뜻을 그대로 따랐다. 다트머스의 뒤를 이어 아메리카 장관에 오른 조지 저메인 경은 일단 식민지를 먼저 굴복시킨 다음 아메리카를 다시 제국의 품안으로 끌어들인다는 국왕의 열망에 공감했지만, 아메리카에서 군사적 승리의 욕망을 채우는 데에는 어려움을 겪었다.

이는 영국 정부가 겪는 어려움이기도 했다.[6]

내각이 겪는 어려움의 일부는 전쟁을 수행할 총사령관을 선택하는 문제였다. 아메리카에서 총지휘를 맡은 리처드 하우 제독은 뛰어난 능력과 상당한 영향력을 지닌 인물이었다. 하우 경은 1758년에 하우 가문의 제4대 후작으로서 맏형의 지위를 계승해 정치적 연줄이 강력한 하우 가문을 이끌어왔다. 가문은 중요한 관직에 진출했고, 여러 명이 수년에 걸쳐 내각에 재직했다. 그들은 왕궁에서도 우호적인 관계를 유지했다. 가령 하우의 어머니는 결혼 당시 조지 1세로부터 하사금을 받았고, 그 뒤에는 조지 3세 왕실의 일원이 되었다. 리처드 하우 제독 또한 궁정에 출사했다. 그는 7년 전쟁 때 조지 3세의 동생과 항해를 하기도 했다. 샬로트Charlotte 왕비는 하우가 낳은 첫아이의 대모가 되었고, 국왕은 해군에 관해 그의 자문을 구했다.[7]

이런 유리한 점과 국왕과의 우정에도 불구하고 하우는 정치에 초연해 무소속이었고 식민지에 대한 강압 정책이 그의 뜻과는 달랐지만, 제지하지 못했다. 그는 타협을 선호했고, 아메리카의 소요 사태가 시작돼 그가 아메리카 주둔 영국군의 총지휘관에서 해임될 때까지 같은 노선을 유지했다. 하우는 아메리카와 아메리카인을 좋아했고, 그들이 형인 조지 어거스터스 하우George Augustus Howe의 기념비를 웨스트민스터 사원에 세운 뒤에는 아메리카 사랑이 더욱 각별해졌다. 그의 형인 3대 후작은 1758년에 타이컨데로가에서 전사했다.

국왕은 1776년 2월에 리처드 하우의 이러한 정견을 잘 알지 못한 채 그를 아메리카 주둔군 총사령관에 임명했다. 내각은 일단 식민지를 굴복시키고 싶어 했고, 하우에게 그런 의도를 명확하게 밝혔다. 그는 식민지가 영국 의회의 지배권을 받아들일 때까지 어떤 경우에도

리처드 하우(1726~1799)과 윌리엄 하우(1729~1814) 리처드 하우(왼쪽)는 해군 제독으로 1776년 아메리카 주둔군 총사령관으로 임명됐으며, 윌리엄 하우(오른쪽)는 육군 제독으로 아메리카 지상군 사령관이었다.

협상에 나서서는 안 되었다. 또한 내각은 하우에게 자세한 작전 지침도 하달했다. 그의 임무는 식민지의 모든 무역을 금지하고, 항구를 봉쇄하며, 식민지의 무장 선박 · 보급품 · 요새를 파괴하는 것이었다.

저메인 식민지 장관은 아메라카 지상군 사령관 윌리엄 하우와 거의 같은 의견이었다. 저메인은 거의 1년 동안 뉴욕이 지상전의 핵심 무대가 되어야 한다고 생각해왔고, 하우도 이에 동의했다. 또한 핼리팩스의 부대를 뉴욕으로 이동시키고, 캐롤라이나에 있는 클린턴의 소규모 부대와 영국에서 파병할 훨씬 큰 규모의 증원군 역시 뉴욕에서 합류시키기로 동의했다. 여름이 되면 하우는 뉴욕시에 약 3만 명의 병력을 집결시키게 될 것이었다. 이 병력은 허드슨강을 거슬러 올라가 캐나다에서 남하하는 칼턴의 소규모 부대와 합류할 예정이었고 만약 워싱턴이 대적해온다면 두 부대가 그를 포위해 함정에 몰아넣고 박살을 내버릴 터였다. 반면에 퇴각한다면 영국군은 반란의 중심지인 뉴잉글랜드를 완전히 굴복시킬 터였다. 식민지를 둘로 나누는 것이 전략의 주요 목표였는데 그렇게 된다면 남쪽의 식민지들은 어쩔 수 없이 항복할 것이라 여겼다.

이런 전략이 내각 정책의 목표를 달성할 수 있을지는 불확실하고 알 수 없는 문제였다. 만약 영국군이 워싱턴 군대를 격멸하고 뉴잉글랜드를 따로 떼어내어 '굴복'시킨 후 순차적으로 다른 식민지를 굴복시킨다고 해서, 과연 그들이 예전처럼 아메리카를 제국의 품안에 다시 데려올 수 있을까? 오히려 아메리카인들은 지하로 잠복해 끈질기게 저항할 가능성이 높았다. 그리고 결국 다시 지상으로 저항이 터져나와 더욱 야만적이고 혼란스러운 전쟁을 지속시킬 것이었다. 설사 평화가 회복된다고 할지라도 충성심과 질서를 유지하는 비용이 너무 높아서 식민지가 별 쓸모없는 땅이 될 수도 있었다. 거기에는 창조적 힘을 완전히 상실한 채 분노심만 이글거리는 주민만 살고 있을 것이었다.

1776년 여름의 영국군 전략에는 그보다 더 결정적인 문제가 있었다. 즉 윌리엄 하우가 영국군을 전투의 위험 앞에 내맡기기를 두려워한다는 사실을 무시하고 7월 초 스태튼아일랜드에 영국군 추가부대를 상륙시킨 뒤 거기서 7주 동안 대기시킨 것이다. 하우에게 용기가 없지는 않았지만, 그는 병력을 잃고 아메리카 내 진압 작전을 완전히 망쳐버리지나 않을까 두려워했다. 따라서 워싱턴의 걱정이 곧 하우의 걱정이었다. 두 사람 모두 부족한 병력으로 오랫동안 작전에 임해야 한다는 점을 두려워했다. 하우는 병력 투입을 최대한 연기하고자 애를 쓰다 결국 핑계를 찾아냈다. 부대 내에 솥이 부족하다는 이유로 부대원의 건강 문제를 거론하며 "이 부대는 장래에 아메리카 안에서 영국군을 접목시켜야 하는 그루터기다"[8]는 핑계를 댔다. 이런 확신을 가진 사람은 하우뿐만이 아니었다. 전년도에 영국군의 콩코드 파견대를 구조했던 퍼시 경은 1776년 여름, "우리의 군대는 너무 소규모여서 승리를 장담하기가 어렵다"고 회상했다. 영국에 있던 부관참모가 한 말은 전쟁이 시작된 직후에 영국군 내에서 널리 인용됐다. 영국군은 "조금씩 조금씩 파괴되어갈 수도 있다." 멀리 미노르카에 있던 윌리엄 머리William Murray 장군은 벙커힐 전투 직후에 이렇게 썼다. "아메리카인의 작전 계획은 매주 전투에서 패배하는 것이다. 영국군의 숫자가 영으로 줄어들 때까지. 우리 영국군은 불패가 아니며 불멸은 더욱 아니다." 또한 머리 장군은 하우의 문제점을 18세기식 군사적 표현으로 잘 요약했다. "전투의 운명이란 최선의 경우에도 승패를 알 수 없는 것이다."[9]

윌리엄 하우와 조지 워싱턴의 롱아일랜드 전투

1776년 4월 보스턴에서 뉴욕으로 군대를 이동시킨 워싱턴은 영국군 지휘관도 마찬가지로 전투를 꺼린다는 사실을 알지 못했다. 영국군이 언젠가 대서양 중부의 식민지인 델라웨어, 뉴저지, 뉴욕, 펜실베이니아로 진군할 것이라고 예상했으나, 이때는 뉴욕이나 전투에 온전히 몰두할 수가 없었다. 워싱턴은 이 당시 캐나다 지역에 더 관심이 많았다. 그는 아메리카군이 그곳에서 주도권을 다시 잡기를 바랐다. 만약 퀘벡 점령이 불가능하다면 적어도 영국군이 뉴잉글랜드를 다른 식민지들과 단절시키는 일 만큼은 막으려고 했다. 그는 하우가 세인트로렌스강으로 운항해 피곤한 아놀드 부대와 대륙회의가 아놀드에게 파견한 증원군을 몰아낼 것을 두려워했다. 그는 퀘벡 포위 공격을 담당한 아메리카군의 존 토머스John Thomas 소장이 유능한 지휘관이라는 사실에 위안을 받았다. 그러나 토머스 소장은 1776년 5월 1일 아메리카군 부대에 부임한 후 한 달 뒤인 6월 2일 천연두로 사망했다. 그의 뒤를 이어 부대장을 맡은 데이비드 우스터 준장은 불행히도 무능했고 심지어 스스로의 무능력을 알지 못했다. 캐나다는 다양한 방식으로 아메리카군 지휘관들에게 시련을 안겨주고 있었다. 물이 불어나는 봄이 되어 세인트로렌스의 강물이 높아지고 강둑의 오리나무에 푸른 봉오리가 돋아나기 시작할 무렵, 윌리엄 톰슨William Thompson 준장 휘하의 아메리카군 병력 2000명은 몬트리올과 퀘벡의 중간 지점인 트루아 리비에르에서 공격에 나섰다. 영국군은 그들을 가볍게 물리쳤고 아주 수월하게 그들을 포로로 잡았다. 아놀드는 일주일 뒤 300명밖에 남지 않은 소부대를 몬트리올에서 빼내어 일오누아로 철수했다. 그곳에서 그는 아메리카군 약 7000명을 발견했는데, 그들의 절반 이상은 아프거나 부상을 당했다. 워싱턴은 그달 말 이 참사 소식을 들었다.[10]

6월이 되자 윌리엄 하우가 뉴욕으로 돌아왔다. 6월 29일 샌디 훅 근처에서 영국군의 군함과 수송선이 목격되었고, 7월 3일에는 대규모 병력이 스태튼아일랜드에 상륙했다. 영국군은 이틀 뒤 스태튼아일랜드에서 참호 작업에 돌입했다. 그 뒤 6주에 걸쳐 더 많은 배가 도착했는데, 그중 7월 12일 도착한 배는 리처드 하우와 함께 핼리팩스, 영국, 사우스캐롤라이나에서 온 부대를 데려왔다. 8월 중순에 이르러 영국군의 숫자는 3만 2000명이었는데, 그중에는 독일 프리드리히 2세가

헤센인 용병 헤센 공국은 17세기 부터 19세기까지 유럽 각국의 전쟁에 용병을 수출했다. 1776년 독일 프리드리히 2세는 헤센인 용병 8천 명을 아메리카로 파병했다.

파병한 8000명의 헤센인 용병이 포함됐다.

워싱턴은 이런 병력의 도착을 침착하게 지켜보았으나, 들려온 소식에 흥분하기도 했다. 맨해튼에 나가 있던 그의 병사들은 곧 영국군의 상륙을 예상하면서 참호 작업을 했다. 롱아일랜드의 브루클린 하이츠는 뉴욕 방어에 열쇠가 되는 곳이어서 아메리카 병사들은 그곳에 참호를 팠다. 그러나 이들에게 요새보다는 병력이 더 필요했고, 워싱턴은 대륙회의에 병력 지원을 요청했다. 그동안에도 영국군이 공격을 늦추지는 않을 것이라고 본 워싱턴은 휘하에 있던 병사들에게 교전 준비를 지시했다. 워싱턴은 꼼꼼하게 일을 돌보는 편이었고 사안이 크든 작든 신중하게 판단했는데 이런 자질을 잘 보여주는 일이 있었다. 사격 연습이 필요한 병사들에게 군수품이 허용하는 범위에서 훈련을 시키려고 각 병사당 두 발의 총알을 나눠준 것이다. 또한 그들은 영국군의 공격이 시작될 때를 대비해 교전 지형에 익숙해지도록 장교들과 부대원들에게 병영에서 참호 속으로 이동하는 훈련도 시켰다. 병사들은 저녁마다 수통에 물을 가득 채우라는 지시도 받았다. 아침 일찍 전투가 시작될지도 모를 상황에 대비하기 위해서였다. 워싱턴은 가옥에서 탄환용 납을 수거해오라고 지시했는데 군수품을 증강하려는 노력에도 화약과 부싯돌은 여전히 부족했다.[11]

마지막으로 사기 진작의 문제가 있었다. 그달 초 독립 선언의 소문이 군 내로 흘러들어 왔다. 대규모 축하 행사는 없었지만, 7월 7일에 공식 공문이 내려오자 워싱턴은 전 부대원을 소집해 독립 선언서를 낭독하라고 지시했다. 그 뒤 여러 주에 걸쳐 워싱턴은 병사들에게 그들이 참여한 대의, 즉 자유의 옹호를 기억하라는 명령을 내렸다. 명령이라기보다 사실상 강요였다. 그는 아메리카인의 권리가 군대의 성공에 달려 있을 뿐만 아니라 인간의 자연적인 권리 또한 승전에 달려 있다고 말했다. 워싱턴은 8월 말 부대원들에게 이런 애국적인 행동을 더욱 강하게 요구할 기회가 있었다. 하우는 8월 22일 새벽 대규모 병력을 스태튼아일랜드에서 롱아일랜드의 그레이브센드 만으로 이동시키기 시작했다. 클린턴과 콘월리스Cornwallis는 경보병, 수류탄 투척병, 카를 폰 도노프Carl von Donop 대령의 헤센인 용병 부대 등으로 구성된 선봉 부대를 지휘했다. 대포를 장착한 프리깃함 4척이 상륙을 엄호했고, 평저선 · 예인선 · 갤리선 등이 병사들을 만까지 수송했다. 하우는 정오 무렵 대포 40문의 지원을 받는 1만 5000명을 상륙시켰다. 그리고 8월 25일, 7년 전쟁의 베테랑인 필립 폰 하이스터Philipp von Heister 장군을 헤센인 수류탄 투척병 2개 여단과 함께 롱아일랜드에 상륙시켰다.[12]

워싱턴은 처음에 롱아일랜드에 있는 적군의 병력 규모를 과소평가했다. 또한 그는 하우의 의도도 확신하지 못했다. 영국군의 상륙 직후

2~3일 동안 워싱턴은 자신의 군대를 뉴욕시로부터 빼내려는 양동작전이 진행 중이라고 짐작했다. 이러한 짐작은 이해할 만했으나, 롱아일랜드에 대한 워싱턴의 목표나 어떻게 하든 뉴욕시를 방어해야 한다는 그의 생각과는 일치하지 않았다. 그는 과거 도체스터 하이츠가 보스턴 포위 공격에 중요하다고 생각했던 것처럼, 맨해튼 섬의 남쪽 끝인 브루클린 하이츠도 중요하다고 보아 그곳에 축성을 결정했다. 이 때문에 그는 군대를 둘로 나눠 방어에 나서야 한다고 느꼈다. 비록 하우 장군이 수로를 장악하고 있고 그런 이점을 활용해 아메리카군을 롱아일랜드와 맨해튼, 이 두 섬에 나눠놓으려 할지도 모른다는 우려에도 불구하고 말이다. 워싱턴에게는 해군력이 부족했기 때문에 그가 당면한 문제는 거의 해결 불가능했다.[13]

그는 브루클린 하이츠를 지키기 위해 브루클린 빌리지 근처에 참호 작업을 하고서 해수 습지에 있는 남서쪽 고와누스 크리크에 오른쪽 부대를 고정시키고, 해수 습지가 보호막이 되어주는 북쪽 월러바웃만까지 전선을 연장했다. 이 전선 바깥으로는 구안 하이츠가 1.6킬로미터가량 뻗어 있었다. 구안 하이츠는 높이 30~45미터 정도의 언덕들로, 잡목과 나무들이 울창한 곳이었다. 브루클린에서 먼 쪽인 남쪽 면은 군데군데 약 24미터 높이의 언덕들이 우뚝 솟아 있고 나무들이 울창해 전투 대형의 군대가 통과하기 어려운 지역이었다. 또한 울창한 삼림 때문에 말이 끄는 대포를 그 언덕 위로 올릴 수도 없었다. 구안 하이츠를 통과하는 길에는 네 갈래가 있었다. 우선 아메리카군의 오른쪽에 있는 고와누스 근처의 연안 통로가 있었고, 다음으로 동쪽으로 1.6킬로미터 정도 뻗어 있는 플랫부시 길이 있었다. 또한 더 동쪽으로 1.6킬로미터 간 곳에 뻗어 있는 베드퍼드 고갯길이 있었고, 마지

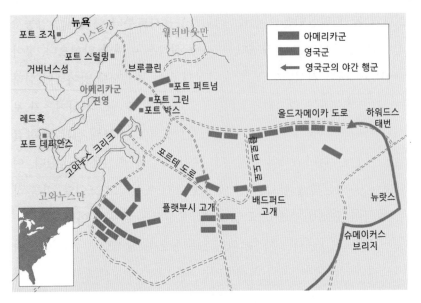

롱아일랜드 전투 영국군과 아메리카군은 뉴욕의 브루클린 하이츠를 둘러싸고 맞붙었다.

막으로 거의 4.8킬로미터 정도 벗어난 자메이카 고갯길이 있었다.

워싱턴은 이 지역의 지리를 그리 상세히 알지는 못했지만 영국군이 상륙하기 전 그들의 전략적 가능성을 파악한 상태였다. 구안 하이츠를 방어하기로 한 결정은 타당했다. 하우는 아메리카군과 교전하기 위해서는 전선을 넓게 펼칠 수밖에 없었는데, 그러면 영국군의 압도적인 수적 우세에서 나오는 힘도 자연히 약해질 수밖에 없었다. 그가 브루클린 하이츠 공격을 앞두고 어느 한 곳에 병력을 집중할 수 있었다면 영국군은 틀림없이 그보다 소규모인 아메리카군을 격파했을 것이다. 하지만 워싱턴의 전략이 우수했음에도 그의 부대 배치는 그렇지 못했고, 왼쪽 측면을 확보하는 데 실패했다. 그것은 설리번 장군의 잘못이었다. 중앙과 왼쪽의 플랫부시, 베드퍼드, 자메이카 고갯길은 그의 책임 아래 있었으나, 설리번은 저 너머 동쪽 끝 자메이카를 다섯 명의 초병 이외에는 무방비 상태로 놔두었다.

하우가 상륙한 다음 날 워싱턴은 롱아일랜드에 있는 아메리카군의 현황을 잘 모른 채 6개 연대를 더 파견하면서 병사들에게 "남자답게 행동하라"는 지시를 내렸다. 그 지시는 절조 있는 호소였다. 워싱턴은 "우리 군의 명예와 성공, 우리가 피 흘리는 국가의 명운이 달린 시간이 빠르게 다가오고 있다"고 연설했다. 그러한 워싱턴의 요청은 대부분 "대의"에 호소하는 것이었지만, 협박, 최근 역사의 기억, 교전 상태에서의 행동 요령 등도 담고 있었다.

"장교와 병사들이여, 그대들이 자유의 축복을 위해 싸우는 자유인이라는 것을 기억하라. 그대들이 남자답게 행동하지 않는다면 그대와 그대 후손의 운명은 노예가 될 것이다. 그대들의 용기와 기백을 잔인한 침략자들이 얼마나 경멸하고 무시했는지 기억하라. 침략자들은 우리가 값진 경험을 한 보스턴, 찰스타운 그외 다른 전장에 나타났다. 하지만 국가를 지키기 위해 나선 소수의 용감한 사람들이 대의를 지키기 위해, 돈에 넘어간 천한 자들과 용병에게 어떤 대가를 치르게 하는지를 분명하게 보여주지 않았는가." [14]

물론 "돈에 넘어간 천한 자들과 용병"은 헤센인을 가리켰다. 워싱턴은 병사들이 용병과 그 고용주인 영국군을 상대로 어떻게 행동해야 하는지 분명하게 알고 있었다. "침착하면서도 단호하게 나서라. 먼 거리에서는 사격하지 말고 장교들의 발사 지시를 기다려라." 워싱턴은 병사들의 용기를 너무나 의심했기에 "몰래 숨거나", "무기를 내팽개치거나", "명령 없이 퇴각하는" 자들은 현장에서 사살하라고 명령했다. 동시에 이런 희망도 드러냈다. "우리 군에는 이런 비겁한 자들이 없다. 반대로 모든 병사들이 이기지 못하면 죽겠다는 각오가 되어 있으며 이 정당한 대의에 하늘의 축복이 있을 거라고 믿고 있다. 그러니 모두가 용기와 결의를 가지고 행동할 것이다. 용감한 행동이나 훌륭한 행동을 한 병사들은 당연히 그 공로를 주목받아 포상받게 될 것이다. 우리 병사들은 아메리카의 다른 지역에 있는 용감한 동포들을 닮으려고 애써야 한다. 그렇다면 틀림없이 영광스러운 승리와 함께 조국을 구제하고 불멸의 명예를 얻게 될 것이다."[15]

벙커힐 전투를 의미하는 찰스타운과 보스턴을 언급한 것은 예리한 조치였다. 이는 레드코트를 입은 영국군이 처음에는 승리해 피에 물든 시체를 쌓아올렸지만 결국에는 패배의 쓴 맛을 다시며 보스턴 항구를 황급히 빠져나가는 광경을 상기시키기 위한 것이었다. 워싱턴 자신도 전투에서의 용맹한 행동과 그 뒤에 따르는 "불멸의 명예"의 호소력을 물리치지 못하는 사람이었기 때문에 이 기준을 병사들에게도 부과했던 것이다. 사실 기대는 전혀 하지 않으면서도 말이다.[16]

하우는 영국군에 워싱턴만큼 열성적인 요구를 하지는 않았다. 그에게는 '대의'에 대해서 말할 이유가 없었다. 그는 스스로 그런 거창한 사업에 가담하고 있다는 생각을 하지 않았다. 때때로 병사들의 용기를 면전에서 칭찬했고, 진짜 싸움은 총검에 달려 있다고 말했다. 그것은 아주 전문가다운 권고였다. 이제 롱아일랜드에 상륙한 하우는 그가 제일 잘하는 일, 즉 '아무일도 안 하기'를 행했다. 상륙 다음 날은 물론이고 그다음 날인 24일과 25일에도 아무것도 하지 않았다.[17]

8월 26일 늦은 시각 그는 마침내 움직였다. 클린턴에게 용기병과 경보병을 주어 선봉을 맡기고, 콘월리스에게 수류탄 투척 중대, 보병과 포병의 두 연대를 주어 후위를 맡긴 다음, 하우와 퍼시는 본대를 맡았다. 하우는 본대를 자메이카 고갯길로 이르는 뒷길로 이동시켰다. 클린턴은 새벽 3시에 자메이카 고갯길에 도착해 다섯 명의 놀란 아메리카군 초병을 포로로 잡았고 그 길로 계속 밀고 들어갔다. 영국군은 새벽녘이 되어 구안 하이츠에 있는 아메리카군 전선의 후방으로 가기 위해 베드퍼드 로드를 따라 서쪽으로 진군했다. 그들은 조용히 신중하게 움직였으며 마차와 야포가 지나가기 위해 길을 넓혀야 할 때에는 나무를 찍어 베어내는 대신 톱으로 잘라냈다. 그들은 톱질이 소음을 덜 낸다고 생각했고, 아메리카군이 함정에 빠질 때까지 영국군의 위치가 탄로 나지 않기를 바랐다.[18]

그들은 걱정할 필요가 없었다. 클린턴이 자메이카 고갯길에 도착할 무렵, 영국군 장군 제임스 그랜트James Grant는 아메리카군 전선의 오른쪽 끝인 고와누스 로드에 병력을 보내 양동작전을 전개했다. 새벽 3시경에 소규모 전투가 벌어졌고, 이 구역의 아메리카군 지휘관인 "스털링 경Lord Stirling" 윌리엄 알렉산더William Alexander는 대대적인 공격을 준비하기 시작했다. 하이스터의 헤센 포병들이 전선의 중앙 부분에서 거의 같은 시간에 플랫부시 고갯길에 포격을 가했다. 그곳과 베드퍼드 고갯길을 지키던 아메리카군의 지휘관인 설리번을 묶어두기 위한 작전이었다. 이 모든 작전이 멋지게 성공을 거두었다. 오전 9시 무렵 하우의 군대는 베드퍼드 빌리지에 도착해 중포를 쏘아대며 그들의 존재를 알렸다. 이것을 신호로 하이스터의 저격병들이 베드퍼드 고갯길을 통과해 고갯마루를 넘어갔다. 설리번의 외곽 진지는 그 직후 붕괴됐고, 설리번 부대는 한 시간 내에 정면과 측면에서 돌파됐다.

오른쪽에 있는 스털링 부대는 용감하게 싸웠다. 그곳의 핵심 부대

롱아일랜드 전투 스털링 경이 지휘하는 아메리카군의 메릴랜드 연대는 용감하게 버텼으나 결국 영국 화력에 제압당했다.

는 윌리엄 스몰우드William Smallwood의 메릴랜드 민병대와 존 해슬릿John Haslet 대령의 델라웨어 대륙군이었는데 전투 경험은 없었다. 그들은 그 누구와도 싸워본 적이 없었다. 롱아일랜드의 지형도 잘 알지 못했지만 그 전날 배를 타고 건너와 용감히 싸우면서 두 시간을 견뎌냈다. 펜실베이니아 민병대와 코네티컷 출신의 양키부대가 곧 그들에게 합류했다. 스털링은 부대를 나무나 바위 뒤에 숨게 하지 않고 유럽식으로 들판에 서서 적들과 맞서 싸우게 했다. 늦은 오전이 되자 그들은 거의 포위됐다. 그러자 스털링은 부대원들에게 '건너기 어려운 늪지'인 고와누스 크리크를 건너 브루클린으로 들어가라고 지시했다. 그는 후위를 엄호하기 위해 스몰우드의 메릴랜드 민병대를 후방에 배치하고 스털링 자신도 그들과 함께 머물렀다. 정오 직전 콘월리스가 스털링의 후방과 왼쪽 측면을 위협했다. 스털링은 메릴랜드 민병 250명과 함께 공격을 감행해 콘월리스의 수류탄 투척병을 여섯 번이나 공격했으나, 스털링의 부대는 결국 압도적인 영국 화력에 제압당했다. 8월 27일 정오에 이르러 상황은 끝나버렸다. 하우는 구안 하이츠를 완전히 돌파해 워싱턴의 돌파된 부대를 브루클린 빌리지로 몰아넣었다.

영국군은 약간의 사상자만이 발생했고 승리의 맛에 도취되어 열렬히 추격하기를 원했지만, 하우는 그의 유리한 전황을 이용하지 않았다. 워싱턴이 만신창이가 된 군대를 재편하려고 애쓰는 동안 오후가 흘러갔다. 그다음 날인 8월 28일, 워싱턴은 여전히 브루클린 하이츠를 지키겠다는 결심을 하고 맨해튼에서 브루클린으로 3개 연대를 이동시켰다. 그날 밤 하우는 '정규적인 접근 방법'을 구축하기 시작했다. 그것은 적의 전선 근처에다 참호와 흉벽을 세우는 작업을 뜻했다. 이는 통상적으로 포위 공격을 할 때 사용하는 방법이었다. 그러나 하우는 잘 방비된 적을 상대로 하는 것이 아니라, 텐트·식량·기타 보급품이 결여되고 참호 작업도 형편없는 사기 떨어진 군대를 상대로 하고 있었다. 같은 날 북동풍이 불어와, 양군 병사들의 옷은 흠뻑 젖었고 아메리카군은 총검 돌격에 특히 취약한 상태였다. 하우의 수류탄 투척병과 경보병 중대는 돌격에 나서기를 열렬히 바랐으나 하우가 제지했다.[19]

뉴욕을 방어할 것인가, 도시를 불태우고 철수할 것인가

8월 29일 워싱턴은 참모회의 건의에 따라 더 이상 브루클린 하이

롱아일랜드 전투에서의 철수 1776년 8월 29일 밤 아메리카군은 영국군의 포위 공격을 예상하고 몰래 강 건너 뉴욕으로 철수하였다.

츠를 지킬 수 없다는 사실을 깨달았다. 할 수 있을 때 롱아일랜드에서 철수해야만 했다. 폭우가 잦아들면 하우 제독이 프리깃 함을 이스트 강에 정박시킬 것이고, 그렇게 되면 아메리카군은 앞뒤로 영국군에게 갇히게 될 터였다. 8월 29일 늦은 밤에서 8월 30일 새벽녘까지 작은 배를 사용하는 데 능숙한 매사추세츠 2개 연대가 아메리카 군대를 강 건너 뉴욕으로 실어 날랐다. 도합 9500명의 병력과 소수의 대포, 군수품, 장비, 말을 영국군에게 들키지 않고 이동시키는 데 성공했다. 이는 성공적인 철수 작전이었고, 워싱턴은 그 작전에 대해 공로를 인정받을 만했다. 8월 27일의 참사는 전적으로 그의 책임이었지만 말이다.[20]

워싱턴이 밤새 도망쳤다는 사실을 발견하고도 하우 장군은 그를 추격해야겠다는 욕망에 불타오르지 않았다. 하우는 여기에서도 지체했다. 그는 지난해 6월 아메리카군이 벙커힐을 점령했을 때, 초여름 스태튼 아일랜드에 상륙했을 때, 그리고 8월 27일 브루클린 하이츠 앞까지 진격했다가 멈추어 섰던 때와 똑같은 행동 패턴을 보였다. 분명한 우위를 적극 활용하지 않은 이런 행동을 명확하게 설명할 길은 없다. 하지만 그가 큰 희생을 치르고서라도 반드시 승리를 하겠다는 욕심이 없다는 건 분명했다. 승전을 거두어도 또 다른 전투가 기다린다는 사실을 그는 알았다. 증원군을 요청할 상황이 아니었던 것이다. 이 무렵 이스트강을 건너서 맨해튼까지 추격하려면 엄청난 노력을 기울여야 했을 것이다. 아메리카군은 참호를 단단히 파놓고 있었다. 그들은 여름 내내 섬의 남쪽 끝에 흙벽을 쌓아올렸다. 하우의 부대를 이동시킬 수 있는 해군의 능력은 바람, 조수, 세밀한 조직력에 달려 있었다. 섬의 북쪽에 상륙하면 남쪽의 워싱턴을 함정에 몰아넣을 수 있었기 때문에 하우는 즉시 섬의 북쪽으로 진출하는 방안을 구상했다.

물론 워싱턴은 하우의 의도를 알아내고 싶어 했다. 워싱턴의 군대처럼 망가지고 사기가 떨어진 부대도 군대라고 할 수 있는지 의문이었지만, 워싱턴은 군대의 문제점들에 대해 즉각 조치할 필요가 있었다. 병사들은 재앙으로부터 자신들을 구출해준 장군의 능력에 깊은 인상을 받았지만 다음 전투를 위해 재규합하려는 의지는 보여주지 못했다. 워싱턴이 예상한 것처럼 민병대는 특히 믿음직스럽지 않았다. 9월 대륙군의 사기는 떨어질대로 떨어져 개선의 기미가 보이지 않았는데, 탈영이 늘면서 더욱 나빠졌다. 아메리카군의 병영은 늘 그렇듯 어수선했고 병사들은 끊임없이 들락거렸다. 평소와 마찬가지로 모든 물품 보급이 부족했고, 그 결과 질병률이 높아졌다. 거의 언제나 패배한 군대는 승리한 군대보다 높은 질병률을 보였다.

워싱턴과 그의 장교들은 연대의 사기를 일정 수준까지 높이기 위해 낯익은 수법을 사용했다. 아무리 권고해도 통하지 않았지만 그래도 병사들에게 기강을 지키라고 다시 한 번 권고했고, 군법회의나 매질 같은 직접적인 수단도 동원됐다. 이 시기의 연대에서 날마다 실시하는 정규 훈련 같은 일은 목격되지 않았다. 사실 1776년 내내 그랬다. 그러나 병영과 전선에 혼란을 일으키는 끊임없는 병력 유출을 방지하기 위해, 워싱턴은 자주 점호를 취하라고 지시했고 인원 보고서를 정기적으로 올리라고 요구했다. 그렇게 해야 병사들의 숫자를 파악할 수 있었다. 낮은 사기, 군기와 조직력의 결여, 보급품의 부족 등은 직접적이고 고질적인 문제였다. 모든 문제 중에서 가장 시급한 것은 무엇을 할 것인지를 결정하는 일이었다. 아메리카군은 뉴욕을 방어할 것인가? 아니면 너새니얼 그린이 촉구한 것처럼 도시를 불태우고 철수할 것인가?[21]

대륙회의는 곧 워싱턴에게 이 문제에 대한 지침을 내렸다. 워싱턴이 그 도시를 떠나야 한다면 도시를 파괴하지는 말라고 지시했다. 대륙회의는 반드시 뉴욕시를 지켜야 하는 것은 아니라고 워싱턴에게 말했다. 뉴욕시 사수는 그가 여름 내내 고집했던 위험한 생각이었다. 이런 '의무 사항'에서 해방되자, 워싱턴은 도망칠 수 있을 때 맨해튼에서 철수하는 방안을 고려했다. 참모회의는 그에게 킹스브리지까지 북쪽으로 진군하라고 조언했다. 그곳은 할렘강이 허드슨강으로 빠져드는 지점이었다. 부대는 그날 보급품과 병자들을 내보내기 시작했고, 단위 부대들은 철수를 준비했다. 하지만 철수 준비는 간단한 일이 아니었다. 그들은 섬의 남단에서 북쪽으로 약 26킬로미터나 되는 전선을 유지하고 있었기 때문이다.[22]

한편 하우는 맨해튼의 남단을 피해 적군이 집중되어 있지 않은 곳에 상륙하기로 결정했다. 그는 워싱턴의 측면을 다시 한 번 우회할 생각이었다. 9월 13일 하우는 부대 내 경계령을 내리면서 롱아일랜드에서 아메리카군을 격파한 사실을 상기시킨 후 이런 권고를 했다. "병사들은 총검에 전적으로 의지해야 한다. 총검으로 성공을 이끌어내야 하며 그들의 용감무쌍한 전투 정신은 성공을 거둘 자격이 있다."[23] 이런 호소는 하우 부대의 성격에 들어맞았다. '신성한 대의'에 대한 호소는 없었고, 자유의 축복에 대한 언급도 없었으며, 오로지 총검을 믿고 영국 군인처럼 용감하게 행동하라는 권고만 있었다.

그러나 성공적으로 킵스만에 상륙하기 위해서는 총검 이상의 것이 필요했다. 하우 제독은 이스트강을 거슬러 올라가 강기슭에서 200미터 떨어진 지점에 5척의 해군 함정을 띄웠고 오전 11시 함정들은 대포를 발사했다. 워싱턴의 표현을 빌자면, "땅을 초토화하고 영국군의 상륙을 지원하기 위해서"였다. 포격은 땅을 초토화했다. 몇 개의 참호로 이루어진 흉벽의 방어선이 파괴됐고 전에 포격을 받아본 적이 없는 민병대는 달아났다. 거룻배들이 약 한 시간 뒤 영국군 병력을 롱아일랜드에서 수송해 왔다. 영국군은 별다른 저항을 받지 않고 상륙했고 늦은 오후에는 전원 상륙을 완료했다. 영국군이 대부분 상륙하기도 전에 적군의 나머지 저항 부대는 격파됐고, 영국군 함선의 포격 소식을 듣고서 할렘에서 킵스만으로 말을 달려오던 워싱턴은 거의 사로잡힐 뻔했다. 워싱턴은 만으로 접근하면서 패주하는 민병대와 마주쳤다. 그들은 대부분 윌리엄 더글러스William Douglas 대위가 지휘하던 코네티컷 여단의 병력이었다. 우왕좌왕하며 패주하는 모습을 보자 워싱턴은 그동안 그토록 칭송 받던 평정심을 잃어버리고 불같이 화를 내며 승마용 지팡이로 장교들과 병사들을 때렸다. 그는 화가 너무 나서 모자도 땅에 떨어트렸고 다가오는 영국군의 존재도 의식하지 못했다. 보다 못한 한 측근이 말의 고삐를 잡고서 그를 위험에서 벗어나게 했다.[24]

도시의 남쪽에 있던 나머지 부대도 탈출했다. 운이 좋게도, 참사를 당하면 오히려 최선을 다하는 이스라엘 퍼트넘은 민병대를 사람들이 잘 다니지 않는 섬 서쪽의 길로 인도해 북상했다.

젊은 애런 버Aaron Burr는 여러 분견대의 길잡이 역할을 했다. 퍼트넘은 허드슨강 가까운 섬의 서쪽 면을 위아래로 오르내리며 부대의 퇴각을 재촉하고 독려하며 통제했다. 녹스의 군수품과 중포 대부분은 부대가 달아나면서 내버려졌다. 그들은 이제 하우의 경보병에 의해 후방으로부터 고립되지 않기만을 바랐다. 하우는 맨해튼의 주 대로인 포스트 로드를 따라서 좌우와 남북으로 병력의 종대들을 파견하면서도 자신은 섬의 동쪽 면에 머물렀다. 이 영국군 병사들은 곧 도시로 들어가 아메리카군의 비축 물자와 내버린 대포를 압수했다. 영국군 종대는 포스트 로드를 올라가는 섬의 서쪽에서 우왕좌왕 패주하는 민병대와 한동안 대조가 되었다. 그러나 하우는 세게 밀어붙이지 않았다. 밤이 되자 아메리카군은 할렘 하이츠라는 높은 곳에 도착했는데, 그곳은 할렘강의 왼쪽 기슭이자 허드슨강의 오른쪽 기슭이었다.

다음 날 할렘 하이츠에서 전투가 벌어졌다. 수백 명의 경보병 중대와 아메리카군 전선 최전방을 담당하는 토머스 놀턴 대위의 코네티컷 연대 사이에 벌어진 소규모 전투였다. 프레데릭 맥켄지Frederic Mackenzie는 그의《일기》에 이렇게 적었다. "경보병은 적절한 경계나 지원 없이 불리한 지점으로 빠져들었고 아메리카군으로부터 심한 공격을 당했

맨해튼과 화이트플레인스 전투 맨해튼에서 워싱턴이 이끄는 아메리카군은 영국군의 공세에 밀려 진지를 이리저리 옮기며 고전했다.

다.” 이 “승리”는 아메리카군에게 한 조각의 자신감을 안겨주었으나 놀턴 대위는 전사했다. 놀턴은 아메리카군 내에서 가장 뛰어난 연대장 중 한 사람이었다.[25]

고전 끝에 마침내 승리를 거둔 워싱턴

그로부터 두 달 뒤인 11월 20일 콘월리스가 허드슨 서쪽 강둑의 포트 리를 점령할 때까지 워싱턴 군대는 이 진지에서 저 진지로 계속 밀려났다. 아메리카군은 포트 리에서 철수하여 트렌턴에서 델라웨어강을 건너 1776년 12월 7일에 펜실베이니아에 도착했다. 이 3주동안 아메리카군은 콘월리스의 부대를 피하기 위해 전면적인 퇴각을 했다. 포트 리가 함락될 때까지 워싱턴은 대개 우유부단했고 때로는 어리석

트렌턴과 델라웨어강 펜실베이니아 쪽에서 바라본 모습. 뉴욕과 필라델피아 사이에 위치하고 강폭이 좁아 펜실베이니아와 뉴저지를 오가는 거점이었다.

어 보였다. 우유부단함은 이해할 만했다. 그는 하우의 계획이 무엇인지 알지 못했다. 하우가 고원 지대를 통과해 남부 뉴잉글랜드를 공격할 것인지 아니면 뉴저지를 통과해 필라델피아로 갈 것인지 알 수 없었다. 워싱턴의 사기 저하가 아메리카 군부대의 훈련과 지휘 계통에 손상을 입히지는 않았지만 휘하 지휘관들, 특히 찰스 리Charles Lee 장군과의 관계에 영향을 미쳤다.

적어도 표면적으로는 9월 16일 전투 이후 할렘 하이츠에 주둔한 양군은 정체 상태에 머무른 듯 했다. 아메리카군은 참호를 깊이 파고 전선을 강화하면서 병력을 재조직하려고 했다. 영국군 역시 참호 작업을 했으나 적군처럼 열심히 하지는 않았다. 그러나 표면 아래에서 워싱턴은 부대의 병력을 규합하려고 열심히 노력했고, 가장 화급한 문제인 병력 보강에 대해서도 신경을 썼다. 11월과 12월 병사들이 전역하면 그의 군대는 사실상 와해될 것으로 예상되었기 때문이다. 롱아일랜드 전투 직후 대륙회의는 8만 명의 병력을 새롭게 동원하는 것을 허가했다. 시의 적절하고 아주 고무적인 결정이었다. 그러나 대륙회의는 마치 신처럼 그런 병력을 주었다가 도로 빼앗아가곤 했다. 대륙회의는 신속한 병력 모집을 불가능하게 만들었다. 주 입법부가 위원회를 임명하고 다시 이 위원회가 실제 병력을 모집할 연대 장교들을 선임하도록 했기 때문이다. 주 입법부는 일처리가 느렸고 여러 달 동안 아무것도 하지 않았다. 그렇게 워싱턴이 간절히 병력 증원을 호소하는데도 대륙회의가 승인한 연대 병력은 채워지지 않았다.[26]

병력 동원이 시급했지만 워싱턴은 하우의 움직임 때문에 더 이상 그 문제에만 골몰할 수가 없었다. 하우는 10월 12일에 4000명의 병력을 스로그스 넥에 상륙시킴으로써 가을의 정적을 깨트렸다. 이 지역은 프로그스 넥 또는 프로그스 포인트라고도 불렸는데, 조수간만과 민물의 배수량에 따라 때로는 반도이고 때로는 섬인 지역이었다. 스로그스 넥은 아메리카 전선에서 거의 정동正東인 롱아일랜드 해협으로 뻗어 있었다. 영국 해군은 안개 속에서 헬 게이트를 통하여 병력을 수송했는데, 그들은 아무런 저항을 받지 않고 상륙했다. 그러나 스로그스 넥을 벗어나는 것은 간단한 일이 아니었다. 출구는 여러 개의 얕은 시내와 개울 위에 놓여 있는 작은 둑길이었는데, 아메리카 분견대들이 그 지점을 단단히 지키고 있었다.[27]

하우는 갇힌 것처럼 보였지만 그래도 할렘 하이츠에 주둔한 아메리카군의 측면을 우회했다. 워싱턴은 나흘 뒤 북쪽으로 하루 행군 거리인 화이트플레인스로 이동하기로 결정했다. 그는 10월 18일에 할렘 하이츠에서 군대를 철수시키기 시작했다. 말과 마차가 부족해 병사들

이 대포를 직접 끄는 바람에 부대를 이동하는 데 나흘이 걸렸다. 하우
는 아메리카군을 괴롭히지 않았다. 아메리카군이 이동을 시작한 바로
그날, 하우는 그의 부대를 다시 배에 태운 후 바다 쪽으로 더 나아가
펠스 포인트의 해협 인근에 상륙시켰다. 존 글로버John Glover 대령 휘하
의 소규모 아메리카군 여단이 헤센인 선봉대와 잠시 교전을 했으나,
하우의 병사들은 별 어려움 없이 펠스 포인트를 접수했다.

영국군은 그 뒤 열흘 동안 화이트플레인스로 가는 길에 나서지 않
았다가 10월 28일 아메리카 전선의 맨 오른쪽 방향에 있는 채터턴스
힐을 공격해 점령했다. 워싱턴은 사흘 뒤 군대를 철수해 노스캐슬로
이동했고 새로운 참호 라인을 형성했다. 하우는 워싱턴이 버리고 간
전선까지 따라갔으나 11월 4일 밤에 뒤로 물러섰다. 워싱턴은 이 움
직임을 가리켜 '퇴각'이라고 했으나, 이는 잘못 말한 것이다. 하우는

채터턴스힐을 올라가는 아메리카군 아메리카군은 가축없이 병사들이 직접 대포를 끌고 언덕을 올랐다.

열흘 뒤 허드슨강 동쪽에 있는 포트 워싱턴 근처에 포진했다. 그곳은 킹스브리지 남쪽에 있는 곳이었다.[28]

포트 워싱턴을 사수할 것인가?

이 열흘 동안 워싱턴은 하우의 의도를 추측하면서 부대를 노스캐슬에서 일부 빼내어 뉴저지로 보낼 준비를 했다. 하우가 포트 워싱턴을 점령하려고 하는 데에는 의문의 여지가 없었다. 하지만 하우는 그것으로 만족하지 않을 터였다. 하우의 행동을 연구하면서 워싱턴은 자신의 가치를 하우의 마음속에다 투사했다. 즉 그가 승전에 따른 명성을 원하리라고 본 것이다. 워싱턴은 늘 남이 자신을 어떻게 볼 것인지 의식했다. 적장도 그렇게 남을 의식할 것이라는 생각은 워싱턴이 하우에게 던진 다음과 같은 수사적인 질문에서 잘 드러난다. "그는 명성을 위해서라도 뭔가 하려고 할 것이다. 그가 대군을 가지고 지금껏 한 게 뭐가 있는가?" 하우의 당면 목표는 분명했다. 포트 워싱턴을 포위하는 것이었다. 하지만 성공을 거둔다면 그다음에는 어떻게 할 것인가? 어쩌면 그는 남부 식민지로 내려갈 것이다. 뉴저지를 관통해 대륙회의가 열리는 필라델피아로 가려고 할 수도 있었다. 그러나 당분간은 포트 워싱턴이 명백한 목표였다. "아메리카군은 그곳을 지켜낼 수 있을까?" 하는 질문은 곧 또 다른 질문으로 이어졌다. 영국 군함이 포트 워싱턴과 건너편 서안의 포트 리 사이의 장애물을 헤치고 허드슨강을 북상하고 있는 마당에, 그 요새를 사수하는 것이 필요하거나 가치 있는 일인가? 이 요새들에 배치된 대포들은 허드슨강을 따라 북상 중인 영국 군함에 발포를 했으나 삭구와 돛에 경미한 피해를 입히는

허드슨강 지형 그림의 왼쪽 둔덕에 포트 리가, 오른쪽 둔덕에 포트 워싱턴이 위치해 있다.

것 외에는 별 효과를 거두지 못했다.[29]

이 두 요새가 군함들의 북상을 제지하지 못한다는 것을 영국군이 증명하자, 워싱턴은 포트 워싱턴에서 철수할 생각을 했다. 그곳에 있는 3000명의 병력을 위험에 노출시키지 않는 것이 현명한 처사였다. 특히 하우의 병력이 아메리카군보다 서너 배 많았기 때문에 더욱 그러했다. 그러나 워싱턴은 현장에 있지 않았고, 그 지역의 사령관인 너새니얼 그린과 그의 휘하에서 요새 내의 위수대를 지휘하는 로버트 매고Robert Magaw 대령은 버틸 수 있다고 판단했다. 워싱턴은 1776년 11월 8일 그린에게 보낸 편지에서 요새를 지킬 수 없으리라는 의구심을 표했으나 직접적인 명령은 내리지 않았다. "워싱턴산에 있는 병력과 물자를 위태롭게 하고 싶지 않소. 하지만 귀관이 현장에 있으니 워

영국군의 진격 영국 군함은 허드슨강 양쪽의 요새인 포트 워싱턴과 포트 리를 돌파하여 내륙으로 북상했다.

싱턴산에서 철수하는 명령을 내리는 것을 귀관에게 맡기겠소. 하지만 현재로서는 요새를 끝까지 사수하라고 매고 대령에게 내렸던 명령을 취소하오." [30]

　'현장에 있는 것'은 워싱턴이 보기에 가장 중요한 조건이었다. 그는 추상적인 개념을 좋아하는 지휘관이 아니었고, 멀리 떨어진 곳에서 결정을 내리려고도 하지 않았다. 그는 몸소 현황을 보고 싶어 했고 실제로 그렇게 했다. 그는 케임브리지에서 전선을 시찰하고 진지를 검사했다. 롱아일랜드에서도 자신이 직접 철수를 감독할 수 있을 때까지 철수를 명령하지 않았다. 그는 킵스만으로 달려가 자신의 눈으로 참사를 살펴보았다. 그리고 가능한 한 할렘 하이츠의 전장 가까운 곳에 가서 전황을 살피려고 했다. 그는 지도만 보고도 판단을 내릴 수 있는 능력을 갖췄으나, 그러기를 선호하지는 않았다. 그는 머릿속에서 부대 배치를 명료하게 그려볼 수 있었으나, 그래도 현장에 가서 직접 보는 것을 더 좋아했다. 그가 젊은 시절 갈고 닦은 기술은 측지술이었는데, 토지 측량사에게는 현지답사가 필수였다. 게다가 그는 농장주였고 토지 투기업자였으므로 땅에 대해서 남다른 감각을 지니고 있었다. 그는 멀리 떨어진 곳에서도 추론할 수 있었지만 판단을 내려서 실행에 옮기기 전에 자신의 감각을 뒷받침해줄 증거를 원했다.

워싱턴은 영국군이 포트 워싱턴으로 이동하기 직전까지만 해도 현장에 도착하지 않았다. 하지만 적의 움직임에 맞춰 현장에 도착한 그는 너새니얼 그린과 현황을 논의했다. 매력적이고 자신감 넘치는 성품에다 유능하고 자신의 의견을 명확하게 표현할 줄 아는 그린은 요새를 충분히 방어할 수 있다고 말했다. 물론 그린은 전에 주요 전투에 참가해본 적이 없었다. 그가 전략가라는 명성을 쌓게 된 것은 이번 참사 이후의 일이었다. 하지만 그린은 너무나 명료하고 자신감 넘치는 목소리로 말했고, 아마도 현장에 있었으므로 그런 예측을 한다는 인상을 주었다.[31]

그린의 예측을 뒷받침할 근거는 없었으나 워싱턴은 그의 말을 믿었다. 워싱턴은 11월 14일 현장을 둘러보고서 요새를 지키기 어렵겠다는 생각이 더욱 굳어졌으나 일단 부하 장수의 말을 믿어보기로 했다. 이 전쟁에서 이 결정적인 시점에 강인하고 안정된 성격의 워싱턴은 젊고 활기 넘치며 낙관적인 부하의 열정을 받아들인 것이다.

달아나는 워싱턴과 추격하는 하우

11월 16일 하우는 그린의 환상을 깨트리고 워싱턴의 우려를 확인해

주었다. 영국군은 그 전날 아메리카군 전선 근처에서 진지를 설치했다. 아메리카군 전선은 측면으로 8킬로미터 정도 뻗어 있었는데, 요새에서 너무 멀리 떨어져 있었다. 요새는 허드슨강에서 약 70미터 솟아 있는 워싱턴 하이츠에 위치했고, 흉벽이 둘러치고 있었다. 하우는 요새의 항복을 요구했으나 어리석게도 매고는 당당하게 이를 거부하며 말했다. "각하, 우리는 가장 위대한 대의를 위해 이 싸움에 참가하고 있는 만큼, 마지막 한 사람까지 이 요새를 지킬 것임을 알아주시기 바랍니다."[32] 그다음 날 퍼시 장군은 남쪽에서 램버트 캐드월러더Lambert Cadwalader 중령의 펜실베이니아 민병대를 공격했다. 에드워드 매슈스Edward Mathews 장군은 콘월리스 부대를 예비군으로 남겨두고서 동쪽에서 백스터Baxter 대령의 민병대를 공격했다. 그리고 빌헬름 폰 크니프하우젠Wilhelm von Knyphausen 장군의 헤센인 용병 부대는 모지스 롤링스Moses Rawlings 중령의 메릴랜드와 버지니아 연대들을 공격했다. 크니프하우젠 부대는 롤링스 부대의 반격으로 큰 손실을 입었으나, 그래도 세 시간 만에 3면에 걸친 아메리카의 전선은 붕괴되었다. 오합지졸이 되어 공포에 질린 채 요새 안으로 쫓겨들어온 아메리카 병사들은 요새에서도 오래 버틸 수가 없었다. 그들이 더 이상 저항을 못하게 되자 매고는 항복했다. 영국군은 300명 정도 되는 많은 전사자 수를 기록했으나 아메리카군의 전체 피해는 그보다 훨씬 컸다. 아메리카군의 피해는 전사 54명, 부상 100명에 포로로 잡힌 자가 2858명이었다. 귀중한 군수품, 대포, 탄약 등도 압수당했다.[33]

나흘 뒤인 11월 20일 오전 콘월리스는 4000명의 정규군을 거느리고 허드슨강을 건너 뉴저지의 클로스터에 상륙했다. 그곳은 포트 리에서 위쪽으로 약 9.6킬로미터 떨어진 지점이었다. 그의 목적은 뉴저

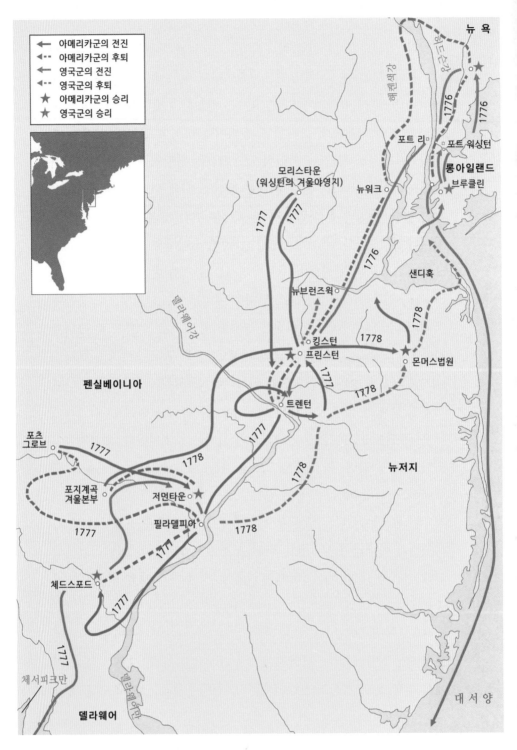

뉴저지와 펜실베이니아 전투 1776~1778년 사이에 벌어진 아메리카군과 영국군의 전투

지에 있는 아메리카군을 격파하는 것이었는데, 그 군대는 해켄색강과 포트 리에 분리 배치되어 있었다. 워싱턴은 11월 9일과 10일에 피크스킬에 주둔하고 있던 병력 2000명을 데리고 허드슨강을 건넜고, 히스Heath 준장을 피크스킬에 남겨 남부 뉴잉글랜드로 들어가는 접근로를 약 3200명의 병력으로 지키게 했다. 찰스 리는 5500명의 병력을 거느리고 노스캐슬에 머물렀다. 콘월리스는 허드슨강 일대의 요새들을 싹 쓸어버리기 위해 재빨리 남부로 행군해 포트 리의 수비대를 거의 사로잡을 뻔했다. 그러나 해켄색강과 허드슨강 사이에 있는 그린과 워싱턴의 군대를 압박할 수 없게 되자, 그는 또다시 일주일 동안 추격을 연기하기로 했다.[34]

워싱턴과 무질서하고 사기가 저하된 3000명의 병력은 11월 21일에 해켄색강을 떠나 남하했다. 그들은 그다음 날 뉴워크까지 갔고, 그 뒤 닷새 동안 거기서 쉬었다. 그 주 후반에 콘월리스는 부대를 다시 행군시켰다. 그의 선봉대는 11월 28일 뉴워크에 도착했고, 그 시점에 워싱턴 부대의 후위가 막 그곳을 벗어났다. 아메리카군은 11월 29일 뉴브런즈윅에 도착했고, 하루 뒤 복무 기간이 만료된 뉴저지와 메릴랜드 출신의 민병 2000명과 작별했다. 이 민병들은 온갖 고생을 견뎌내고 귀향이라는 목표를 달성했다. 콘월리스는 맹렬하게 추격했고 진흙탕 길에서도 가능한 한 빠르게 이동했지만 비와 추운 날씨 때문에 행군 속도는 느려질 수밖에 없었다. 그는 12월 1일에 뉴브런즈윅에서 두 번째로 워싱턴을 거의 생포할 뻔했으나 하우의 명령으로 그곳에서 행군을 멈추었다. 워싱턴의 병사들이 래리턴강을 건너가는 다리의 지주목을 모두 파괴해버렸던 것이다. 그렇지만 콘월리스는 당시에도 또 그 뒤에도 맹추격을 하지 않았다는 비난을 받았다. 그러나 병사들은

지쳤고, 행군을 중지하라는 상부의 명령을 받았다.[35]

워싱턴의 부대는 12월 3일 델라웨어강에 있는 트렌턴에 도착했다. 뉴브런즈윅에서 대기 중인 콘윌리스에 합류한 하우는 사흘 뒤 추격을 개시해 12월 7일에 프린스턴에서 아메리카군을 거의 따라잡을 뻔했다. 그다음 날 오전 중 영국군은 다시 행군에 나섰다. 그들이 트렌턴에 도착했을 때 강의 수위는 높았고 배는 한 척도 없었다. 워싱턴은 그 강을 건너면서 배들을 다 가져갔고, 강 위아래에 남아 있던 배들은 모두 파괴하거나 서쪽 둑으로 흘려보내라고 지시했다.[36]

하우는 일주일 동안 델라웨어강 주변에 머무르면서 보초병들에게 배를 알아보라고 지시했다. 부교를 세워서 강을 건널 생각도 해보았지만, 곧 포기했다. 그는 12월 14일 겨울 숙영에 들어가라고 부대에 지시했다. 날씨가 갑자기 추워진 데다 적들과 접전을 벌일 가능성이 거의 없었기 때문이다. 대부분의 영국군 연대들은 뉴욕시의 좀 더 편안한 숙영지로 돌아갔는데, 하우도 그들과 함께 갔다. 콘윌리스는 영국으로 돌아가도 좋다는 허가를 받았다. 이 무렵 하우를 완전히 경멸하게 된 클린턴은 뉴포트에 머물면서 불편한 심기를 달래고 있었다. 델라웨어강 연안을 경비하는 영예는 헤센인 용병 부대에게 돌아갔다.

같은 시기에 워싱턴은 오래되고 고질적인 문제들을 걱정했다. 그중에서도 가장 심각한 것은 병력 부족과 병사들의 자질 부족이었다. 그는 이 당시 약 3000명의 병사를 거느리고 있었는데, 그중에서 절반은 근무 기간이 만료되는 12월 말 귀향하게 되어 있었다. 일부 병사들은 월말까지 기다릴 필요도 없었다. 영국군이 1만 명이 넘는 상황에서 점점 줄어드는 병력을 쳐다보기란 매우 울적한 일이었다.[37]

그에 못지않게 울적한 일은 찰스 리 장군이 워싱턴 부대와 합류하지 않은 것이었다. 워싱턴이 11월 초 뉴저지로 건너왔을 때 리 장군 휘하의 5500명 병사들은 워싱턴 부대와 합치기로 했다. 워싱턴은 캠프를 떠날 때 영국군이 뉴저지로 이동하는 것은 양동작전이라며 리 장군에게 "장군 휘하의 부대를 공격할 가능성이 있다"고 경고한 바 있었다. 게다가 워싱턴은 리에게 이런 당부도 해두었다. 만약 영국군이 병력 전체를 이끌고 뉴저지로 이동하면 그때에는 리 장군도 휘하 부대를 이끌고 워싱턴 부대에 합류해야 한다는 것이었다. "나는 장군이 최대한 신속하게 이 지시를 이행하리라고 확신하오. 필요할 경우 코네티컷의 전방 전선은 민병대와 부상병에게 맡기시오." 이 지시는 민병대와 부상병을 경멸하듯이 똑같이 취급했는데, 워싱턴이 보기에 두 집단은 별반 다를 바 없었다. 명령이 직접적이지 않다는 점도 주목할 만했다. 워싱턴은 리에게 합류하라고 명령하지 않았다. 이 시점에서 두 사람의 관계는 미묘했다. 자의식이 강한 시골 사람인 워싱턴은 경험 많은 유럽형 지휘관인 리를 너무 존중해 그에게 어떻게 하라고 노골적으로 지시를 내릴 수가 없었다. 그다음 달에 워싱턴의 편지에서도 여전히 완곡한 표현이 나타났다. 11월 21일 워싱턴은 리에게 "공공의 이익"을 위해 리 휘하의 부대가 뉴저지로 오는 게 반드시 필요하다고 썼다. 그리고 그날 리는 윌리엄 히스 준장에게 피크스킬에 병력 2000명을 보내라는 지시를 내렸으나 차갑게 거절당했다. 11월 24일 워싱턴은 리가 이미 행군 중일 것이라고 잘못 생각하면서 편지를 썼다. 27일에 워싱턴은 분명하고 직접적인 표현을 썼다. "내가 앞서 보낸 편지들에서 장군이 가능한 한 빨리 행군해야 한다는 점을 밝혔으므로 그 점에 대해서는 더 언급할 필요가 없을 것이오." 그러나 12월 10일에 워싱턴은 또다시 예전의 완곡한 표현으로 되돌아갔다.

"나는 당신이 본대와 빨리 합류할 것을 간곡하게 요청하고 호소하지 않을 수 없소." 이 무렵 리는 허드슨강을 건너기는 했지만 북부 뉴저지에 대기하면서 하우 군대의 후미를 공격할 기회를 노리고 있었으나 이 계획을 실행해보지도 못했다. 12월 13일 빌 타운 근처 화이츠 태번에서 영국군 순찰병에게 체포되었기 때문이다.[38]

리에게 서두를 것을 재촉한 한 편지에서 워싱턴은 리의 부대가 합류하더라도 아메리카군이 그리 위협적인 세력은 되지 못한다는 속내를 드러냈다. 그는 리의 부대 규모가 그리 크지 않다는 점을 알았다. 하지만 그 숫자가 워싱턴 부대와 합치면 "입소문이 퍼져나가 아메리카군이 그럴 듯한 군대의 외양을 갖춘" 인상을 줄 수 있었다. 병사들과 아메리카인들의 사기를 위해서도 군대의 외양은 실제 못지 않게 중요했다. 그들은 혁명에서 승리할 가능성을 믿어야 했는데, 그렇지 않으면 혁명은 물거품이 되어버릴 터였다.[39]

워싱턴의 승부수, 트렌턴 공격 작전

아메리카군의 취약한 입장을 감안할 때 워싱턴이 내린 그다음 결정은 돌이켜보면 위험했고 너무나 무모해 어찌 보면 어리석었다. 그는 부대를 움직여 트렌턴을 공격하기로 결정했다. 그렇게 한 다음 공격의 여세를 몰아 프린스턴을 강타하고 이어서 영국군이 뉴저지에 설치한 가장 중요한 탄약고인 뉴브런즈윅도 공격할 수 있으리라는 기대도 했다. 워싱턴은 왜 이런 결정을 내렸을까?[40]

그가 델라웨어강 위쪽으로 밀고 올라가기로 결정한 것은 그의 오래된 열정, 즉 영광과 명예를 얻기 위해 공격하려는 열정과 어느 정도

트렌턴 전투의 워싱턴 필라델피아를 지키기 위해 워싱턴은 델라웨어강 건너편 트렌턴을 선제공격하기로 결정했다.

관련이 있을 것이다. 또한 그는 영국군이 봄에 반드시 필라델피아를 공격하려고 할 것이니 그 예봉을 꺾어놓자는 생각도 했다. "나는 필라델피아를 생각하면 몸이 떨려옵니다"라고 그는 썼다. 하지만 이런 무모한 공격을 감행해야 할 만큼 그 도시가 중요한가? 그곳은 아메리카의 수도였고, 그 도시를 잃으면 공동의 대의에 큰 손상을 입을 터였다. 그것은 "모든 고결한 아메리카인의 가슴을 아프게 할 것"이라고 워싱턴은 존 핸콕에게 썼다. 공격의 배경은 바로 그것이었다. 일반 대중의 사기를 유지하고, 대중의 미지근한 애착심을 더욱 강하게 하려는 뜻이었다. 워싱턴은 이렇게 썼다.

"영국인의 주된 목적은 가능한 한 이 나라에 널리 군대를 퍼트리는 것입니다. 그렇게 하여 사람들을 주눅 들게 하고 결과적으로 우리의 희망인 모병을 견제하려는 것입니다. 이런 목표를 달성하기 위해 그들이 더욱 적극적으로 나오리라고 예상합니다."

모든 희망은 군에 달려 있고, 군은 모병에 의존해야 한다는 것이 워싱턴의 확고한 생각이었다. 그러나 군과 민중은 때때로 워싱턴을 분노하게 했다. 뉴저지를 통과해 후퇴하면서 부대원의 숫자는 자꾸 줄어들었고, 민중은 영국군을 지원하는 등 워싱턴이 형에게 쓴 편지의 표현에 따르면 "형편없는" 사람들이었다. "파괴적이고 돈이 많이 드는 무질서한 무리"라고 표현된 시민 병사들이 적군의 승리에 환호했기 때문에, 워싱턴은 한때 그들을 무장해제 시키자고 제안했다. 그는 뉴저지의 많은 사람이 누가 이길지 살피며 사태를 관망하고 있다는 점을 잘 알았다. 그들은 아메리카군과 영국군 어느 한쪽에 확실한 지지를 보내지 않았고, 그들의 "변절"은 다른 어떤 이유보다도 "아메리카군이 적군과 정면 대결을 벌이지 않기 때문"이었다. 따라서 그는 델라웨어강을 건너가 적군과 정면 대결을 벌이고자 했다. 그는 아메리카군이 살아남으려면 그렇게 해야 한다고 보았고, 만약 군이 이기지 못하면 혁명은 실패할 것이라고 생각했다.[41]

강 건너의 최전방 진지에서 경계를 서던 헤센인 용병 부대는 매일 적의 얼굴을 정면으로 바라보았다. 그들은 폰 도노프 대령의 지휘 아래 트렌턴에서 벌링턴까지 전선을 펼치고 있었다. 도노프는 이 진지들의 최남단인 마운트홀리에 머물렀고, 3개 연대를 거느린 랄Rall 대령은 트렌턴에, 그리고 레슬리Leslie 장군은 프린스턴에 주둔했다. 뉴브런즈윅에 있는 제임스 그랜트 장군이 뉴저지의 전 영국군을 지휘하면서 하우에게 보고했다. 뉴욕에서 편안하게 머무르던 하우는 저메인 식민지 장관에게 영국군이 너무 넓은 지역에 듬성듬성 퍼져 있다고 보고했다. "전선이 너무 확대되어 있습니다." 하지만 하우는 그 이유도 설명했다. "벌링턴을 점령한 이유는 국왕파 주민이 많이 사는 몬머스 카운티를 엄호하기 위해서입니다." [42]

하우는 워싱턴과 마찬가지로 전쟁의 정치적 차원에 유념했다. 만약 그가 국왕에게 충성을 바치는 사람들을 끌어안으려면, 그들을 보호해줘야 했다. 영국에 복종한다면 죄를 묻지 않겠다는 그의 선언 때문에 그동안 동요하던 국왕파들이 공개적으로 신분을 드러냈다. 그러니 이제 그들을 보호해야 했다. 그러나 하우가 갖고 있는 수단은 제한되어 있었다. 그는 상당한 규모의 군대를 거느리고 있었지만, 워싱턴이 사료와 식량을 파괴하는 전술을 썼기 때문에 군수품이 부족했다. 그렇지만 워싱턴은 땅을 초토화할 만한 시간은 확보하지 못했고 그렇게 할 생각도 없었다. 다만 그는 영국군이 뉴저지 농부들의 농산품으로 먹고사는 기회만큼은 주지 않으려고 했고, 농부들도 그런 기회를 달가워하지 않았다. 전 세계 어디에서나 대부분의 점령군이 그러하듯이, 하우 부대는 점령 지역의 주민을 '보호'하면서도 그들을 착취해야 하는 모순적인 입장에 빠졌다. 점령지 주민에게는 애국자로서 이기심 없이 영국군에 보답해야 한다는 감정이 없었다. 하우는 그들의 심정을 잘 알았기에, 도노프에게 탄약고를 지으라고 지시하면서 농부들로부터 물자, 특히 소와 곡식를 징발할 때에는 영수증을 써주라고 말했다.

"개인의 가정에서 필요한 것 이상의 소금과 밀가루는 반군의 물품으로 간주돼야 한다. 따라서 그 물품은 국왕의 이름으로 압수되어 공공 비축 물품으로서 군대에 징발될 수 있다." [43] 그러나 하우의 이러한 지시는 탄력적인 것이어서 쉽게 남용할 수 있었다.

때문에 강제 징발이 벌어진 것은 그리 놀라운 일도 아니었다. 하우의 정치적 신중함을 잘 알지 못하는 헤센인 용병들은 그들 멋대로 물자를 징발해 이미 설설 끓고 있던 민중의 분노를 더욱 가중시켰다. 헤센인 지휘관들은 곧 하우가 너무 전선을 넓게 펼쳐놓아서 안전이 보장되지 않는다고 불평했다. 가령 프린스턴에 편지 한 통을 보내기 위해 랄 대령은 50명의 순찰병을 함께 보내야 했다. 순찰병, 물자 징발대, 외곽 진지 등은 현지의 빨치산과 델라웨어강 서쪽 기슭에서 온 특공대에 주기적으로 기습을 당했다. 그러나 랄은 트렌턴 근처에 요새를 쌓을 생각조차 하지 않았다. 적군에 둘러싸여 있어 자신을 보호하기 위한 조치에 착수조차 할 수 없다는 것이 그의 설명이었다.[44]

랄이나 그의 상관은 워싱턴이 크리스마스 날 밤에 공격을 하리라고

얼어붙은 델라웨어강을 건너는 워싱턴 1776년 12월 워싱턴은 트렌턴 공격을 진두지휘하며 강을 건넜다.

는 예상하지 못했다. 눈과 비가 내리는 등 날씨도 좋지 않았다. 델라웨어강은 꽁꽁 얼어붙지는 않았으나 커다란 얼음덩어리들이 하류로 흘러가고 있었다. 워싱턴은 병력 이동을 감출 수 있는 날씨까지는 예상하지 못했지만 그래도 면밀한 계획을 짰다. 그의 공격 계획은 세 부분으로 짜여 있었다. 첫째, 제임스 유윙James Ewing과 700명의 병사들은 트렌턴 나루에서 강을 건너서 트렌턴 남쪽에 있는 아순핑크 크리크에 놓인 다리를 점령한다. 둘째, 그보다 더 남쪽에 있는 존 캐드월러더 중령은 브리스톨에서 강을 건너가 마운트홀리에 주둔 중인 도노프의 부대를 공격한다. 이것은 헤센인 용병 부대를 묶어둬 트렌턴에 증원군을 보내지 못하게 하려는 양동작전이었다. 셋째, 트렌턴 자체가 공격의 주된 목표인데, 이 공격은 워싱턴이 맡기로 했다. 만약 모든 것이 순조롭게 진행된다면 트렌턴에서 프린스턴까지 밀고 올라가 잘하면 뉴브런즈윅에 있는 적의 주 탄약고를 탈취할 수도 있을 터였다.[45]

크리스마스 날 밤, 약 2400명으로 구성된 주력 부대는 맥콩키 나루를 내려다보는 낮은 언덕 뒤에 집결했다. 워싱턴은 자정까지 부대를 도강시켜서 새벽 5시 해가 뜨기 전에 부대를 트렌턴 남쪽 약 14킬로미터 지점까지 행군시킬 생각이었다. 그러나 폭우와 얼음 때문에 이 일정을 지키지 못했다. 녹스 휘하의 야포는 모두 18문이었는데, 눈과 진눈깨비 속에서 제대로 다루기가 어려워 새벽 3시나 되어서야 가까스로 상륙했다. 더럼 배를 타고 선발대와 함께 도강한 워싱턴은 강둑에 우뚝 서서 병사들을 지켜보았다. 비록 주위가 어두웠지만 그는 병사들이 자신의 존재를 의식할 거라고 믿었다. 새벽 4시가 되자 모든 병력이 트렌턴으로 행군할 준비를 완료했다.

부대는 둘로 나뉘어 한 갈래는 위쪽인 페닝턴로드로 갔고, 다른 한

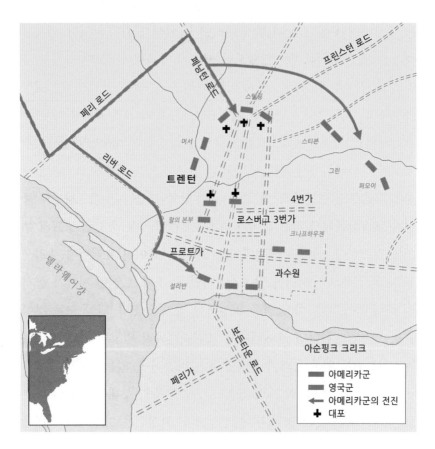

트렌턴 전투 아메리카군은 페닝턴로드와 리버로드 둘로 나뉘어 트렌턴으로 입성했다.

갈래는 아래쪽인 리버 로드를 걸어갔다. 워싱턴이 너새니얼 그린과 함께 페닝턴로드 상의 부대를 지휘했고 다른 부대를 설리번이 맡았다. 행군 능력과 행운이 겹쳐서 두 부대는 아침 8시가 되기 몇 분 전 트렌턴에 도착했다. 리버 로드는 길이 휘어지면서 트렌턴의 남쪽 끝으로 들어갔다. 반면 페닝턴로드는 트렌턴의 대로이면서 북쪽과 남쪽으로 나란히 달리는 킹스트리트와 퀸스트리트로 이어졌다. 대포는 두 명의 젊은 대위가 지휘했는데, 퀸스트리트에서는 토머스 포레스트 Thomas Forrest가 맡았고, 킹 거리에서는 알렉산더 해밀턴이 담당했다.

대포 소리가 울리자 헤센인 용병 2개 연대가 거리로 나왔다. 세 번째 연대는 마을의 남동쪽 가장자리에 예비로 남겨져 있었다. 평소와 마찬가지로 크리스마스 저녁을 흔쾌한 파티로 보냈던 랄 대령은 침대에서 재빨리 일어나 거리로 달려왔다. 곧 아메리카군의 총탄이 그를 쓰러트렸고, 헤센인 용병들은 효과적인 전투를 할 수 있을 정도로 충분히 산개散開할 겨를이 없었다. 주민들은 이미 3주 전에 달아났으므로 마을은 대부분 텅 비어 있었고, 주택과 마구간은 곧 치열한 소규모 육박전의 무대가 되었다. 아메리카군의 대포는 헤센인들이 제대로 전투 대형을 갖추지 못하게 했다. 아메리카 보병들은 일단 머스킷 소총 개머리판과 총검으로 사전 작업을 한 뒤 헤센인 용병들을 서서히 포위해갔다. 전투는 한 시간도 안 되어서 끝났다. 22명의 헤센인이 사망했고 98명이 부상을 당했으며 거의 1000명이 포로로 잡혔다. 아메리카군에서는 단 두 명의 장교와 두 명의 병사만이 부상을 당했다.

약 500명의 헤센인과 소수의 영국 용기병들이 아순핑크 크리크를 넘어서 도망쳤다. 유윙 부대는 강을 건너오지 못했던 것이다. 캐드월러더 또한 더 먼 남쪽으로 내려가지 못했다. 그가 보낸 선봉대는 남쪽으로 내려가기는 했으나, 그가 지휘하는 본대는 악천후와 강물의 거센 물결 때문에 남쪽으로 가지 못했다.

워싱턴은 그날 오후 승리한 부대를 이끌고 델라웨어강을 건너 펜실베이니아로 들어갔다. 그는 캐드월러더가 남쪽으로 내려가지 못했다는 것을 알았고, 이제 더 이상 해볼 수 있는 것이 없었다. 그의 병사들은 너무 지쳐서 프린스턴까지 북진할 수가 없었다. 게다가 그는 헤센

트렌턴의 승리 트렌턴 전투에서 워싱턴이 큰 상처를 입은 헤센인 요한 고트립 랄 대령의 항복을 받아내고 있다.

인 용병들이 남쪽에서 올라오고 있다고 생각했다. 하지만 이는 그가 잘못 짐작한 것이었다. 헤센인 용병들은 그 뒤 며칠에 걸쳐서 강변에 설치했던 진지에서 모두 철수해버렸다.

약간 우스운 꼴이 되었다고 느낀 캐드월러더는 자신과 병사들의 열 렬한 투쟁 정신을 보여주기 위해 다음 날 부대를 이끌고 강을 건넜다. 그는 적들이 철수한 벌링턴으로 들어갔다. 워싱턴은 이틀 뒤 부대를 이끌고 다시 공격에 나섰는데, 이번에는 트렌턴으로 직접 들어갔다. 일단 마을에 들어서자 그는 캐드월러더에게 부대를 이끌고 북상하라 고 지시했고, 1600명의 민병대를 거느리고 보든타운에 들어가 있던 미플린Mifflin 장군에게도 같은 명령을 내렸다. 그해가 끝나갈 무렵, 워 싱턴은 트렌턴에 병력 5000명과 40문의 곡사포를 배치했다.[46]

이제 트렌턴보다 더 큰 시험이 아메리카 부대를 기다리고 있었다.

하우는 주도권을 다시 잡기 위해 콘월리스를 뉴욕에서 출발시켜 재빨리 프린스턴으로 달려가게 했다. 그리하여 콘월리스는 5500명의 정규군과 28문의 야포를 거느리고 프린스턴에서 남하했다. 워싱턴은 남쪽으로 가는 길을 쉽게 내주지 않았다. 프린스턴 로드는 진흙탕이었고, 펜실베이니아와 버지니아의 소규모인 대륙군이 남하하는 영국군을 괴롭혔다. 콘월리스는 1월 2일 오후 늦게 트렌턴에 도착해 아순핑크 크리크의 강둑을 따라 행군하는 워싱턴의 군대를 발견했다. 선발대를 여러 번 도강시키려다가 실패한 콘월리스는 대규모 공격을 다음 날로 미루었다. 장군의 부하 한두 명이 내일 아침이 되면 워싱턴은 거기 없을 거라며 공격 지연에 항의했다. 그러자 콘월리스는 이렇게 되물었다. 워싱턴이 어디로 가겠는가? 그에게는 배가 없다. 그는 이미 갇혔다.[47]

하지만 워싱턴에게는 갈 곳이 있었다. 그날 밤 그는 잘 알려진 프린스턴 대로 남동쪽에 있는 신설 도로로 빠져나갔다. 영국군은 새벽이 될 때까지 그의 출발을 알지 못했다. 아메리카군은 몇 백 명의 병사들을 뒤에 남겨놓고서 진지 주위에 모닥불을 피우고 밤새 일부러 시끄러운 소리를 내면서 참호작업을 하도록 지시했다. 강 건너 적들을 안심시키기 위한 양동작전이었다. 이른 아침 워싱턴의 선봉대는 프린스턴 외곽에 도착해 그곳에 영국군 2개 연대와 함께 주둔 중인 찰스 모후드Charles Mawhood 중령과 격돌했다. 그전에 모후드 부대는 휴 머서Hugh Mercer와 캐드월러더 부대를 강타하면서 한동안 치열한 전투를 벌였다. 아메리카 부대들이 고전을 면치 못하면서 부대 조직이 허물어지려는 순간에 워싱턴이 현장에 도착했다. 말에 올라탄 워싱턴의 모습은 병사들에게 큰 사기를 불어넣었고, 대륙군은 허물어지려던 조직

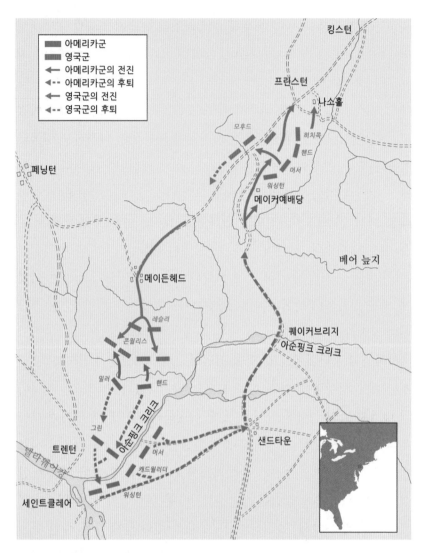

프린스턴 전투 아메리카군을 이끄는 워싱턴은 트렌턴을 거쳐 프린스턴으로 북상했고, 영국군 지휘관 콘월리스는 이를 막기 위해 남하했다.

아메리카군을 이끄는 워싱턴 프린스턴 전투에서 워싱턴은 직접 말에 올라타고 병사들을 독려해 승리를 이끌었다.

을 재정비했다. 그러자 영국군이 허물어지기 시작했다. 모후드 부대는 마침내 트렌턴으로 퇴각했으나 심한 추격을 받아서 사실상 궤멸했다.[48]

모후드가 프린스턴에 남겨둔 영국군 연대는 거의 무기력하게 대기하고 있다가 가까스로 뉴브런즈윅으로 철수를 시도했다. 그러나 그들 전원이 퇴각에 성공한 것은 아니었다. 뉴저지 연대가 그들 중 200명을 생포했던 것이다. 워싱턴은 병사들이 크게 피곤한 상태임을 발견하고 뉴브런즈윅으로 북진하는 것을 포기했다. 그는 나흘 뒤 모리스타운에서 겨울 숙영에 들어갔다. 콘월리스는 치고 빠지는 적을 두려워해 부대를 이끌고 트렌턴에서 뉴브런즈윅으로 돌아갔다. 보급창을 잃어버리는 모험을 할 수가 없었기 때문이다. 해켄색과 엘리자베스 타운은 워싱턴의 군대가 모리스타운으로 들어간 1777년 1월 8일 아메리카군의 수중에 떨어졌다. 2주 전만 해도 뉴저지를 장악했던 하우는 이제 앰보이와 뉴브런즈윅 두 곳에 갇힌 꼴이 되었다.

기동전

겨울이 되면서 전투는 소강 상태에 접어들었다.
날씨가 따뜻해지자 하우는 다시 움직임에 나섰지만
그의 작전 계획은 일관성이 없었고, 영국 내각은 하우에게
명확한 작전지휘를 내리는 것을 부담스러워했다.
영국군의 존 버고인은 캐나다에서 남하해 아메리카를 공격하는 계획에
착수했지만 하우와의 공동 작전은 이루어지지 않았고,
결국 호레이쇼 게이츠와 베네딕트 아놀드에게 항복하면서 작전은
무위로 돌아갔다. 한편 하우는 브랜디와인과 저먼타운에서
아메리카군을 물리쳤지만 그들을 궤멸시키지는 못했고,
아메리카군이 재기할 여지를 남겨두었다.

부대 재정비에 성공한 대륙군

이제 양군은 겨울 숙영에 들어갔다. 무심한 관찰자라면 자신이 유럽에 있다고 착각했을 수도 있다. 유럽에서는 겨울에 숙영지로 이동하는 것이 자연스런 관습이었다. 양쪽의 병사들은 편안한 숙소를 만드는 일에 착수했다. 또는 원래 불편한 상황을 그래도 좀 덜 불편한 상황으로 만들려고 시도했다. 워싱턴의 병사들은 그들이 지은 더럽고 자그마한 오두막에서 편안함을 기대하기란 거의 불가능했다. 난방은 정말 어려운 문제였다. 중앙 집중식 난방은 그보다 1세기 뒤의 일이었지만 불을 때기 위해 땔감을 구해야 했으므로 병사들은 억지로라도 활발하게 몸을 움직여야 했다. 뉴욕에 주둔 중인 영국군은 더워 죽을 지경은 아니었지만, 여관, 공공 건물, 개인 주택 등에서 그런대로 편안하게 겨울을 났다.

뉴저지의 모리스타운에 주둔 중인 아메리카 병사들의 일부는 그들보다 앞서 근무했던 병사들의 방식을 답습했다. 그들은 아메리카군의 관행이 되다시피한 행동을 했다. 즉 아무런 허가도 받지 않고 군복무를 제멋대로 끝내버린 것이다. 한마디로 탈영이었다. 하우의 병사들도 탈영을 했지만 숫자는 많지 않았다. 영국군은 탈영해봐야 적군에게 갈 수밖에 없기 때문이었다.

뉴욕 시민은 곧 탈영자들을 부러워하게 되었다. 겨울이 시작되면서 도시의 생활 조건은 더욱 나빠졌다. 게다가 점령군은 개선 노력을 전혀 하지 않았다. 적어도 민간인이 볼 때는 그랬다. 롱아일랜드와 강 건너 비정규군이 식량 징발대를 공격하면서 식량이 귀해졌다. 이 소규모 전쟁은 야만적이고 비열했으며 잘 알려진 규칙에 따라 치러지지도 않았다. 도시 안에 사는 시민은 습격대로부터 안전했다. 그러나 영국군은 시민을 무시했고 시민이 뭔가 따지려고 하면 따지지 못하게 했다. 영국군 수비대와 그들이 '보호'하는 민간인은 서로 불신했다. 1776~1777년 겨울 뉴욕 시민이 겪었던 일은 그전에도 여러 번 발생했던 것이었고, 좀 더 최근에는 보스턴에서 이미 벌어진 일이었다. 보스턴과 뉴욕에 주둔했던 영국군은 적을 파괴할 목적을 갖고 있었으나 결국에는 적의 수만 늘려놓았을 뿐이었다.

같은 시기 모리스타운에 주둔한 워싱턴 부대도 부분적으로 인기를 잃었다. 그들이 잘못 행동해서가 아니라 천연두를 가져왔기 때문이다. 그들의 지휘관은 병든 병사들을 '격리'해 보살피기 위해 그들을 마을 주민들 사이에 풀어놓았던 것이다. 대륙회의는 워싱턴 부대가 모리스타운에 들어간 후 사흘만에 의무감이던 의사 존 모건John Morgan을 해

포트 리
포트 워싱턴
롱아일랜드
남하드슨강
뉴욕
모리스타운
뉴워크
브루클린
스태튼아일랜드
뉴브런즈윅
앰보이
아메리카군 주둔
영국군 주둔

워싱턴군의 야영지 모리스타운 워싱턴은 뉴욕과 필라델피아 사이에 위치한 모리스타운에서 겨울을 보내며 전열을 가다듬었다.

임했다. 그리하여 시설이 충분치 못한 군병원은 곧 깊은 혼란에 빠져들었다. 워싱턴에게는 휘하의 연대 소속 군병원과 마을 사람들의 보살핌 이외에 다른 수단이 없었다. 그래서 워싱턴은 천연두 환자들을 격리하고 예방접종을 실시했다. 이 예방접종은 아직 질병에 노출되지 않은 사람들을 고의로 감염시키는 방식으로, 환자들이 대개 가벼운 병을 앓은 뒤 회복하리라는 기대를 갖고 실시됐다. 물론 모리스타운의 농부들은 주둔군이 그들의 생활에 가져온 변화를 불안한 시선으로 쳐다보았다. 주둔 비용 또한 그들이 고스란히 부담해야 했다.[1]

모리스타운은 작은 마을로, 인가가 50호 정도였고 교회 하나에 술집 겸 여관이 하나 있었지만 겨울 숙영지로서는 최적지였다. 동쪽에는 언덕이 있어서 그쪽에서는 쉽게 접근해 들어올 수가 없었다. 그처럼 접근이 어려운 데 비해 뉴욕시와는 아주 가깝다는 이점이 있었다. 동서 연결선으로 40킬로미터 정도 떨어져 있어서, 워싱턴은 적의 움직임을 관찰할 수 있었다. 뉴브런즈윅과 앰보이도 거의 같은 거리였

모리스타운 포드 맨션(왼쪽)과 병사들의 오두막(오른쪽) 모리스타운은 위로 와청산맥을 끼고 있어 영국군의 공격에서 안전할 뿐만 아니라, 식량과 땔감을 조달하기 쉬워 아메리카군이 겨울을 나기 최적의 장소였다.

다. 모리스타운은 따로 떨어져 있지도 않았고, 그곳에 주둔한 워싱턴 부대가 고립되지도 않았다. 언덕 사이에 난 길을 통해 서쪽으로 도주하는 것이 가능했기 때문이다. 만약 하우가 뉴욕을 출발해 필라델피아를 공격하려고 한다면, 워싱턴은 하우의 측면을 타격할 수 있었다. 만약 하우가 허드슨 계곡을 따라 올라간다면 그를 뒤쫓아가 공격할 수도 있었다.

그러나 두 달 사이에 아메리카군은 수가 너무 줄어들어서 공격을 할 수 없는 처지가 되었다. 트렌턴에서 6주 근무의 보상으로 10달러를 받은 사람들은 1000명 정도였는데, 그중에는 승리의 도취감이 사라지자 계약을 유지하지 않으려는 사람들도 들어 있었다. 다른 병사들은 2월 초 귀향했고 3월이 되자 군대의 병사들 숫자는 3000명이 채되지 않았다. 대륙회의는 1년 전 롱아일랜드에서 패전한 직후에 88개 대대를 모병하라고 승인했지만, 모병은 언제나 까다로운 문제였다. 대륙회의는 12월에 들어와 보병 11개 대대 편성을 추가로 승인했고, 그외에도 지원 대포와 공병 그리고 3000명의 기병을 확보하라고 지시

했다.[2]

　서류상의 군대는 실전에서 오히려 방해만 되는 법이다. 사람들을 군에 입대시키는 문제는 군 모병관에 달린 일이었다. 그들이 모병에 응한 대가로 지불하는 보상금은 주정부들이 민병대를 모집하면서 내놓는 돈보다 적은 액수여서 더욱 어려움이 많았다. 워싱턴은 그런 주들을 상대로 설득을 시도했다. 주정부가 그런 식으로 돈을 많이 주면 군대 소속의 모병관들은 사람들을 모집하기가 어려워진다고 호소했다. 설득이 통하지 않자 워싱턴은 위협을 가했다. 가령 그는 로드아일랜드의 지사에게 만약 보상금 액수를 줄이지 않는다면, 대륙군은 그의 주에 '특별히 신경을 쓰지 않을 것'이라고 말했다. 모리스타운 주위의 언덕이 푸릇푸릇해지는 5월 초에 이르러, 대륙회의가 승인한 대대들이 편성되기 시작했다. 5월 말이 되자 아메리카군의 병력 수는 거의 9000명으로 43개 대대 규모가 되었다. 게다가 그들을 무장시킬 수 있었다. 머스킷 소총, 탄약, 의복이 프랑스에서 도착했다. 당시 프랑스는 아직도 전쟁의 형세를 조심스럽게 관망하면서 은밀하게 아메리카인을 지원했다.[3]

　영국군이 동면에서 깨어난 5월 다시 군사작전이 시작됐다. 영국군의 보급품 상황은 좋지 않았고, 그들은 점점 더 많은 수의 물자 징발대를 파견했다. 그러면 워싱턴 부대의 선발대가 그들을 공격했고, 뉴저지의 비정규군도 공격에 가세했다. 하우는 그런 소규모의 야만적인 전투를 싫어했다. 그는 적을 일거에 무너트릴 전면전을 원했다. 그래서 6월 중순 워싱턴을 대규모 전투로 유인하려고 시도했다. 하우는 6월 17일 대규모 부대를 스태튼아일랜드에서 뉴저지로 이동시켜서 부대를 필라델피아 방면으로 14킬로미터 정도 진군시켰다. 그러나 워싱턴은 내심 하우가 필라델피아를 점령하려는 게 아닐까 두려워하면서도 소규모 전투만 계속하면서 대대적인 전투는 회피했다. 하우는 일주일 뒤 또다시 행군에 나섰다가 철수했다. 그러나 워싱턴이 추격하자 곧바로 부대를 돌려서 그를 공격했다. 워싱턴은 그 함정에서 적시에 빠져나갔다. 그러자 하우는 뉴저지에서 완전히 철수해 주 전체를 반란자들의 손에 넘겨주었다.[4]

손발이 맞지 않는 영국 내각과 군대

하우는 워싱턴을 함정에 몰아넣지는 못했으나 워싱턴이 영국군의 의도를 파악하지 못하게 하는 데에는 성공했다. 영국군의 의도가 무엇인지는 초여름에 아메리카군의 본부에서 많이 논의된 문제였다. 6월에 뉴저지 외곽으로 행군을 한 목적은 분명하게 알 수 있었으나, 뉴저지에서 완전히 철수한 것은 무엇을 의미하는가? 관찰자들은 7월에 영국군이 뉴욕 항에서 배에 승선하는 중이라고 보고해왔다. 선단이 점점 늘어나면서 아메리카의 불안감도 커져갔다.

이 무렵 하우는 마침내 무엇을 할 것인지 결정했다. 그는 해상으로 필라델피아에 갈 생각이었다. 그는 항해 도중 아주 중요한 문제인 상륙 지점에 대해서 여러 번 마음을 바꾸었다. 영국 내각에 자신의 계획을 보고는 했지만 의논은 하지 않고서 필라델피아 공격을 결정했다. 사실 계획이 아니라 계획들이라는 표현이 더 적합했는데, 그가 필라델피아를 함락할 방안에 대해서 봄 사이에 여러 번 마음을 바꾸었기 때문이다. 1776~1777년의 겨울에 그는 뉴저지를 통과해 그 도시로 갈 생각을 했다. 그러나 4월이 되자 해상 공격으로 마음을 바꾸었다. 먼

저 뉴욕을 떠나 남쪽으로 간 다음 델라웨어강을 타고 올라가려는 계획이었다.[5]

영국에서 내각은 국왕의 승인을 받아서 1777년의 전쟁 전략을 수립했다. 이 전략의 중추부들은 자신들이 세운 계획을 서로 잘 알고 있어야 하는데, 사실은 그렇지 못했다. 내각도 하우도 상대방의 의도를 정확히 파악하지 못했기 때문에 그들이 수립한 계획은 서로 조정이 되지 않았다. 내각은 초겨울 하우가 필라델피아를 점령하고 싶어 한다는 것을 알았다. 그러나 그가 육상 공격에서 해상 공격으로 마음을 바꾸었다는 사실을 오랫동안 알지 못했다.

겨울 동안 내각은, 좀 더 정확히 말해서 반란 진압의 총책인 아메리카 식민지 담당 장관 조지 저메인 경은 존 버고인 장군이 수립한 야심찬 계획을 경청했다. 버고인은 캐나다에서 남하하면서 아메리카군을 공격하자고 제안했다. 버고인은 1776년 여름 가이 칼턴 경이 챔플레인 호수로 남하하려다 실패한 뒤 캐나다에서 영국으로 돌아왔다. 버고인은 칼턴을 따라서 그 전투에 참가했으나 실패에 대한 책임은 면했다. 그는 영국에 돌아와서 비슷한 작전을 다시 한 번 해보자고 호소했다. 이번에는 좀 더 강력한 리더십이 있어야 하는데, 자신이 적임자라고 제안했다. 국왕은 그 제안에 솔깃해했다. 특히 버고인이 그 작전의 목적은 뉴잉글랜드를 다른 식민지들과 격리시키는 것이라는 설명이 국왕의 마음에 들었다. 챔플레인 호수를 타고 내려가 허드슨 계곡을 통과해 올버니에 들어선다면, 버고인 원정 부대가 반란의 중심지를 완벽하게 고립시킬 수 있다는 것이었다. 이러한 작전의 설득력을 더욱 높이기 위해 버고인은 배리 세인트레저Barry St. Leger 중령 휘하의 제2부대를 오스웨고에서 허드슨강의 지류인 모호크강 아래로 내려보내는 계획도 주장했다. 이 두 강은 올버니 근처에서 만나는데, 레저가 버고인 부대에 합류하여 두 갈래로 적의 중심부를 공격해 점령한다는 논리였다.[6]

버고인은 남쪽에 있던 영국군이 허드슨강을 거슬러 올라가 자신의 부대와 합류해야 한다고 고집하지 않았다. 버고인은 자신의 역할을 작전의 중심으로 삼았고, 지나가는 듯한 말로 일단 올버니에 도착하면 그다음부터는 하우의 지휘를 받겠다고 말했다. 그는 하우 부대의 합류를 요청하지 않았고, 하우 부대가 올버니에 대기하고 있다가 지원을 하거나 버고인 부대와 합류해달라는 요구도 하지 않았다. 그는 일단 올버니에 도착하면 무엇을 할 것인지, 거기서 어떻게 행군해 뉴잉글랜드를 고립시키겠다는 것인지도 말하지 않았다.

저메인 장관은 그에 대한 설명을 요구하지 않았다. 버고인의 계획이 장대하기는 하지만 실행하기는 어려울 것 같다는 이야기도 하지 않았다. 장관은 버고인의 계획과 하우의 계획이 상호 협력해야 한다는 생각은 했다. 그러나 그는 이 생각조차 실천에 옮기지 않았다. 그 생각은 막연한 느낌에 지나지 않았고, 그것을 깊이 고려할 무렵에는 이미 때가 늦어버렸다.

버고인이 저메인 장관과 국왕을 상대로 전쟁에 승리하려면 캐나다에서의 남하 공격이 필수적이라고 설득하던 때에, 헨리 클린턴 경도 영국에 돌아와 있었다. 클린턴은 버고인과 하우가 각자 따로 공격하는 것이 위험하다고 생각했다. 그러나 당시 클린턴은 영국의 다른 사람들과 마찬가지로 해상 공격으로 필라델피아를 점령하려는 하우의 계획을 전혀 알지 못했다. 그래서 클린턴은 하우를 싫어했음에도 그 어리석은 계획에 대해 경고할 수가 없었다. 게다가 클린턴 자신도 캐나다 원정 부대의 사령관 자리를 바라고 있었다. 그는 버고인보다 서열이 위이므로 요청하기만 한다면 그 자리를 차지할 수 있다는 것을 알았다. 그러나 자신의 입으로 자기 자리를 요청한다는 것은 클린턴으로서는 불가능한 일이었다. 예전이나 그 당시나 자신이 원하는 것을 얻기 위해 적극 나서지 못하는 '소심함' 때문에 그는 침묵을 지켰다. 3월 그 부대의 지휘권은 버고인에게 부여됐다. 클린턴은 붉은 리본이 달린 영국 기사단 훈장인 바스 훈장을 달고 아메리카로 돌아가 하우의 이인자로 근무하라는 명령을 받았다. 필라델피아를 점령하겠다는 하우의 최종 계획이 영국에 도착했을 때 버고인은 캐나다로, 클린턴은 뉴욕으로 배를 타고 가는 중이었다.[7]

하우는 4월 2일 저메인에게 기존에 요청한 증원군을 받지 못했기 때문에 뉴저지의 전진 기지에서 철수하고 육상 진군 계획을 포기하며 이어 영국군을 필라델피아 공격에 투입하겠다는 내용의 보고서를 보냈다. 연초에 하우는 육상과 해상 양쪽에서 공격을 구상했다. 그다음에는 육상으로만 공격하기로 계획했다. 그런데 이제 4월이 되자 그는 증원군이 오지 않는 불안한 상황에서 기존 계획을 바꾸어 해상 공격을 하기로 결정했다.[8]

하우가 이렇게 결정한 이유는 불분명하다. 병력을 해상으로 뉴욕에서 델라웨어강까지 이동시키겠다고 장관에게 알린 4월 2일 자 보고서에서 그는 그해에 전쟁을 끝내는 것을 더 이상 기대할 수 없다고 말했다. 증원군이 오지 않는 상황에서 뉴저지를 행군하면서 약 2만 1000명의 영국군을 위험에 노출시키는 것을 피하기로 결정한 듯하다. 그러나 바다로 이동하면 그의 부대는 북쪽의 전투에는 동원될 수가 없었다. 적어도 배를 타고 이동하는 중에는 분명했고, 사실 그 뒤에도 한

동안은 불가능했다. 필라델피아는 허드슨 계곡에서 멀리 떨어져 있기 때문이다.[9]

하우는 이에 신경 쓰지 않은 듯했고 캐나다에서 무슨 일이 벌어지고 있는지도 몰랐던 것 같다. 그 당시에도 그렇고 지금도 하우가 필라델피아에 그리 집착하지 않았다고 생각하는 사람들이 있다. 대신 가장 중요한 것은 워싱턴 군대를 분쇄하는 것이고, 그게 안 되면 차선책으로 아메리카 중심지를 장악하고 해상 무역을 단절시키며 중심지 인근의 농촌 지역을 지배하면서 국왕에게 우호적인 식민지인이 공개적으로 나서도록 유도한다는 것이었다. 필라델피아와 델라웨어강을 장악하면 그런 목적을 달성할 수 있었다. 그 지역들에는 중요한 무역 회사들과 많은 농산품을 공급할 수 있는 농장이 있었고, 동부 펜실베이니아에는 영국군의 보호 아래 자신들의 입장을 공개적으로 밝히려고 하는 국왕파가 많았다.[10]

하우는 이런 전략에 강박증까지는 아니더라도 굉장히 몰두하고 있었기 때문에 캐나다 문제 같은 것은 신경 쓸 겨를이 없었다. 하우에게 전쟁의 전체적 국면과 현재 진행 상황을 살피도록 지시하는 책임은 아메리카 식민지 담당 장관 조지 저메인 경의 몫이었다. 저메인은 북부에서 모종의 작전이 구상되고 있다는 막연한 소식을 하우에게 알려주었을 뿐 그 이상은 조치하지 않았다. 버고인이 북부 원정대의 지휘권을 받는 것이 거의 확실했던 3월 3일과 4월 19일 사이에 저메인 장관은 하우에게 여덟 번이나 편지를 쓰면서도 버고인 부대의 임무에 대해 일언반구도 없었다. 저메인은 캐나다의 칼턴에게 버고인이 남하 침공부대의 지휘를 맡을 것이라고 알리면서 그 편지의 사본을 하우에게 보냈다. 그러나 이 편지에는 전략에 대한 설명은 없었고, 하우 부대가 버고인 부대와 협력해야 한다는 지시도 없었다. 그 대신 저메인은 하우에게 보낸 편지들에서 필라델피아 침공 계획을 승인하면서 그 계획이 적절하며 하우의 암울한 전망과는 반대로 그것으로 전쟁이 종결될 것이라는 격려를 써서 보냈다.

저메인은 아마도 하우에게 써 보낸 내용을 그대로 믿었을 것이다. 설사 장관이 하우의 전략을 의심스럽게 여겼다고 할지라도, 그는 대놓고 하우에게 도전하기를 망설였을 것이다. 독립 전쟁의 역사 중 이 순간만큼은 인간의 성품과 인간관계가 전쟁의 전개에 결정적인 영향을 미친 때였다. 성품은 바로 저메인 장관의 성품을 말하는 것이고, 인간관계는 영국 정계의 얽히고설킨 관계를 가리킨다.

아메리카에 대해 강경 노선을 주장한 장관들 중에 저메인보다 더 강력한 주장을 편 장관은 없었다. 내각에서 완고하기로 소문난 저메인은 1777년 당시 62세였다. 그는 콩코드, 렉싱턴, 벙커힐 전투가 벌어지던 두 해 전 11월에 다트머스를 대신해 아메리카 담당 장관이 되었다. 노스 총리와 국왕은 저메인이 아메리카 문제에 대해서 시원하고 분명한 태도를 가졌음을 발견했다. 저메인은 일관되게 이런 주장을 폈다. 아메리카인은 반드시 굴복해야 하고, 어떤 경우에도 영국 의회의 법률 제정 권한을 인정해야 하며, 그런 다음에야 불평불만을 토로하고 해소할 자격이 생긴다는 것이었다. 이 주장은 곧 국왕의 견해와 같았다. 그들이 자신들의 견해를 완전히 고수했을 것이라고 믿을 만한 실질적 이유는 없다. 그렇지만 국왕이 아메리카인들이 반드시 항복해야 한다는 견해를 고집하는 동안 저메인이 자신의 주장을 누그러뜨릴 가능성이 있었다고 보기는 어렵다. 저메인에게는 허약함 또는 나쁘게 말해서 비겁함의 꼬리표가 등 뒤에 붙어 있었기 때문이다. 그가 정부의 중요 자리에 임명된 것은 인내의 승리이기도 했지만, 영국 정계의 오래된 불화가 빚어낸 기이한 결과이기도 했다. 왕세자를 중심으로 하는 레스터 하우스 파와 조지 3세의 조부인 조지 2세를 중심으로 하는 국왕파 사이에는 오랜 반목이 있었다. 7년 전쟁 당시 조지 색빌George Sackville 자작이었던 저메인은 유럽 대륙에서 프로이센 육군 원수인 페르디난드Ferdinand 공작의 지휘 아래 참전 중이었다. 그런데 그는 프로이센 영국 연합군이 프랑스군과 맞선 1759년 민덴 전투에서 영국 기병대를 공작의 필요에 맞게 재빨리 전진시키지 못했다. 그러자 공작은 그를 군법회의에 회부했다. 그는 유죄판결을 받아 불명예를 얻고 몰락했으며, 비겁자라는 꼬리표가 등 뒤에 들러붙게 되었다. 이 사건은 전국적인 관심을 받았다. 그러나 정계의 음모에 밝은 소수의 인사들만이 저메인이 레스터 하우스 파의 일원이기 때문에 정부가 그처럼 강력하게 재판을 밀어붙였다는 사실을 알고 있었다.[11]

젊은 조지 3세가 왕위에 오르자 저메인은 한미한 보직 임명과 의원 활동 등을 거치며 천천히 복권되기 시작했다. 그가 노스의 내각에 들어왔을 때는 아메리카와의 전쟁이 한창 진행 중이었다. 그는 식민지의 요구에 비타협적인 자세를 유지함으로써 자신의 가치를 증명했다.

그러나 저메인은 정부 내에서 편안한 마음으로 운신할 수가 없었고, 하우 형제에게 직접적인 명령을 내려야 하는 고약한 업무 앞에서 위축됐을 것이다. 하우 형제는 정계의 연줄을 많이 가지고 있었고 특히 국왕의 총애를 받고 있었다. 식민지 문제에 확고한 입장을 취하는 것과 윌리엄 하우에게 명령을 내리는 것은 별개의 문제였다. 결국 저메인은 하우에게 캐나다에서 남하하려는 버고인 부대와 협조라는 명령을 내리지 않았다.

버고인의 무적불패 원정대가 패배하다

영국군의 1777년 전략 중 한 부분을 설계한 존 버고인 장군은 겨울 추위의 런던을 뒤로 하고 5월 6일 아메리카 대륙에 도착했다. 그를 태운 아폴로호는 그날 퀘벡으로 들어섰는데, 퀘벡은 완연한 봄 날씨였다. 또한 장군이 도착하면서 그곳에 낙관적인 봄기운도 함께 돌았다. 언제나 과감했던 버고인은 이제 자신이 바라던 바를 획득했다. 독립된 지휘권을 얻었고 물론 그 권한을 행사할 기회도 잡은 것이었다. 그는 본국에서 바쁜 겨울을 보내고서 아메리카에 부임했다. 하이드 파크에서 국왕과 함께 말을 몬 적도 한 번은 있었고, 왕을 만날 때마다 캐나다에서 남하해 허드슨강으로 들어서면 반란을 분쇄할 수 있다고 확신시켰다.[12]

여전히 캐나다에서 부대를 지휘하던 가이 칼턴 경은 적어도 겉으로는 환대를 표시하면서 버고인이 원하는 모든 것에 협조를 해주었다. 그 후 몇 주 동안 군대가 소집되어 리슐리외강에 있는 세인트존스로 행군했다. 버고인 부대는 다양한 병력이 모인 혼성부대였으나 막강한 위용을 자랑했다. 총 병력은 8300명이 조금 넘었는데, 영국 정규군 3700명, 대부분 브라운슈바이크 출신인 독일군 3000명, 아메리카의 국왕파와 캐나다인 650명, 이로쿼이 인디언 400명 등으로 구성됐다. 그 외에 버고인은 총 138문의 곡사포와 대포를 보유했고, 포병은 약 600명이었다. 특히 그는 버고인 부대의 이인자인 윌리엄 필립스William Phillips 소장, 중요한 기동 타격대를 지휘할 사이먼 프레이저Simon Fraser 준장, 독일인 부대를 지휘할 프리드리히 아돌프 폰 리데젤Friedrich Adolph von Riedesel 남작 부하 장군들을 자랑스럽게 생각했다. 부인, 세 딸, 그리

영국군에 소속된 독일 경보병 독일 브라운슈바이크 출신 경보병은 기동성이 뛰어나 버고인 부대 전력의 큰 축이 되었다.

고 두 명의 하녀를 대동한 폰 리데젤 남작은 특히 유능하고 정력적인 장군이었다. 남작은 전장에서 적의 약점을 금방 꿰뚫어보는 감각이 뛰어났고, 기회가 생기면 그것을 적극 포착해 이용할 줄 알았다. 훌륭한 부대와 뛰어난 장군들은 버고인을 흡족하게 만들었다. 그는 이미 자신의 능력뿐만 아니라 앞으로 거두게 될 승리를 확신하고 있었다.[13]

만약 버고인이 적군의 혼란스러운 상태를 알았더라면, 그는 더욱더 자신감에 충만했을 것이다. 아메리카 북부군을 지휘하는 필립 스카일러 장군은 부대를 제대로 장악하지 못했는데, 자신도 그 점을 잘 알았다. 그의 병사들은 상당수가 뉴잉글랜드 출신이었고 그를 경멸했다. 스카일러는 앞선 캐나다 원정전에서 영광을 누리지 못했고, 부하들은 그의 부진한 실적을 잘 알았다. 그들은 다른 이유로도 그를 싫어했다. 스카일러는 네덜란드계의 대지주였는데, 자존심이 강한 사람으로 양키 평등주의를 의심스러운 시선으로 바라보았다. 뉴잉글랜드 출신 병사들은 그의 귀족적인 태도, 병사들을 깔보는 자세, 오만한 매너 등을 싫어했다.

하지만 인기 높은 라이벌 장군이 없었더라면 뉴잉글랜드 출신 병사들의 이런 마음가짐은 스카일러의 부대 장악에 영향을 미치지 못했을 것이다. 영국군 장교 출신인 호레이쇼 게이츠가 그 라이벌로, 당시 버지니아에서 담배 농사를 짓는 농장주이자 의회 의원인 사람이었다. 게이츠는 여러 모로 스카일러와는 달랐다. 영국인 하인의 아들로 태어난 게이츠는 평범하다 못해 못생긴 얼굴이었지만 누구에게나 편안하게 대했다. 그는 스카일러처럼 철저하게 군기를 강조하지도 않았고 뉴잉글랜드 민병대에 대해서 존경심을 갖고 있었는데, 그런 마음가짐은 병사들에게서 보답을 받았다. 게이츠는 제대군인이었고, 프렌치-인디언 전쟁 때 브래독 장군 밑에서 싸웠으며, 소령으로 제대한 뒤에는 셰난도아 계곡에 정착했다. 그는 소탈했고 그런 만큼 음험한 술수를 부리지 않았다. 조지 워싱턴은 게이츠의 그런 점을 알아보고서 1775년에 그를 준장으로 임명했다. 게이츠는 1775년 당시 북부군을 지휘해보고 싶은 야망을 지니고 있었다. 그는 그해 겨울 대륙회의에 열심히 로비를 해 지휘권을 따냈으나, 그 직후 대륙회의는 마음을 바꾸어서 또다시 스카일러에게 지휘권을 맡겼다. 게이츠에서 스카일러로 지휘권 교체는 5월에 이루어졌다. 그때는 버고인이 남진하기 위해 병사들을 불러 모으던 시점이었다.[14]

아메리카군 내부의 분열 상황을 전혀 모른 체 버고인은 거의 자만

심에 가까운 분위기 속에서 부대를 움직였다. 그는 5월 말과 6월 초 부대를 몬트리올에서 이동시켰다. 그의 병사들은 '승리는 우리 것'이 라는 지휘관의 낙관론을 공유했다. 한 영국군 장교는 군내에 널리 퍼 진 확신을 이렇게 기록했다. "군은 반드시 성공할 것이라는 확신 아 래 원정전을 시작했다."[15] 행군한 지 며칠 뒤, 영국군은 이제 확신을 넘 어 장대한 환상을 품게 되었다. "우리는 무적불패"라는 생각이었다."[16] 이는 황당한 생각이었지만 버고인은 스스로 이를 더욱 부추겼다.

그는 6월 20일 위협과 위선적인 경건함으로 가득한 선언문을 반포 해, 아메리카인은 그의 부대를 따뜻하게 맞이해야 하며 그렇게 하지 않을 경우 지옥불보다 더한 고통을 당할 것이라고 말했다. 그의 의도 는 "이 땅에 안전을 확보하고 파괴를 억제"하는 것이었다. 그는 "완벽 히 폭압적인 체제"를 수립하려는 "부자연스러운 반란"을 진압해 "헌 법상의 권리들"을 회복하겠다고 말했다. 현지에서 생겨난 이런 억압 에 직면한 식민지인은 버고인 부대에게 그들을 보호할 수 있는 기회 를 주는 것이 마땅했다. 또한 주민들은 다리나 도로를 파괴하거나 곡 식과 가축을 숨겨서는 안 될 것이었다. 버고인은 이렇게 주장하면서 그를 믿고 따라달라고 다음과 같이 호소했다.

"나는 기독교, 국왕의 자비심, 군인의 명예를 걸고서 이런 권유를 했다. … 그리고 주민들은 우리 부대의 직접적인 조치로부터 멀리 떨 어져 있다고 해서 이런 권유를 무시해서는 안 된다. 나는 마음만 먹으 면 내가 부리는 수천 명의 인디언 부족들을 불러 영국과 아메리카에 맞선 고집 센 적들을 쳐부술 수 있다. 나는 그들이 어디에 잠복해 있 든 똑같은 자라고 생각한다. 이런 노력과 진정한 호소에도 지독한 적 개심이 여전히 남아 있다면 나는 그런 고집 센 무법자들에게 국가의 복수를 시행할 것이며, 이러한 조치는 하느님과 인간에게 정당한 것으로 보일 것이다. 정의와 분노의 전령들이 전장에서 그들을 기다릴 것이다. 군사적 임무를 수행하는 가운데 어쩔 수 없이 불가피하게 발생하는 파괴, 기아, 공포가 그들의 귀환을 가로막을 것이다."[17]

버고인의 어조는 아주 오만했기 때문에 자신과 부대에게 몹시 해로운 메시지를 작성한 꼴이 되었다. 합헌성, 애국심, 기독교를 거론한 허장성세와 인디언을 풀어 공격하겠다는 야만적인 위협은 아메리카인의 분노와 경멸을 자아냈다. 전임 영국 지도자들과 마찬가지로 그는 식민지인의 반감을 부추기는 데에는 특별한 재능을 갖고 있었다. 본국의 정치가들은 이 허풍 떠는 선언문을 읽은 즉시 그의 잘못을 간파했다. 날카로운 독설로 유명한 호레이스 월폴은 버고인을, "허풍 치는 버고인" "오만한 자", 마지막으로 "익살극의 주인공 헐로스럼보"라고 비꼬았다.[18] 아메리카에서 버고인은 경멸을 받았을 뿐만 아니라 반드시 그를 저지하겠다는 결심을 더욱 굳게 만들었다.

버고인은 월폴 같은 현명한 정치가에게는 '오만한 자'로 보였을지 모르나, 병사들에게는 용감한 기질과 전문적인 능력을 갖춘 유능한 지휘관으로 보였다. 그는 "용감한 병사가 든 총검이라면 무적불패"라는 신조로 병사들에게 오로지 총검에만 의지하라는 간결한 주문을 함으로써 전문성을 드러내 보였다.[19] 그것은 종종 시험을 거쳐 증명된 주문이었다.

무적불패 원정대는 6월 20일 챔플레인 호수의 컴버랜드 헤드에서 출발하여, 타이컨데로가에서 북쪽으로 약 13킬로미터 지점인 크라운 포인트까지 배를 타고 갔다. 그곳에서 버고인은 탄약고와 야전병원을 설치하고 군수품을 지급했다. 그는 일주일 뒤 다시 행군에 나섰고, 6

타이컨데로가 요새 1754년에 프랑스가 챔플레인 호수에 만든 요새로 1759년부터 영국군이 주둔했다. 전략적 요충지여서 요새를 차지하기 위해 공방전이 치열했다. 1775년 아메리카 대륙군이 빼앗았고 1777년 버고인이 이끄는 영국군이 다시 점령했다.

월 말에는 타이컨데로가 요새를 공격할 수 있는 지점에 도착했다.[20]

요새는 호수 양쪽에 자리잡고 있었으나, 보수가 잘 되지 않은 상태인 주요 방벽은 서쪽에 있었다. 호수를 건너 동쪽으로 약 0.4킬로미터 떨어진 인디펜던스산에도 방어벽이 있었다. 부교浮橋가 타이컨데로가와 인디펜던스산을 연결했다. 양쪽을 모두 공격하기로 결심한 버고인은 영국군을 둘로 나누었다. 영국 정규군은 호수의 서안을 맡고, 리데젤 휘하의 독일군은 동쪽을 맡기로 했다.

타이컨데로가 서쪽으로 약 1.6킬로미터 떨어진 곳에는 삼림이 울창한 높이 228미터의 슈거로프 언덕이 있어 요새를 내려다보고 있었다. 버고인의 병사들은 슈거로프 언덕의 단풍나무와 소나무를 베어내고 7월 5일 언덕 꼭대기에다 대포를 설치했다. 같은 날 언덕에 설치된 대포가 불을 뿜자, 타이컨데로가 요새의 지휘관인 아서 세인트 클레어 Arthur St. Clair 장군은 요새를 포기해야 한다는 것을 알았다. 그는 다음 날 새벽 어둠을 틈타서 아메리카군 2000명을 이끌고 부교를 건너 인디펜던스산으로 갔다. 그는 철수에 돌입하기 전에 병든 병사들과 최대한 많은 군수물자를 수송선에 실어서 먼저 보냈다. 클레어는 인디펜던스에서 다시 부대를 남동쪽으로 약 38킬로미터 떨어진 허바드턴으로 이동시켰다.[21]

영국군은 이 철수작전을 금방 알아차리고 즉각 추격에 나섰다. 추격대는 약 850명으로 구성된 선봉대로, 유능하고 경험 많은 장교인 사이먼 프레이저 준장이 지휘했다. 다음 날인 7월 7일 오전 5시경 프레이저 부대는 아메리카군의 후미인, 세스 워너 Seth Warner 대령이 지휘하는 1000명 정도의 병력을 따라잡았다. 클레어 장군은 본진과 함께 그보다 약 9.6킬로미터 더 떨어진 곳에 있는 캐슬턴에 도착해 있었다. 워너 부대는 깜짝 놀라기는 했으나 곧 대응에 나서서, 영국군 경보병 부대의 지휘관인 밸캐리스 Balcarres 백작은 "워너 부대가 아주 용감하게 행동했다"고 기록했다.[22] 전투는 치열했는데, 양군은 적이 어디에 있는지 잘 몰랐고 가끔 전열이 뒤엉키기도 했다. 세 시간 뒤 워너의 부대가 우위를 차지하기 시작했다. 전날 리데젤을 기다리지 않고 추격에 나섰던 프레이저는 이제 독일인 동료의 도착을 간절히 기다렸다. 그리고 행운이 작용해 1개 추격 중대와 약 80명의 수류탄 투척병을 거느린 리데젤이 현장에 나타났다. 증원군은 화력과 병력으로 워너의 저항을 꺾어놓았고, 몇 분 사이에 아메리카군은 패주했다.[23]

일주일 뒤, 아메리카군은 거의 궤멸되어 패주할 뻔했다. 호수를 가로질러 스케네스보로로 내려오던 버고인은 타이컨데로가에서 부상병을 실어 나르던 수송선을 거의 따라잡을 뻔했다. 상륙한 영국군은 포트 앤을 점령했으나, 7월 12일 허드슨강의 포트 에드워드에 도착한 클레어의 본진을 따라잡지는 못했다. 아메리카군은 전투를 피하면서 최악의 국면을 끝내는 데 성공했다. 그리고 영국군에게는 이제부터 최악의 사태가 시작됐다.

7월에 들어와 버고인은 챔플레인 호수의 아래쪽인 스케네스보로에서 어떻게 허드슨강의 포트 에드워드로 이동할 수 있을지 고민했다. 버고인이 영국에 있을 당시에 구상했던 가장 좋은 방법은 타이컨데로가로 다시 돌아가서 배를 준비해 조지 호수를 가로질러 남하하는 것이었다. 상륙해 포트 조지로 가면 그곳에서 약 16킬로미터 거리인 허드슨강까지 내려가는 도로가 이미 확보되어 있으므로 편리한 거점으로 삼을 수 있었다. 이 계획은 합리적이었지만 버고인은 이를 무시했다. 그렇게 한 이유가 무엇인지는 잘 알 수가 없다. 전투가 벌어진 지두 해 뒤 그는 다소 시시한 해명을 내놓았다. 만약 그런 "후퇴 작전"을 펼치게 되면 군대의 사기가 크게 떨어질 터인데, 사기 저하를 걱정하지 않을 수 없었다는 것이다. 게다가 버고인 부대가 후퇴를 한다면 아메리카군은 퇴각로가 끊어지지 않았으므로 포트 조지에 그대로 머무를 터였다. 그 상황에서 포트 조지의 아메리카군을 흔들어놓으려면 "참호 작업", 즉 포위 공격을 해야 할 텐데 그렇게 하면 남하의 속도가 더욱 늦춰질 터였다. 또한 포트 앤에서 포트 에드워드로 육상 이동을 하게 되면 "숲 자원 이용"으로 부대원의 "건강을 증진"시킬 것이라고 버고인은 정색을 하면서 변명을 늘어놓았다.[24]

영국군 부대가 "숲 자원 이용"으로 "건강이 증진"되었는지는 모르겠지만, 그들은 스케네스보로에서 포트 에드워드에 이르는 동안 숲을 지나며 배를 가득 채웠다. 영국군이 행군한 길은 숲이 있는 시내라는 뜻의 우드 크리크를 따라서 나 있었는데, 계곡 아래쪽으로 구불구불하게 흐르는 이 시내 주위에는 이름처럼 커다란 솔송나무와 그보다 더 큰 소나무가 울창했다. 도로는 마흔 군데 이상에서 그 시내를 건너도록 나 있었는데, 그중 상당수가 깊은 협곡에 기다란 다리들이 놓인 모양이었다. 스카일러 장군은 이 고장의 지리를 잘 알았고 그것을 이용할 기회를 잡았다.[25]

버고인은 스케네스보로에서 곧바로 출발하지는 않았다. 그에게는 우마차를 끌 수 있는 황소와 말이 부족했고, 가벼운 채비로 행군을 하는 것도 아니었다. 그는 애인을 전장에 데려왔다. 폰 리데젤 남작도 아내와 세 딸과 동행했다. 이들보다 직위가 낮은 장교들이라고 해서 휴대용 짐을 가볍게 꾸리지는 않았다. 상당히 불필요한 무게가 수송차

영국군 진지 모습 영국군은 대규모 진지를 구축했으며 전투에 장교의 가족이나 식솔도 동행했다.

의 부담으로 돌아갔다. 이런 불필요한 무게의 일부는 하인들과 당연한 듯 따라오는 각종 전장 종사자들 탓에 생겼다.

다시 행군을 재개했을 때 영국군은 길을 가로막는 나무들, 폐허가 되어버린 다리들, 우드 크리크의 커다란 바위, 아메리카군이 일부러 걷기 힘들게 만들어놓은 도로 등 엄청난 장애물에 직면했다. 그러나 아메리카군의 저항은 없었다. 한 영국군 장교가 말했듯이, 스카일러는 4500명의 병력을 온전하게 유지한 채 '의도적' 철수를 했기 때문이다. 8월 3일 스카일러는 새러토가에서 아래쪽으로 약 19킬로미터 지점인 허드슨강의 스틸워터에 도착했다. 그리고 그곳에서 또다시 20킬로미터가량 행군해 모호크강이 시작되는 지점 근처로 갔다. 그리고 8월 4일 명령이 내려왔다. 북부군의 사령관을 스카일러에서 게이츠로 교체한다는 것이었다. 병사들이 자꾸 탈영하면서 병력 수가 줄어든 아메리카군은 교체 소식을 크게 반겼다. 당시 아무도 알지 못했으나, 아메리카군은 이제 버고인 원정대에게 밀려 후퇴하던 신세는 면했다.[26]

아메리카군 사령관의 교체 직전인 7월 30일 버고인의 선봉대는 포트 에드워드에 도착했다. 영국군 병사들은 마침내 허드슨강에 다달았으나 황폐한 요새를 보고서 심란해했다. 스케네스보로에서 그곳까지 행군하는 데 3주가 걸렸고, 병사들은 피곤했다. 그리고 수송을 담당하는 가축들은 탈진하고 보급품은 소진된 상태였다.

탄약 말고는 모든 것이 부족했던 버고인은 소와 말을 징발하기 위해 멀리 동쪽 코네티컷강까지 원정대를 보내자는 리데젤의 건의에 귀기울였다. 리데젤은 병사들이 먹을 고기와 브라운슈바이크 용기병들을 태울 말을 가져오기 위해 대규모 징발대를 보낼 것을 건의했다. 이 독일인들은 아주 힘들게 포트 에드워드까지 행군해왔다. 버고인은 브라운슈바이크 출신 독일인들에게 별로 동정심을 느끼지는 못했으나 식량을 조달해야 했는데, 그것을 타이컨데로가에서 가져온다는 것은 거의 불가능했다.[27]

바움Baum 중령이 약 600명의 병력을 거느리고 징발 업무에 파견됐다. 영어를 할 줄 모르는 바움은 가다가 만나는 시민에게 도움을 청하라는 지시를 받았다. 버고인은 바움의 징발대 업무를 '비밀'로 하라고 지시했다. 역사가 크리스토퍼 워드Christopher Ward의 냉소적인 반어법 표현에 따르면, 징발대에게는 "비밀을 지키는 데 도움이 되기 위해" 독일제 완장이 주어졌다. 이 원정대는 8월 11일 출발했다. 바움 부대는 8월 15일 베닝턴 근처에서 존 스타크 대령이 이끄는 그보다 2배나 많은 아메리카군에게 포위되어 거의 궤멸당했다. 8월 14일에 파견된 구원 부대도 스타크 민병대에 의해 하루 만에 섬멸됐다.[28]

버고인의 한 장교가 '참사'라고 표현한 이 소식은 8월 17일 밤 본진에 도착했다. 버고인은 평소의 그답지 않게 재빠르게 반응하면서 새벽 2시에 부대에게 "아무 때라도 출진할 수 있도록 준비하라"고 지시했다. 그보다 2주 뒤에는 더 우울한 소식이 들려왔다. 배리 세인트레저 중령이 포트 스탠윅스의 포위 공격을 포기했다는 것이었다. 그동안 외로움을 느껴왔던 지휘관들은 원정대가 얼마나 고립되어 있는지 깨닫기 시작했다.[29]

영국인이 상황을 어떻게 바라보든 간에 그들은 고립되어 있지 않았다. 하지만 그들은 중요한 순간에 와 있었고 버고인은 그것을 알았다. 그는 약 한 달 동안 식량을 비축해놓았고, 병사들은 아주 좋은 상태였다. 그러나 그들은 챔플레인 호수에 설치한 탄약고에서 멀리 떨어져 있었다. 당시 영국군은 챔플레인에서 멀리 떨어져 있으되 올버니 가까운 곳도 아닌 허드슨 강가의 동쪽에 주둔하고 있었다. 보급품이 부족하고 겨울 숙영이 불가능한 상태에서, 그들은 현 주둔지에 그대로 머물러 있을 수가 없었다. 버고인은 타이컨데로가로 철수할 수도 있었으나 퇴각하기를 싫어했다. 그러면 모든 사람에게 패배를 인정하는 꼴이 되었다. 그래서 그는 과감하면서도 용감하게 올버니로 밀고 내려가기로 결정했다.[30]

버고인은 동시에 허드슨강을 건너 서쪽으로 가야 한다는 것을 알았다. 그는 동쪽에 그대로 머무르면서 강 건너 올버니를 바라보는 지점까지 순조롭게 내려갈 수도 있었다. 그러나 올버니 목전에서 허드슨강을 건너는 것은 대단히 어려울 터였다. 그곳은 강폭이 넓을 뿐만 아니라 아메리카군이 그의 도강을 저지하려고 병력을 집중시켰을 터이기 때문이다. 따라서 그는 운송선들을 이어붙여 부교로 만들어 새러토가로 건너가기로 했고, 9월 13일 병력을 서쪽 둑으로 보내기 시작했다. 이틀 뒤 버고인 군대는 안전하게 도강했다.

이 도강 작전이 벌어지는 동안 아메리카군도 손을 놓고 가만히 있지는 않았다. 게이츠는 거의 4주 전 올버니에 도착해 병력을 북쪽으로 이동시켰다. 이 시기에 게이츠 휘하 병사는 6000명 내지 7000명으로 늘어나 있었다. 버고인이 서쪽 도강을 시작하기 직전, 게이츠는 스틸워터 북방 약 4.8킬로미터 지점인 베미스 하이츠의 축성을 강화했다.

이 부분의 허드슨강은 좁은 협곡으로 흘러드는데, 협곡의 양쪽에는 높이 약 60~91미터의 벼랑이 우뚝 서 있었다. 수면에서 약 60미터 높은 곳에 있는 베미스 하이츠는 협곡들에 의해 인근 산등성이로부터 떨어져 있었다. 그 협곡을 가로지르는 시냇물은 허드슨강으로 흘러들었다. 강에서 산등성이에 이르는 땅은 대부분 울창한 참나무, 소나무,

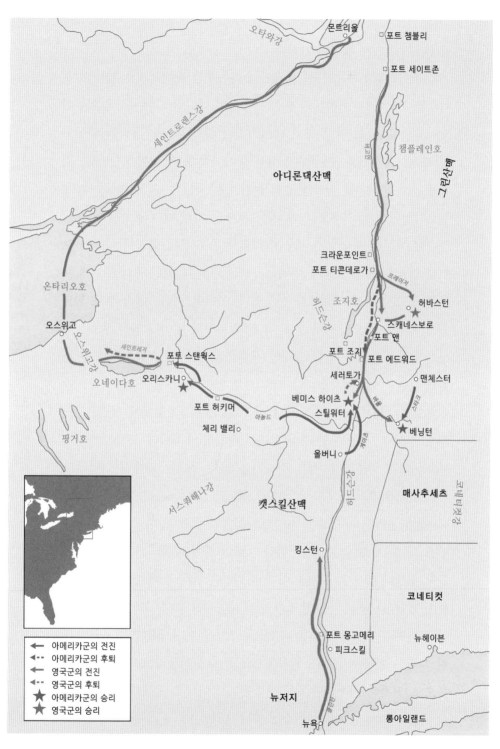

1777년 북부 전투 이동 동선 존 버고인은 영국군을 이끌고 캐나다에서 남하해 아메리카를 공격했고 이에 맞서 호레이쇼 게이츠와 베네딕트 아놀드가 아메리카군을 이끌었다.

단풍나무 숲으로 뒤덮여 있었다.

게이츠의 뛰어난 부하인 베네딕트 아놀드는 방어진지로 베미스 하이츠를 선택했다. 아놀드와 폴란드계 공병 대령인 타데우스 코쉬추쉬코Thaddeus Kosciuszko는 강 근처 베미스 태번에서 벼랑을 올라가 하이츠의 꼭대기에 이르는 지점까지 성을 쌓아 전선을 구축했다. 그들은 거기에 흙과 통나무로 된 3면 흉벽을 건설했는데, 각 면의 길이는 약 1.2킬로미터였다. 공격해오는 영국군으로부터 가장 멀리 떨어진 남쪽 방향에는 아무런 방어병도 세우지 않았으나, 그곳의 협곡이 약간의 보호막 역할을 해줄 터였다. 아메리카인은 흉벽 각 면의 중앙 부분에 보루를 파고서 거기에 대포를 설치했다. 아메리카인은 여러 모로 현명하게 축성을 했으나 서쪽으로 약 1.6킬로미터 떨어진 높은 등성이는 사실상 비워두었다. 만약 영국군이 대포를 이 고지로 끌어올릴 수 있다면 그들은 베미스 하이츠를 장악하게 될 터였다.[31]

버고인은 베미스 하이츠 북방 약 16킬로미터 지점에서 허드슨강을 건넜고, 그 뒤 이틀 동안 적을 찾아서 천천히 남하했다. 그들은 느슨한 3열 종대로 행군했다. 강을 따라가는 왼쪽 부대는 리데젤이 맡았고, 도로 한가운데의 중군中軍은 제임스 해밀턴James Hamilton 준장이 맡았으며, 숲에 붙어서 가는 오른쪽은 프레이저가 맡았다. 이런 식으로 버고인은 약 9.6킬로미터를 행군했다. 9월 18일에 아메리카 정찰대가 소규모 징발대를 공격했는데, 이때 버고인은 적군의 배치를 어느 정도 눈치 챘다. 다음 날 아침 햇빛이 쨍쨍 나는 가운데, 버고인은 아메리카군의 왼쪽과 후미를 공격할 목적으로 3열을 전진시켰다. 버고인의 작전 계획은 프레이저 부대가 왼쪽으로 돌아 고지를 확보한 뒤 다시 동쪽으로 진격해 아메리카군을 강변으로 몰아넣고 궤멸시킨다는 것이었다. 포격을 신호로 부대가 전진하면서 오전 10시에 전투가 시작됐다. 그날 버고인 군에게 협동 작전은 이것이 처음이자 마지막이었다. 프레이저 휘하의 오른쪽 날개에는 경보병 10개 중대, 수류탄 투척병 10개 중대, 중대 규모의 브라운슈바이크 출신 소총수들, 야포 7문, 소수의 토리 병사, 24연대 소속의 1개 대대가 배속됐다. 모두 약 2000명 정도의 병력이었다. 해밀턴은 중군을 이끌었는데, 4개 연대 1100명 병력에 6문의 경대포가 있었다. 리데젤 장군과 필립스 장군은 거의 같은 수의 병력인 브라운슈바이크 출신 용병 3개 연대와 대포 8문을 거느리고 왼쪽을 맡았다.[32]

대포 소리가 이 3개의 날개를 전진시켰을 때 아메리카군은 흉벽 뒤에서 대기하고 있었다. 강을 내려다보는 오른쪽에는 게이츠가 지휘하는 대륙군이, 가운데는 에버니저 러니드Ebenezer Learned 준장이 지휘하는 매사추세츠와 뉴욕 대륙군이, 왼쪽에는 아놀드가 지휘하는 민병대와 정규군의 혼성부대가 포진했다. 게이츠는 영국군이 진지를 향해 다가온다는 보고를 듣고서 아무런 반응도 보이지 않았다. 반면에 아놀드는 곧바로 게이츠 장군에게 병력을 내보내 적을 요격하자고 건의했다. 그렇지 않으면 하이츠의 흉벽에 갇혀서 일방적으로 공격을 당하게 된다고 말했다. 가만히 앉아 있으면 아메리카군은 아주 취약한 상태에 빠진다는 게 아놀드의 주장이었다. 만약 아메리카군이 숲으로 숨어든다면 버고인의 포격도 더이상 효과가 없을 것이라는 주장도 펼쳤다. 게이츠는 거의 세 시간 동안 이런 주장에 대해 묵묵부답이었다. 그러나 나무 꼭대기에 올라가 있던 척후병들은 영국군이 착검한 소총을 햇빛에 번쩍거리며 다가오고 있다는 보고를 계속 보내왔다.[33]

정오 무렵 게이츠는 아놀드의 논리에 승복하면서 대니얼 모건 대령과 그의 버지니아 소총부대를 왼쪽으로 전진시켰다. 모건의 뒤로 헨리 디어본Henry Dearborn의 경보병과 아놀드 부대가 뒤따랐다. 그들은 곧 베미스 하이츠 북방 1.6킬로미터 지점인 프리먼스 팜에서 영국군과 충돌했고 길이 약 320미터의 개활지에서 전투가 벌어졌다. 오후 내내 그리고 어둠이 내리기 시작할 때까지 해밀턴 준장이 지휘하는 버고인 부대의 중군은 개활지 북쪽 가장자리에 버티고 서서 틈을 내주지 않았다. 아놀드 휘하의 아메리카군은 개활지의 남쪽 가장자리에서 전선을 유지했다. 양군이 얼마나 여러 번 개활지의 중앙으로 나와 격돌했고 얼마나 적군 쪽의 숲속으로 진격했는지는 알 길이 없다. 해밀턴의 정규군은 처음에 총검 돌격을 시도하면서 모건의 병사들과 다른 병사들이 맞서서 버티기보다는 달아날 것으로 기대했다. 그러나 그들은 맞서서 버텼고, 대규모 백병전이 벌어지기 직전에 아메리카군의 장총이 영국군 보병들을 쓰러트렸다. 아놀드나 모건은 정적인 방어나 공격을 당한 뒤에 반격하는 작전을 별로 좋아하지 않았다. 특히 아놀드는 공격을 좋아해서 부대를 이끌고 개활지를 건너가 영국군 전선 안으로 뛰어들었다. 아메리카군의 돌격은 영국 정규군을 뒤로 후퇴시켰고 포병들을 대포에서 멀리 떨어지게 했다. 그러나 영국군도 아놀드와 모건 못지않게 용감한 장교들의 지휘를 받으며 되돌아왔다. 늦은 오후가 되자 개활지와 숲속에는 양군의 시체가 쌓여갔고 영국군의 일제사격은 위력을 잃기 시작했다. 해밀턴 휘하의 영국군 부대는 큰 병력 손실을 입었는데, 아마 전투 시작 시에는 병사의 수가 적군에게 약간 밀리는 정도였을 것이다. 특히 영국군 62연대는 아메리카군의 집중사격으로 엄청난 피해를 보았고, 그날이 끝나갈 무렵 연대 병력 350명 중 60명만 살아남았다. 7년 전쟁에 참전했던 영국군 장교들도 그 개활지 전투에서처럼 집중사격을 당해본 적이 없다고 훗날 회고했다. 버고인은 병사들과 함께 있었고 그의 용감한 태도는 분명 병사들의 사기를 높여주었을 것이다. 그러나 프레이저 부대는 그 전투에 참여할 수가 없었다. 그는 여전히 서쪽에서 고지에 올라가려고 애를 썼을 뿐이었다. 영국군의 중군이 무너지려고 할 무렵에 리데젤의 부대가 강가에서 벼랑 위로 올라서는 데 성공했다. 리데젤 부대의 도착은 해밀턴 부대의 와해를 저지했다. 어둠이 내리자 뒤로 물러선 것은 영국군이 아니라 아놀드의 부대였다. 영국군은 프리먼스 팜에서 뒤로 밀리지 않고 진지를 고수했으나, 대체 불가능한 병력 손실을 입었다. 총 556명의 영국 정규군이 죽거나 부상을 당했다.[34]

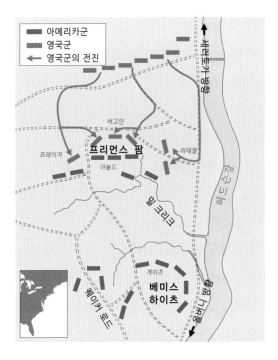

배미스 하이츠 1차 전투 영국군은 프리먼스 팜에서 진지를 고수했으나 정규군 500명 이상이 죽거나 부상당하는 손실을 입었다.

아놀드는 전투 중 증원군을 보내달라는 자신의 요청에 게이츠가 즉각 반응했더라면 그날로 적군을 완전히 섬멸할 수 있었다고 생각했다. 그러나 게이츠는 증원군을 보내지 않았다. 그는 영국군과 마찬가지로 병력을 한군데로 집중하는 데 실패했다. 버고인은 처음에 영국군 부대 배치 때문에 병력을 집중할 수가 없었다. 3개의 고립된 군대가 숲속, 협곡, 가파른 등성이를 헤매고 있었던 것이다. 게이츠는 오로지 자신만이 아는 이유 때문에 아메리카군의 병력을 집중하지 않았다. 병력을 집중하는 군대가 그렇지 못한 군대를 이긴다는 사실은 오늘날 너무나 자명해 보인다. 하지만 당시는 그렇지 않았던 모양이다. 게이츠는 버고인보다 적의 부대 배치를 더 잘 알고 있었겠지만, 적의 3개 군이 베미스 하이츠를 협공하지 못하리라는 점을 확신하지 못했다. 좀 더 통찰력 있는 지휘관이었더라면 버고인이 자초한 불행을 파악했을 것이고, 좀 더 과감한 사령관이었더라면 병력을 개활지 중앙에다 집중했을 것이다. 만약 해밀턴 부대가 무너졌더라면 강가의 협곡을 따라 힘들게 다가오던 리데젤은 고립되어 매우 곤란한 입장에 놓였을 것이다. 사실 양군이 모두 큰 손실을 보았지만, 그래도 게이츠는 병력 보충이 가능한 반면 버고인은 불가능했다.

양군은 1.6킬로미터 정도의 거리를 두고 부상자들을 치료하면서 저격병들을 전방에 내보냈고, 그들은 쉴 새 없이 서로에게 총을 쏘아댔다. 버고인은 여전히 상황을 절망적인 것으로 보지 않았다. 전투 이틀 뒤 그는 뉴욕의 헨리 클린턴이 보낸 편지를 받았는데, 아주 비현실적인 관점에서 그 편지를 읽었다. 9월 11일 자 클린턴의 편지는 "약 열흘 내에 몽고메리로 밀고 올라가겠다"는 내용이었다. 클린턴은 뉴욕시에서 약 64킬로미터 북방인 허드슨강의 몽고메리 요새와 클린턴 요새를 향해 행군하겠다는 의사를 밝힌 것이었다. 클린턴은 이 공격을 버고인을 위한 양동작전으로 생각했다. 하지만 올버니까지 밀고 올라갈 생각은 아니었다. 버고인이 구체적으로 어떤 생각을 했는지는 알려져 있지 않지만, 그는 클린턴의 공격에 많은 기대를 걸었던 것 같다. 그는 2년 뒤의 진술에서 그 당시 하우 장군으로부터 전폭적인 협조를 기대하지 못할 이유가 없었다고 말했다. 그러나 버고인에게는 불행하게도 하우가 협조하리라고 기대할 이유도 없었다.[35]

헨리 클린턴은 약속대로 행동했다. 본국에서 온 정규군으로 강화된 클린턴은 허드슨강 북쪽으로 7000명이나 되는 대부대를 파견해 10월 4일 두 요새를 점령했다. 다음 날 그는 아메리카군이 영국군의 북상을 저지하기 위해 허드슨강을 가로질러 설치한 방해물인 긴 줄을 잘라냈다. 하지만 클린턴은 그 이상의 조치는 취하지 않았고 더 위쪽으로 북진하지도 않았다.[36]

클린턴의 작전 때문에 게이츠가 후미를 강화하기 위해 군대를 뒤로 빼돌릴 것이라는 버고인의 희망은 무너졌다. 게이츠는 베미스 하이츠에서 굳건하게 버텼을 뿐만 아니라 프리먼스 팜의 '승전'에 매혹된 많은 신병들을 보충받았다. 이제 아메리카군의 병력 수는 1만 1000명에 이르렀다. 아무런 증원군을 받지 못한 버고인은 내리는 빗속에 앉아 부대원들의 사기가 떨어지는 모습을 지켜봐야 했다. 그들은 부상병들이 아파하고 죽어가는 모습을 보면서 풀이 죽었다.

버고인은 10월 초가 되어서야 자신의 상황이 얼마나 열악한지를 깨달았다. 그는 캐나다와 완전히 단절되지는 않았지만 그의 병사들은 신속한 퇴각을 할 수 있는 입장이 아니었다. 버고인 부대에는 부상병과 병든 사병들이 많았다. 수송 차량이 부족했고, 보급품은 그보다 더 부족했다. 10월 7일 아침 버고인은 프리먼스 팜에서 대규모 정찰대를 내보내서 아메리카군의 좌측 진영을 떠보았다. 만약 거기서 약점이 발견된다면 가진 것을 모두 걸고서 공격에 나설 생각이었다. 휘하 장군들은 이 계획을 그리 확신하지 못했다. 리데젤은 허드슨강으로 흘러드는 작은 시내인 배튼 킬로 퇴각할 것을 제안했고 프레이저도 동의했다. 필립스는 의견을 내놓으려고 하지 않았다. 퇴각을 싫어한 버고인은 자신의 계획을 고집하면서 6파운드 대포와 곡사포 등 10문의 야포 지원을 받는 3열 종대의 정찰대를 내보냈다. 이 정찰대는 약 1.2킬로미터를 천천히 전진했으나 아무것도 발견하지 못했다. 그곳에서 3열 종대는 약 0.9킬로미터의 전선을 가진 횡대로 재편성한 후 대기했다.[37]

오후 2시 30분 무렵 영국군보다 영국군의 부대 배치를 잘 알고 있는 아메리카군이 공격에 나섰다. 에녹 푸어Enoch Poor가 지휘하는 뉴햄프셔 정규군 여단은 영국군 왼쪽 날개와 교전했고, 곧 대니얼 모건이 적의 측면을 우회하면서 왼쪽을 쳤으며, 이어 영국군 후방을 파고들었다. 영국군은 온 사방에서 아메리카군을 발견하면서 전선이 무너지기 시작했다. 그러자 버고인은 프리먼스 팜에서 부관인 프랜시스 클라크Francis Clarke 경을 보내 정찰대를 철수시키라고 지시했다. 클라크는 임무 수행을 하러 가던 중에 총탄을 맞고 사망함으로써 명령을 전달하지도 못했다.

이 전투는 곧 베네딕트 아놀드의 전투가 되었다. 유능하고 열성적이며 용감한 아놀드는 사실 휘하에 부대를 거느리고 있지 않았다. 그는 며칠 전 게이츠에 의해 해임됐고 전투에서 빠지라는 명령을 받았다. 게이츠는 그를 경멸했고, 9월 19일의 전투를 대륙회의에 보고하는

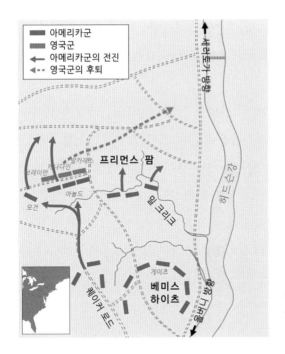

배미스 하이츠 2차 전투 아메리카군은 증원군과 아놀드의 맹공에 힘입어 영국군을 퇴각시켰다.

보고서에서 아놀드의 이름을 거론조차 하지 않았다. 당연히 아놀드도 게이츠를 존경하지 않았다. 그는 전투에서 빠지라는 얘기를 못 들은 척했고, 휘하에 부대가 없었지만 주변에서 기다렸다. 일단 사격이 시작되자 아놀드는 스스로 전투에 뛰어들었다. 그는 전선의 위아래로 말을 타고 달리면서 적의 중앙과 오른쪽으로 용감하게 달려들었다. 전투 중에 아놀드는 약간 미친 사람 같았고, 그런 광기가 성공을 이끌어냈다. 영국군의 전선은 무너지기 시작해 완전히 붕괴됐다. 아놀드는 성공을 맛보는 데 그치지 않고 미친듯이 적의 참호들을 공격했다. 그날이 끝나기 전에 그의 병사들은 프리먼스 팜 북쪽 가장자리에 있는 적의 참호 맨 오른쪽 일부를 점령했다. 전투 막바지에는 아놀드가 부상을 당해 전장에서 실려 나간 탓에 아메리카군의 공격력이 일부 손실을 입었다. 그러나 아메리카군은 전장을 지배했고, 버고인은 참담한 지경에 빠지게 되었다.[38]

그날 밤과 다음 날 버고인은 지치고 사기가 저하된 군대를 퇴각시켰다. 부상당했거나 병든 병사들은 약 300명이었는데, 야전병원에 그냥 남겨두었다. 영국군은 10월 9일 새러토가의 고지대에 도착했다. 게이츠는 이들을 추격했으나 10월 12일에 가서야 버고인의 퇴로를 끊는 데 성공했다. 버고인은 퇴각에 시간을 너무 끌었고 도강을 할 수가 없자 항복 조건을 묻는 수밖에 없었다. 조건에 대한 논의가 서로 오갔다. 두 지휘관은 10월 16일 만났고, 다음 날 영국 정규군은 진지에서 나와 무기를 내려놓았다. 양측이 받아들인 '협약'의 조건에 따르면, 영

버고인 장군의 항복 영국군(왼쪽)의 지휘관 버고인 장군이 아메리카군(오른쪽)의 지휘관 게이츠 장군에게 항복의 상징으로 검을 넘겨주고 있다.

국군은 보스턴을 통해 영국으로 돌아가기로 되어 있었다. 그러나 영국이 귀국한 병사들을 다시 아메리카 전선에 내보낼 것을 우려한 대륙회의는 이 합의를 무시해버렸다. 결국 '영국군'은 버지니아로 보내져 그곳에서 전쟁이 끝날 때까지 대기했다. 이와 더불어 약 5800명의 영국군 장교와 병사, 27문의 대포, 5000점의 무기, 탄약, 기타 각종 군수품도 포획됐다.[39]

브랜디와인에서 승리를 거둔 '예측불허 장군' 하우

타이컨데로가가 함락되고 버고인이 자칭 영광의 원정전에 나섰던 그 시점에 조지 워싱턴은 뭔가 작전을 준비하고 있을 윌리엄 하우를 관찰하며 의아하게 생각하고 있었다. 배들이 항구를 가득 채우고 있었음에도 하우는 7월 8일에 가서야 병력을 승선시켰다. 그리고 약 1만 8000명에 달하는 병력을 승선시킨 뒤에도 그는 배와 부대를 2주 동안 해상에서 대기시켰다. 워싱턴 사령부에서는 그 배들이 허드슨강으로 북상해 버고인을 지원할 것이라고 예상했다. 그러나 7월 24일 그 배들이 샌디 훅을 떠나서 대서양으로 사라졌을 때 워싱턴의 동료 대부분은 하우의 목적지가 필라델피아일 것이라고 예측했다. 하우가 전에도 여러 번 불쾌한 깜짝 행동을 보여주었기 때문에 워싱턴은 '강한 의구심'을 품고 있었다. 그러면서 하우가 배를 되돌려 어디선가 예측하지 못한 곳에서 다시 나타날 것이라고 절반쯤은 예상하고 있었다. 그러나 7월 31일 그 배들이 델라웨어곳 근처에 나타났다는 보고가 워싱턴 사령부에 들어왔다. 그러다가 하우는 다시 한 번 대서양으로 사라져 모든 사람을 놀라게 했다. 그는 델라웨어강 연안에는 축성 작업이 단단하게 되어 있으니 그 강을 북상하지 말라는 경고를 받았던 것이다. 하우의 움직임을 의심스런 눈빛으로 바라보던 워싱턴 사령부와 대륙회의는 이제 사우스캐롤라이나의 찰스턴을 상륙 지점으로 예측했다. 존 애덤스는 사랑하는 아내 애비게일에게 이렇게 썼다.

"가장 일반적인 생각은 하우가 사우스캐롤라이나의 찰스턴으로 간다는 것이오. 하지만 이것도 막연한 추측일 뿐이오. 물론 맞을 수도 있겠지. 하우는 예측하기 어려운 장군이니까."

그러나 워싱턴은 하우가 남부를 공격하지 않으리라고 보았고 그의 판단은 정확했다. 8월 초 눈에 불을 켜고 지켜보던 관찰자들은 영국 호송선이 체서피크만으로 들어오는 것을 목격했다. 그리고 8월 25일 하우는 메릴랜드의 엘크강 서쪽편에 병력을 상륙시키기 시작했다. 이틀 뒤 영국군은 엘크강 수원水源으로 행군해 그곳에서 9월 첫 주까지 휴식을 취했다. 영국군에게는 휴식이 필요했다. 그들은 비좁은 공간에서 거의 두 달을 생활했고 그중 절반 정도는 해상에서 보냈는데, 해상의 날씨는 해안지대에 사는 아메리카인 대부분이 알고 있는 것보다 더욱 무더웠다.[40]

워싱턴은 하우 부대의 소재지를 파악한 즉시 아메리카군을 행군시켰다. 민간인의 사기가 대단히 중요하다는 것을 잘 알았기 때문에, 그는 남진하는 병사들에게 필라델피아를 관통해 행군하라고 지시했다. 그러나 보통 민간인의 눈에 비친 그 부대의 모습은 다음과 같았다. "그들은 전혀 군인다운 분위기가 나지 않았다. 그들은 정확하게 박자를 맞추어 걷지 않았고 군인이라면 마땅히 그래야 하듯 고개를 똑바로 쳐든다거나 발을 앞으로 쭉 내민다거나 하지 않았다. 그들 모두가 모자챙을 올려 쓰지도 않았다. 그러니까 그들이 모자를 쓴 방식은 제

국가의 건설자들 브랜디와인 전투에서 정규 훈련도 제대로 받지 못한 아메리카군은 영국의 정예군에 맞서 싸웠다.

각각이었다."[41] 이러한 평가는 사소한 것처럼 보일 수도 있으나 아메리카군 내의 한 가지 중요한 흠결을 보여준다. 아메리카군은 전투 지속의 필수 요소인 강력한 군기가 결여되어 있었다. 그렇지만 이 반쪽짜리 군인들은 그 뒤 몇 주 동안 전투에서 열심히 싸웠다. 비록 지휘관들이 때때로 판단 착오를 일으키기는 했지만 말이다.

하우의 병사들은 오랫동안 군기 단속을 받아와서 군기가 엄정했다. 그러나 그들도 민간인 사이에 있을 때, 특히 그들이 경멸하는 아메리카 민간인을 상대할 때에는 때때로 통제가 되지 않았다. 체서피크강을 따라 올라가면서 그들은 일부러 배를 노 저어와서 과일, 가금류, 우유 등을 팔려고 하는 우호적인 아메리카인을 만났다. 이 동부 연안의 메릴랜드 사람들은 겁이 없었다. 그들은 영국군이 때때로 필요한 것을 그냥 탈취해 간다는 사실을 알지 못했다. 이와는 대조적으로 펜실베이니아 남부의 민간인은 공포를 느꼈기 때문에 집, 각종 물건, 소, 말, 양, 들판의 곡식 등을 모두 포기하고 달아났다. 하우의 병사들은 이때 식사를 잘했다. 야전 식탁에는 주에 두 번씩 신선한 고기가 올라왔고 과일과 야채는 풍부했다. 병사들은 그 시절을 즐겼고 빈집을 보면 약탈했다. 하우는 그런 행동이 전투의 필수 요소인 군기를 저해한다는 것과 그것이 아메리카인의 동정심에 나쁘게 작용한다는 점을 알았다. 그는 약탈한 병사들을 교수형과 태형으로 다스렸다. 하지만 이미 영국군 병사들의 약탈 소식은 그 지방에 널리 퍼져서 영국군을 더욱 고립시켰고 아메리카군의 신병 모집을 도와주었다.[42]

이제 민병대의 참여로 병력이 강화된 아메리카군은 영국군을 저지하기 위해 이동했다. 워싱턴은 필라델피아를 관통해 행군한 뒤 윌밍턴에 사령부를 설치했다. 그는 다가오는 영국군과 독일 용병을 괴롭히기 위해 여러 분견대를 파견하라고 지시했다. 이런 괴롭히기 작전을 가리켜 적을 '물고 늘어지기'라고 했는데, 괴롭히는 방법을 구체적으로 잘 보여주는 표현이다. 워싱턴은 분견대로부터 계속 보고를 받아서 적의 소재지를 잘 알았다. 적을 '물고 늘어지는' 소규모 부대는 적의 전방 초소와 순찰병들을 괴롭혔다. 그들은 매복했다가 적병을 사살하거나 적병을 짜증나게 만들어서 결국에는 질리게 했다. 하우는 영국군 부대가 괴롭힘을 당하는데도 계속 행진했고, 마침내 9월 10일 워싱턴이 이동을 멈추고 전투를 결정했다는 사실을 알아챘다.[43]

워싱턴은 삼림이 울창한 등성이를 가로지르는 브랜디와인 크리크의 동쪽 면에 부대를 배치했다. 그 시냇물은 일종의 장애물이었고 얕은 곳에서만 건널 수 있었다. 그린은 앤서니 웨인Anthony Wayne과 함께 아메리카군의 중군을 맡았다. 펜실베이니아 민병대를 지휘하는 존 암스트롱John Armstrong은 진지의 왼쪽을 담당했고, 설리번은 스털링과 스티븐 등과 함께 오른쪽을 맡았다. 이런 전투 대형은 상당히 합리적이었다. 필라델피아로 가는 주된 길목에 자리잡은 중군을 강화한 것이고 병력의 집중이 가능한 대형이었기 때문이다. 그러나 아메리카군은 브랜디와인의 서쪽에 있는 트림블스 포드와 동쪽의 제프리스 포드는 방어하지 않고 비워두었다. 오른쪽 측면 또한 열려 있었는데, 그 뒤로 오른쪽을 내려다보는 언덕이 있었고 진지의 후방에는 병력을 배치하지 않았다.[44]

윌리엄 하우를 가리켜 "예측을 불허하는 장군"이라고 말했지만, 그 예측 불허에도 예측 가능한 측면이 있었다. 하우는 워싱턴의 관심을 고정시키기 위해 크니프하우젠의 독일 용병군을 채드스 포드 쪽으로 보냈다. 그런 다음 하우 부대는 웰치스 태번과 케넷 스퀘어에서 새벽 4시에 출발해 뒷길을 통해 트림블스 포드와 제프리스 포드를 향해 행군했다. 하우는 전에 이런 작전을 여러 번 써먹었고 특히 최근에는 롱아일랜드에서 이 작전으로 성공을 거두었으므로 이번에도 이 작전이 통할 것이라고 생각했다. 오전 10시에 크니프하우젠의 대포 소리가 전투의 서곡을 알렸는데, 워싱턴이 볼 때 이는 보병이 채드스 포드 쪽으로 공격해온다는 뜻이었다. 아메리카군의 대포도 응사했다. 이제 핵심 전투는 중군 지역에서 벌어질 것 같았다. 한편 하우와 그의 동료 콘월리스는 아메리카군의 측면을 우회하는 중이었다. 오후 2시 30분이 되자 하우 부대는 여울을 건너서 오스본스 힐의 뒤쪽으로 들어갔

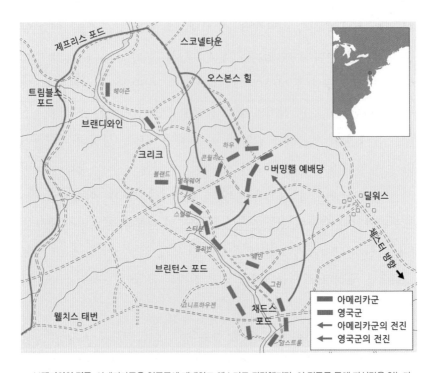

브랜디와인 전투 아메리카군은 영국군에 패배하고 체스터로 퇴각했지만, 이 전투를 통해 자신감을 얻는다.

다. 워싱턴은 오전 9시경에 방어가 없는 전선의 끝을 향해 영국군이 움직이고 있다는 보고를 받았으나 그 경고를 무시했다. 영국군이 오스본스힐에 도착하자 또다시 아메리카군의 측면이 뚫렸다는 점이 분명하게 드러났다. 설리번은 신속하게 대응하기 위해 오른쪽에 있는 스티븐과 스털링을 여울 쪽으로 보내서 하우와 콘월리스 부대에 맞서게 했다.

　두 영국군 장군은 바쁘게 서두르지 않았다. 그들은 천천히 시간을 들여가며 3열 종대를 2열 횡대로 전환했고, 미친 듯이 달려오는 적군의 움직임 따위는 안중에도 없다는 듯이 행동하며 전투 대형을 갖췄다. 영국군은 전투 대형으로 전환한 후 햇빛 속에서 아무것도 하지 않은 채 서 있었고, 그들의 총검은 햇빛을 받아 번쩍거렸다. 어쩌면 그들은 아메리카군에게 겁을 줄 생각이었던 것 같다. 만약 그랬다면 그들은 실패했지만 적어도 깊은 인상을 남기기는 했다. 하우는 오후 4시에 그들을 행군시켰다. 언덕 아래로 내려가는 길이어서 쉽지는 않았으나, 군악대가 연주하는 '영국의 수류탄 투척병'의 곡조에 맞춰 질서 정연하게 내려섰다. 설리번, 스털링, 스티븐의 아메리카군은 겁먹지는 않았으나 급히 전열을 형성하는 바람에 전선에 수백 미터의 빈 구멍을 남겼다. 스티븐은 왼쪽 측면을 스털링의 오른쪽과 연결하지 못한 실수를 저질렀다. 아무튼 영국군은 그 빈틈 구멍으로 침투해왔다. 영국군의 경보병과 수류탄 투척병들이 그 틈으로 들어와 아메리카군의 왼쪽을 공격하려는 순간, 너새니얼 그린의 여단이 현장에 도착했다. 이 여단은 하우 부대가 오른쪽에 출현했다는 보고를 받고서 워싱턴이 직접 파견한 부대였다. 그린의 병사들은 약 6.4킬로미터 거리를 45분여 만에 급히 달려왔다.

전투는 18세기의 전형적인 교전 형태로 시작됐다. 영국 정규군은 총검을 장착하고서 '영국의 수류탄 투척병' 곡조에 맞춰 밀집대형으로 다가왔다. 하지만 교전은 곧 혼란스럽고 지저분한 백병전으로 바뀌었다. 대포와 머스킷 소총에서 나오는 연기는 피아간의 위치 구별을 어렵게 해 혼란을 더욱 부채질했다. 현지의 거친 지형이 대오를 흩어놓았기 때문에 단위 부대들 사이의 적절한 간격을 유지하기가 어려웠다. 한 영국군 장교는 나중에 이 혼란스러운 전투에서 받은 인상을 재치 있게 묘사했다.

이제 전투 장면을 묘사해본다. "그것은 코벤트 가든이나 드루리 레인의 연극 무대에서 벌어지는 전투와는 달랐다. 당신은 고대 전투를 묘사한 르브룅의 그림들이나 스페인 왕위 계승 전쟁인 블렌하임 전투를 묘사한 양탄자들을 보았을 것이다. 그것이 실제 전투와 닮았는가?" 대위는 한마디로 "제기랄"이란 말로 정리했다. 지옥 같은 대포 소리와 머스킷 소총 소리가 들려왔다. 그리고 이런 고함소리가 계속 들렸다. "오른쪽으로 붙어! 왼쪽으로 붙어! 정지! 돌격!" 대포알은 땅을 파놓았다. 나무들은 머리 위에서 계속 꺾어지는 소리를 냈다. 가지들도 대포알에 부러졌다. 잎사귀들은 포도탄을 맞아 가을 낙엽처럼 떨어져 내렸다.[45]

영국군 부대는 전투 대형을 신속하게 회복했다. 그러나 일단 퇴각하기 시작한 아메리카군 연대는 그렇지가 못했다. 그들은 영국군이 그랬던 것처럼 질척질척한 땅이 걸어가기에 만만치 않다는 것을 발견했다. 영국 보병이 밀집대형으로 공격을 해오자, 아메리카군은 부대 단위로 대응하는 것이 아니라 개인이 제각기 대응하면서 무너졌다. 대륙회의 직할 연대 소속 존 호킨스John Hawkins 중사는 "험상궂은 하일랜드 보병들이 사격을 가하며 아메리카군의 후방으로 다가와" 그중 한 명이 그의 배낭을 거머쥐려고 하자 배낭을 내버리고 달아났다. 연기 가득한 아수라장 속에서 황급히 도망치던 중사는 소속 연대를 잃어버리고 노스캐롤라이나 부대와 함께 퇴각했다.[46]

아메리카군의 오른쪽 진영이 진지를 지키기 위해 싸우는 동안, 중군은 여울 건너편에 있던 크니프하우젠 독일 용병군의 공격을 받았다. 채드스 포드에 있던 영국과 독일의 합동군은 여울 위쪽의 전투 소리가 들려올 때까지 기다렸다. 이어 소리가 들려오자 그들은 브랜디와인으로 뛰어들며 공격했고 몇 분 동안 큰 대가를 치렀다. 어느 독일 용병군 장교의 보고에 따르면, 앤서니 웨인 부대와 윌리엄 맥스웰 Willaim Maxwell 부대는 "완강하게 싸우면서, 여울 위로 포도탄과 머스킷 탄환을 계속 발사했다. 여울은 곧 '피로 물들었으나' 합동군은 계속 진격해 아메리카군의 대포를 포획하고 달아나는 적의 등에 대포를 쏘아댔다.[47]

어둠이 내리자 양쪽 '전선'에서 전투가 끝났다. 워싱턴의 부대는 체스터로 퇴각했고 하우 부대는 전장에 그대로 남아서 대열을 정돈했다. 영국군은 그날 멋진 승리를 거두었다. 그러나 전쟁 중의 많은 승리가 그러했듯이 결정적인 승리는 되지 못했다. 워싱턴 부대는 무질서하게 퇴각했으나 그래도 큰 피해를 입지는 않았다. 게다가 더 중요한 사실은 그 부대가 하우와 필라델피아 사이에 있다는 것이었다.

아메리카군은 패배에서 무엇을 얻었나

하우 부대와 필라델피아의 중간 지점이야말로 정확히 워싱턴이 머물고 싶은 자리였다. 비록 부대가 브랜디와인 전투에서 패퇴하기는 했지만, 그는 하우의 진공을 저지할 수 있다는 자신감을 얻었다. 탈영병이 있기는 했지만 아메리카군은 패배 이후에도 잘 행동했다. 워싱턴은 병력 손실을 보충하기 위해 피크스킬의 대륙군 2500명을 남하시키라고 지시했고, 각 주에 민병대를 모아달라고 호소했다. 그는 2주 만에 900명의 대륙군을 받아들였고, 메릴랜드와 뉴저지로부터 약 2200명의 민병대를 지원받았다.[48]

이 병력이 도착하기 전 워싱턴 부대의 본진은 영국군의 필라델피아

입성을 막아내기 위해 전진과 후퇴를 거듭했다. 이 작전 중에 여러 번의 소규모 전투가 벌어졌다. 9월 16일 랭카스터와 필라델피아 사이에 있는 워렌 태번에서 벌어진 소규모 전투는 심한 비가 내리지 않았더라면 전면전으로 확산될 뻔했다. 비는 아메리카 보병들이 가지고 다니던 탄약통과 화약을 침수시켜 망쳐놓았다. 부대의 탄약이 떨어지자 워싱턴은 철수했고, 하우도 추격할 의지를 보이지 않았다. 닷새 뒤 워렌 태번에서 남동쪽으로 약 3.2킬로미터 떨어진 지점인 파올리에서 영국군 소장 제임스 그레이James Grey는 앤서니 웨인 부대를 기습 공격해 놀라게 했다. 웨인 부대는 워싱턴이 하우를 '물고 늘어지라고' 뒤에 남겨둔 병력이었다. 그레이는 새벽 1시쯤 부대를 이끌고 곤히 잠든 아메리카군 캠프로 쳐들어왔다. 그레이의 명령에 따라 영국군은 머스킷 소총에서 부싯돌을 제거했다. 장군은 너무 열성적인 사병이 엉겁

파올리 전투 영국군 용기병은 새벽에 아메리카군 진지를 기습해 대승을 거뒀다. 이 전투에서 아메리카군은 일방적으로 당해 파올리 학살이라고 불렸다.

결에 방아쇠를 당길 것을 우려했던 것이다. 영국군 병사들은 총검을 무자비할 정도로 효율적으로 사용했다. 잠자던 아메리카 병사들 다수가 담요에서 벗어나지 못했다. 이 유혈이 낭자한 학살이 끝났을 때 300명 이상이 죽거나 부상을 당했고, 또 다른 100명이 생포됐다. 영국군은 여덟 명이 죽었을 뿐이었다. 웨인은 간신히 달아났다. '부싯돌 없는 그레이'와 총검의 가치는 다시금 명성을 떨쳤다.[49]

'파올리 학살'은 워싱턴에게 충격을 주었다. 그는 함정에 빠지거나 측면을 돌파당하는 것을 피하기 위해 아주 조심스럽게 작전을 운영했는데도 그런 참사가 벌어진 것이다. 하우는 워싱턴의 이런 조심성을 적극적으로 역이용했다. 그는 9월 22일에 워싱턴 부대를 스쿨킬 위쪽 약 16킬로미터 지점으로 유인해냈고, 자신은 서쪽의 팻랜드 포드를 건너 9월 26일 필라델피아에 입성했다. 만약 1년 전 이 도시를 잃었더라면 아메리카군의 사기를 크게 떨어트렸을 것이다. 하지만 지금은 그렇지 않았다. 우선 아메리카군이 온전하게 유지되어 있었고, 북방에서 좋은 소식이 들려왔기 때문이다. 버고인 부대가 서서히 붕괴하고 있다는 소식이 그 즈음에 중부 대서양 주들에도 도착했다.[50]

하우가 필라델피아에 입성하자 워싱턴은 서쪽으로 약 40킬로미터 떨어진 스킵팩 크리크에 진지를 설치했다. 하지만 조용히 앉아서 시간만 보낼 생각은 없었다. 용감하게 행동에 나서고 싶다는 오랜 욕망이 그의 내부에서 꿈틀거렸다. 그의 부대가 비록 일천하고 경험이 없기는 하지만 좋은 기회가 주어진다면 충분히 잘 싸울 수 있다는 확신도 그에게 힘을 보태주었다. 10월 초 그런 기회가 찾아왔다. 하우는 필라델피아 생활이 불편하고 불안정하다고 판단했다. 그는 도시를 점령했지만 그 도시로 들어가는 중요 접근로인 델라웨어강은 장악하지 못했다. 그 강의 연안에 있는 아메리카 요새들이 모든 교통을 통제했기 때문에 영국 배들은 보급품과 증원군을 보낼 수가 없었다. 하우는 고립된 상황에서 영국군 전원을 필라델피아 전역의 여관과 주택에 산개시키는 것을 두려워했다. 그래서 그는 약 9000명의 병력을 도시에서 북쪽으로 약 8킬로미터 떨어진 스쿨킬강의 동쪽 기슭에 있는 저먼타운으로 이동시켜 야영하도록 했다. 또 다른 3000명에게는 엘크타운에서 오는 보급품의 수송을 보호하는 임무를 맡겼다. 강을 이용할 수 없으니 보급품은 육상으로 수송됐다. 4개 대대가 필라델피아 내에 남았고, 그외 2개 대대는 델라웨어강 기슭에 있는 도시 아래쪽 약 19킬로미터 지점의 빌링스포트를 공격하러 갔다. 이제 하우 부대는 필라델피아와 그 주변 지역에 넓게 퍼진 상태가 되었다.[51]

워싱턴은 적이 이처럼 산개해 있다는 정보를 입수하고 저먼타운에 집결해 있는 가장 큰 규모의 부대를 공격하기로 결정했다. 그의 부대에 싸워야 하는 이유를 설명해야 할 필요는 더 이상 없었을 것이다. 그래도 워싱턴은 다시 한 번 싸워야 하는 이유를 주지시키고 싶어 했다. 그가 휘하 부대에 총동원령을 내리면서 한 연설은 워싱턴 자신의 열망을 잘 보여주었을 뿐만 아니라, 더욱 중요하게는 혁명과 아메리카군에 대한 그의 이해가 얼마나 깊어졌는지를 보여주었다. 그는 이제 휘하 여러 연대에 전문가적 자부심이 자리 잡고 있다는 점을 알았다. 그는 먼저 북방의 프리먼스 팜에서 동료 아메리카군이 버고인 군대에게 심대한 타격을 입혔다는 사실을 말하면서 자부심에 호소했다. 그는 이런 북부군의 성공을 아메리카 혁명의 대의와 연결했다.

"우리 군대, 아메리카군의 주력인 이 군대는 북부의 동포들보다 못한 업적을 남기게 되는 것을 결코 허용하지 않을 것이다. 그들은 그런 치욕을 감내하지 못할 것이다. 그러나 자유민에게 어울리는 야망을 발휘하고, 가장 정의로운 대의를 위해 싸우며, 그들의 가슴을 뛰게 하는 영웅적 정신을 뽐내며 용감히 싸움으로써 그들은 이제 불멸의 명성을 얻었다. 부러워하라, 나의 동포여, 나의 동료 군인들이여! 영웅적 행위에 따르는 영광을 함께 나누기를 열망하라! 전투의 날에 그대들이 적에게 등을 보이고 달아났다는 얘기는 들리지 않게 하라. 더 이상적에게 승리를 안겨주지 마라." [52]

자부심, 영웅심, 명예에 대한 호소는 전에도 했다. 그러나 '정의롭고', 영광스럽고, 온 '나라'가 공감하는 혁명의 대의에 그런 고상한 감정을 연결한 것은 이번이 처음이었고, 이는 혁명의 정신을 더욱 깊게 이해하도록 했다. 워싱턴은 이런 거대한 사상을 병사들의 직접적이고 개인적인 이해관계와 결부하면서 연설을 끝냈다.

"적은 불명예스러운 말들로 그대들에게 낙인을 찍었다. 그대들은 이런 비난을 참아낼 수 있는가? 그대들의 조국이 입은 상처에 대하여 보복하지 않고 그대로 내버려두겠는가?"

이런 질문은 병사들의 가족과도 직접적인 관련이 있었다. 왜냐하면 실패한 혁명은 대역죄로 간주될 것이기 때문이었다.

"그대들은 부모, 아내, 자녀, 친구들을 거만하고 무례한 적의 비참한 하인으로 전락하게 내버려둘 것인가? 그리고 그대들의 목을 올가미에 집어넣을 것인가?" [53]

오로지 혁명 전쟁의 경우에만 병사들은 '정의로운 대의'라는 고상한 개념과 교수형 올가미에 목을 집어넣는 이미지를 함께 떠올리며 전투에 참여한다. 이 병사들은 공화주의의 세세한 점까지는 잘 몰랐지만 그들이 무엇을 위해 싸우는지는 명확하게 알았다. 그들은 막강한 영주나 주인을 위해서 싸우는 것이 아니라, 그들 자신을 위해서 싸우는 것을 말이다.

저먼타운에서의 첫 번째 과제는 영국군을 기습하는 것이었다. 워싱턴은 그 마을까지 천천히 행군함으로써 하우에게 사전 경고를 주지 않으려고 애썼다. 그는 마을 서쪽 약 32킬로미터 지점에 있던 진지에서 나와서 10월 3일 밤 사이 병사들에게 강행군을 시킨 뒤 전투 대형에 들어갔다. 그는 다음 날 새벽 2시에 영국군 외곽 초소에서 약 3.2킬로미터 정도 떨어진 지점에서 행군을 멈췄다.[54]

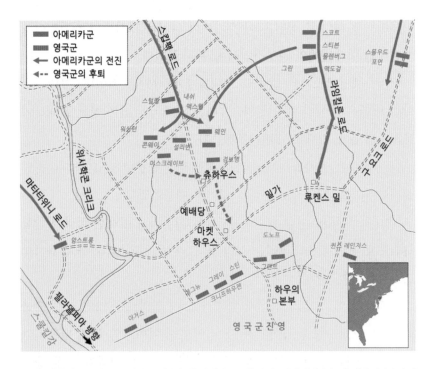

저먼타운 전투 워싱턴이 본격적으로 '정의로운 대의'를 호소한 이 전투에서 아메리카군은 비록 졌지만, 승전에 진배없는 값진 경험을 얻었다.

필라델피아에서 북서쪽으로 약 8킬로미터 지점인 저먼타운은 필라델피아와 레딩을 이어주는 스킵팩 로드 양쪽으로 3킬로미터 정도 뻗어 있는 마을이었다. 그곳에 주둔한 영국군은 대부분의 마을 주민과 마찬가지로 스쿨킬강의 동쪽에 있었다. 영국군 캠프는 대부분 마을의 남쪽 끝에 있었으나, 북쪽 가장자리에다 몇 개의 외곽 초소를 설치해 두었다. 저먼타운으로 들어가는 네 도로는 넓은 전선을 유지하는 공격에 알맞은 조건이었다. 워싱턴은 압도적인 숫자의 병력을 하우의 캠프에 집중하기로 결정했다. 그래서 그는 아메리카군의 네 갈래 지대支隊가 10월 4일 새벽 5시 동시에 저먼타운을 공격하는 작전 계획을 수립했다. 제1지대인 존 암스트롱 소령 휘하의 펜실베이니아 민병대는 아메리카군의 오른쪽, 즉 영국군 왼쪽의 뒷부분이 되는 매너토니 로드를 따라 진군할 것이었다. 제2지대는 설리번 여단과 웨인의 강화 여단으로, 마을을 둘로 나누는 스킵팩 로드를 따라 진군하면서 적군에게 주된 타격을 가하기로 했다. 제3지대는 그린이 지휘하는데, 스티븐의 사단과 알렉산더 맥도걸의 여단으로 구성되며 라임킬른 도로를 따라 행군하다가 스킵팩 북동쪽에 도착할 예정이었다. 제4지대는 스몰우드가 지휘하는 메릴랜드와 뉴저지의 민병대인데, 왼쪽으로 1.6킬로미터 정도 더 떨어진 지점에서 옛 요크 도로를 따라서 행군하다가, 모든 상황이 잘 돌아가면 영국군 오른쪽을 파고들어 영국군 본진의 후방에 침투하기로 했다.[55]

이 계획은 작전 지도 상에서 훌륭하게 보였고 지상에서도 아주 잘 맞아들어갔다. 아메리카 부대들은 새벽 2시에 대형을 갖추고 적의 외곽 초소 수백 미터 지점까지 진군했고, 5시가 되자 주위가 희번하게 날이 밝아오면서 공격에 나섰다. 워싱턴은 네 도로에서 '사격 없이 총검만으로' 공격을 가하라고 명령했다.[56] 워싱턴과 함께 말을 타고 온 설리번 부대는 에어리산을 먼저 공격해 외곽 초소들을 파괴했다. 이때 총격전이 발생했는데 분명히 양측 모두 사격을 실시했다. 아메리카군의 화기 단속은 결코 엄정하지 않았던 것이다. 그러자 영국군은 혼란에 빠지면서 후퇴했다. 짙은 안개 때문에 전방 약 45미터도 잘 보이지 않아서 양군은 상대방의 병력 규모를 잘 파악하지 못했다. 하우는 안개를 뚫고서 전선의 시찰에 나섰다가 퇴각하려는 경보병을 준엄하게 꾸짖고 나섰다. "대열을 형성하라! 형성하라!" 그는 적의 척후병을 보고서 달아나다니 부끄럽게 여겨야 한다고 병사들을 질책했다.[57] 그러나 그 척후병은 경대포를 대동한 설리번의 보병 부대였다. 하우는 곧 적의 정찰대가 나타났다는 생각을 버려야 했다. 짙은 안개는 설리번 부대를 혼란에 빠트렸고, 아군끼리도 연결을 하는 데 어려움을 겪었다. 그리고 한 시간 안에 스킵팩 로드에 있는 적의 주력 지점

저먼타운 전투 아메리카군은 영국군이 주둔한 츄 하우스를 포위공격했으나 점령에 실패했다.

에 도착하면서 혼란은 더욱 심해졌다. 이곳은 무거운 돌로 지어진 오래된 저택 '츄 하우스'였는데, 영국군 40연대의 토머스 머스그레이브 Thomas Musgrave 대령이 6개 중대를 거느리고 주둔하고 있었다. 설리번은 이 저택을 점령하는 데 실패한 뒤에 그곳을 우회해 전진했으나, 이 지연 때문에 영국군은 전투 대형을 형성할 시간을 벌었다.

만약 설리번 부대의 왼쪽에서 진군하던 웨인 부대가 그린의 오른쪽에서 진군하던 아군 스티븐 부대의 사격을 받지 않았더라면, 이런 지연은 전반적인 공격에 큰 영향을 주지 않았을 것이다. 그린은 지정된 시간보다 약 45분 늦게 공격했는데, 그린이 공격 지점에 도달하기 위해서는 설리번보다 약 3.2킬로미터 더 나아간 지점까지 진군해야 했기 때문이다. 이 45분 동안의 지연이 중군에 혼란을 일으킨 요인이고, 궁극적으로 전투 패배의 원인으로 비난을 받았다. 그러나 그린의 지연 자체는 그리 중요하지 않았다. 만약 안개가 땅을 뒤덮지 않았더라면 오히려 바람직한 것일 수도 있었다. 왜냐하면 설리번 부대가 공격했을 때 영국군도 맞서 싸우기 위해 부대를 진군시켰기 때문이다. 만약 안개가 끼지 않아 시계가 선명했더라면, 그린은 영국군의 배후를 파고들 수 있었을 것이다. 그러나 설리번은 안개 속에서 한 시간 동안 엄호가 없는 상태로 남았고, 웨인 부대는 이 측면을 확보하기 위해 이동했다. 어느 지점에서 부대의 측면을 웨인 부대와 연결시켜야 할지 불확실했던 스티븐은 웨인의 뒤로 돌아갔고, 안개로 앞이 보이지 않는 상황에서 사격을 가했다. 그러자 웨인도 응사했는데, 두 부대가 서로 아군에게 사격을 하고 있다는 것을 파악하기까지 사상자가 늘어났고 당연히 왼쪽과 중앙 부대는 무질서 상태로 빠져들었다. 행운인지 날카로운 타이밍인지 알 수 없지만, 바로 이때 하우가 3개 연대를 전진시켜 반격을 가했다. 하우 선봉대는 설리번의 왼쪽을 공격해 거의 저항을 받지 않고 전선을 돌파했다. 이 돌파가 아메리카군의 전의를 꺾어놓았고, 몇 분 사이에 전투의 주도권은 하우 부대로 넘어갔다. 워싱턴은 퇴각하는 부대를 재편성하려고 했으나 아메리카군은 계속 퇴각했다. 워싱턴을 수행했던 토머스 페인은 이후 이 퇴각을 가리켜 "놀랍게도 아무도 서두르려고 하지 않았다"고 말했다. 그들은 너무 피곤해 서둘러 갈 수가 없었다. 그들의 움직임은 천천히 움직이는 소 떼와 같았다. 그린 또한 퇴각했다. 설리번 부대가 무너지면서 엄호를 전혀 받지 못했기 때문이었다. 그의 소속 연대들 중 하나인 제9버지니아 연대는 전에 100명의 포로를 잡은 적도 있으나 이제는 400명 전원이 항복해 포로가 되었다. 아메리카군의 오른쪽 제1지대의 암스트롱은 전투에 돌입하지 않았기 때문에 병력 손실을 전혀 입지 않았다. 맨 왼쪽에 있던 스몰우드 부대는 너무 늦게 도착해 영국군 후방에 침투할 수가 없었고, 현장에 도착하자마자 곧바로 퇴각했다. 늦은 저녁때가 되자 흙투성이가 된 워싱턴 부대는 서쪽으로 약 32킬로미터 지점인 페니배커스 밀로 퇴각했다.[58]

이날의 실패는 수행하기에는 너무 복잡한 작전 계획 탓도 있었다. 4개 지대가 잘 협력해 동시다발적으로 공격해야만 성공했을텐데, 부대들 사이에 협조가 안 된 것이 패전의 원인으로 종종 지적된다. 워싱턴은 짙은 안개 때문에 지대 사이의 협조가 안 되었다고 말했지만, 각 부대는 말 탄 전령이나 측면 방어병을 두고 있었으므로 안개가 끼었더라도 마음만 먹었더라면 부대 간 의사소통을 할 수 있었을 것이다. 또한 안개 덕분에 초반 공격이 잘 이루어졌을 가능성도 있다. 영국군은 그들이 상대하는 병력이 누구이고 규모가 어느 정도인지 잘 몰랐기 때문이다. 더욱이 아메리카군은 엄폐물이 있을 때 가장 잘 싸우는데, 안개는 일종의 엄폐물이 될 수도 있었다. 만약 짙은 안개가 끼지않고 시계 확보가 양호한 청명한 날씨였다면 전투 결과가 어떻게 되었을까? 아마도 추측하는 사람마다 다를 것이다. 영국군은 초기 충격에서 회복해 승리를 거두게 된 과정을 다소 다르게 설명한다. 그들이보기에 엄정한 군기와 적절한 반격이 승전의 요인이었다. 그렇지만그들이나 외국 관찰자들은 그 승전이 거의 패전이나 다름없다고 인정했다. 아메리카군은 심각한 손실을 입었으나 워싱턴이 말한 것처럼용감하게 싸웠다. 그리고 늘 그랬듯이 영국군도 용감하게 싸웠다. 그러나 워싱턴의 군대는 그 전투에서 가장 소중한 것을 얻었다. 아메리카군이 전문 군대인 영국군을 상대로 공격을 감행할 수 있고 그것도제대로 공격했다는 경험이었다. 그들이 이 전투에서 진 것은 분명하다. 하지만 교전의 잠재적 가능성과 양측의 혼란 등을 감안할 때, 그들은 석연치 않고 명료하게 이해되지 않는 이유들로 인해 졌다. 하지만그들은 패배를 당했으면서도 또 다른 귀중한 교훈을 얻었다.[59]

혁명의 불꽃이
유럽의 전쟁으로 번지다

8

'위대한 대의'를 향해 아메리카인들은 몸을 일으켰다.
하지만 이 혁명의 불꽃은 비단 아메리카만의 문제가 아니었다.
영국과 아메리카의 관계가 불안정해지자 유럽의 판도도 함께 요동쳤다.
영국의 최대 라이벌이었던 강대국 프랑스와 스페인이 이 기회를 놓치지 않고
영국이 지닌 패권에 도전할 기회를 엿봤다. 영국의 내각은 불안해했고,
프랑스와 아메리카는 비밀리에 접촉했다. 당시 영국의 영향력은 전 세계적인
것이었으나, 이를 유지하는 데 필요한 영국 해군의 힘은 무한하지 않았고
그들의 전력은 날이 갈수록 분산되어 갔다. 그리고 마침내 아메리카와
프랑스가 손을 잡았을 때 '위대한 대의'를 위한 아메리카 혁명의 불꽃은
이미 유럽의 정세를 뒤바꿀 거대한 전쟁으로 번졌다.

타도 영국의 기치 아래 협력을 모색하다

하우가 저먼타운에서 승리하고 필라델피아로 입성하자 영국 정부는 안도했다. 그러나 버고인 군대의 항복 이후 땅에 떨어졌던 사기를 모두 회복할 수는 없었다. 그만큼 버고인 군대의 패배는 '재앙'에 가까웠다. 안타깝게도 영국 정부는 이 패배의 심각성을 과소평가했고, 항복 후 몇 달 동안이나 최악의 결과만을 피하게 해달라고 기도했을 뿐이었다. 내각에게 제일 두려웠던 점은 프랑스가 아메리카 식민지 편을 들어 전쟁에 참여하는 것이었다. 프랑스가 영국에 대항해 참전한다면 제국 내의 반란은 세계 전쟁으로 확대될 것이고, 그렇게 되면 영국군의 힘은 분산될 수밖에 없었다. 그리고 이는 분명 미국의 독립으로 이어질 터였다.

한편 프랑스는 1763년 7년 전쟁에서 패배한 이후 영국에 복수할 날만 꿈꿔왔다. 이런 상황에서 영국 식민지들이 격변에 휩싸였고, 마침내 프랑스 정부는 대영제국이 분열될 가능성을 점치기 시작했다. 루이 16세의 외무장관인 슈아죌Choiseul은 영국의 국력이 대부분 식민지와 식민지 교역에서 비롯된다는 사실을 잘 알고 있었다. 이 때문에 그는 아메리카에서 고조되고 있는 불만이 곧 전쟁으로 이어지길 고대하며 사태를 유심히 관찰하고 있었다. 그러나 슈아죌에게는 신중하게 고려해야 할 다른 중요한 문제가 있었다. 해군을 포함한 자신들의 군사력을 회복할 대책을 마련하는 것이었다. 이는 분명 쉽지 않은 문제였다. 7년 전쟁을 거치면서 프랑스의 국고가 바닥났기 때문이다. 슈아죌이 1760년대에 아메리카에 보낸 정보원들은 반란이 언젠가는 일어날 일이지만 현재는 아니라 보고했고, 슈아죌은 그런 보고를 아무런 의심없이 사실로 받아들였다.[1]

샤를 그라비에 베르젠(1756~1822)
프랑스의 외교관으로 아메리카인들의 혁명전쟁을 이용해 영국의 패권에 도전할 기회를 모색했다.

슈아죌 휘하의 외무부 요원들 중 영국과 아메리카 사이의 갈등에 내재된 가능성들을 제대로 꿰뚫어본 사람은 샤를 그라비에 베르젠Charles Gravier Vergennes이었다. 루이 16세가 아직 젊던 시절에 관직에 취임한 베르젠은 슈아죌과 마찬가지로 영국이 해외정책에서 난항을 겪는 상황을 이용하려 했다. 그러나 이런 생각에는 한계가 있었다. 가령 북아메리카 대륙에 대한 프랑스의 소유권을 다시 주장한다는 것은 불가능한 일이었다. 그러나 베르젠은 자신이 목표해야 할 바를 명확히 알고 있었다. 그것은 이 세상 어디가 되었든 영국의 영향력을 약화하고 프랑스를 유럽 내의 종주국으로 격상하는 일이었다. 그는 강력한 국가적 지위를 이용해 스페인과 '가문 협약'을 유지하고, 영국이 프랑스에 대항하기 위해 프로이센을 이용하지 못하도록 오스트리아와의 동맹을 지원하려 했다. 또 승리할 가능성이 낮다면 영국과의 물리적 충돌은 가급적 피하려 했다.[2]

아메리카 식민지 내에서 벌어진 1760년대의 긴장 상태가 1770년대에 들어와서도 계속되자 베르젠은 신중하게 반응했다. 영국이 그동안 해외 식민지에서 여러 난관을 잘 극복한 전례를 생각해, 베르젠은 영국과 아메리카가 합심해 프랑스에 대항하는 초유의 사태를 미연에 방지하고자 노력했다. 이러한 사태에 가능성이 없지는 않았다. 가령 프랑스가 섣부르게 아메리카 식민지를 도와 행동에 나선다면, 철천지 원수인 채텀이 영국과 아메리카 연합 세력의 우두머리로 다시 복귀할 수도 있었다. 프랑스령 서인도제도를 점령하기 위해 이런 연합이 만들어질 가능성도 있었다. 그러나 1775년 말쯤 영국과 아메리카의 전쟁이 발발하면서 이런 가능성은 사라졌고 베르젠의 결의는 한층 강해졌다. 그는 영국이 프랑스령 섬들의 안전을 보장해주는 조건으로 아메리카 전쟁에서 중립을 지키는 것이 얼토당토 않다고 생각했다. 대신 그는 1775년 늦여름 첩보원 줄리앵 아샤르 드 봉불루아르Julien Achard de Bonvouloir를 아메리카에 파견해 반군들을 관찰하고 그들을 안심시키라고 지시했다.

이 무렵 다재다능한 또 다른 정보원이 베르젠 측에 가담했다. 그는 《피가로의 결혼Le Mariage de Figaro》이라는 희곡을 쓴 극작가 카롱 드 보마르셰Caron de Beaumarchais였다. 모험가였던 그는 영국을 증오하는 것만큼이나 모략 자체를 즐기는 인물이었다. 극작가에게 상상력이 생명이긴 하지만, 보마르셰는 대영제국이 1775년 여름에 붕괴할 것이라는 과도한 예측을 내놓았다. 그는 런던에 체류하면서 가십과 소문을 열심히 수집했고, 그 당시 떠돌던 급진세력의 힘과 영국 정부의 나약함에 대한 황당한 얘기들을 그대로 믿었다. 어쨌든 보마르셰는 극작가가 아니더라도 쓸모가 있었으므로 베르젠은 그를 계속 활용했다. 그는 보마르셰를 프랑스 첩보원 명단에 올렸고, 파리에서 그를 인터뷰한 뒤 런던으로 파견해 떠도는 소문을 놓치지 말고 본국에 보고하라 명했다.

런던으로 건너간 보마르셰는 아메리카의 대리인 아서 리를 만났다. 아서는 버지니아의 리처드 헨리 리의 동생으로, 여러 모로 대리인 역할에 적합한 사람이었다. 리는 다혈질에 의심도 많았지만 명민한 인물이었다. 그는 아메리카에서 전쟁이 시작된 뒤에는 매사추세츠의 대리인으로서 런던에 머물렀는데, 이제 대륙회의라는 새로운 주인을 섬기게 되었다.

마침 대륙회의는 1775년 초 원조를 받기 위해 해외로 눈을 돌리기 시작하던 차였다. 부분적으로는 대륙회의의 의원이었던 벤저민 프랭클린이 그 같은 지원의 필요성을 역설했기 때문이다. 그러나 많은 의원이 렉싱턴과 콩코드 전투 그리고 심지어 벙커힐 전투 이후에도 영국과의 화해를 염두에 두고 있었기 때문에, 대륙회의는 외국의 열강들과 거래하기를 주저했다. 1775년 당시에 몇몇 의원이 유럽에 아메리카의 항구를 개방하자고 건의한 적도 있었지만, 그것은 독립을 선언하는 것과 다를 바 없는 행위였으므로 많은 이에게 동의를 얻을 수 없었다. 그러나 그해 8월 국왕이 식민지가 반란 상태라고 선언하자, 유럽에 항구 개방 제안을 지지하는 의원들이 늘어났다. 그렇지만 대륙회의는 천천히, 그리고 신중하게 움직였다.[3]

대륙회의는 1775년 11월 29일 비밀 교신 위원회를 임명했다. "유일한 목적은 영국, 아일랜드, 기타 전 세계 다른 지역에 있는 우리의 친구들과 교신을 유지하는 것"이었다. 프랭클린은 버지니아의 벤저민 해리슨, 토머스 제퍼슨, 존 디킨슨, 존 제이, 그리고 몇 달 뒤 지명된 로버트 모리스Robert Morris 등과 함께 이 위원회에 임명됐다. 교신 위원회는 즉각 아서 리에게 아메리카 반란에 대해 유럽 열강이 어떻게 생각하는지 알아내라고 지시했다. 위원회는 프랑스의 태도에 가장 신경 썼다. 이런 조치는 상당히 유보적인 관점에서 수행됐다. 각 주의 신교를 대표하는 신교 대륙회의는 가톨릭과 가톨릭 국가들에 대한 오래된 적개심을 갖고 있었던 반면, 유럽의 군주들은 같은 유럽 군주에 대항해 반란이 벌어지는 상황을 달갑게 여길 리가 없었다.[4]

프랑스 첩보원인 보마르셰는 1776년 겨울 내내 영국의 식민지 사태에 개입해야 한다는 주장을 계속 본국에 보냈다. 그가 조심스럽게 예측한 바에 따르면, 프랑스가 개입을 망설일 경우 결국 아메리카인은 영국과 타협해버릴 수도 있었다. 베르젠은 같은 내용을 프랑스 국왕에게 좀 더 은근하게 건의하면서 프랑스의 국익이 어디에 있는지를 날카롭게 지적했다. 봄이 되자 프랑스 왕 루이와 각료들의 저항은 약해졌고, 아메리카에 대한 비밀 원조가 승인됐다. 위대한 재무장관인 튀르고Turgot만이 지원에 반대하면서 프랑스가 무슨 조치를 취하든 아메리카의 독립은 기정사실이며, 독립국 아메리카는 식민지 시절보다 훨씬 더 영국의 상업적 번영에 기여할 것이란 주장을 폈다. 1776년

5월 2일에 이르러, 루이는 튀르고의 이런 예측을 무시하고 식민지에 100만 리브르어치의 군수물자 지원을 승인했다. 그로부터 열흘 뒤, 튀르고는 사임했다.[5]

프랑스는 은밀하게 아메리카에 원조를 제공하기로 결정했고, 영국에는 표면적으로 우호를 표함으로써 이러한 결정을 비밀에 부쳤다. 동시에 베르젠은 프랑스 해군력과 군사력을 증강할 계획을 제시했다. 그는 영국 몰래 군수물자를 지원하기란 불가능하다는 사실을 알고 있었기 때문에 곧 전쟁이 벌어질 것이라고 내다보았다. 그럼에도 원조 사실을 비밀에 부쳐야 할 이유는 있었다. 물론 이 사실을 영국이 알지 못하더라도, 영국은 항의를 할 터였다. 그러나 최소한 프랑스가 미국에 원조를 제공한 사실이 영국에 발각되지만 않는다면, 영국은 즉각적으로 전쟁을 벌일 생각은 할 수 없을 것이었다. 국제관계에서는 때때로 사실 그 자체보다 허구의 명분이 더 중요할 때가 있는데, 이번 경우에는 프랑스 정부가 아니라 로드리그 오르탈레즈 앤 컴퍼니 Roderigue Hortalez and Company라는 민간단체가 원조를 제공하는 것으로 각본이 짜여졌다. 보마르셰가 직접 이 가짜회사의 대표가 되었고, 다른 동료들은 대포, 탄약, 기타 군수물자를 사들일 자금의 지출을 담당했다. 7월 파리에 도착한 두 번째 아메리카 대리인인 코네티컷의 사일러스 딘은 대륙회의의 대표 자격으로 보마르셰와 긴밀하게 협조했다. 프랑스 정부가 차관으로 간주했던 원조는 곧 딘의 회계보고서에서는 기증으로 표기되어 혼선이 빚어졌다. 그리고 딘과 보마르셰는 군수물자의 매입을 촉진하는 과정에서 일부 대금을 자신들의 호주머니 속으로 집어넣기도 했다.[6]

군수물자와 자금의 지원은 나름대로 도움이 되었다. 그러나 전쟁이 계속되면서, 아메리카인들은 신중하게 영국의 오래된 숙적인 프랑스와 스페인을 전쟁에 직접 참여시킬 가능성에 대해 생각하기 시작했다. 그들은 두 나라가 아메리카와 아메리카의 원칙을 존중하기 때문에 참전의 가능성이 없다고 보았지만, 다른 한편으로는 프랑스와 스페인이 영국에 대한 오래된 원한을 풀고 12년 전부터 영국 쪽으로 기울어져 있던 세력의 균형을 바로잡을 결정적 기회라 여길 수도 있다고 보았다. 따라서 아메리카로서는 이 두 나라에 너무 많은 도움을 요청하는 것은 위험했다. 그들이 전쟁에 참여한 뒤 승리를 거두면, 그 순간부터 아메리카인들의 새로운 주인인 양 행세할 수도 있었기 때문이다.

벤저민 프랭클린은 이런 가능성을 오래전부터 생각해왔고, 싸움이 시작되기 전부터 식민지가 유럽 열강을 외교적으로 이용할 수 있는 방안을 모색해왔다. 영국 의회의 권위를 둘러싸고 영국과 식민지 사이에 갈등이 일어나자, 프랭클린은 약탈적 국가들에 둘러싸인 식민지가 취할 수 있는 외교 전략들을 검토해왔다. 이후 1770년, 그는 힘이 없다는 것이 반드시 허약한 상태를 의미하지는 않는다는 결론에 도달했다. 왜냐하면 강대국들의 욕망과 이익이 약소국의 보호조치로 이어질 수도 있기 때문이다. 아무튼 강대국들은 멀리 떨어진 아메리카의 식민지를 착취하기보다는 그들끼리 서로 피해를 입히는 일에 더 관심이 많았다.[7]

벤저민 프랭클린, 존 애덤스, 토머스 페인, 기타 유럽 상황의 관찰자들은 아메리카가 프랑스와 스페인을 영국과의 전쟁에 끌어들여야 한다고 생각했는데, 이는 결과적으로 옳은 생각이었다. 하지만 그들은 이 일을 너무 쉽게 생각한 경향이 있었는데 1776년 후반에 이르러서야 프랑스와 스페인이 반대급부로 요구할 사안을 진지하게 고민하기 시작했다.

프랭클린의 계산은 전투에서부터 시작됐다. 전쟁이 시작되고 해외 원조를 요청해야겠다는 생각은 자연스러운 것이었다. 비밀 교신 위원회가 가동되던 첫 6개월 동안, 위원회는 대륙군에 필요한 무기와 자금을 확보하는 데 집중했다. 그 이상의 것을 요구하는 것은 독립 선언이나 마찬가지였으므로, 대륙회의 소속 의원들은 대부분 마지막 순간까지 그런 행동을 거부했다. 1776년 2월 버지니아 대표인 조지 위스가 외국과 동맹을 맺는 권리에 대해 대륙회의가 검토해야 한다고 제안했다. 위스는 대륙회의가 그런 권리를 갖고 있다고 생각했지만 다른 의원들은 그것이 사실상 독립 선언이나 마찬가지라고 지적했다. 위스의 제안은 비밀 교신 위원회에 회부되어 논의되기는 했으나 결론에 이르지는 못했다.[8]

독립 선언은 아메리카 앞에 놓인 여러 가능성들을 한층 다각적으로 고려해보게 만들었지만, 영국의 적국들과 어떤 동맹을 맺을 것인가 하는 문제에는 명쾌한 해답을 주지 못했다. 당연한 일이지만, 대륙회의는 어떻게 일을 진행할 것인가에 대해 많은 자문을 받았다. 자문은 대부분 아메리카의 상업이 유럽에 중요하다는 주제와 관련된 것이었다. 또한 이 주제는 상업이 구세계와 신세계를 이어주는 본질적인 연결고리가 돼야 한다는 주장에 바탕을 두었다. 그 당시에도 그랬고, 이후로도 줄곧 아메리카의 정치가들은 교역 관계에 있어 아메리카가 유럽의 어느 한 국가에 종속되지 않도록 자유로운 무역 관계를 만들어나가야 한다고 주장했다. 그 같은 종속을 오랜 기간 겪어왔던 아메리카인들의 경험을 생각하면 이 같은 견해들은 이해할 만한 것이었다. 그렇다면 유럽 국가들의 입장에서 이러한 자유로운 무역 관계는 환영할 만한 것일까? 여기에는 경제적 이득이 고려 요소가 되었다. 쉽게 말해, 아메리카는 엄청나게 많이 사들이고 파는 거대한 시장이었던 것이다. 토머스 페인이 비꼬듯 말했듯이, "유럽인들이 먹는 것을 포기하지 않는 한" 무역을 하려는 열망은 존재할 수밖에 없었다.[9]

존 애덤스는 대체로 페인에게 동의하지 않았지만, 신생 공화국은 외교정책보다는 상업정책을 중시해야 한다는 점만은 페인과 의견을 같이했다. '모범조약'은 아메리카가 유럽을 대하는 외교 전략에서 근간이 될 터였는데, 대륙회의는 이 조약의 초안을 작성하는 일을 애덤스에게 전적으로 의존했다. 프랑스가 전쟁에 참여할 수도 있다는 기대가 있었기에, 이 '모범조약'은 좀 더 직접적으로는 프랑스와의 관계를 규정한 것이기도 했다. 애덤스는 독립이 그리 멀지 않은 1776년 봄, 이 문제에 대해 고심했다. 그의 노트들을 살펴보면 그가 굉장히 신중한 정책을 선호했다는 사실을 알 수 있는데, 이 신중한 정책이란 프랑스가 아메리카의 무역을 상당히 높게 평가하고 있으며 자신들의 유럽 내 최대 경쟁자인 영국을 쓰러뜨릴 기회가 있다면 틀림없이 이를 반길 것이란 전제를 깔고 있었다. 애덤스는 "프랑스로부터 지원을 얻어낼 수 있을까? 프랑스와 어떤 관계를 안전하게 구축하게 될까?" 자문했다. 이에 대한 답은 이러했다.

"첫째로 정치적인 관계는 불가하다. 프랑스 당국의 그 누구에게도 굴복해서는 안 된다. 프랑스로부터 총독이나 기타 고위 관료를 받아들여서는 절대 안 된다. 둘째, 군사적인 관계도 불가하다. 프랑스로부터 병력의 지원을 받지 말아야 한다. 셋째, 오로지 상업적인 관계만이 허용돼야 한다. 예컨대 조약을 맺고, 프랑스 배를 우리 항구에 받아들이는 일 말이다. 또 프랑스가 우리 배를 그들의 항구에 받아들이게 하고, 그리하여 우리에게 무기, 대포, 초석, 화약, 무지 면포, 쇠 등을 제공하게 해야 한다."

이런 조건들 하에서는 프랑스나 스페인과 정치적 연대를 의미하는 '동맹'이 맺어질 것이라 상상하기는 어려울 것이다. 그러나 리처드 헨리 리는 6월에 독립 선언을 건의하며 외국 정부들과의 동맹을 제안한 적이 있었다. 여기에서 리가 의무와 책임까지 뒤따르는 확고한 정치적 연계를 의도한 것으로는 보이지 않는다. 나아가 군사적 책무를 의도한 것도 분명히 아니었다.

18세기에 '동맹'이란 단어는 다소 유연한 의미로 사용됐는데, 사실상 상업조약과 동의어로 간주됐다. 어떤 경우가 됐든, 애덤스, 그리고 대륙회의가 9월에 채택한 '모범조약'은 아메리카 원조에 나설 외국 정부들에게 거의 아무것도 제공하지 않고 있었다. 모범조약 제8조에서도 공인됐듯이, 모든 공식적 협의는 영국을 프랑스와의 전쟁으로 끌어들일 수 있었다. 그리고 전쟁이 발발했을 경우 아메리카는 전쟁에서 영국을 돕지 않겠다고 약속했다. 이 '약속'이란 표현은 대륙회의의 준비가 얼마나 미진했었는지를 분명하게 보여준다. 다시 말해, 대륙회의는 프랑스가 제공할 원조에 대한 답례로서 그들에게 분명히 무엇인가를 제공해야 했지만 아무것도 준비하지 않았던 것이다.[10]

분명히 하자면, 대륙회의는 다음 해에 이런 제한적인 외교정책 구상을 포기했다. 롱아일랜드, 허드슨강, 그리고 뉴저지에서의 잇따른 패배로 대륙회의는 이런 원칙들을 포기할 수밖에 없었다. 이 새로운 현실에 발맞춘 최초의 양보안이 아메리카 교섭위원단에게 1776년 말 개정된 지침들에 포함되어 제시됐다. 즉, 교섭위원단은 만약 프랑스가 참전했을 경우 당시 영국령 서인도제도를 프랑스에게 내줄 수 있는 권한을 지니고 있다. 이러한 변화는 겉보기보다는 훨씬 근본적인 것이었다. 대륙회의는 외교의 지렛대로서 무역을 몹시 중시했는데, 이를 너무 확신한 나머지 무역에는 자연스레 권력이 따라온다고 생각했다. 대륙회의는 다른 유럽 국가들의 외무부와 똑같이 정치권력을 숭상했다. 하지만 그 권력을 얻기 위해 전통적인 방식이 필요하다고는 생각하지 않았었는데 전쟁의 현실이 그런 생각을 바꿔놓은 것이다.[11]

유럽에 파견된 교섭위원단은 대륙회의와 마찬가지로 아메리카 무역에 대한 유럽의 관심을 충분히 활용할 수 있다고 생각했다. 그러나 그들은 영국에 피해를 입힐 수 있는 가능성이 유럽 열강에게 더 호재라는 것을 알았고, 이를 위원단이 갖고 있는 복안들 중에서 가장 강력한 카드로 활용할 생각이었다.

대륙회의가 프랑스 정부에 대표로 보낸 인물 중에는 토머스 제퍼슨과 벤저민 프랭클린이 있었다. 그러나 제퍼슨은 임명을 거부했다. 아내가 아파서 그 곁을 떠나고 싶지 않았기 때문이다. 프랭클린은 임명을 받아들였고, 이미 유럽에 나가 있던 사일러스 딘도 임명을 수락했다. 대륙회의는 제퍼슨 대신 아서 리를 임명했는데, 리는 그 당시 딘과 마찬가지로 아메리카의 일을 위해 유럽에 나가 있었다.

리는 딘을 여러 번 만났기 때문에 그가 믿을 만한 사람이 못 된다는 사실을 알고 있었다. 어쩌면 리는 그 누구도 신임하지 않는 듯했다. 아무튼 그에게는 딘을 의심할 만한 이유가 충분히 있었다. 딘이 프랑스 원조의 일부를 착복했던 것이다. 교섭단이 협상을 시작한 직후에 딘은 리가 의심한 것 이상의 행동을 했다. 딘은 아메리카의 기밀을 에드워드 밴크로프트Edward Bancroft에게 전했는데, 위원단의 신임받는 서기였던 밴크로프트는 실은 영국 정부의 돈을 받고 있던 자였다. 프랭클린은 딘의 이런 수상한 행동거지를 잘 모른 채 1776년 12월 초 프랑스에 도착했다. 영국 정부는 프랑스가 반도의 대리인인 프랭클린을 받아들인다는 사실에 불만을 표시했다. 당시 프랭클린은 편지에서 과연 프랑스 사람들에게 환대를 받을지 우려하는 불안감을 표명했다. 그에게는 이런 불안을 느낄 만한 이유가 있었다. 프랑스의 젊은 왕 루이 16세는 아메리카 혁명을 회의적인 시선으로 바라보았다. 유럽의 군주는 동료 군주가 거부당하는 현상을 못마땅하게 생각했고, 그런 반란은 불건전한 행동의 표본이 될 수 있다고 보았다. 프랑스의 상인들도 국왕과 같은 불안을 느꼈다. 프랑스가 과연 또 다른 전쟁을 감당할 정도의 재정 상태인지에 의문을 품은 상인들은 평화 시의 번영에 혼란이 오는 것을 원하지 않았다. 프랭클린이 도착하기 전 프랑스 재무장관으로 근무하던 튀르고는 영국-아메리카 무역은 독립 이후에도 번성할 것이라 예측하면서 프랑스인의 의심을 부채질했다.

프랭클린은 이런 의심을 직접 해소하지는 못했지만, 프랑스 사람들

털모자를 쓴 벤자민 플랭클린 1777년 제작된 프랭클린의 판화. 그의 수수한 모습은 파리 사람들에게 신대륙의 순박한 천재라는 인상을 남겼다.

의 애정을 즉각 사로잡았다. 그는 11월의 차가운 바람을 물리치기 위해 간단한 털모자를 머리에 쓴 채, 대서양을 건너온 배 리프라이절호에서 내렸다. 유행에 민감한 사람이라면 대중 앞에서 착용하지 않을 법한 털모자, 평범한 안경, 그리고 순박하면서도 솔직한 매너 등은 단숨에 파리 사람들의 존경심을 이끌어냈다. 신세계의 순진함에 대해 환상을 품고 있던 프랑스 사람들

은 영웅을 원했다. 그들은 아메리카에서 온 한 천재의 모습에서 순박한 철학자를 보았고, 아메리카 황야를 가장 잘 보여주는 현명하고 선량한 대표를 발견했다. 프랭클린은 그런 환대를 고마워했으나 너무나 세련된 사람이어서 대중의 존경심에 넋을 잃어버릴 정도는 아니었다. 또한 그런 대중적인 분위기가 프랑스와 아메리카의 조약으로 이어질 거라 생각하지도 않았다. 조약을 맺기까지는 상당한 준비 작업을 해야 했다. 그래서 그는 대중의 눈을 피해 파리 교외의 작은 마을인 파시에서 활동했다.[12]

대륙회의는 교섭위원단에게 이런 지시를 내렸다. "프랑스가 우리를 우호적으로 지원한다는 명백한 선언을 하도록 압박하라. 선언이 지연되면 영국과 재결합할지 모른다는 암시를 하라." 최초의 지시는 동맹을 언급하지 않았다. 그러나 대륙회의는 몇 달 사이 교섭위원들이 프랑스와의 밀접한 유대 관계를 추구하는 것을 승인했다. 프랑스는 다음 두 가지 원칙에 따라 정책을 수립하기로 결심했다. 첫째, 아메리카인이 독립을 추구하지 않는다면 그 어떤 협약도 맺지 않을 것이다. 둘째, 프랑스는 스페인의 공식적인 참전 약속이 없으면 움직이지 않을 것이다.[13]

협상은 느리게 진행됐다. 아메리카의 상황에 따라 양측이 가까워지기도 멀어지기도 했다. 교섭위원단은 1777년 2월 프랑스 외교관인 베르젠에게 아메리카의 입장을 밝혔다. 내용인 즉슨, 만약 프랑스가 영국과 별도의 평화조약을 맺지 않는다면, 아메리카 합중국도 영국과 별도의 평화조약을 맺지 않겠다는 약속이었다. 교섭위원단은 한 달 뒤 스페인과 더불어 프랑스와도 동맹을 맺고 싶다고 제안했다. 아메리카 전쟁의 추이를 예측하지 못했던 베르젠은 결정을 미루었고, 스

페인 정부는 아서 리가 입국해 아메리카의 입장을 설명하려고 하자 입국을 거부했다.[14]

　교섭위원단은 여름 동안 아메리카를 독립국가로 인정해주고 대규모 차관을 해달라고 프랑스를 압박했다. 11월 하우가 필라델피아에 입성했다는 소식이 들려오자 교섭위원단의 노력은 무용지물이 될 것처럼 보였으나, 12월 4일 버고인 부대의 항복 소식이 날아들었다. 그러자 며칠 사이에 베르젠은 교섭위원단을 초청해 프랑스-아메리카 동맹에 관한 협의를 재개하자고 말했다. 프랭클린은 그 동맹 협약의 초안을 작성했고, 베르젠은 1777년 12월 17일 프랑스가 아메리카 합중국을 국가로 인정하고 동맹을 맺는 데 동의했다. 그러나 그 협약에 서명하기 전, 스페인 또한 프랑스와 아메리카의 동맹에 참여할 것을 다시 한 번 촉구하기로 했다. 12월 말 스페인은 이를 거부했고, 베르젠은 프랑스 단독으로라도 진행하기로 결심했다.[15] 영국이 아메리카와 화해조건을 알아보기 위해 영국 대리인 폴 웬트워스Paul Wentworth를 파리에 파견했고, 딘과 플랭클린이 그를 만나 논의한다는 사실에 불안감을 느꼈기 때문이다.

　양측은 우호와 통상 조약, 그리고 동맹조약을 1778년 2월 체결했다. 상업 조약은 최혜국 대우를 포함했고, 서인도제도의 여러 항구를 개방하며, 프랑스가 아메리카 선박에 무제한으로 항구를 개방하는 조항도 포함했다. 프랑스와 영국이 전쟁에 돌입하는 경우에만 발효되는 동맹조약은 두 국가가 아메리카 합중국의 자유와 독립을 유지하기 위해 노력한다는 내용을 골자로 했다. 특히 8조에 명시된 내용이 중요했다.

　"양국은 상대방의 동의 없이는 영국과 휴전이나 평화협정을 체결하지 않는다. 또한 양국은 아메리카 합중국의 독립이 전쟁을 끝내는 공식적 조약에 의해 확실하게 되기 전까지는 무기를 내려놓지 않기로 합의한다."

프랑스는 북아메리카 대륙의 영국 영토에 대해서도 아무런 주장을 하지 않을 것이며, 전쟁 중에 점령된 영토는 아메리카 합중국의 소유라는 점에도 동의했는데, 이 역시 중요한 내용이었다.[16]

이 조약은 서명한 뒤 아메리카에 발송됐는데, 영국 측의 타협 제안보다 한발 앞선 5월 2일 도착했다. 그러나 영국 정부는 아메리카의 독립을 인정해줄 의사를 보이지 않았다. 프랑스와의 조약은 5월 4일에 대륙회의의 승인을 받았고, 1778년 6월 14일이 되자 프랑스와 영국은 교전 상태에 들어갔다.

영국, 전쟁의 기로에서 헤매다

영국은 국내의 정치적, 재정적 부담은 말할 것도 없고 엄청난 전략적 문제에 봉착해 있었다. 버고인이 새러토가에서 항복하기 전까지 영국의 전략은 매우 산만했다. 해군장관 샌드위치는 1777년 12월 영국 해군이 잘 활용되지 못했고, 병력을 이리저리 나르는 일에만 집중하면서 고유의 힘을 효과적으로 발휘하지 못했다고 불평했다. 그의 지적은 그동안 해군이 했던 일을 정확하게 짚은 것이었다. 샌드위치는 영국 해군이 아메리카의 항구들을 공격하고 봉쇄하는 방식으로 식민지를 목 졸랐어야 했다고 주장했다. 이 주장은 영국이 채택할 수 있는 또 다른 종류의 전략을 제시하는 것이었다. 영국은 18세기에 위대한 해양 국가였으므로 해전을 택할 수 있었다. 샌드위치가 이런 전략을 제시했을 때, 영국은 종류가 전혀 다른 전략, 즉 해군의 지원이 없는 지상전을 선택했다가 막 참사를 겪은 직후였다.[17]

샌드위치가 해전의 중요성을 역설하긴 했지만, 그를 포함한 어느 누구도 영국이 처해 있는 상황과 문제를 제대로 파악하지 못하고 있었다. 전쟁 발발 첫 2년 동안 영국은 기본적인 전략개념조차 세우지 못한 채 전쟁을 치르는 듯 보였다. 전쟁은 영국에게 유리한 조건에서 시작되지 않았고, 게이지가 렉싱턴으로 행군하면서 아메리카와 전쟁을 할 수 있는 좋은 상황을 선택한 것도 아니었다. 그는 아주 제한된 목적을 가지고 움직였고, 이 때문에 어이없게도 거의 1년을 보스턴에 갇혀 있어야 했다. 하우는 영국군을 보스턴에서 핼리팩스로 이동시켰다가 대규모 군을 거느리고 뉴욕으로 돌아와 그곳에서 워싱턴 군대를 괴멸시키려고 했다. 이런 목적 아래 하우는 15개월을 끌었고, 1777년 여름에는 필라델피아 전투를 수행하면서 남부 펜실베이니아에서 국왕파의 공개적인 지지를 이끌어내려고 시도했다. 하우의 문제점으로 특히 다음 사항이 눈에 띈다. 그는 반란을 진압하는 것과 전쟁을 치르는 것이 반드시 같지 않다는 사실을 잘 이해하지 못했다. 본국의 내각도 이런 혼란을 겪었고, 영국군이 그 둘 중 어떤 것을 하고 있는지 또 그 둘을 어떻게 연결시켜야 하는지 제대로 알지 못했다. 뉴잉글랜드를 고립시키는 버고인의 작전 계획을 승인하면서, 영국 정부는 군사작전을 통해 정치적 목적을 이루기를 희망했다. 만약 버고인이 군대를 온전히 보전한 채 올버니까지 남하할 수 있었다면, 그는 아메리카의 대의를 크게 훼손시켰을 것이다. 특히 그가 허드슨강을 타고 올라가 게이츠의 아메리카군을 분쇄했더라면 그 효과는 굉장히 컸을 것이다.

그러나 버고인의 항복과 프랑스의 참전으로 인해 영국 지도자들은

영국 정부의 무능력을 풍자하는 프랑스 만평 영국 노스 정부는 프랑스의 참전으로 갈팡질팡하다가 결국 1779년 서인도제도에서 그레나다를 프랑스 해군에게 빼앗기고 말았다.

아메리카 문제를 다시 생각해야 했으면서도, 작전 계획에서는 전보다도 일관성을 갖추지 못했다. 새러토가의 항복 소식이 들려오자 사태는 좀 더 명확해졌다. 샌드위치는 그때까지의 작전 계획이 잘못되었음을 더욱 확신하면서 이제 해전 위주로 전쟁을 치러야 한다고 주장했다. 모든 전략 중에서 해전 전술만이 아메리카인를 굴복시킬 유일한 수단이라는 것이었다. 1777~1778년 겨울 동안 해전을 수행할 것을 내각이 동의했고, 영국 내에서 가장 존경받는 군사 지도자인 애머스트와 국왕 또한 이를 승인했다. 새러토가의 패전 이후 영국 지도자들을 이런 식으로 움직이게 만든 것은 프랑스가 곧 전쟁에 참가하고 스페인이 그 뒤를 따를 것이라는 상황 판단 때문이었다. 겨울 동안 영국 지도자들이 주고받은 서신에는 안도에 가까운 느낌마저 엿보였다.

그들은 이제 예전의 터전으로 돌아가, 부르봉 왕가와 다시 전쟁을 하게 된 것이었다. 그렇지만 그들은 이 전쟁을 반기지 않았다. 사실 그들은 이 전쟁을 두려워하고 있었다. 하지만 식민지에서의 반란이 이해하기조차 어려운 것이라면, 적어도 이 전쟁은 이해할 만한 것이었다. 샌드위치는 노스에게 제출한 장문의 평가서에서 프랑스와 스페인은 "본질적으로 우리와 원수지간"이라 말했다. 애머스트는 국왕에게 이제 그들의 주된 관심사는 프랑스지 식민지 전쟁이 아니라고 보고했다. 애머스트는 해군력을 이용해 식민지의 항구들을 봉쇄하라고 건의했다. 아메리카인을 철들게 하려면 해군력으로 그들을 압박할 수밖에 없었다.[18]

이런 주장은 노스의 마음을 어느 정도 움직였다. 당시 노스는 버고인의 항복에 엄청난 절망을 느끼면서 총리직에서 사임하고 싶은 생각밖에 없었다. 국왕은 프랑스-아메리카 협상에 대한 비밀 보고서를 접수한 뒤 그 누구보다도 이 새로운 상황을 재빨리 파악했다. 애머스트와 대화를 나눈 뒤, 국왕은 장차 다가올 전쟁에 합당한 전략들을 구상하기 시작했다. 그 중에는 애머스트의 건의안도 포함되어 있었다. 그 내용은 영국이 아메리카 식민지에서 완전히 철수하고 캐나다, 플로리다, 노바스코샤를 강화한 뒤에 서인도제도와 루이지애나에서 프랑스와 스페인을 공격하자는 것이었다. 애머스트가 2월에 노스에게 보낸 편지에서 이러한 계획의 근거를 엿볼 수 있다. 그가 설명하길, 식민지를 상대로 계획했던 지상전에서 프랑스와 스페인까지 상대하게 된다면, "그 전쟁은 모든 면에서 수세에 몰릴 것이고, 결과적으로 실패할" 수밖에 없었다.[19]

1778년 3월 8일, 윌리엄 하우를 대신해 총사령관 자리에 오른 헨리 클린턴 장군에게 이러한 판단에 근거한 지시가 내려갔다. 앞으로의 작전들은 해상에서 수행되어야 하고, 헨리 클린턴 장군은 뉴욕에서 노바스코샤에 이르는 아메리카 해안을 공격하는 데 해군과 협조해야 한다는 내용이었다. 또한 클린턴은 아메리카의 저항의지가 낮다고 간주되는 남북부 캐롤라이나와 조지아를 공격할 준비를 하라는 지시도 받았다. 이런 새로운 지시는 필라델피아의 중요성을 상대적으로 낮게 판단해서 내려졌고, 이 때문에 클린턴은 필라델피아에서 병력을 철수해 뉴욕으로 돌아가라는 지시를 받았다. 이런 명령을 내린 저메인 식민지 장관은 클린턴에게 필라델피아에 병력을 계속 주둔시켜야 할 상황이라면 그렇게 해도 좋다는 재량권을 함께 주었다.[20]

그러나 닷새 뒤 프랑스 정부가 아메리카와의 우호조약 및 통상조약 체결을 발표하자, 이 지시들은 사실상 무효화됐다. 영국과 프랑스는 1778년 6월까지 실제 교전 상태에 들어가지 않았지만 이제 프랑스와의 전쟁이 불가피해졌고, 프랑스를 먼저 치는 것이 당면 정책으로 떠올랐다. 며칠 동안 국왕, 노스, 그리고 애머스트는 아메리카 식민지에서 병력을 전원 철수시키는 가능성을 논의했다. 그러나 3월 21일 저메인 장관이 두 번째 지시를 작성할 때 그런 과격한 조치는 불필요해졌다. 그렇지만 새로운 전략은 방향과 자원의 전환을 요구했다. 해군에 의한 봉쇄전략을 전면포기한 것은 아니었지만 우선적인 고려 대상에서는 제외됐다. 이제 전쟁의 주된 관심사는 프랑스—국왕의 격정적인 표현에 따르면 "신의 없고 오만한 나라"—에 대항하는 것이 되어야 했고, 클린턴은 그런 전략에 따라 행동하라는 지시를 받았다. 클린턴은 서인도제도의 세인트루시아에는 5000명의 병력을, 플로리다에는 3000명을 파견하고, 나머지 병력을 직접 인솔해 뉴욕으로 철수하라는 지시를 받았다. 뉴욕으로의 철수는 곧 아메리카로 파견될 칼라 일Carlisle 위원단의 협상력을 강화하기 위한 조치였다. 이 위원단은 아메리카의 독립을 인정하지 않으면서도 반란자들과 평화 협상을 체결하라는 지시를 받았다. 그러나 이는 현지의 사정을 잘 모르는 한심한 조치였다.[21]

영국 내각은 아무런 생각 없이 서인도제도의 프랑스군을 공격하기로 결정했다. 서인도제도는 영국에겐 익숙한 지역이었으나 당시 영국군의 핵심 전력은 아메리카에 있었다. 영국해협을 건너가 공격에 나설 수 있는 군사력은 존재하지 않았다. 다시 말해 작전을 실천할 가능성이 아예 없었던 셈이다.[22]

서인도제도는 물자가 풍부한 고장이었다. 상업적 관점에서 봤을 때 이 지역은 대륙의 식민지들보다 가치가 월등히 높았다. 서인도제도와의 무역은 대륙과의 무역보다 영국에게 더 많은 이익을 주었다. 서인

1778년 서인도제도 영국은 식민지령 서인도제도에서 프랑스를 견제하기 위해 1778년 12월 프랑스령이던 세인트루시아를 공격해 점령했다.

도제도의 상인들은 언제나 그랬듯 1778년에도 자신들을 보호해달라고 아우성쳤다. 그들의 상업적 가치를 생각할 때 영국 정부는 그런 요구를 물리치기가 어려웠다. 설사 상인들이 조용히 입 다물고 있었더라도 결과는 다르지 않았을 것이다. 서인도제도의 프랑스군을 공격하는 것은 이미 예정된 일이었기 때문에 결정은 쉽게 내려졌다.

세인트루시아는 타당한 전략적 이유 때문에 공격 대상으로 선택됐다. 이 섬은 마르티니크에서 약간 떨어진 남쪽에 있는 윈드워드제도 중 하나였다. 프랑스는 마르티니크에 훌륭한 항구를 가지고 있었다. 그보다 더 남쪽에는 영국이 소유한 그레나다와 토바고가 있었고, 동쪽으로 약 160킬로미터 떨어진 바베이도스는 중요한 설탕 생산지였다. 윈드워드제도는 소小 앤틸리스제도에 소속된 주요 군도였다. 북쪽 그룹에 속하는 리워드제도 중 안티구아에는 영국의 가장 강력한 주둔지가 있었다. 프랑스는 이 섬들 중에서 제일 중요한 섬들을 장악했고, 1778년 9월 과달루프와 마르티니크 사이의 외로운 영국 섬인 도미니카를 장악하려고 했다. 카리브해에 있는 가장 크고 부유한 영국령 섬인 자메이카는 서쪽으로 약 1600킬로미터 떨어진 곳에 있었는데, 너무 멀리 떨어져 있는 데다 바람이 세게 불어서 소 앤틸리스제도의 프랑스를 공격하는 거점으로는 활용할 수가 없었다. 그러나 세인트루시아를 강제 점령할 수 있다면 프랑스 공격의 거점이 될 수 있었다. 영국 해군은 이 섬을 정박지로 삼아서 마르티니크를 드나드는 배들을 상대로 공격할 수 있었다.

내각의 모든 각료는 서인도제도의 프랑스군을 공격하려는 계획에 만족스러워했다. 그러나 브레스트와 툴롱에 정박 중인 프랑스 함대에 대응하는 문제에 대해선 합의를 도출하지 못했다. 프랑스는 아메리카와의 조약을 발표할 당시 브레스트에 함대 21척, 툴롱에 12척을 보유하고 있었다. 프랑스 해군은 봄 동안에 여기에 12척을 더 추가했다. 영국 해군은 3월에 준비 상태가 저마다 다른 51척의 함대를 보유하고 있었다. 만약 프랑스가 보유 중인 함대의 상당 부분을 아메리카 수역으로 보낸다면, 그곳에서 영국 해군이 누리던 우세한 지위는 크게 변화될 터였다. 영국은 이런 가능성에 대비해 두 가지 방안을 가지고 있었다. 하나는 예전에 전쟁에서 썼던 방법을 그대로 사용하는 것이었다. 즉, 프랑스 해군을 유럽 해역에 성공적으로 묶어두는 해상 봉쇄였다. 하지만 해상 봉쇄, 특히 브레스트 봉쇄에는 큰 어려움이 있었다. 브레스트 인근 바다까지 배를 출동시켜 근접 봉쇄를 행하는 것은 오래 지속하기 어려운 작전이었다. 많은 영국 배들의 상태가 좋지 못했고, 해상에서 장시간 대기하면 배의 기동성이 떨어지기 때문이었다. 또한 수병들의 건강 상태가 나빠져서 괴혈병에 걸릴 수도 있었다. 다른 하나는 '개방적' 봉쇄인데, 영국의 빠른 프리깃함을 브레스트에서 멀리 떨어진 수역에 배치해 적함이 나타날 때에만 봉쇄하는 방법이었다. 하지만 이 방법에도 위험은 따랐다. 가령 프랑스가 함대를 나눠 일부를 아메리카로 보내는 경우, 영국은 분견대를 파견해 오로지 수병들의 능력과 행운에만 의지해서 프랑스가 공격하고자 하는 아메리카 수역까지 프랑스 함대를 추격해야 했다. 툴롱의 함대도 대체로 이러한 방식으로 봉쇄할 수 있었다. 가령 지브롤터해협을 봉쇄하거나 아니면 아메리카 수역으로 함대를 파견할 때에 추격하는 방식이 그랬다.

프랑스가 조약을 발표한 직후, 툴롱 함대는 바다로 출격할 준비를 시작했다. 풋내기 선원인 데스탱d'Estaing 백작이 함대 사령관으로 임명됐고, 영국에서는 데스탱의 작전에 관한 소문이 나돌기 시작했다. 그는 툴롱 함대를 영국해협 쪽으로 몰고 올라와 브레스트의 주력 부대와 합류할 것인가? 아니면 아메리카로 향할 것인가? 이 질문과 그에 대한 상호 모순적인 답변들이 두 달 동안 영국 내각을 혼란스럽게 만들었다. 샌드위치 해군장관과 본국 '대함대'의 사령관인 어거스터스 케펠Augustus Keppel 제독은 본국 수호가 우선이므로 무슨 이유로든 영국 해군력을 나눠서는 안 된다고 주장했다. 그들은 본국 수호에 집착했다.

데스탱 백작 샤를 앙리 엑토르(1729~1794) 데스탱 백작은 프랑스 해군 사령관으로 아메리카 독립 전쟁의 주요 전투에 참가해 영국군과 싸웠다.

샌드위치는 "우리의 주된 목표는 본국을 방어하는 것"이라고 말했다. 두 사람은 데스탱을 지브롤터해협에서 막아버리는 작전에 반대했다. 만약 그 작전이 실패하면 프랑스 해군은 지중해에 발이 묶인 '대함대' 뒤로 빠져나가 본국을 공격할 수가 있었다.[23]

그러나 저메인 장관은 이런 본국 침공이 별 가능성 없는 얘기라고 생각하면서 아메리카 내의 해군력 우위가 상실되는 것을 막으려고 했다. 툴롱 함대를 지브롤터해협에서 막는 작전은 저메인에게 아주 타당한 것으로 보였다. 그는 무엇보다도 아메리카를 우선적으로 생각했기 때문이다.

국왕과 노스는 이런 의견 불일치 때문에 심한 난관에 봉착했다. 두 사람은 프랑스가 주된 문제라는 점에 동의했으나, 해군을 영국해협 근처에만 묶어두는 것은 프랑스와 전쟁하는 방법치고는 좀 우스꽝스럽게 보였다. 반면 영국 함대를 지브롤터해협과 영국해협 두 쪽으로 분할한다면, 본국을 적에게 노출시킬 우려가 있었다. 분할하지 않는다면, 프랑스는 아메리카에서 영국의 해군력 우위를 위협할 터였다.

결국 샌드위치와 케펠이 이겼다. 툴롱 함대는 4월 13일에 출항해 5월 16일에 지브롤터해협을 통과했다. 데스탱이 툴롱을 출발한 그달에, 국왕, 노스, 샌드위치를 포함한 대부분의 각료들은 대응 방안에 대해 생각을 바꾸었다. 그달 말에, 바다에 나설 때마다 궂은 날씨를 만나 별명이 '파울 웨더 잭John 'Foul Weather Jack'인 존 바이런John Byron 제독에게 13척의 전함과 함께 아메리카로 출항해 리처드 하우의 선단을 강화하라는 지시가 내려갔다. 이 당시 내각은 데스탱이 아메리카로 가고 있다고 보았다. 그러나 샌드위치와 케펠은 데스탱이 브레스트 함대에 합류할 것으로 확신한다고 국왕에게 진언했다. 국왕은 그런 건의에 마음이 흔들려 5월 13일에 바이런 제독에게 출항을 보류하라고 지시했다.[24]

국왕과 영국 해군은 우유부단하게도 아무런 결정을 내리지 못했다. 그러다가 지브롤터해협 근처에서 순찰하던 프리깃함 프로세르피네호는 데스탱이 5월 16일에 대서양으로 들어서서 아메리카로 가고 있다는 소식을 가지고 입항했다. 프로세르피네호는 양동작전에 속지 않기 위해 이틀 동안 데스탱을 쫓아가며 확인했다고 했다. 그러자 바이런에게 출항 지시가 떨어졌지만, 그는 험한 바람 때문에 일주일 동안이나 바다로 나가지 못했다. 바람이 잠잠해지자 출항한 바이런의 함대는 또다시 풍랑을 만났다. 함대는 흩어져서 일부 손상을 입었고, 8월 초가 되어서야 겨우 아메리카 수역에 도착했다.[25]

클린턴과 하우 제독은 이런 함선의 움직임에 대해서 전혀 알지 못했다. 해군장관 샌드위치는 프랑스의 함대가 곧 아메리카 수역에 도착할 것이라는 정보를 두 사령관에게 알려주지 않았다. 아메리카에 분견대를 보내는 안건에서 패배해 화가 난 샌드위치는 데스탱의 도착 소식을 빠르게 알려줄 수 있는 프리깃함을 띄우는 것을 거부했다. 저메인 식민지 장관이 정기 우편선을 이용하면 된다는 것이 그의 입장이었다. 결국 저메인은 정기 우편선을 띄웠고, 하우 제독은 곧 데스탱이 아메리카 해안에 도착할 것이라는 사실을 6월 29일에 알았다. 윌리엄 하우로부터 사령관직을 이어받았던 클린턴은 다음 날 필라델피아에서 철수하고 서인도제도와 플로리다에 병력을 보내라는 지시를 받았다.[26]

자신의 부대를 해체할 준비를 하라는 지시를 받은 새 사령관에게 앞으로 벌어질 일들은 그리 달갑지 않았다. 군인이라면 누구나 그렇듯 클린턴은 현재의 상황이 마음에 들지 않았다. 결국 필라델피아 철수가 완전히 끝날 때까지 자신이 보유한 병력을 가능한 한 그대로 유지하기로 결정했고, 8000명의 병력을 남쪽으로 파견하는 것을 뒤로 미루었다.

워싱턴, 포지 계곡에서 병력을 재정비하다

조지 워싱턴은 병사들이 갑자기 사라지고 심지어 소집 만료일 전에도 탈영해버리는 현상에 점점 체념했다. 그러나 1778년에 들어와 지난해 겨울에 느꼈던 것보다는 한결 기분이 좋았다. 프랑스와 맺은 조약으로 인해 곧 원조가 예상된다는 점도 한 가지 이유였지만 그보다는 아메리카군이 포지 계곡에서 보낸 겨울 동안에 군기가 많이 향상되었기 때문이었다.

1777~1778년의 겨울 동안 아메리카군이 겪은 고통의 대명사인 포지 계곡은 필라델피아에서 북서쪽으로 약 28.9킬로미터 떨어진 곳에 있었다. 그곳은 서쪽에서 동쪽으로 흐르는 밸리 샛강 남쪽에서 스쿨킬강으로 합류하는 지점이었다. 이름만 계곡이지 실제로 '계곡'은 존재하지 않으며, 쇠를 야금하던 대장간Forge은 이미 사용하지 않은 지 오래였다. 밸리 샛강과 스쿨킬강 사이의 땅은 일련의 낮은 언덕으로 이루어져 있는데, 그중 몇 개는 삼림으로 뒤덮여 있었다. 계곡의 길이는 약 3.2킬로미터에다 폭은 약 2킬로미터였다.[27]

워싱턴이 포지 계곡을 겨울 숙영지로 고른 이유는 그곳이 접근하기가 쉽고 높은 언덕과 시냇물로 인해 쉽게 방어할 수 있기 때문이었다. 그곳은 정착 지역으로부터 떨어져 있었으나 필라델피아 내의 영국군을 밀착 감시할 수 없을 정도로 멀지는 않았다. 워싱턴은 병사들에게 펜실베이니아를 '적의 파괴적 행동'으로부터 보호하는 것이 그들의 임무임을 상기시켰다. 동시에 그는 이 지역에 부담을 주는 것도 두려워했다. 하우가 진격해 오면서 이 지역으로 피난 온 사람들이 많았기 때문이다. "우리는 피난민들의 고통을 더욱 가중시킬 수는 없다"고 그는 병사들에게 말했다. 하지만 병사들도 고통을 받고 있었고 위장은 텅 비어 있었다. 아무튼 포지 계곡은 전략적 요충지였고 방어가 수월하고 민간인과의 접촉이 어려운 지점에 있었기 때문에 겨울 숙영지로 선택됐다.[28]

포지 계곡으로 행군해 온 아메리카군은 피로에 지쳐 있었다. 10월 초 저먼타운 전투 이후, 그들은 하우 부대의 추격을 경계하며 그들보다 앞서서 행군했다. 다행히 하우 부대도 또 다른 싸움을 걸어올 생각은 없는 듯했다. 치열한 소규모 전투가 몇 번 벌어지기는 했지만, 양군의 주력 부대는 전면전을 벌이지는 않았다. 양군이 전면전에 가장 가까이 다가간 것은 필라델피아에서 서쪽으로 약 19킬로미터 떨어진 화이트마쉬의 아메리카 캠프에서였다. 워싱턴은 이 캠프를 11월 초에 설치한 바 있었다. 저먼타운 전투 직후 2주 동안 필라델피아의 안락한 생활환경을 즐겼던 하우는 12월 초에 다시 공격에 나섰다. 양군은 며칠 동안 서로 대치했는데, 워싱턴 부대는 고지에 자리 잡고 있었다. 하우는 공격에 성공하기 어렵다고 판단해 필라델피아로 돌아가 겨울 숙영을 지시했고, 12월 21일에 아메리카군은 포지 계곡으로 흘러들었다.[29]

워싱턴 부대에는 1만 1000명의 장교와 사병이 있었는데, 그중에 근무 가능한 병력은 8200명이었다. 그들은 아주 전략적인 장소에 캠프를 설치했으나, 그곳에는 상황을 더욱 악화시키는 조건들이 많았다. 그들은 도착 당시부터 이미 비참한 상황에 놓여 있었다. 군부대의 생존에 필요한 물자는 부족했고, 배를 곯기 일쑤였다. 새 숙영지 자체가 지리적으로 식량을 구하기 어려웠기 때문이었다. 그들은 이미 여러

화이트마쉬 전투 워싱턴은 대륙군의 거울 숙영지로 포지 계곡을 선택했고 하우의 영국군은 필라델피아에 주둔해 있었는데, 근교 화이트마쉬에서 대륙군과 영국군의 충돌이 있었다.

주 동안 노천에서 지냈고 이제는 겨울을 나기 위해 그들을 보호해줄 막사 또는 주거 공간이 필요했다. 포지 계곡에는 건물이라 부를 만한 것이 전무했기 때문에, 부대는 직접 거주 시설을 만들어야 했다.

최근의 전투로 병사들뿐만 아니라 그들의 구두와 옷도 다 닳아빠졌다. 인근 언덕은 식량과 옷을 제공해줄 만한 곳이 되지 못했다. 부대가 이 지역에 당도한 며칠 뒤, 워싱턴은 비누가 떨어졌음을 병사들에게 알렸지만, 병사들 중 셔츠를 두 벌 이상 가진 자가 없어서 비누가 없다는 사실이 문제가 되지 않을 지경이었다. 게다가 밸리 샛강과 스쿨킬강이 부대 근처에 흐르고 있었지만, 각종 용도의 물은 상당히 먼 거리에서 길어와야 했고 어떤 곳에서는 1.6킬로미터 이상을 걸어가야 했다.[30]

병사들은 숲에서 막사를 세울 재료를 구해 즉각 오두막 건설에 착수했다. 워싱턴은 숙소의 설계를 세심하게 짜라고 지시했다. 오두막은 세로 약 4.2미터와 가로 약 4.8미터였고, 통나무로 지었으며, 지붕에는 '팔八자형 슬래브'를 얹었다. 오두막의 옆면은 진흙을 발라 메웠고 벽난로도 진흙으로 만들었다. 물론 못이 없었으므로, 통나무의 가장자리를 브이자형으로 파내 고정시키는 공간으로 삼았다. 오두막 한 채에는 12명의 분대가 들어갔다. 워싱턴은 병사들의 고통에 동참하기 위해 최초의 오두막이 지어질 때까지 텐트에서 생활하다가 나중이 되어서야 인근의 주택 중 하나에 들어갔다. 마지막 오두막은 1월 13일에 이르러 건설이 완료됐다.[31]

오두막 내부에도 편안한 조건은 별로 없었다. 많은 병사들이 맨바닥에서 자야 했고 침대용 볏짚은 당장 구할 수가 없었다. 게다가 병사들에게 제일 불행했던 점은 식량이 자주 떨어졌다는 것이었다. 그들

포지 계곡 국립역사공원 오늘날 미국 포지 계곡에는 1777년 겨울 워싱턴의 병사들이 머물렀던 야영지 오두막집과 오븐을 재현해놓았다.

이 계곡에 도착할 당시, 군수품 창고는 겨우 밀 25통만 보유하고 있었다. 그 외에 고기나 생선은 전혀 없었다. 그 뒤 며칠 동안 병사들은 쫄쫄 굶으며 나무를 베어서 오두막을 지어야 했다. 코네티컷 부대의 외과의인 앨비전스 월도Albigence Waldo에 따르면, 언덕에는 "고기가 없다! 고기가 없다!"라는 전반적인 외침이 크게 퍼져나갔다. 병사들은 이 '울적한 외침'에다 까마귀와 올빼미의 울음소리를 흉내내어 섞어 넣었다.[32]

병사들은 날짐승 소리를 흉내내 유머 감각을 발휘하면서 최악의 고통을 견뎌냈다. 그들에게는 증오의 대상들이 있었는데, 그런 증오심이 그들의 힘이기도 했다. 그중 하나가 파이어케이크였다. 이것은 밀가루와 물을 가지고 부대의 모닥불 위에서 구워 만든 얇은 빵이었다. 또 다른 증오의 대상은 부대에 식량 제공의 업무를 맡은 식품부였다. 외과의 월도는 당시의 척박한 상황을 이런 대화로 기록해두었다. "병사들, 점심으로 무엇을 먹었나?" "파이어케이크와 물을 먹었습니다, 장교님." 이어 저녁이 왔다. "저녁 식사 시간이 되었소. 병사들, 자네들 저녁은 무엇인가?" "파이어케이크와 물입니다, 장교님." 이어 아침이 되었다. "병사들, 아침으로 무엇을 먹었나?" "파이어케이크와 물입니다, 장교님." 그러자 월도는 참지 못하고 이렇게 소리쳤다. "빌어먹을. 주님께서 저 식품부놈들의 살찐 창자가 판때기가 될 때까지 파이어케이크와 물만 먹게 해주셨으면 좋겠군."[33]

그러나 12월 말, 1월 초, 그리고 2월 중순에는 파이어케이크마저도

포지 계곡의 워싱턴 워싱턴이 이끄는 대륙군은 포지 계곡에서 겨울 숙영을 하며 추위와 굶주림과 싸워야 했다.

거의 떨어졌다. 특히 2월이 아주 심각했다. 워싱턴은 1778년 2월 6일에 병사들이 "굶어 죽고 있다"고 적었고, 2월 16일에는 그들이 "기아" 상태라고 말했다. 이 무렵 병사들은 이미 두 달이나 식량 부족을 견디고 있었다. 그들은 춥고 병들었다.[34]

워싱턴은 병사들의 고통을 함께 느끼며 자신도 아주 간단한 식사를 했고, 식량을 찾아서 포지 계곡으로 가져오는 일에 최선을 다했다. 하지만 아무리 최선을 다한다고 해도 민간인의 권리를 존중하려고 애썼고, 그런 원칙을 지키려다 보니 병사들의 입에 고기를 제대로 넣어줄 수가 없었다. 포지 계곡의 기아 상태를 잘 아는 대륙회의의 의원들은 워싱턴에게 부대에 필요한 식량을 민간으로부터 강제 징발하라고 권유했다. 워싱턴은 그런 권유를 물리쳤다. 그런 방식으로 병사들의 배고픔을 해결하는 것은 곧 혁명의 원칙을 훼손하는 것이고 민간인의 정치적 지원을 막아버리는 것이었기 때문이다. 그 대신 그는 식품부 장교와 사병들을 멀리 뉴저지, 펜실베이니아, 델라웨어, 남부의 상부지역 등으로 보내 식량을 조달하게 했다. 때때로 그도 물자를 압수하거나 무력으로 빼앗거나 약속 어음을 주고서 가져왔다. 그러나 이런 경우에도 판매자의 이익을 가능한 한 보호하려고 애썼다. 그 겨울에 500필 이상의 말이 사료 부족으로 죽었다. 워싱턴은 교체할 말을 찾아서 인근 농가로 병사들을 내보냈다. 그들에게는 농가가 필요로 하는 말들은 남겨놓고 영수증을 끊어주며 가격을 최대한 공정하게 매기라는 지시가 내려갔다. 공정한 보상을 보장하기 위해 공평무사한 중개인을 세웠고, 농부들 자신이 그런 중개인을 선택할 수 있었으며, 말의 가치를 평가할 때는 농부가 입회할 수도 있었다.[35]

군수물자를 발견하는 것은 쉽지가 않았고, 물자를 발견하더라도 부대까지 가져오기는 더 어려웠다. 군용 말과 마차가 부족한 상황에서 상인이나 짐마차 업자 등 민간인에 의존해야 했는데, 사실 이들은 자기 사업을 하고 있었으므로 민간인들의 짐을 수송하는 것이 더 좋은 대가를 받았다. 뉴저지에서 구입한 돼지고기는 마차 부족으로 인해 현지에서 그냥 썩히는 수밖에 없었다. 펜실베이니아에서 개인업자들은 밀을 가격이 더 좋은 뉴잉글랜드로 선적했다. 워싱턴의 병사들이 배급 부족으로 쫄쫄 굶고 있는데도 말이다. 그리고 필라델피아 근처의 많은 농부는 워싱턴의 약속어음보다는 현금을 내는 시내의 영국군에게 농산물을 팔려고 했다.[36]

음식과 난방밖에 생각할 게 없는 포지 계곡의 병사들은 그들 나름대로 위안을 얻으려고 했다. 탈영 병사는 평소보다 많지는 않았으나 평소에도 우려스러운 수준이었기 때문에 특별히 놀랍지 않았다. 오히려 워싱턴에겐 다수의 장교들이 사임한 것이 놀라웠다. 계곡에 남은 병사들은 일단 오두막을 다 짓고 나자 할 일이 없었다. 아메리카 군대의 한 가지 결점은 훈련과 연습이라는 체계적 절차가 결여돼 있다는 점이었다. 그래서 일부 병사들은 인근의 농가를 약탈했다. 부대에는 늘 들고나는 병사들이 있었고, 제멋대로 돌아다니며 방랑하는 병사들도 있었으며, 총소리를 듣고 싶어서 그냥 총을 쏴보는 한심한 병사들도 있었다. 그들은 군대의 독 같은 존재였다. 가진 것이 별로 없는 농부들에 대한 약탈은 그보다 더 심각한 일이었다. 그것을 "비열하고, 잔인하며, 우리의 대의를 해치는 행위"라고 규정한 워싱턴은 군기를 더욱 강화해 그런 행위를 막으려고 했다. 부대를 나서려면 통행증을 발급받아야 했고, 통행증 없이 부대 밖에 있다가 발견된 병사들은 영창에 갔다. 또한 워싱턴은 빈번한 점호를 지시했고, 장교들에게는 오두막 내부를 좀 더 자주 점검하라고 명령했다. 무절제하게 총을 쏜 병사는 '현장에서' 20대의 매질을 당했고, 근무 중인 병사들만 총기를 휴대하게 했다.[37]

부대의 열악한 환경이 군기 위반의 핵심적인 이유였다. 만약 병사들의 생활조건이 향상된다면 그들의 위법 행위는 대부분 근절될 수 있었다. 그러나 식량과 의복의 보급이 충분치 못했으므로 범죄 행위가 충분히 억제되지 못했다. 그래도 워싱턴의 지시는 군기 유지를 위해서 많은 방법을 동원했다는 것을 보여준다. "죽은 말들과 썩은 고기는 땅에 파묻어라" 같은 지시는 필수적이었지만, 카드놀이와 주사위놀이 금지와 같이 부수적인 규칙들도 있었다. 장교들에게는 부대를 자주 검열하고 병사들의 오두막을 점검하라는 지시가 내려갔다.[38]

이런 지시들은 분명 효과가 있었다. 보급 체계가 서서히 회복되면서 더욱 큰 효과가 났다. 아메리카군이 포지 계곡에 들어갔을 때 군수지원 부서는 발족한 지 거의 3년이 되었다. 식품부는 1775년 보스턴 외부에서 시작된 이래로 조직이 바뀌었으나 별로 향상되지는 않았다. 식품부는 군대의 원동력인 병사들의 배를 채우는 식량을 조달하기 위해 존재하는 조직이었다. 두 번째 조직인 병참부는 병참감 아래 의복을 포함해 대부분의 군수물자를 조달하는 부서였다. 1777~1778년 이전에는 잠시지만 조지프 트럼불Joseph Trumbull이 식품감으로서 조직을 훌륭하게 운영했다. 그러나 대륙회의가 식품부를 재편해 식품감의 부관들을 임명하는 권리를 직접 행사하자, 트럼불은 사임했다. 대륙회의의 이러한 조치 때문에 식품감이 부관들의 식량 조달 업무를 효율적으로 감독하는 것이 불가능해졌다. 게다가 대륙회의가 그 일을 직접 할 수 있는 것도 아니었다. 일부 부관들은 식량의 구매와 배급에 대한 자율권이 주어지자 횡령과 착복의 기회를 잡았다. 이런 부정의 유혹을 물리친 부관들은 다른 부관들의 적절한 협력과 조언이 없어서 군대의 필요를 적시에 맞출 수가 없었다.[39]

윌리엄 뷰캐넌William Buchanan이 트럼불의 뒤를 이어 식품감에 취임했다. 그는 식품 보급 업무를 열심히 추진하려고 했지만 실패했고 트럼불처럼 곧 사임했다. 1778년 겨울 후반부에 새로운 제도가 실패작이라는 것을 깨달은 대륙회의는 식품부를 다시 한 번 재편해 제레미아 워즈워드Jeremiah Wadsworth를 식품감에 임명했다. 새로 재편된 식품부는 인센티브 제도 아래 운영됐고, 그 보상의 통제권은 식품감에게 부여했다. 식품감은 이제 부관들을 임명할 수 있었고, 구매 장교들과 그 부하들도 임명했다. 구매 요원들은 그들이 물건 구입과 관련해 지불한 액수의 일정 퍼센트를 임금으로 지급받았다. 그들은 군에 더 많은 식량을 조달할수록 더 많은 돈을 벌 수 있었다. 이는 완벽한 제도는 아니었지만, 단순한 지휘 계통을 확립했고 감독을 비교적 쉽게 했으며 책임을 확고히 했다.

병참부도 대륙회의의 개입 때문에 식품부와 비슷한 경로를 걸어왔으나, 너새니얼 그린이 1778년 3월에 병참감을 맡으면서 사정이 좋아졌다. 일련의 인센티브가 구매 요원들에게 활력을 불어넣었다. 구매 요원들은 병참부 담당 장교의 직접 지휘를 받았다. 그린에게는 상당한 인사권이 부여되었다. 예를 들어, 그는 두 핵심 보직인 마초감馬草監과 마차감馬車監을 직접 선발했다.

2월의 포지 계곡에서, 거의 기아 상태에 빠진 군대를 구출하는 데에는 조직 못지않게 기동력도 중요했다. 그린은 워싱턴의 감독 아래 기동력과 조직을 제공했고 물자 징발대를 멀리까지 파견했다. 앤서니 웨인은 델라웨어강을 건너 뉴저지의 고센 근처까지 진출해 강기슭에서 마초 징발 활동을 벌였다. 그들은 그곳에서 건초를 많이 발견했으나, 건초를 먹일 소와 말을 찾아내기가 어려웠다. 농부들이 소와 말을 숲속에다 감춰놓았기 때문이다. 웨인은 곧 사냥의 요령을 알아냈고 오래지 않아 징발대는 상당수의 소와 말을 징발할 수 있었다. 강제 압수한 가축들에 대해서는 영수증을 끊어주었다. 웨인은 대부분의 가축 소유주들이 압수의 '정책, 필요, 정의'에 대해서 '양해'했을 것이라고 생각했다. 웨인이 가축을 숨긴 농부들에게는 영수증을 끊어주지 말라는 그린의 명령을 따랐는지 여부는 알려져 있지 않다.[40]

헨리 리는 더 멀리 나아가 델라웨어와 메릴랜드 동부 해안까지 갔는데, 그곳에는 징발할 물자가 많았다. 징발대는 델라웨어에서 말보다 소를 더 많이 발견했고, 거의 어디에서나 곡식보다는 건초가 더 많았다. 델라웨어강의 섬들에는 다른 지역보다 말이 더 많았다. 그곳의 초원과 습지가 양호했기 때문이다. 그린 자신도 그 섬들을 정찰하면서 운송 팀과 짐말의 부족 때문에 부대로 보낼 수 없는 건초는 모두 불태워버렸다. 이는 뉴저지와 델라웨어 농부들의 인심을 얻지 못하는 전략이었다. 하지만 리와 그린은 이 두 지역에 국왕파들이 많다고 생각했다. 그들에 대한 이런 조치는 모질기는 했지만, 아메리카군이 포지 계곡으로 가져가지 못하는 식량과 사료를 영국군에게 남겨주지 않겠다는 뜻이었다.[41]

3월에 이르러 포지 계곡을 돌아다니던 수척하고 해골 같은 병사들의 살이 오르기 시작했다. 그들은 이제 셔츠와 바지도 걸쳤다. 재편된 식품부와 병참부에 이런 생활 조건에 대한 일부 공로가 있었지만 워싱턴과 징발대도 크게 기여했다.

겨울 동안 병사들이 할 일은 많지 않았다. 그들의 신체가 너무 허약해서 무리한 훈련을 할 수가 없었고 날씨 또한 너무 추웠다. 그들은 각자 알아서 시간을 보냈다. 그전 몇 달 동안 아메리카군은 너무 많이 이동해서 어떤 명확한 일과가 개발되지 않은 상태였다. 연대들에는 공통 훈련이 부과되지 않았다. 연대들은 지휘관이 시키는 대로 행진을 했고 무기를 다루었다. 그러나 대부분의 연대장도 군사훈련을 받은 바 없었기 때문에, 그들이 가르치는 것은 종종 가치가 별로 없었고 때로는 아예 없었다.

이런 현상을 확 바꾸어놓을 기회가 찾아왔다. 그것은 병사들에게 제식 훈련 등 각종 군사훈련을 제대로 시켜 전문적 군대로 조련할 기회였다. 2월 후반 매력적인 프로이센인 한 명이 계곡에 나타났는데, 프리드리히 빌헬름 아우구스트 하인리히 페르디난드 폰 슈토이벤 Friedrich Wilhelm August Heinrich Ferdinand von Steuben 이라는 이름의 남작이었다.

프리드리히 빌헬름 폰 슈토이벤(1730~1794) 1994년 독일에서 발행된 우표. 슈토이벤은 프로이센군의 선진적인 병영 체계와 전투 방식을 워싱턴의 군대에 전수했다.

그는 벤저민 프랭클린과 사일러스 딘의 소개장을 들고서 아메리카에 도착해 대륙회의를 찾아갔다. 두 사람은 슈토이벤을 아주 높이 평가하며 소개했는데, 슈토이벤 자신은 그들보다 더 높게 자기 자신을 평가했다. 그는 프리드리히 대왕 밑에서 근무했다며, 계급은 소장이었고 병참감이었으며 프리드리히의 부관이었다고 소개했다. 남작은 자신의 이름만큼이나 장황하게 사실을 늘여 말했다. 그는 14년 전 프리드리히 군대에서 장교로 근무했다고 했는데, 이것이 아마도 사실에 가장 가까운 말일 것이다. 그는 행운을 갈망한 군인이었으나 실제 운은 그리 좋지 못했다. 그는 독일 슈바벤에 자신의 영지가 있다고 자신 있게 말했지만, 사실 재산도 직업도 없었다. 그러나 대륙회의에 나타난 대부분의 사람과는 다르게, 그는 높은 임금이나 특별대우를 요구하지 않았다. 그가 원하는 것은 워싱턴 장군 밑에서 일하는 것뿐이라고 말했다. 그리고 자신이 직접 들인 경비 정도만 환불받기를 바란다는 말도 했다. 이런 특수한 겸손함에 안도하고 매력을 느낀 대륙회의는 그를 포지 계곡으로 보냈다.[42]

워싱턴은 슈토이벤의 됨됨이를 좋아했다. 슈토이벤이 워싱턴의 초라한 군대를 훈련하고 싶다는 의사를 밝히자 총사령관은 그의 말을 경청했다. 그리하여 슈토이벤은 당분간 병사들에게 대열을 이루어 행군하는 방법과 무기 다루는 방법을 가르치는 교육 부사령관으로 근무하게 되었다. 슈토이벤은 자신이 가르치려는 내용을 잘 알고 있었지만 영어를 할 줄 몰랐기 때문에 큰 어려움을 겪었다. 아메리카군에는 서면 규정집이나 지침서가 없었기 때문에, 그는 먼저 프랑스어로 훈련 교본을 집필했고 비서인 19세 소년 피에르 뒤퐁소Pierre Duponceau가 그것을 영어로 번역했다. 워싱턴의 참모진에 있던 존 로렌스John

Laurens와 알렉산더 해밀턴이 그 번역본을 가다듬었고, 필요한 경우에는 아메리카 병사들이 알아들을 수 있는 말로 바꿨다. 이 지침서는 여러 부 복사되어 각 연대 본부에 비치됐다.

워싱턴은 슈토이벤에게 모범 중대로 근무할 100명의 병사를 주었다. 슈토이벤은 중대에 밀집대형 훈련을 시키는 업무를 자청했다. 그는 먼저 부사관이 모든 명령 구호를 내리는 영국과 아메리카군의 관습을 폐기했다. 남작은 모범 중대에서 일개 분대를 따로 호출해, 모범 중대와 다른 많은 병사들이 지켜보는 데서 제식 훈련과 행군 훈련을 했다. 그는 곧 문제에 봉착했다. 그는 영어 명령을 암기해 영어로 명령을 내렸으나 기억이 불완전하고 강한 독일어 억양에다 신경질이 가미되어 병사들이 잘 알아듣지 못했다. 밀집대형 훈련은 다른 많은 간단한 훈련과 마찬가지로 그 나름의 기이한 복잡함이 있었다. 영어는 "빌어먹을" 한마디밖에 하지 못하던 그가 프랑스어와 독일어로 온갖 욕설을 다 퍼붓자 벤저민 워커Benjamin Walker 대위가 프랑스어로 말하며 남작의 명령을 영어로 번역하겠다고 나섰다. 슈토이벤은 고마워하며 그 제안을 받아들였다. 그 순간부터 훈련은 원만하게 진행됐다. 하지만 먼저 프랑스어로 말하고 그다음에 영어로 번역되어 내려지는 명령 체계는 다소 어색했다.

실제로 행진을 한 장교들과 사병들, 그리고 옆에서 구경한 장교들과 사병들은 그렇게 해서 대형 훈련을 익혔다. 일반적으로 말해서 모방은 아첨의 또 다른 형태이지만, 군대 내에서는 행진과 무기 사용법을 배우는 효율적인 방식이었다. 남작의 예리한 감독 아래 행진을 배운 사람들은 곧 남을 가르칠 수 있었다. 무기 사용 지침서가 곧 발간됐고, 이어 총검을 잘 다루는 방법에 대한 지침서도 나왔다. 3월 말이

슈토이벤의 군사 훈련 아메리카 대륙군은 포지 계곡에서 슈토이벤에게 사격과 제식 및 기동 훈련법을 전수받았다.

되자 각 연대는 남작의 훈련 방법을 실천했다.

오늘날까지 전해지는 얘기에 따르면, 이 훈련 방법이 뿌리를 내린 것은 병사들이 그걸 즐겼고 폰 슈토이벤 남작을 쳐다보는 것을 즐겼기 때문이다. 병사들은 분명 남작을 존경했고, 그를 보면 즐거워했으며, 특히 남작이 화를 내면 더욱 재미있게 여겼다. 어느 나라의 군인이든지 욕설을 좋아하고, 아주 능숙하게 욕지거리를 내뱉었다. 그러나 남작은 화를 내고 욕설을 퍼붓는 중에도 아메리카 병사들의 머릿속에 존경과 공포를 각인하려고 해서는 큰 효과가 없다는 사실을 깨달았다. 남작은 유럽의 오랜 동료에게 공화주의자들은 무기를 다룰 때에도 특징이 있다고 썼다.

"먼저 이 나라의 정신은 프로이센, 오스트리아, 프랑스 등의 그것과 비교해서는 안 됩니다. 이런 나라들의 병사에게는 '이걸 해' 하고 말하면 합니다. 하지만 아메리카 병사에게는 이렇게 말해야 합니다. '이것이 당신이 이렇게 해야만 하는 이유입니다.' 그래야 비로소 합니다." [43]

이런 결론의 배경은 아메리카 병사들이 무엇을 위해서 싸우는지 안다는 것이었다. 그들은 '영광스러운 대의'를 잘 알고 있었다. 포지 계곡의 병사들은 베테랑이었고, 일부는 브랜디와인 전투를, 또 다른 일부는 저먼타운 전투를 겪었다. 군에 새로 입대한 병사들이라면 군기를 잡을 수 있고 연병장에서 활기찬 훈련을 함으로써 전의를 다질 수가 있다. 그러나 베테랑들은 그런 통상적인 방법으로 가르칠 수 없다. 그들은 이미 전투를 겪었기에 확고한 리더십과 명령에 대한 즉각적 반응이 절대로 필요하다는 것을 알고 있다.

밀집대형 훈련과 무기 지침서는 병사들에게 적의 사격을 받는 상황에서 어떻게 행동해야 하는지를 가르쳐주었다. 18세기에 사용된 전략에서 직업 군대는 부대 이동을 잘 수행하는 것이 중요했고, 연병장에서의 훈련은 보병 부대가 좀 더 효율적으로 전장에 들어갈 수 있게 했다. 포지 계곡의 베테랑들은 이 점을 알았고 슈토이벤이 그들에게 가르쳐준 것을 알았다. 그들은 그가 화를 내면 웃음을 터트렸으나 그가 명령을 내리면 명령대로 행동했다.

이런 과정을 걸쳐 새롭게 획득된 기술은 5월 처음으로 시험대 위에 놓였다. 워싱턴은 필라델피아에 있는 스파이들로부터 영국군이 그곳을 떠나 뉴욕시로 돌아갈 것 같다는 정보를 얻었다. 포지 계곡의 젊은 장교들은 갑갑하고 지루한 겨울을 보낸 나머지 군사행동을 고대하고 있었다. 특히 프랑스의 라파예트Lafayett 후작은 분견대를 이끌고 정찰을 다니다 기회가 된다면 적 보급선을 타격하겠다고 제안했다. 워싱턴은 동의했고, 2200명의 병력을 주어서 파견을 내보냈다. 5월 20일,

필라델피아에서 신속하게 이동하던 영국군은 도시에서 서쪽으로 약 17킬로미터 떨어진 지점인 배런힐에서 라파예트를 거의 함정에 몰아넣을 뻔했다. 라파예트는 능숙한 기동력과 신속한 행군을 통해 영국군 대군의 공격에서 벗어났다. 그렇지 못했더라면 그의 파견 부대는 전멸했을 것이다. 그런 기동력과 행군은 대규모 기동 훈련을 능숙하게 소화한 부대만 보여줄 수 있었다.[44]

라파예트는 아메리카 체류 첫해에 전투에 대해 많은 것을 배웠고, 배런힐 교전에서 그 지식을 잘 활용했다. 아직 21세가 되지 않은 그는 1777년 6월 가문과 프랑스 왕이 반대하는데도 아메리카로 건너왔다. 그의 부모나 왕은 그가 아메리카 전쟁에서 목숨을 버리기를 원하지 않았다. 그러나 라파예트는 영광을 얻고 영국의 독재에 맞서 싸우려는 각오가 대단했다. 전투 상대가 영국이라는 게 중요했다. 라파예트는 예전의 적을 상대로 복수를 하려는 프랑스 국민의 염원을 잘 알았다. 그가 아메리카인들이 전쟁에 나섰던 원칙을 전쟁 당시에 얼마나 잘 이해하고 있었는지는 불분명하다. 나중에 전쟁이 끝나서 식견이 깊어졌을 때, 그는 자신의 미국행이 혁명의 위대한 원칙에 봉사하는 것이었다고 설명했다. 전쟁 동안에 그의 확신이 무엇이었든 간에, 그는 부와 매력, 용기를 지닌 젊은 귀족이었다. 이러한 자질은 조지 워싱턴에게 좋은 인상을 주었다. 워싱턴은 1777년 7

질베르 뒤 모티에 드 라파예트 후작
(1757~1834) 프랑스 장교로 미국 독립전쟁에 참여해 워싱턴 밑에서 대륙군을 지휘했다.

월 라파예트를 만났을 때 금방 그를 좋아하게 되었고, 그리하여 그에게 워싱턴 사령부 내의 참모 자리를 제안했다. 대륙회의에 의해 소장 직급을 부여받은 라파예트는 그 제안을 열렬히 받아들였다. 그런 열렬한 마음은 곧 워싱턴에 대한 존경심으로 발전했다. 평소에 모든 부하와 일정한 거리를 두었던 워싱턴도 라파예트에게는 애정과 호감을 표시했다.

찰스 리, 아군인가 적군인가?

클린턴 장군은 5월에 하우와 교체되어 영국군 총사령관에 올랐고, 6월 중순 필라델피아에서 철수할 준비를 완료했다. 거의 3000명이나 되는 국왕파들이 그와 함께 도시를 떠날 예정이었다. 그해 가을 초까지 해군을 지휘했던 리처드 하우 제독의 도움을 받아, 클린턴은 이 국왕파와 아픈 병사들, 일부 군수물자를 델라웨어강에 정박한 수송선에 실었다. 약 1만 명에 달하는 나머지 병사들은 1500대의 수송차와 함께 육상으로 행군할 예정이었다. 필라델피아에서 보낸 여덟 달 동안 그의 군대는 생활에 편의를 제공하는 다양한 물품들을 획득했고, 이제 그것들을 뉴욕까지 가지고 갈 계획이었다. 게다가 사병들의 소유물과 장교들의 짐 이외에도 세탁소, 제과점, 대장간 등이 있었는데, 이런 점포들은 18세기 군대 생활에 필수적이었다. 그 외에도 군용마軍用馬, 개인 마차, 병원 시설, 캠프 종사자들도 필수적이었다.

클린턴은 6월 18일 오전 3시에 이 많은 병사와 짐을 출발시켰다. 7시간의 고된 작업 끝에 평저선들이 그들을 뉴저지의 글로스터에서 델라웨어강을 건너게 했다.[45] 뉴욕으로 가는 데에는 여러 갈래의 길이 있었다. 가장 그럴 법했던 길은 해던필드, 마운트홀리, 크로스윅스, 앨런타운, 크랜버리, 뉴브런즈윅을 차례로 거치고, 래리턴강을 건너 마지막으로 스태튼아일랜드에 이르는 경로였다. 클린턴은 군대를 뉴저지 쪽에 집결시킨 다음, 말 그대로 뉴욕을 향해 기어갔다. 그의 보급 마차, 특히 1500대의 수송차는 도로에 나섰을 때 그 길이가 약 19킬로미터에 달했다. 이 마차들을 모두 출발시키는 데만도 몇 시간이 걸렸는데, 이 대열은 빨리 나아가지도 못했다. 그 뒤 엿새 동안 클린턴 부대는 필라델피아에서 약 56킬로미터 떨어진 앨런타운까지 갔다. 클린턴은 느린 속도에 개의치 않았다. 속도를 올리려면 너무나 큰 노력을 기울여야 한다는 점을 잘 알았기 때문이다.

영국군이 출발했다는 소식은 같은 날 오전 늦게 워싱턴 사령부에 전달됐다. 그는 영국군이 필라델피아에서 철수할 경우 어떻게 대응할지를 한동안 생각해왔다. 클린턴이 출발하기 하루 전날, 워싱턴은 참모 장군들의 작전회의를 소집해 의견을 물었다. 장군들의 의견은 일치되지 않았으나 전반적인 견해는 별다른 저항을 하지 않고 그대로 가게 내버려두자는 것이었다. 찰스 리는 사소한 공격조차도 반대했고, 다른 장군들도 이에 가세했다. 워싱턴은 어느 정도 모험을 걸어야 할지 확신이 서지 않았지만 그래도 가능한 한 적에게 많은 타격을 주어야 한다고 생각했다. 사실 그도 대규모 전면전을 해보겠다는 생각은 아니었다. 그럼에도 그의 본능은 언제나 행동 지향적이었고, 철수 소식을 접한 즉시 몇 개 연대를 추격조로 출발시켰다. 당시 그의 군대 병력 수는 1만 3500명으로 늘어나 있었다. 그중 1300명이 윌리엄 맥스웰 준장의 지휘 아래 마운트홀리에 주둔했고, 강 건너에는 필레몬 디킨슨Philemon Dickinson 장군이 약 800명의 뉴저지 민병대를 거느리고 있었다. 그다음 날 거의 전군이 포지 계곡을 떠났다. 6월 23일, 워싱턴은 코리엘스 페리에서 전군이 델라웨어강을 건너가게 했다. 다음 날인 6월 24일, 그는 크랜버리에서 서쪽으로 약 24킬로미터 지점인 호프웰에 캠프를 설치했다. 1만 내지 1만 1000명의 워싱턴 부대는 엿새만에 약 90킬로미터를 행군해 왔다.[46]

행군은 병사들의 사기를 높였으나 워싱턴 휘하 장군들의 의견을 바꾸지는 못했다. 찰스 리는 계속해서 적을 공격하는 데 반대했다. 리는 그들이 빨리 가버리게 황금의 다리를 놓아줘야 한다고 말했다. 다른 장군들도 아마추어는 전문가의 말을 들어야 한다는 식으로 그런 의견에 동조했다. 젊고 자부심 강한 앤서니 웨인과 너새니얼 그린은 공격을 건의했지만, 이들 또한 전면전을 제안한 것은 아니었다. 가장 현명한 조언은 슈토이벤에게서 나왔다. 클린턴 부대가 도로에 나서서 균형을 제대로 잡지 못할 때 공격하자는 것이었다. 라파예트는 슈토이벤에 동조하면서 기나긴 영국군의 수송차 대열이 허점이라고 지적했다.[47]

만약 클린턴이 워싱턴의 작전회의에 참석했더라면 그의 긴 수송차 대열이 만만한 공격 상대라는 점을 인정했을 것이다. 맥스웰과 디킨슨 휘하에 있는 분견대는 아직 마차를 매복하지 않고 있었다. 하지만 두 장군은 도로와 늪지 위에 놓인 다리를 파괴함으로써 영국군의 행군에 타격을 가했다. 클린턴은 이런 추격 부대의 존재를 인지했고, 곧 워싱턴이 포지 계곡에서 출발했다는 소식을 들었다. 클린턴이 가장 걱정하는 점은 래리턴강을 건너가야 하는 뉴브런즈윅에서의 대처 방안이었다. 강을 건너는 중에 적에게 공격 당하는 것은 생각만 해도 끔찍한 일이었다. 게다가 래리턴강에서는 게이츠 군대와 워싱턴 군대의 협공이 예상됐다. 클린턴은 게이츠의 군대가 뉴욕에서 남하 중이라고 생각했다.

이런 가능성은 너무나 끔찍한 것이었기 때문에 클린턴은 앨런타운에서 북동쪽으로 방향을 틀어 몬머스 법원과 미들타운을 통과해 샌디 훅으로 들어갈 생각을 했다. 이렇게 하면 래리턴강을 피할 수 있었다. 이 노선에는 도로가 하나밖에 없어서 클린턴은 어쩔 수 없이 병사들과 마차들을 한길에 길게 늘어놓아야 했다. 글로스터와 앨런타운 사이에서 클린턴은 2개의 나란한 길을 이용할 수 있었고, 그래서 보병 부대 대부분을 워싱턴 부대와 수송차 사이에 놓아두었다. 그러나 이제 그는 부대를 일렬종대로 이동시켜야 했다. 크니프하우젠 휘하의 약 4000명을 선봉에 두고 그다음에 장사진의 마차를 놓은 다음 마지막으로 약 6000명의 병사를 후미에 두었다. 이 후미 부대는 클린턴군

몬머스 전투 이동 경로 워싱턴은 대륙군을 이끌고 포지 계곡에서 동쪽으로 이동해 델라웨어강을 건넜고, 영국군은 앨런 타운을 지나 샌디 훅 방향으로 진군했다. 양군은 몬머스 법원 청사에서 충돌하였다.

의 핵심 전력으로, 수류탄 투척병과 경보병 중대로 구성됐다. 클린턴은 이 후미 부대 중 약 3분의 1을 떼어내어 콘월리스 휘하에 두고 후미 방어대로 삼았다.[48]

영국군은 6월 25일 일찍 도로에 들어서서 다음 날 늦은 오후 앨런타운에서 약 30킬로미터 떨어진 지점인 몬머스 법원에 도착했다. 그들은 찌는 듯한 더위에 행군해 크게 지쳐 있었다. 영국군은 최소한 약 27킬로그램의 짐을 지고 있었는데, 울퉁불퉁한 길과 모직 군복, 성가신 머스킷 소총 등으로 인해 그 무게는 더욱 부담스러웠다. 영국군보다 더 두터운 군복을 입은 헤센인 용병부대는 훨씬 큰 고통 속에 있었고, 행군 중에 여러 명이 일사병으로 사망했다. 부대가 이렇게 지친 데다 무더운 날씨가 계속되자, 클린턴은 다음 날 병사들에게 하루 종일 휴식을 주었다.[49]

6월 25일, 워싱턴 역시 주력부대의 방향을 바꾸었다. 그는 짐차와 텐트를 호프웰에 남겨두고 킹스턴까지 약 11킬로미터를 행군했다. 킹스턴은 자그마한 마을인데, 프린스턴에서 북쪽으로 약 5.6킬로미터 떨어져 있고 몬머스 법원에서 약 40킬로미터 떨어진 지점에 있었다. 그는 같은 날 뉴햄프셔 출신 정규군 1000명─푸어 여단─을 앤서니 웨인에게 주어 전진시킴으로써 클린턴을 추격하는 병력을 보강했다. 이 선봉대의 본부는 몬머스에 있는 영국군 캠프에서 서쪽으로 약 8킬로미터 떨어진 지점인 잉글리시타운에 있었다. 아메리카 선봉대는 이처럼 적군과 가까운 곳에 있었으나, 그 부대는 서로 협조가 안 되는 단위 부대로 분리돼 있었다. 이런 상황을 시정하려는 듯이, 워싱턴은 6월 25일 밤 좀 더 행군해 다음 날 아침 잉글리시타운에서 약 8킬로미터 이내인 지점에서 멈추어 섰다. 클린턴군과 마찬가지로, 아메리카군도 6월 27일에는 휴식을 취했다.

병사들이 식사를 하고 군화를 벗고 잠자는 사이에, 워싱턴은 여러 명의 지휘관을 사령부로 소집했다. 그 지휘관들 중에는 찰스 리도 있었다. 리는 이틀 전 선봉대의 지휘를 맡는 데 동의했다. 리는 종종 동료 장군들에게 괴상하고 엉뚱하게 보였는데, 그해 6월에는 특히 더 그러했다. 워싱턴과 하우 사이의 포로 교환 합의에 의해 찰스 리는 4월에 영국군의 포로 신세에서 해방되어, 5월에 포지 계곡의 아메리카군에 돌아와 열렬한 환영을 받았다. 리는 영국군에게 잡혀 있던 동안, 영국군에게 모종의 작전 계획을 제공해 동료 군인들을 배반했던 것으로 보인다. 그 작전은 영국군이 승리하면서 전쟁을 끝내는 계획이었던 것으로 짐작된다. 그는 포로 신분에서 돌아온 이후에 특별히 한 일이 없었고, 의견을 말해보라는 요청을 받으면 아메리카군은 영국군을 이길 수 없다는 식의 발언을 했다. 6월 25일, 워싱턴이 클린턴 부대의 후미를 바싹 뒤쫓는 선봉대의 지휘를 맡아달라고 했을 때, 리는 거절하면서 그런 일에는 라파예트가 적임자라고 말했다. 그러나 라파예트가 전군의 절반 정도에 해당하는 선봉대의 지휘를 맡겠다고 나서자, 리는 마음이 바뀌어 자신이 지휘를 하겠다고 신청했다. 워싱턴은 동의했고 라파예트는 순순히 물러섰다. 이런 과정을 경멸의 눈으로 지켜보던 알렉산더 해밀턴은 리의 행동이 "유치하다"고 말했다. 이런 판단이 정확한 것이든 아니든, 리가 당초에 클린턴 부대에 대한 공격을 반대했다는 점을 감안할 때 그는 이런 책임이 막중한 자리에 오를 자격이 없는 사람이었다.[50] 그렇지만 워싱턴은 그에게 지휘권을 부여했고, 6월 27일 영국군이 행군할 때 후미를 공격하라고 지시했다. 명령의 정확한 내용은 불분명하지만, 워싱턴이 뭐라고 말했건 간에 부분적인 교전을 수행하라는 그의 의도는 명확했다. 워싱턴이 리에게 비상 상황에서는 전투를 하지 않아도 좋다는 재량권을 주었다고 해서, 이런 의도가 불분명해지는 것은 아니었다. 워싱턴은 현지 지형을 직접 정찰하지 않았으므로 자세한 지시를 내리지는 않았다. 공격 선봉대에 합류한 리도 아무런 작전 계획을 세우지 않았고, 단지 부하 장교들에게 상황에 따라 행동하라는 일반적인 말 이외에는 구체적 지시를 하지 않았다.[51]

6월 28일 오전 5시, 클린턴은 크니프하우젠에게 북동쪽으로 약 16킬로미터 떨어진 미들타운을 향해 출발하라고 지시했다. 디킨슨 민병대는 영국군 선봉대와 가까이 진을 치고 있었고, 적의 행군 소식을 곧바로 리와 워싱턴에게 보고했다. 리의 부대는 잉글리시타운을 떠나 몬머스 법원으로 가는 길로 움직였고, 30분도 채 되지 않아 클린턴의 후미 부대가 수송차를 뒤쫓기 시작했다. 콘월리스 휘하의 후미 방어 부대는 가장 나중에 움직이는 부대였다. 콘월리스 부대가 도로에 올라서자마자 리의 기병대는 그 부대를 발견했다. 이렇게 시작된 전투는 양군이 서로를 발견하고 불완전한 전투 대형을 갖추는 동안 천천히 전개됐다.[52]

아메리카군과 영국군 모두 전장의 지리, 지형에 대한 숙지가 미흡한 상황이었기 때문에 그곳의 지형은 그다음에 벌어진 특별했던 전투 상황을 부분적으로 설명해준다. 그곳의 대부분 땅은 모래가 많은 메마른 곳이었고, 늪지를 소규모 개울이 가로질렀으며, 숲이 드문드문 산재했다. 몬머스 법원 북쪽에는 동서東西라인을 형성하면서 3개의 패 큰 협곡이 있었는데, 이름하여 서쪽 협곡, 중간 협곡, 동쪽 협곡이었다. 서쪽 협곡과 중간 협곡의 거리는 1.6킬로미터 정도였고 둘 다 도

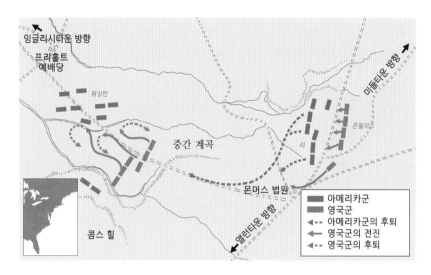

몬머스 법원 전투 대륙군은 찰스 리의 퇴각 이후 언덕 위에 방어선을 구축한 후 다시 영국군과 맞붙었다.

로 상에 있었다. 서쪽 협곡에는 다리가 놓여 있었고 중간 협곡에는 둑이 설치되어 있었다. 중간 협곡에서 동쪽으로 1.6킬로미터 정도 더 떨어진 동쪽 협곡 또한 길에 의해 분할되어 있었다.[53]

몬머스 법원 전투는 법원에서 북쪽으로 약 1.6킬로미터 지점인 마지막 협곡 근처에서 대규모로 전개될 기세였다. 리의 부대가 그 길을 따라오고 있었기 때문이다. 양군이 실제로 어떻게 교전했는지는 불분명하다. 아무튼 정오에서 한 시간 전에 전투대형조차 잘 갖추지 못한 약 5000명의 아메리카군이 약 2000명의 보병으로 구성된 콘월리스 휘하의 영국군과 맞섰다.[54]

이 순간까지 전투의 상세한 상황에 대한 얘기들은 불분명하다. 그리고 그 순간 이후의 얘기들도 혼란스럽다. 양측의 대포가 발사됐고 아메리카 연대들은 지휘관들과 리의 명령에 따라 분명히 위치를 바꾸었다. 리는 병력의 일부를 뒤로 뺐지만, 자신의 의도를 철저하게 혼자만 알고 있었다. 리의 속셈이 무엇이었든, 그런 태도는 예하 부대의 지휘관들인 맥스웰, 찰스 스코트Charles Scott 대령, 그리고 좌측 진영의 웨인에게 불확실성을 안겨주었다. 우측 진영의 철수는 좌측을 무방비 상태로 만들었고, 그 때문에 좌측 진영의 부대도 뒤로 철수할 수밖에 없었다. 몇 분 사이에 아메리카군은 전군이 철수하고 있었다. 몇몇 연대는 부대의 군기를 지키면서 질서정연하게 퇴각했지만, 다른 연대들은 우왕좌왕하며 철수가 아닌 패주하는 듯한 인상을 안겨주었다.

웨인, 스코트, 맥스웰을 포함한 거의 모든 아메리카군 지휘관들이 며칠 뒤 리에게서 아무런 지시를 받지 못했다고 보고했다. 그는 이들뿐만 아니라 다른 누구에게도 어떻게 하라고 말하지 않았다. 그들이 보기에 더 심각한 것은 리가 교전을 위한 전선 구축을 전혀 명령하지 않았다는 점이었다. 리가 의도적으로 작전을 내리지 않았다는 다른 장교들의 비난은 엄밀히 따지자면 틀린 것이었다. 리는 의도적으로 자신의 작전을 숨긴 것이 아니라, 아예 작전 자체를 가지고 있지 않았다. 퇴각이 시작된 직후에, 리는 프랑스인 공병인 뒤포르테유Duportail를 뒤쪽의 언덕으로 보내 방어선을 구축할 만한 지형인지 정찰하게 했다. 뒤포르테유는 지시를 따랐고 중간 협곡의 서쪽인 언덕을 둘러본 뒤 적합한 곳이라고 보고했다. 리가 땀 흘리는 군대와 함께 이 언덕에 도착했지만 그에게는 그곳이 별로 만족스러워 보이지 않았다. 그로부터 얼마 떨어지지 않은 곳에 있는 언덕들이 영국군에게 좀 더 높은 고지를 제공해줄 것 같았다.

영국군을 패주시킨 워싱턴의 기지

대부분의 부대원들과 함께 전방에 섰던 앤서니 웨인은 크게 당황하면서 뒤로 퇴각했다. 물론 웨인은 공격 명령도, 퇴각 명령도 받지 못했다. 그와 스코트는 리에게 공격을 지원할 증원군을 거듭 요청하다, 마지못해 후퇴할 수밖에 없었다. 그들은 퇴각을 한 뒤에야 마을의 남쪽과 동쪽을 맡았던 아메리카군의 우측 진영이 사라지고 없다는 사실을 알게 되었다. 웨인과 스코트는 선봉에 섰던 아메리카군의 병력이 영국군보다 많다는 것을 깨닫고서 다시 공격하기를 원했다. 법원에서 800미터가량 떨어진 지점과 동쪽 협곡 건너편 쪽에 있던 스코트는 우측 진영이 갑자기 사라져버리자 엄호도 없이 아주 취약한 입장에 놓이게 되었다. 다행히 스코트의 부대는 대부분 숲속에 숨어 있었기에 영국군 기병대는 스코트 부대가 얼마나 취약한지 알지 못했다. 스코트 부대는 거의 고립될 뻔했으나 부대원들을 은폐하면서 왼쪽으로 빠져나와 간신히 위기를 모면했다.

리가 퇴각하기 전 명령을 내리지 않았고 작전 계획도 짜놓지 않았기 때문에 그의 속셈이 정확히 무엇이었는지는 알 수가 없다. 리는 전투가 끝난 뒤 적을 공격하지 않고 후퇴한 것 때문에 군법회의에 회부됐다. 그는 영국군의 측면과 후방을 공격함으로써 후방 방어대를 본진과 떼어놓으려고 했다고 자신을 변호했다.[55] 그리고 그가 재구성한 그날의 전투상황에 따르면 리의 퇴각은 스코트 부대가 후퇴한 이후에 벌어졌다. 스코트 부대의 후퇴는 아메리카군의 좌측 진영을 본대와 분리시켰고, 우측 진영에게는 영국군이 일제 공격을 해와 측면이 뚫릴 위험이 있었다. 바로 이 시점에 리는 클린턴의 본진이 미들타운

도로에서 리의 부대를 공격하기 위해 회군 중이라는 "확실한 첩보"를 접수했다. 왼쪽이 무방비로 노출된 상태에서 병력을 철수할 수밖에 없었고 퇴각은 "질서정연하게" 이루어졌다고 리는 말했다. 그러나 그 질서정연함을 목격한 사람은 아무도 없었다. 연대장이나 여단장급 지휘관 중에서 그러한 퇴각이 필요했다고 보는 사람도 없었다. 주요한 전투도 없었다. 사소한 전투만이 몇 차례 벌어졌고, 그들은 열심히 싸웠다. 오전 중에 더위가 섭씨 37.7도까지 올라가서 큰 피해를 입혔으나 사상자 수도 경미했다. 그렇지만 아메리카군은 무질서 덩어리가 되어 총 퇴각을 해버린 것이다.

워싱턴도 본진에 앞서서 서쪽 협곡 근처에서 리의 부대와 만났을 때 다른 지휘관들과 똑같이 당황스러움을 느꼈다. 그와 부관들은 그들이 마주친 장교들에게 해명을 요구했고, 머지않아 리와 만나게 되었다. 만남은 짧게 끝났고 워싱턴은 화난 목소리로 그런 사태의 해명을 요구했다. 리는 "예! 예! 사령관님!"이라는 말만 반복했고, 잘못된 첩보, 지시 불이행, 클린턴 부대에 대한 공격의 무모함 등에 대해 일련의 불평을 늘어놓았다.[56]

이 짧은 대화를 더 이상 지속할 틈도 없이, 말을 탄 전령이 황급히 달려와 약 15분 뒤면 영국군이 이곳까지 추격해올 것이라고 전했다. 이때 워싱턴의 기지가 빛을 발했다. 그는 이 같은 혼란 속에서도 통솔력을 발휘해 부대를 수습했고, 다른 장교들의 도움을 받아 서쪽 협곡의 동쪽에 전선을 구축했다. 이 전선을 통해 적의 진군을 저지할 수는 없겠지만, 최소한 지연이라도 해보려는 속셈이었다. 웨인이 지원에 나섰고, 리도 함께 거들었다. 워싱턴은 냉정하고도 결연한 태도로 부대와 지휘관들을 격려했다. 그는 이처럼 안전하게 방어 전선을 구축한

몬머스 법원 전투의 워싱턴 장군 워싱턴은 통솔력을 발휘해 퇴각하는 아메리카군을 다잡으며 전세를 가다듬었다.

뒤, 전령을 통해 그린과 스털링의 지시를 받으면서 잉글리시타운을 떠나 행군 중이던 본대로 합류할 수 있었다. 두 장군은 곧 상황의 위급함을 파악해서 서쪽 협곡 뒤에 자리한 능선을 따라 전선을 구축하고, 스털링이 좌측 진영, 그린이 우측 진영을 맡기로 했다.[57]

영국군이 도착할 즈음 아메리카군은 이미 태세를 갖추고 있었다. 곧 이어진 양군의 전투는 오후 내내 계속됐다. 클린턴과 콘윌리스는 전략에 신중을 기하던 본연의 태도를 버리고 적에게 결정적 일격을 가하는 데 총력을 기울였다. 그러나 높은 고지에 강력한 방어 전선을 구축한 아메리카군과 대적하기란 쉬운 일이 아니었다. 아메리카군의 전선 앞에는 늪지가, 왼쪽에는 울창한 숲이, 그리고 오른쪽에는 콤스힐이 있었다. 이 콤스힐에는 녹스의 야포들이 설치돼 있었다. 이렇게 확고히 구축된 방어진지를 공격하는 일은 대단히 위험했고, 그것을 함락하는 것은 불가능에 가까웠다. 그럼에도 클린턴은 공격을 속행했다. 영국군에게는 화력을 집중해 일격을 가하는 총공세만이 유일한 해법이었지만, 안타깝게도 영국군의 병력은 각 병과가 조화를 이루지 못하는 산발적 공세에 그치고 있었다. 적과 접촉한 최초의 영국군 부대가 우왕좌왕하며 전투에 뛰어들었을 때 클린턴은 이런 엉성한 전술을 쓰고 있었고, 이 때문에 영국군 본진조차 제대로 힘을 발휘하지 못했다. 오후 한때 강인하고 기지 넘치는 콘월리스가 적의 십자포화 아래서도 기병대를 이끌고 용감하게 그린 부대와 격돌했으나 패퇴했을 뿐이었다.[58]

오후 6시가 되자 영국군은 기력이 떨어져 중간 협곡 뒤로 철수했다. 워싱턴은 적을 추격하고 싶었으나 그의 부대도 영국군 못지않게 지쳐 있었다. 양군은 모두 무기를 휴대한 채 밤을 보냈다. 아침이 되자 워싱턴은 클린턴의 부대가 이미 미들타운으로 향했다는 소식을 접했지만, 이때도 역시 아메리카군은 추격하지 않았고 영국군은 7월 1일 샌디훅에 도착했다. 그리고 다시 닷새 뒤 영국 해군은 병력, 군수물자, 마차 등을 뉴욕시로 수송해왔다.[59]

난공불락의 뉴포트, 아메리카-프랑스를 좌절시키다

전쟁의 관습상, 클린턴 장군은 몬머스에서 용감하게 싸운 영국군을 칭찬할 수밖에 없었다. 그는 몇 년 뒤 자신의 회고록에서 당시의 싸움을 되새기며 찬사만을 늘어놓았고, 필라델피아 철수 작전이 "성공적으로 마무리된 것"에 대해 만족감을 표시했다. 그러나 사석에서는 "공식적으로 용감한 싸움이었다고 한 것이 실은 부적절하고도 충동적 행동이었다"고 고백하곤 했다. 그는 리 부대를 허겁지겁 추격했던 일과 서쪽 협곡에서 오합지졸 같이 산발적인 전투를 벌인 사실을 지적한 것이었다. 그의 회고록에는 자신에 대한 만족감이 전반에 드러나 있으나, 정작 자신의 행동에 대한 명시적인 자랑은 없었다. 사실 클린턴에게 총사령관으로서의 업적이 전무한 것은 아니었다. 대규모 병력을 서인도제도와 플로리다로 보내라는 상부 명령에도 불구하고 그는 스스로의 판단으로 파견을 지연했고, 그와 함께 필라델피아를 떠나려고 하는 국왕파들을 내버려지도 않았다. 또한 상당한 양의 군수물자까지 지닌 부대원들 대부분을 안전하게 뉴욕까지 수송했다.[60]

이 작전에는 행운도 그의 편이었다. 바람과 해류 탓에 데스탱이 이끄는 16척 규모의 프랑스 함대가 제때 도착하지 못한 것이다. 데스탱 함대는 클린턴이 부대원과 보급물자를 안전하게 뉴욕에 수송한 지 하루이틀 뒤에야 버지니아 해안 근처에 나타났다. 데스탱은 7월 11일 샌디 훅에 도착했다. 만약 그보다 며칠 전에 영국 수송선들을 해상에서 만났더라면 클린턴은 철수 작전을 "성공적인 마무리"라고 자평하지 못했을 것이다.[61]

조지 워싱턴 또한 몬머스 법원 전투의 결과에 대해 만족감을 표했다. 클린턴에 비해 워싱턴이 느낀 개인적인 감정을 상세히 파악하기란 쉽지 않지만, 워싱턴이 리에게 불쾌감을 느낀 것은 분명했다. 워싱턴은 리를 군법회의에 회부하는 편지 두 통을 작성했다. 혐의는 공격 명령에 대한 불이행이었다. 구체적으로는 그가 "불필요하고, 무질서하고, 수치스러운 퇴각"을 결정했고 총사령관에 대해 불손한 태도를 보였다는 것이다. 리는 유죄판결을 받았고, 8월에 향후 1년 동안 군 지휘권 행사가 정지됐다. 리의 재판은 그의 비판자들을 포함해 모든 사람에게도 고통이었으나, 워싱턴은 그 재판을 관철할 수밖에 없었다.[62]

프랑스 함대의 도착은 아메리카군의 사기를 높였다. 워싱턴은 오래전부터 제해권과 육해군 합동 공격의 중요성을 인지하고 있었다. 그는 7월에 데스탱 함대가 도착했다고 해서 아메리카 수역에서 영국 해군이 쫓겨날 것으로 보지는 않았으나, 이제 적에게 강력한 타격을 입힐 수단을 갖게 되었다는 것을 알았다.

아메리카군과 프랑스군은 먼저 함께 작전을 짜야 했고, 이 일에 몇 주가 소요됐다. 프랑스 함대의 위치가 알려지자, 워싱턴은 젊은 부관 존 로렌스를 데스탱에게 파견했다. 로렌스는 배를 타고 프랑스 기함으로 가서 회담을 시작했다. 데스탱은 겸손하고 협조할 준비가 되어 있었으나, 그에게는 다른 고민거리들이 있었다. 툴롱에서 가져온 물이 거의 바닥이 나서 그것을 보충하기를 바랐다. 그는 또 선상에 평균 수치 이상의 병든 수병들을 데리고 있었다.[63]

데스탱은 해군 출신은 아니지만, 리처드 하우 제독이라는 무서운 상대와 대적하고 있다는 사실을 잘 알았다. 가장 긴급한 문제는 하우 제독을 제압하는 것이었다. 데스탱의 병력은 하우보다 많았지만, 하우는 뉴욕 항구 안에 있었고 함선의 진입을 막아주는 얕은 사주沙州 뒤에 위치하고 있어서 공격으로부터 안전했다. 18세기 후반의 프랑스 군함은 영국 전함에 비해 물속에 약 60~91센티미터 더 가라앉았다. 그렇지만 영국 함선들도 아메리카 도선사導船士의 안내에 따라 잘 선택된 장소에서만 사주를 통과할 수가 있었다. 데스탱은 중포를 배에서 내려 샌디 훅에 설치함으로써 사주를 통과해 항구 안으로 들어서는 문제를 피해나갈 수도 있었다. 당시 샌디 훅은 약 6킬로미터 길이의 섬이었는데, 항구를 내려다보고 있었다. 샌디 훅에다 중포들을 설치하면 적을 기다리며 계류 중이던 하우 제독의 배들을 파괴할 수 있었다. 클린턴은 이러한 위험을 데스탱보다 먼저 알아보고 프랑스 함대가 도착한 지 일주일 만에 약 1800명의 병력을 이 섬에다 주둔시켰다. 데스탱은 항구 밖의 해상에 머물렀는데, 그를 찾아온 아메리카 도선사들 덕분에 사주를 무리하게 통과하는 데 따르는 위험을 알게 되었다.[64]

7월 후반, 뉴욕이 날이 갈수록 난공불락이 되어 가자 워싱턴과 데스탱은 영국군의 제일 취약한 지점, 즉 로드아일랜드의 뉴포트를 치기로 결정했다. 뉴포트는 1775년 당시 인구 1만 1000명의 도시였으나, 전쟁이 시작된 지 1년 만에 그 숫자가 절반으로 줄어들었다. 하지만

프랑스 함대의 이동 경로 데스탱이 이끄는 프랑스 함대는 샌디 훅 항구 밖의 해상에 머물다가 로드 아일랜드의 뉴포트로 이동했다.

그곳은 훌륭한 항구였고, 이 점을 알아본 영국군이 1776년 12월에 이 항구를 점령했다. 로버트 피곳 경이 병력 3000명을 데리고 이 항구를 점령 중이었고, 그보다 북쪽 프로비던스에는 존 설리번 장군이 거느리는 소규모의 대륙군이 있었다.

데스탱이 뉴포트로 떠나자 클린턴 장군과 하우 제독은 불안해졌다. 그들은 데스탱의 움직임을 알아내려고 했으나 그달 말에 가서야 그의 행선지를 알았다. 이렇게 적의 움직임을 추측하는 동안, 그들은 봄에 대규모 함대를 이끌고 영국을 떠난 바이런이 어떻게 되었는지 궁금했다. 앞으로 병사들과 수병들을 어떻게 먹일지도 막막했다. 식량과 다른 군수물자의 납품업자들은 도착할 시점이 오래 지났음에도 모습이 보이지 않았고, 이 때문에 모든 물자가 바닥을 보이기 시작했다. 게다가 8000명의 병력을 서인도제도와 플로리다로 보내라는 지시 건도 있었다. 프랑스 함대가 아메리카 수역에서 정찰을 하는 상황에서도 클린턴은 이 병력을 보내야 하는지 의문을 품었다.[65]

7월 30일, 데스탱이 내려갠싯만으로 들어서자 영국 측은 한층 안도할 수 있었다. 나흘 뒤인 8월 3일, 그는 뉴포트 서쪽에 있는 섬인 코나니컷에 소규모 프랑스 병력을 상륙시켰다. 그가 뉴욕을 떠나 뉴포트로 오는 동안에 워싱턴은 설리번 부대를 강화하기 시작했고, 설리번 자신도 뉴잉글랜드 민병대를 소집했다. 설리번은 8월 첫 주말에 약 1만 명의 병력을 확보했다. 그들은 대부분 민병이었는데, 제임스 바넘 James Varnum 장군의 로드아일랜드 민병대와 존 글로버의 마블헤더 부대가 핵심 병력이었다. 설리번은 이 민병대를 환영했다. 그러나 워싱턴이 그의 지휘를 지원하기 위해 보낸 라파예트와 그린을 보고서는 별로 반갑지 않았을 것이다.[66]

설리번과 데스탱 사이의 협조는 순조롭게 진행되지 않았다. 아일랜드계 도제 하인의 아들인 설리번은 영국인을 싫어해 전쟁에 참여했는데, 너무 정열적이어서 때로는 부주의한 말도 지껄여댔다. 그는 이제 부주의하게 입을 놀리면서 데스탱에게 명령을 내렸다. 데스탱은 프랑스 귀족이었고 설리번보다 계급이 위였는데도 말이다. 데스탱은 설리번의 오만한 태도를 묵과할 수도 있었으나, 오만함에 능력 부족까지 겹쳐 있다고 생각하자 그것을 그냥 넘기기가 어려웠다. 게다가 프랑스군은 자신들이 가진 내러갠싯만 해도가 설리번의 것보다 더 낫다는 것을 발견하고는 아메리카 동료들에 대한 의구심을 줄일 수 없었다. 프랑스군은 아메리카군에 대한 의구심을 지니고 있었다.[67]

프랑스군의 이러한 의심에도 불구하고, 양측은 함께 뉴포트를 공격하는 계획을 짰다. 설리번은 프로비던스에서 남하해 티버턴에서 로드아일랜드의 섬으로 건너가 그 섬의 북동쪽 면에 있는 피곳 부대를 공격하기로 했다. 데스탱은 서쪽에서 동시에 공격할 예정이었다. 영국군은 데스탱의 위협을 알아보고 코나니컷과 로드아일랜드 사이에 있는 뉴포트 항구로 들어오는 중간 수로에다 다섯 척의 프리깃함을 띄우려고 했다. 그러나 다섯 척 모두 좌초해 선원들이 불태워버렸고, 피곳은 프랑스군이 항구로 진입하는 것을 막기 위해 여러 척의 수송선에 황급히 항구로 들어오라고 명령했다. 결국 프리깃함들이 침몰해버리자 데스탱에게 길을 열어준 꼴이 되었다. 공격 날짜는 8월 10일로 정해졌다. 그렇지만 설리번은 8월 9일 오전에 부대를 로드아일랜드로 보냈다. 그는 피곳이 이미 뉴포트 쪽으로 철수한 사실을 발견했는데, 저항없이 상륙할 아주 좋은 기회여서 그냥 흘려보낼 수 없어 하루를 앞당겨 상륙했다. 데스탱은 이 조치를 보고서 아메리카군을 믿을 수 없는 또 다른 증거라고 생각했다. 그날 오후 데스탱은 두번째로 놀라운 소식을 접수했다. 바이런의 함대를 지원받아 전력을 보강한 하우 제독이 프랑스 함대보다 거의 100문이나 더 많은 함포를 거느린 20척의 함선들과 함께 그날 오후 인근 해상에 나타난 것이다.

데스탱은 그가 맡기로 되어 있는 공격을 그대로 감행할 수도 있었다. 그에게는 상륙 가능한 병력이 4000명 정도 있었고, 하우 제독이 만 안으로 들어서기 전 부하들을 하선시킬 수도 있었다. 실제로 그 비좁은 수역에서 프랑스 함대를 공격하기도 쉽지 않았을 것이다. 그러나 데스탱은 병사들을 배에 그대로 태운 채 전투를 하기 위해 순풍을 이용해 밖으로 나갔다. 그 뒤 이틀 동안 양국의 함대는 조심스럽게 기동전을 펼쳤는데, 바람을 등에 업은 데스탱이 날씨 조건에서 유리한 반면, 하우 제독은 맞바람을 맞으며 그를 쫓아야 했다. 이틀 뒤 강풍이 불어와 두 함대의 대형을 흐트러놓았고 여러 배의 돛을 망가트렸다. 강풍은 교전 중의 함포보다 더 많은 피해를 입혔다.

설리번은 좌절하지 않고 8월 14일 단독 공격을 결정했으나 적의 전선을 돌파하지는 못했다. 이어 그는 절반쯤 포위 작전에 들어가 데스탱의 귀환을 기다렸다. 프랑스 배들은 그 뒤 며칠 동안 해상을 떠돌아다녔으나 데스탱은 이만하면 충분하다고 생각했다. 게다가 그는 하우가 더 많은 증원군을 곧 받을 예정이라는 얘기를 들었다. 계속 머물면서 이틀만 더 싸워달라는 설리번의 호소에도, 데스탱은 8월 21일 배의 수리를 위해 보스턴으로 향했다. 그렇게 해서 사실상 뉴포트 포위 작전은 끝나버렸다. 설리번에게는 이제 어떻게 도망칠 것인가 하는 문제가 남았다. 그의 민병대는 프랑스군이 떠나자 사라져버렸고, 피곳은 이제 반격을 준비 중이었다. 당시 설리번이 미처 알지 못한 사실이 있었는데, 클린턴이 수송선에 4000명의 정규군을 태워서 설리번을 로드아일랜드에서 포위할 목적으로 달려오고 있는 중이었다. 역풍이 수송선의 진로를 가로막았고, 설리번은 8월 31일 간신히 도망쳤다. 클린턴은 다음 날 도착했다.

이후 해가 바뀌기 전까지 많은 일이 벌어졌으나 모두 양측에게 그다지 유쾌한 일은 아니었다. 마침내 바이런이 하우 제독의 후임으로 현장에 도착하자, 하우 제독은 9월 말에 귀국했다. 리처드 하우 제독은 뛰어난 해군이고 유능한 지휘관이었다. 아메리카에서 마지막으로 활약한 유능한 해군 제독이었고, 클린턴 또한 그 이상의 제독을 만나지 못했다. 클린턴은 11월 초에 제임스 그랜트 장군 지휘 아래 5000명의 병력을 서인도제도의 세인트루시아를 공격할 목적으로 파견했다. 그랜트 장군은 12월에 그 섬을 함락했다. 거의 동시에 평화 협정을 제안하러 왔던 칼라일 위원단이 뉴욕을 떠났다. 이 위원단의 임무는 수포로 돌아갔고, 그들의 사기는 땅에 떨어졌다. 데스탱 또한 11월에 출항했다. 그의 기백과 자부심은 전혀 상처받지 않았으나 그의 임무는 미완이었다. 그는 워싱턴에게 행선지를 말해주지도 않고 출항에 나섰다.

유럽의 전쟁으로 뛰어든 영국

1778년에 벌어진 사건들의 의미는 영국 내각과 의회 내의 비관론자들에게 아주 명확했다. 식민지에 병력을 집중하는 것이 더 이상 불가능했고, 따라서 그들은 아메리카 전쟁은 실패라는 결론에 도달했다. 영국 정부는 영국군이 대서양 연안 지역에 너무 넓게 퍼져 있다는 사실을 깨달았다. 정부는 식민지의 반란에 직면했을 때에도 제대로 된 전략적 사고를 하지 못했다. 이제 아메리카뿐만 아니라 유럽에서도 전쟁에 직면한 정부에 무엇을 기대할 수 있을까?

정부는 연초에 프랑스의 침공에 대비해 본국 함대를 유지하자고 결정했으나 이러한 계획은 1778년 여름에 한해서만 실현됐다. 오르비유Orvilliers 제독 휘하의 프랑스 함대는 7월 10일에 브레스트를 떠났으나, 영국을 침공하라는 명령을 받은 게 아니라 단지 한 달 동안 순찰을 하라는 지시만 받았다. 7월 23일, 오르비유는 우에상섬 서쪽 약 110킬로미터 지점에서 어거스터스 케펠 제독이 지휘하는 영국 함대를 발견했다. 그는 바람을 등에 업은 유리한 기상 조건 아래 전투 대형을 유지했을 뿐, 접근해 공격할 생각을 하지 않았다. 적을 공격하라는 분명한 명령이 없었기에 오르비유는 망설였고, 이제 바람의 방향이 바뀌어 케펠이 바람을 등에 업고 달려들 때까지 공격을 하지 않았다. 오르비유는 마침내 적과 교전할 자세를 취했고 두 함대는 서로 스쳐지나가며 함포를 사격했다. 케펠의 함포 30문에 비해 27문을 가지고 있던 오르비유는 포의 숫자에 밀려 결국 배가 더 많이 파괴될 것을 우려해 장기적인 교전을 피하고자 했다. 그 대신 그는 영국 함선의 돛과 삭구에 랑그라주langrage를 쓰는 전략을 취해 효과를 보았다. 랑그라주는 여러 다른 형태의 쇳조각이 들어 있는 산탄포散彈砲를 말한다. 그것은 영국 함선의 돛대를 꺾어놓고 삭구와 돛을 찢어놓아 그들의 기동력을 떨어트렸다. 그러나 영국의 대포도 프랑스 함대의 선체와 갑판을 향해 효력을 발휘했다. 결국 프랑스의 피해는 영국보다 거의 2배나 더 많았다. 오르비유는 하루 정도의 교전이면 충분하다고 생각하여 퇴각했다. 해협이 영국의 전유물이 아니었음에도 불구하고 프랑스군은 1778년 영국을 침공할 때 해협을 사용하지 못했다.[68]

남부에서의 전쟁

9

대륙군이 영국에게 반기를 들고 군사를 일으켰을 때 남부는
영국인들에게는 실낱같은 희망과 같았다. 영국은 제국에 대한
남부 식민지인들의 지지가 여전할 것으로 기대했고,
따라서 남부를 거점으로 확보해 대륙군을 물리치고자 했다.
그러나 남부에서도 영국에 대한 저항은 만만치 않았다.
남부에서조차 영국군은 숨 막히는 전투를 거쳐야 했다.
찰스턴에서의 공성전과 캠던 전투에서 두 차례 결정적인 승리를 얻은
영국군은 이제 남부를 발판삼아 반격의 기회를 노리고 있었다.

남부, 희망이라는 이름의 헛된 환상

　좌절 뒤에는 으레 새로운 희망이 뒤따르는데, 이는 헛된 환상이다. 아메리카인들의 봉기에 직면한 영국은 새로운 희망을 모색했지만, 안타깝게도 이는 헛된 환상에 가까웠다. 렉싱턴 전투가 발발하기 전, 영국 각료들은 아메리카 문제가 소수 반란자들의 음모로 부추겨진 것이며 대다수의 식민지 주민은 영국 의회와 국왕을 사랑한다고 확신했다. 왕을 포함한 많은 이의 이런 확신은 치열한 전투가 벌어지는 상황에서도 전혀 흔들리지 않았다. 군사적 실패를 함께 책임져야 하는 낙담한 각료들에게 그런 확신은 틀림없이 위로가 되었다.

　하우 형제는 아메리카 내에서 무수한 국왕파를 찾아낼 것으로 생각했지만, 1776년 트렌턴으로 진군하면서 이런 착각에서 어느 정도 깨어나게 되었다. 윌리엄 하우 경은 특히 남부 식민지에 충성스러운 신민이 무수히 있으며, 북부보다 훨씬 열렬히 국왕에게 충성하고 있다고 생각했다. 하지만 이는 아메리카인에 관한 가장 흔하고 근거 없는 신화의 한 가지 형태였다. 헨리 클린턴 경은 1776년 6월 찰스턴으로 배를 타고 가면서 자신이 영국에 충성하는 캐롤라이나인을 운집시킬 구심점이 되겠다는 기대에 부풀어 있었다. 실제로 캐롤라이나인들은 운집했다. 하지만 그들이 찾은 대상은 클린턴이 아니라, 도시를 방위하기 위해 움직이던 찰스 리였다. 클린턴은 영국에서 파견된 피터 파커Peter Parker 제독의 원정대에 합류했지만, 찰스턴 함락과 국왕파 결집이라는 두 가지 목표를 이루어내는 데에는 완전히 실패했다.

윌리엄 하우는 남부 식민지의 국왕파가 반역자들을 진압할 기회를 엿보고 있다는 희망을 여전히 놓지 않았다. 1776년 가을, 그는 다가오는 겨울에 사우스캐롤라이나와 조지아를 공격하려는 계획을 세웠다. 하지만 조지 워싱턴은 남부에 더 이상 신경을 쓰지 않았고, 하우 역시 식민지 주민을 만날 때마다 의구심만 커졌다. 하우의 상관이었던 조지 저메인 경은 4800킬로미터 넘게 떨어진 아메리카 내의 실망스러운 상황을 잘 몰랐으므로, 계속해서 대다수의 아메리카인이 충성스럽다고 믿었다. 1777년 여름, 캐롤라이나의 국왕파들이 잉글랜드에 도착해서 식민지 장관인 저메인의 귀에 아메리카에 국왕파가 많다는 얘기를 계속해서 흘려 넣었다. 이런 얘기에 자신감을 얻은 그는 하우에게 남부로 진군할 것을 재촉했다. 하지만 당시 하우는 먼 곳으로부터, 그리고 펜실베이니아와 가까운 곳으로부터 나온 충성 맹세 따위는 경계 대상이라는 점을 깨닫고 있었다. 게다가 그에게는 병력이 부족했기 때문에 또 다른 원정은 고려 대상이 아니었다.[1]

저메인은 전쟁에서 이길 수 있는 방법에 대해 나름대로 확신을 갖고 있었다. 일단 남부로 진군해 먼저 남부 국왕파의 지지를 얻은 다음 북부까지 그런 분위기를 널리 퍼뜨려야 한다는 것이었다. 클린턴이 지휘권을 획득했을 때부터 저메인은 그에게 새로운 원정에 나서라고 압력을 넣었다. 이후 프랑스의 전쟁 개입으로 저메인조차 남부 원정의 생각을 바꾸게 되었지만, 아무튼 1778년 3월에 필라델피아에서 플로리다로 군대를 파견하라는 명령으로 남부 식민지에 군사작전을 펼칠 가능성이 크게 높아졌다. 11월이 되자 클린턴은 첫 공격을 준비했다. 그달 27일, 그는 아치볼드 캠벨Archibald Campbell 중령에게 71연대, 헤센인 용병으로 구성된 2개 연대, 국왕파 4개 대대, 작은 규모의 포병대를 주어 조지아를 침공하도록 했다. 전부 합쳐 3500명의 병력이었다. 크리스마스 이틀 전, 캠벨은 서배너강 입구에 있는 타이비섬에 도착했다. 서배너 마을에서 아래쪽으로 24킬로미터 정도 떨어진 곳이었다.[2]

조지아에 주둔한 대륙군 사령관 로버트 하우Robert Howe는 약 48킬로미터 떨어진 선버리에서 도시를 방어하기 위해 서둘러 달려왔다. 캠벨은 노예의 안내를 받아 늪을 통해 대륙군의 방어가 취약한 부분을 공격했다. 700명의 대륙군과 150명의 민병대로 구성된 로버트 하우의 부대는 워낙 수적 열세여서 완전히 돌파되고 말았다. 12월 29일까지 계속된 전투에서 대륙군은 완전히 붕괴되어 패주했는데, 거의 100명에 이르는 병사가 전사했고 453명은 포로가 되었다. 반면에 영국군은 3명이 사망하고 10명이 부상을 입었다. 다음 달, 캠벨은 플로리다에서 올라온 프레보Prevost의 지원을 받아 조지아를 장악했다.[3]

남부의 가장 큰 목표물은 조지아 북쪽에 있는 사우스캐롤라이나의 찰스턴시였다. 클린턴이 찰스턴 공략에 나서기도 전 1779년은 거의 저물어가고 있었다. 이해에는 아메리카에게나 영국에게나 멋진 일이 별로 없었다. 그렇지만 독립 혁명에는 중대한 해였다. 점점 좌절감을 느끼던 클린턴이 볼 때, 현재의 아메리카 사태에서 획기적인 국면 전환과 전쟁 종결의 가능성을 기대할 곳은 남부 밖에 없었다. 1년의 휴전 동안 남부 식민지 공략이 지연되는 가운데 영국에서는 서서히 정치적 위기가 조성됐다. 역설적이게도 그런 정치적 상황 때문에 영국 내각은 식민지 전쟁에서 승리할 수도 있다는 오랜 환상을 더욱 굳히게 되었다.

지나간 환상을 둘러싼 영국 내부의 논쟁들

영국에 닥친 1779년의 위기는 거의 모든 18세기 정부의 위기가 그랬던 것처럼 정치적 책략이 그 원인이었다. 장관 자리를 노리는 정치가들, 이른바 '누들Noodle'을 어떻게 처리할 것인가는 항상 골칫거리였는데, 이 문제는 노스 총리뿐만 아니라 누들 자신들도 신경을 곤두세우고 있는 것이었다. 누들들은 항상 존재했지만, 가장 문제가 되었던 누들은 단지 야망의 문제를 넘어서서 자신이 배신당했다는 생각을 하고 있었다. 그 사람이 바로 1774년 벤저민 프랭클린을 추밀원에서 질책했던 법무차관 알렉산더 웨더번이었다. 웨더번은 그 고약한 성미가 여전했는데, 그가 정치적인 협박을 서슴지 않을 정도로 높은 자리를 탐냈다는 것은 익히 알려진 사실이었다. 그는 현재 공석도 아닌 대법관 자리를 보장받았다고 주장하면서 노골적으로 엽관 행위를 했다. 웨더번은 노스가 그 자리를 어떻게 마련할까 따위는 전혀 신경 쓰지

않으면서 그 자리를 반드시 자신에게 마련해줘야 한다고 생각했다.[4]

북부장관인 서픽이 3월에 사망해 후임자를 찾으면서 많은 이들이 희망에 부풀었다. 새러토가에서의 재앙에 관한 소식이 도착한 이후 내각 구성의 중요성은 더욱 커져갔다. 1778년에 벌어진 일들, 특히 필라델피아 철수를 고려하면 내각의 전망은 암울했다. 노스 총리, 저메인 식민지 장관, 샌드위치 해군 장관은 모두 아메리카의 전쟁 수행과 관련해 책임을 져야 했고, 언론으로부터 맹비난을 받았다. 휴전 교섭위원인 칼라일 경과 윌리엄 이든William Eden이 협상에 실패하고 귀국한 사실이 알려지자, 내각을 공격하는 자들이 더욱 기세등등해졌다. 이든은 웨더번과 한패가 되어 노스에게 압력을 가했고, 곧 노스는 서픽의 자리에 힐즈버러를 지명하는 것은 그다지 인심을 얻기 어렵다는 사실

영국 내각의 무능을 풍자한 만평 영국의 노스 총리, 저메인 식민지 장관, 샌드위치 해군장관이 냄비로 비유된 국가를 땜질하고 있다.

을 깨닫게 되었다.

이런 음모가 진행 중일 때, 윌리엄 하우 경은 자신의 아메리카 업적에 대한 의회의 공개적인 조사를 요청했다. 그는 "지난 군사 작전에서 아메리카 전쟁을 종결시키지 못했다고 자신과 형에게 오명이 씌워졌는데, 잘못이 영국군 지휘관들에게 있는지, 내각에 있는지를 밝히기 위해"[5] 의회의 조사를 요청한다고 말했다. 이후 하우는 콘월리스 경과 찰스 그레이Charles Grey 소장을 포함한 증인들을 하원 청문회에 내세워, 잘못이 자신과 형에게 있는 것이 아니라 내각에 있다는 것을 증명하려고 했다.

콘월리스 경은 자신의 의견은 유보한 채 오로지 객관적 사실만 증언하겠다며 자신이 본 '사실들'을 말했는데, 이는 아메리카에서 자신이 공격적인 사령관이었다고 생각하는 하우의 자화상을 은근히 퇴색시켰다. 그레이는 더 훌륭한 증인이었다. 그는 아메리카에서 겪은 어려움을 드러내며 율리우스 카이사르 같은 지휘관도 좌절을 겪을 수밖에 없다고 했다. 그레이가 증언한 바로는 아메리카의 농촌 지역은 너무도 험난해 정찰이 거의 불가능했다. 그는 수비적인 전쟁을 하겠다고 결심한 적을 상대로는 군사적인 정찰이 필수적이지만, 방어에 유리한 환경을 가진 나라에서 현지 주민마저 영국군에 적대적으로 나올 경우 과감한 공격을 실행하기 어렵다고 논평했다.

여기서 저메인 식민지 장관은 내적 강인함을 보여주었다. 그레이의 보고에 함축된 의미는 명백했다. 하지만 저메인은 하우가 전쟁에서 승리하기 위해 본국의 더 많은 지원을 필요로 했다는 상황을 인정하지 않았다. 대신 그는 제임스 로버트슨James Robertson 소장을 또 다른 증인으로 데려왔다. 로버트슨 소장은 하우의 실패는 그의 무능력과 전투에 소극적인 태도에서 비롯된 것이며, 그 이외에는 설명할 길이 없다고 증언했다. 로버트슨의 증언에 따르면, 식민지인은 국왕에게 지극한 충성심을 지니고 있었다. 그는 또 그들 중 3분의 2가 왕정을 선호했다고 엄숙하게 말했다. 또한 덧붙이길, 독립 선언은 여론을 전혀 반영하지 못한 것이며, 놀랍게도 선언 이후 자기들만 기뻐하는 '소수 교활한 자들'의 농간일 뿐이었다. 농촌 지역의 험난함에 관해서도 로버트슨은 다른 증언을 했다. 그곳에서는 식량 공급이 풍부하며, 조지 워싱턴 휘하의 반역자들에 관한 현지 정보를 그곳 주민이 기꺼이 전하려 했다고 말했다. 더욱이 주민은 국왕을 위해 싸우려고 했으며, '대륙회의의 폭정'[6]에서 벗어나게 해줄 좋은 기회와 유능한 지도자를 간절히 바란다고 증언했다.

이 증언은 하우에게는 아주 불리한 것이어서 그는 곧바로 반발했다. 그러나 하우의 반격은 곧바로 다른 반론들에 직면하곤 했다. 의회의 조사는 6월 말까지 계속됐다. 의회에서 조사가 끝나자 그다음에는 신문들이 그 일을 다루었으나 아무도 만족시키지 못했다.

그사이 내각과 클린턴 장군은 다시 사우스캐롤라이나의 찰스턴을 공격하는 데 동의했다. 영국 의회에서 결론을 내지 못한 문제는 아메리카에서 처리돼야 했다. 그런 새로운 시작을 위한 장소는 남부 식민지였다.

영국군의 승리와 찰스턴의 비극

1779년 12월 26일, 영국군 원정대는 어렵게 뉴욕항을 떠났다. 수송선을 쓰려면 뱃사람의 기술을 전부 알아야 했다. 작은 배로 군인과 보급물자를 날라야 했기 때문이다. 몇 주 동안 기온이 낮아 항구는 얼어 버렸고, 거센 바람 때문에 배를 다루는 것은 굉장히 위험한 일이 되었다. 콘윌리스의 33연대는 12월의 어느 날 항구를 출발했다가 부두로 돌아올 수밖에 없었다.[7]

바다에 별다른 문제가 없을 때조차 항해를 싫어했던 클린턴은 비교적 괜찮은 날씨에 90척의 수송선과 14척의 전함이 출항하게 되자 틀림없이 안심했을 것이다. 하지만 12월 28일과 29일 밤 폭풍우가 몰아쳐 배가 크게 흔들렸을 때 클린턴은 틀림없이 뱃멀미를 느꼈으리라. 이후 4주 동안 바람이 때때로 약해져 바다가 평온해질 때도 있었지만, 연달아 몰아친 폭풍우에 영국군 함대는 크게 흔들리면서 밀집대형을 유지하지 못했다.

1780년 1월 6일, 프로이센 용병인 예거Jaeger 부대의 요한 힌리히스 Johann Hinrichs는 항해 상황을 자세히 기록한 일기에 이런 글을 남겼다. "늘 같은 날씨다! 폭풍우, 비, 우박, 눈, 선실에 부딪히는 파도. 오늘도 똑같다." 날씨가 최악인 경우에 배는 돛을 말고서 밤새 표류했다. 물론 타륜을 단단히 동여매 가능한 한 배가 움직이지 않게 처리해놓은 상태였다. 다음 날 아침이 되면 군인들은 그들이 탄 배가 홀로 있거나 몇 안 되는 배들과 함께 있는 광경을 보게 되었다. 이후 날이 괜찮다면 낮 동안 흩어진 배들을 찾아내 다시 함대를 구성했다. 하지만 날씨는 늘 험악했고, 돛대가 파도에 맞아 부서지거나 돛이 갈가리 찢어지거나 선체에서 물이 새는 경우가 허다했다. 힌리히스 선장은 보병대를 태운 수송선 조지호가 침몰하는 모습을 지켜보고는 이런 기록을 남겼다. "그들은 소지품을 내던지고 작은 배에 황급히 옮겨탔다." 그래도 군인들은 말馬보다는 나았다. 대부분의 말은 부상을 당해서 도살

해야 했다. 보급품 역시 전부 손상되어 대부분 침몰하는 배와 함께 사라졌다.[8]

1월 말 수송선과 호위함은 바다 위를 표류하다가 서배너강 입구의 타이비섬에 도착했다. 군인들은 하선해 몸을 말리고 배를 수리했다. 목적지는 찰스턴에서 약 48킬로미터 떨어진 노스에디스토강 입구였으니, 그들은 한참 남쪽으로 표류해 내려온 셈이었다.

열흘이 지나가기 전에, 클린턴은 진군할 준비가 되었다고 선언했다. 2월 11일이 되자, 영국군은 에디스토강 입구의 현 시브룩섬인 시몬스섬에 상륙했다. 이 조치 때문에 클린턴과 매리엇 아버스넛Marriot Arbuthnot 제독 사이에 무거운 분위기가 흘렀다. 조지 콜리어George Collier 경을 대신해 해군 사령관이 된 아버스넛은 계급으로는 클린턴과 동급이었다. 클린턴은 전에도 콜리어 부제독을 좋아했고, 두 사람은 서로 잘 협력했다. 하지만 매리엇 아버스넛은 함께 일하기가 아주 어려운 사람이었다. 68세의 노장인 그에게서는 활력을 기대할 수 없었다. 물론 아버스넛에게 경험이 없는 것은 아니지만 그는 북아메리카 해역 같은 주요 기지에서 함대를 지휘해본 적이 없었고, 군을 이끌고 큰 모험을 한 적도 없었다. 그는 도무지 종잡을 수 없는 사람이었다. 때로는 단호하고, 때로는 우유부단했다. 또한 아버스넛은 자신감과 두려움을 곧잘 동시에 드러내보였는데, 이런 상반된 감정의 격발은 설명은커녕 예측조차 하기 어려웠다. 그는 새롭게 맡은 지휘권에 따르는 책임을 달갑게 여기지 않았다. 그럴 수밖에 없는 것이, 그에게는 전략적인 감각과 항해 기술이 없었기 때문이다. 간단히 말해서 클린턴에게는 불필요한 동료였다.[9]

두 사람은 부대가 어디에 상륙해야 할지에 관해 의견이 달랐다. 이

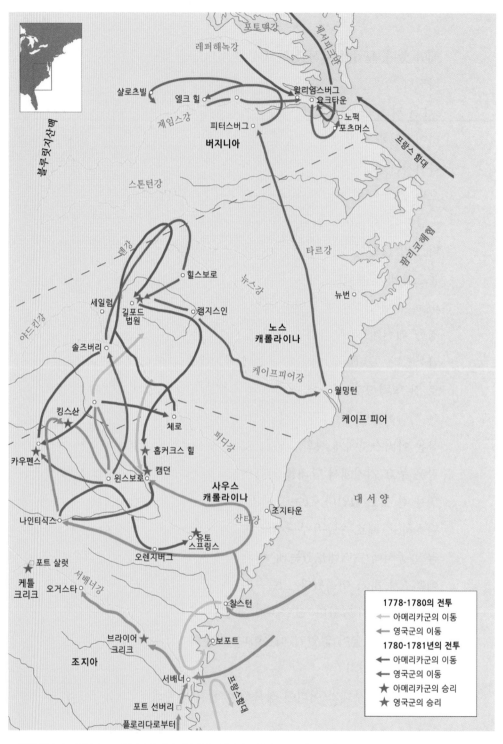

남부 전투 1778년부터 1781년까지 식민지 남부에서 아메리카군과 영국군의 이동 동선으로, 영국군이 찰스턴을 점령하고 북진하기 시작했다.

들의 의견 불일치는 한 번으로 끝난 것이 아니라 다른 더 중대한 의견 불일치로 이어졌다. 클린턴은 부대의 상륙 지점은 노스에디스토강 입구여야 한다고 강력하게 주장했다. 그곳은 아버스넛이 제안한 스토노강 입구보다 하루에서 이틀 정도 덜 항해해도 되기 때문이었다. 뒤따른 언쟁에서 클린턴은 아버스넛의 부하 장교인 엘핀스톤Elphinstone 대령의 권위를 빌려왔다. 대령은 원정대 장교들 중에서 찰스턴 주변의 해역을 누구보다도 잘 아는 사람이었다. 이렇게 되자 아버스넛은 자신의 의견을 포기했지만 아주 떨떠름한 모습이었다. 아무튼 두 사람의 이런 엇갈리는 의견에서 불화의 윤곽이 선명하게 드러났다.

상륙 개시 3일 만에 모든 병력과 수하물 대부분을 육지에 내렸다. 이후 10일 동안 병사들은 존섬과 제임스섬의 습지를 힘들게 통과했다. 클린턴은 아메리카 본토의 스토노 페리에 교두보를 세우는 대신 진군을 멈추고 그곳에 원시적인 야영지를 세웠다. 진군을 멈춘 데에는 이유가 있었다. 클린턴은 보급창과 무기고를 세우고 병력을 증원할 필요가 있다고 생각했다. 그는 즉시 조지아에 파견부대를 부르러 보냈고, 뉴욕에서도 부대를 보내라고 명령했다. 그러는 동안 질척한 땅 위로 무거운 수레를 끌고 갈 말들이 부족해 보급관들의 무기고 건설 작업은 느리게 진척됐다. 또한 클린턴은 해군이 항구 상부로 들어올 때까지 기다려야 했다. 항구 상부는 클린턴이 공성에 사용할 중화기를 상륙시키기로 한 곳이었고, 작은 배들이 애쉴리강을 가로질러 병력을 찰스턴반도로 수송할 곳이기도 했다.[10]

찰스턴은 남부 도시들 중 유일하게, 일상적으로 1만 2000명의 시민이 거주하고 있었다. 그들은 주로 영국인의 후손이었지만, 흑인 노예도 상당히 많았고 프랑스 신교도도 있었다. 소수이긴 하지만 스페인인과 독일인도 있었다. 찰스턴이 있는 반도 서쪽으로는 애슐리강이, 동쪽으로는 쿠퍼강이 흘렀다. 여행자들은 찰스턴을 아름답다고 생각했다. 그곳의 여름은 덥지만 내륙 지대보다는 선선했다. 부유한 쌀 농장주들은 찰스턴에 집을 짓는 게 꿈이었는데, 실제로 많은 사람이 엄청난 여름 더위를 피하기 위해 이곳에다 집을 지었다. 서로 수직으로 교차하는 넓은 거리들을 따라 800채 또는 1000채에 이르는 집들이 자리를 잡고 있었다. 대부분의 집은 목조 가옥이었으며 유럽의 기준에서 볼 때는 다소 작은 크기였다. 하지만 두 강의 강변에는 보기 좋고 큰 벽돌집들이 세워졌는데, 그런 집들의 소유주는 대부분 집 뒤에다 정원을 꾸몄다.[11]

1776년부터 찰스턴의 방어 시설들은 쇠퇴 일로를 걸었다. 1776년에 파커와 클린턴이 좌절을 맛본 바다 방향 쪽을 보면, 동쪽 설리번섬의 물트리 요새와 서쪽 존슨 요새는 황폐해진 상태였다. 두 요새에는 병사들이 주둔하고 있어서, 항구 외부 또는 하부를 통해 들어오는 적에게는 장애물처럼 보였다. 하지만 실제로는 육중한 모래톱이 요새보다 더 강력한 장애물이 되었다. 모래톱을 건널 수 있는 곳이 다섯 지점 정도 있었지만, 하나같이 물이 너무 얕아 무거운 배는 통과할 수 없었다. 호위함이나 그보다 더 작은 배는 겨우 통과는 할 수 있었지만, 그조차도 무게를 줄이지 않고는 불가능했다. 연속된 계단 형태의 팔메토 야자나무 통나무들이 일명 넥반도의 끝부분을 보호했고, 반도를 흐르는 두 강에는 보루, 참호, 작은 방어 시설이 설치되어 있었다. 끝부분의 보루에는 16문의 대포가, 강을 따라 세워진 요새에는 3문에서 9문의 대포가 배치됐다. 공성이 시작됐을 때 항구 상부에는 위플 Whipple 준장이 지휘하는 아메리카군 소함대가 있었는데, 아버스넛이 3

월 20일 모래톱을 건너자 소함대는 쿠퍼강 입구로 황급히 달려갔다. 이미 진행 중인 도시의 방어를 강화하기 위해 위플 소함대의 대포와 선원들은 뭍에 올라가 있었다. 소함대의 배들은 쿠퍼강의 입구를 막는 장벽을 형성했다.[12]

찰스턴의 북쪽 방어는 항구 쪽보다 훨씬 안 좋은 형편이었다. 도시의 주둔군 사령관인 벤저민 링컨Benjamin Lincoln은 바다로부터 침공이 있을 것으로 예상했기 때문에 넥의 육지 방비 강화는 소홀히 했다. 육지 방어의 핵심은 '혼워크' 또는 '올드 로열 워크'라고 불리는 요새였다. 이 요새는 굴껍질, 석회, 모래, 물을 조합한 재료인 '타피아tapia' 또는 '태피tappy'로 육중하게 지어졌고, 요새 자체에 18문의 대포가 있었다. 양 옆에는 보루가 있었으나 완성된 것은 아니었다. 공병들은 보루를 좋은 위치에 설치하지도 못했다. 나중에 그곳을 점령한 영국군의 판단으로는 그랬다. 대륙군이 좀 더 효율적으로 시간을 활용했다면 각각의 보루들이 고립되는 결점을 바로 잡았을지도 모른다. 보루들은 서로 동떨어진 곳에 있었고, 왼쪽의 요새는 단 한 번도 다른 보루들과 안전하게 연결된 적이 없었다. 요새와 그 오른쪽에 있는 보루들 사이에 파놓은 통신 참호들은 그 방면의 전선을 강화했다. 하지만 참호들의 후방은 여전히 취약했는데, 아메리카 방어군이 후방 폐쇄 작업을 소홀히 했기 때문이다. 4월에 찰스턴에 온 프랑스 기술자 뒤포르테유는 참호들의 후방을 폐쇄하자고 촉구했지만, 공격을 받는 상황에서 그런 일까지 진행하기란 아주 어려웠다.[13]

찰스턴 시민은 이런 방어 시설 작업에 달려오지 않았다. 대륙회의에서 파견한, 3분의 1이 캐롤라이나인으로 구성된 방위군도 마찬가지였다. 클린턴이 상륙했을 때, 링컨은 사우스캐롤라이나 대륙군 800명,

버지니아 대륙군 400명, 부대사령관인 폴란드 귀족 카지미르 풀라스키Casimir Pulaski의 이름을 딴 풀라스키 부대 약 380명, 캐롤라이나 민병대 2000명, 소수의 용기병을 보유했다. 4월에 들어와 클린턴이 찰스턴을 고립시키기 바로 직전에 노스캐롤라이나와 버지니아의 대륙군이 도착했다.[14]

분명 링컨에게 있어 추가 병력의 가세는 감사할 만한 일이었으나, 그 외에는 별로 감사할 것이 없었다. 비유적으로 말하자면, 그는 자기 키보다 더 깊은 물에 들어가 있는데 헤엄을 칠 줄 몰랐다. 사실 그 정도로 초라한 방어 시설을 가지고서 쉽게 물위에 떠 있을 수 있는 대륙군 지휘관은 아무도 없을 터였다. 방어 시설은 쇠퇴했거나 완성되지 않았고, 병력은 충분하지 못했으며, 민간인은 도시의 방어를 원했지만 도움을 제공할 생각은 하지 않았다. 링컨은 정말로 깊은 물속에 처박힌 셈이었다. 게다가 링컨에게는 공성을 받는 도시를 방어한 경험이 없었고, 그의 휘하에 있는 이들도 경험이 없기는 마찬가지였다.

링컨은 결코 능력이 부족한 사람이 아니었다. 1733년 매사추세츠의 힝엄에서 태어난 그는 독립 혁명 전에는 그곳에서 농부로 생계를 꾸렸다. 뉴잉글랜드 지역의 많은 유능한 사람들이 그랬듯이, 그는 서기, 치안 판사, 서퍽 카운티 연대의 민병대 지휘관 등을 맡아 공동체에 봉사하면서 꾸준히 사회적인 지위를 쌓아왔다. 그는 전쟁이 발발하기 몇 년 전에 지역회의에서 힝엄의 연락 위원회 소속으로 활동하기도 했다. 전쟁 초기에 민병대 중령이던 링컨은 단기간에 소장으로 진급했다. 1777년 초, 대륙회의는 워싱턴의 건의에 따라 링컨에게 같은 계급을 주고서 대륙군에 편입시켰다. 대륙회의가 로버트 하우를 대체해 1778년 9월에 남부 사령관으로 링컨을 임명할 때까지, 그의 활약은 부족하지도 넘치지도 않는 수준이었다. 그는 새러토가에서 좋은 활약을 보였지만 다리에 심각한 부상을 입었다. 그는 오랜 회복 기간을 거쳐서 마침내 남부의 지휘권을 맡았다.[15]

링컨은 적이 왜 공격을 하지 않는지 알지 못했다. 그는 방어 시설을 완성하려고 서두른 나머지 그런 공격 지연을 깊이 생각하지 못했을 수도 있다. 영국군이 모래톱을 침범해 항구로 들어올 것이라고 예상한 링컨은 처음엔 넥의 하단과 양쪽 강 입구에만 병력을 집중시켰다. 그는 영국군이 도시 후방에서 접근할 경우에도 대비해 반도에서의 작업도 동시에 진행했다.

클린턴은 반도의 끝부분에 상륙할 생각은 없었고, 우회해 본토에서 공격하는 방법을 선호했던 것으로 보인다. 이 작전을 실행하기 위해서는 해군이 필요했다. 3월 20일, 아버스넛은 6척의 호위함을 모래톱 위로 올리는 데 성공했다. 그 이전에는 영국 해군이 부표로 모래톱을 따라 얕은 곳을 표시하면, 위플의 배들이 나타나 파괴하는 일이 반복됐다. 마치 술래잡기 같은 모습이었다.

5일 뒤 조지아로 파견된 패터슨Paterson과 휘하 1500명의 영국군 병력이 돌아왔다. 3월 29일이 되자 클린턴은 보강된 군대를 찰스턴에서 약 19킬로미터 위에 있는 드레이턴스 랜딩에 보내 애쉴리강을 건너게 했다. 이 장소에서 애쉴리강의 너비는 약 182미터밖에 되지 않았고, 바로 그 아래에서 굽어졌다. 따라서 아버스넛의 선원들이 탄 작은 배들은 이 지형지물을 이용해 대륙군의 정찰병을 피할 수 있었다.[16]

대륙군은 영국군의 상륙을 막지 않았다. 4월 1일이 되자 이미 클린턴의 군대는 넥을 가로지르는 방어 시설로부터 약 910미터 안쪽 지점까지 접근해 있었다. 이제 공성은 18세기 전쟁에서 흔히 볼 수 있는 방식으로 시작됐다. 공병들은 아메리카 방어선에서 약 730미터 되는 곳에 넥을 가로질러 '평행호'를 만들었다. 이 평행호는 참호와 보루로 구성됐는데, 대략 730미터로 평행하게 배치됐다. 열흘 뒤 평행호가 완성되자, 클린턴 부대는 공병들의 감독 아래 아메리카 방어선을 향해 대호對壕들을 파기 시작했다. 이 축성 과정은 16~17세기 정립된 공성에 관한 통상의 이론과 관행, 즉 '표준 접근법'이라고 불리는 방법을 따른 것이었다. 이는 육지에서 적의 방어 시설에 더욱 가깝게 접근하는 체계적이면서도 탁월한 공격 방법이었다.[17]

이런 공성은 공격 측이 방어 측에 가까이 붙어 가능한 한 마지막 순간까지 자신을 은폐하면서 총공격을 가할 수 있는 방법이었다. 클린턴은 공격을 할 필요가 없기를 바랐다. 찰스턴을 고립시켜 원군이 오는 것을 막아 링컨에게서 항복을 받아내면 좋겠다는 생각이었다. 클린턴에게는 군사적인 목적뿐만 아니라 정치적인 목적도 있었다. 찰스턴을 점령해 인구를 온전하게 보전하면 영국 왕실을 지지하는 국왕파를 결집할 수 있었지만, 도시를 파괴하면 이런 목적은 달성할 수 없었다. 엘핀스톤 대령과 '모든 해군'이 '도시가 불타는 것'을 보고서 기뻐하자, 클린턴은 공성 중에 이렇게 말했다.

"점령하려는 마을을 불태우는 것은 부조리하고 현명하지 못하며 잔혹하다. 어떤 경우에도 강습 공격의 성공은 불확실하다. 나는 우리의 점령 조건을 지키면서 도시를 확보할 수 있다고 확신한다. 이를 바탕으로 우리는 남부 지방, 그리고 그 너머의 지역을 정복해야 한다."[18]

'기습 공격'이라면 몰라도 공성은 결코 가볍게 수행될 수 없다. 공성은 적이 점점 가까이 다가오는 것을 지켜보는 수비 측의 의지를 시험하며, 동시에 공격 측의 정력과 지략에도 많은 부담을 주기 때문이다.

찰스턴 공성전 전면에 영국군이 보루를 건축하고 있으며 왼쪽에 보이는 대포는 이미 총안에 설치되어 있다. 멀리 가운데 넥반도 끝부분이 아메리카군의 진영이고, 흰 연기가 피어오르는 곳에 방어 전선이 구축되어 있다.

찰스턴 포위 공격 영국군은 육지와 해상, 양쪽으로부터 넥반도의 끝부분에 위치한 대륙군을 에워싸며 공격했다

찰스턴 북쪽의 땅은 대개 평평했다. 토양은 모래로 뒤덮였고 늪 같았는데, 모래벼룩이 득실거렸다. 벼룩에게 물린 독일 장교의 말에 따르면, 그것은 "굉장히 고통스러웠다." 대륙군 정찰병을 피할 수 있는 높게 솟은 고지가 얼마 없었기 때문에 호를 파는 일은 대부분 밤에 진행됐다. 밤에는 숨이 막힐 정도로 덥지는 않았지만, 4월의 대낮은 더위를 참기 어려웠다.[19]

이 지형에서는 포격이 특히 효율적이었다. 18세기의 기준으로는 그랬다. 첫 평행호에는 대다수의 포들이 도시로 발포 가능한 거리에 설치되었지만 정확도가 늘 문제였다. 보통 중화기의 경우 1킬로미터가 넘는 범위에서는 정확도를 믿을 수가 없었고, 어떤 것은 약 380미터 거리에서도 효율성이 떨어졌다. 박격포는 훨씬 더 먼 거리, 때로는 3킬로미터가 넘는 거리에서도 발포할 수 있었지만 정확도는 형편없었다. 어쨌든 영국군은 도시에 가까이 갈수록 대포뿐만 아니라 소형 화기에도 목숨을 잃을 가능성이 커졌다.

영국군은 4월 내내 찰스턴과의 거리를 좁혔다. 숙련된 공병 장교 몬크리프Moncrieff 소령이 이 작전에 관해 대부분의 지시를 내렸다. 그는 어느 날 밤에 무엇이 장애가 되는지 살펴보기 위해 녹채까지 직접 기어갔다. 이후 몬크리프는 대규모 작업반을 구성했다. 때로는 500명에 이르는 작업병이 공성 보루를 만들었다. 평행호를 따라 여러 지점에는 3개의 다리로 지탱되는 높이 약 3미터, 길이 약 4미터의 육중한 나무틀로 된 보루가 세워졌다. 이런 나무틀을 방탄 방패라고 했는데, 뉴욕에서 제작한 뒤 수송해온 것이었다. 찰스턴의 전장에 모인 이 방패들은 16개가 한 세트로 보루의 골격을 형성했다. 방패에는 모래와 흙을 쌓아올려 벽이 최소한 약 3.6미터의 두께에 이르도록 했다. 그러고는 영국군은 총안을 내어 화기와 곡사포를 발사할 곳을 마련했다. 4월 말에 마지막 평행호, 즉 세 번째 것이 완성되자 여러 구멍에 보병들이 자리를 잡고 소총과 머스킷 총을 겨누었다. 보루 외부의 참호들에는 모래주머니가 달린 소총 총안을 준비했는데, 이것은 보병들이 아메리카 보루의 총안에 사격하기 위한 장소였다.[20]

이런 구조물들을 만들고 참호들을 파는 것은 평시에도 쉬운 일은 아니었다. 방탄 방패들을 들어 올리는 일은 특히나 힘들었다. 각각의 방패를 들기 위해 18명의 병사가 필요했는데, 포화가 쏟아지는 동안 어둠 속에서 방패를 제 위치에 설치하는 일은 여간 번거롭지 않았다. 참호를 파는 일에도 나름대로 문제가 있었다. 모래는 상당히 푸석거렸지만 젖어 있었고, 병사들은 때로는 물웅덩이에서 일했다. 따라서 배수로가 설치되어야 했다. 비록 정확하지는 않았지만 빈번하게 강력한 포격도 있었다. 오히려 아무 곳에나 막 떨어진다는 점이 병사들에게 특별한 공포를 안겨주었다. 다음 포격이 언제 시작될지, 포탄이 어디로 떨어질지 아무도 몰랐다. 게다가 대륙군은 끔찍한 물건들을 발사했다. 그들은 낡은 발사 무기, 깨진 삽, 곡괭이, 손도끼, 인두, 권총 총열, 깨진 자물쇠의 삐쭉삐쭉한 파편 따위를 산탄에 채워 넣었다. 때로는 유리 조각까지 집어넣었다. 이 산탄에 맞은 상처는 소름끼칠 정도였다. 공성에 관한 보고서에는 엄청난 폭발에 의해 병사들의 온몸이 날아가고 다리가 찢기고 팔이 산산조각 났다는 내용이 반드시 들어 있었다. 5월의 어느 날 밤, 단단한 포탄 한 발이 일곱 명의 예거 병사들을 덮쳤다. 한 사람은 다리가 찢기고, 다른 한 사람은 넓적다리에 부상을 입었으며, 나머지 다섯 명은 포격의 여파인 날아온 나무 파편의 공격을 받았다.[21]

영국군과 독일인 부대는 좀 더 전통적인 방식으로 발포했으나, 이역시 살과 뼈를 파괴하는 위력을 가지고 있었다. 영국군 공병들이 찰스턴에 가깝게 땅을 팔수록, 대포는 더욱 앞으로 진출해 요새의 총안과 지지물을 겨냥해 포격을 가했다. 영국군 포병대는 이 목표를 더 효과적으로 달성하기 위해 각각의 산탄에 100개의 총알을 채워 넣었다. 또한 그들은 약 1.3킬로그램의 산탄과 '보기 샷'이라고 부르는 약 226그램의 발사 무기도 함께 발포했다. 중포탄과 파열성 포탄 역시 사용됐다. 두 번째 평행호가 완성되고 세 번째 평행호가 구축된 4월 말이 되자, 양측은 손상된 보루들과 상대에게 가한 타격으로 생겨난 부상자를 여실히 보게 되었다. 한번은 포탄 한 발이 총안 뒤의 대륙군 보루 지지대를 가격했다. "포탄은 떨어지자 폭발했다. 총안에 있던 두 명의 포병이 참호로 날아갔고 적의 발사대는 박살이 났다." [22]

공포가 커질수록 양측 병사들의 사기는 떨어졌다. 누가 승리할지 모르는 혼란이 생겨났고, 양측 모두 탈영병이 발생했다. 최악의 공포는 어둠과 함께 찾아왔지만, 대낮이라고 해서 평온하거나 부담이 없는 것은 아니었다. 포탄은 양측에 떨어졌고, 4월 말이 되자 사정거리가 줄어들어 대륙군과 영국군은 서로 끊임없이 소총과 머스킷 총을 발사했다. 이어 생사의 게임이 벌어졌다. 양측은 서로가 총안의 개방을 기다렸다가 그것이 열리면 닫히기 전에 머스킷 탄환과 산탄을 마구 퍼부었다. 밤에는 상황이 더 나빴다. 해가 지면 병사들의 머릿속에서 상상력이 동원되었기 때문이다. [23]

링컨의 부대는 밤이 되면 적의 공병들이 열심히 참호 작업을 한다는 사실을 명확히 알게 되었다. 대륙군은 아침이 되면 적이 꾸준하게 전진해오는 모습을 보게 되었다. 대륙군의 멍한 눈, 피곤함으로 부푼 딱

딱한 얼굴에서는 긴장감이 역력히 드러났다. 영국과 독일 연합군 역시 공포를 느끼긴 마찬가지였다. 대륙군이 공병들의 참호 작업을 저지하기 위해 포격 횟수를 늘렸기 때문이다. 대륙군은 영국군 탈영병에게서 참호 병력의 교대가 보통 동틀 녘 한 시간 전에 실시된다는 정보를 입수해 그 시간에 맞춰 포격을 퍼부었고, 그리하여 교대 작전은 심각한 위험을 떠안게 되었다.

4월 말 세 번째 평행호가 완성되고 영국군 공병들이 운하를 향해 땅을 파며 전진해나가자, 영국군과 독일 보병들은 이제 위태로운 결전의 순간이 다가왔다는 것을 분명하게 알았다. 그들의 총사령관은 맨 처음부터 총검에 의지해야 한다고 강력히 주장했다. 조준 대상이 보이지 않는 밤에는 머스킷 소총에 장전을 하지 않기 때문이었다. 클린턴이 볼 때, 총검에 의지하는 건 규율, 자부심, 기백을 뜻했다. 그는 4월에 참호들을 자주 방문했다. 그는 다치는 것을 두려워하지 않았다.

클린턴은 한 참호를 방문하던 중 자신의 일기에 적은 것처럼 "엄청난 태만"의 현장을 발견하게 되었다. 병사들이 총검을 장착하지 않았던 것이다.[24] 병사들은 머스킷 소총에 장전을 해놓고 있으면 총검을 장착하지 않아도 어둠 속에서 편안함을 느끼는 모양이었다. 하지만 4월 24일 대륙군 200명이 세 번째 평행호의 말단 한 곳으로 돌격하자 클린턴의 병사들은 공황 상태에 빠졌다. 예거 병사들은 뒤에 있는 두 번째 평행호로 달아났다. 하지만 대륙군에서도 50명의 사상자가 발생했고 12명 이상의 병사가 포로로 잡혔다. 비록 짧은 시간이기는 했지만, 대륙군은 세 번째 평행호 일부와 두 번째 평행호를 단절시켰다. 다음 날 밤, 대륙군 전선에서 들리는 소형화기 포성과 함성 소리는 영국군과 독일 병사들에게 겁을 주었고, 그들은 세 번째 평행호를 버리고 달아났다. 도주하던 병사들은 때로는 다른 사람들의 평정심까지도 압도해버렸다. 그들은 두 번째 평행호의 참호로 퇴각해와서는 실제로는 침입해오지도 않는 적들을 향해 마구 사격을 가했다. 한 예거 부대 장교는 나중에 이렇게 말했다.

"그들은 어디에서나 반역자들을 보았다. 적이 돌격해왔다고 상상한 그들은 30분 넘게 머스킷 총을 발사했다. 하지만 참호에 반역자의 모습은 보이지 않았다."[25]

이런 아수라장이 펼쳐지고 있을 때, 영국군 안에서는 자그마한 갈등이 생겨났다. 클린턴은 일기에서 콘월리스와 아버스넛을 못마땅하게 여기며 불평했다. 때로는 그들 자체에, 때로는 그들의 행동에 관해서 못마땅해 했다. 클린턴은 애쉴리강을 건너기 열흘 전에 자신의 사임이 반려되었다는 사실을 알게 되었다. 이 소식을 듣고 그는 실망했지만, 콘월리스는 더욱 실망했다. 그는 자신이 클린턴을 대체해 총사령관에 오르리라고 기대했기 때문이다. 승진이 좌절된 이후, 콘월리스는 총사령관인 클린턴에게 아무런 조언도 하지 않았다.

그러던 중 콘월리스의 한 부하가 클린턴이 정말로 사임을 원한다면 한 번 더 요청하기만 하면 되는 일 아니냐고 '비웃으며' 말할 때 콘월리스가 묵묵히 듣기만 했다는 이야기가 클린턴의 귀에 들어갔다. 이에 클린턴은 콘월리스를 나무랐고, 콘월리스의 불편한 심기는 더욱 심해졌다. 콘월리스는 어느 누구도 총사령관을 비웃은 적이 없다며 클린턴의 말을 부인했고, 두 장군 사이에 지독한 말들이 오갔다. 그러나 가장 심한 말은 클린턴이 일기에다 콘월리스를 비난한 것이었다. "콘월리스는 내가 없을 때 지시를 내리지 않는 등 직무유기를 하고 있는데, 이는 전혀 군인답지 않은 행동이다."[26] 이 갈등으로 인한 즉각적인 파장은 측정할 수 없었지만, 한 가지 사항은 분명했다. 콘월리스는 훌륭한 전략적 기술을 지녔음에도 상급자인 클린턴은 그런 그의 장점을 제대로 활용하지 못했다.

더욱 심각한 점은 클린턴이 아버스넛과 엄청난 불화를 겪고 있었다는 것이다. 공성이 실시되기 전의 사건에서 갈등은 시작됐다. 아버스넛은 단호하게 행동한 적이 거의 없었고, 클린턴과 의견까지 맞지 않자 전투에 적극 나설 생각이 더욱더 사라져버렸다. 클린턴은 그가 쿠퍼강까지 함대를 끌고 오면 링컨을 찰스턴 안에다 가둘 수 있다고 생각했고 제독이 그렇게 해주기를 바랐다. 아버스넛은 이를 단 한 번도 직접적으로 거절한 적은 없었지만 그렇다고 행동에 나선 적도 없었다. 그는 끝없이 핑계를 댔다. 시간이 더 필요하다, 한정된 강의 범위에서 화공선으로 인해 함대가 파괴될까 봐 걱정된다, 따위의 말을 계속하면서 지원 요청을 회피했다. 이 과정에서 클린턴은 아버스넛이 무능한 거짓말쟁이라고 확신했다. 클린턴은 아버스넛 제독의 그런 태도를 이렇게 말했다.

"엘핀스톤에게 보낸 제독의 편지에서 그가 여전히 공격을 미루라는 말만 하고 있다는 사실을 발견했다. 제독은 자신으로 인해 발생한 모든 지연을 똑똑히 기억해야 한다. 나는 한 번 더 그 지연 사항들을 여기에서 열거한다. 그러면 제독은 자신을 변명하기 위해 거짓말을 할 것이다. 아니, 그가 무수한 핑계를 들이대리라는 걸 나는 잘 알고 있다."

2주 뒤인 4월 22일에 클린턴은 이런 글을 남기기도 했다. "겉보기에 우리는 정말 친해 보인다. 하지만 나는 그가 지독히 불성실하다고 확신한다."[27]

이처럼 갈등이 계속되는 최악의 나날 중에도 클린턴 부대는 적에게

치명타를 가해 해군의 도움 없이 찰스턴을 고립시키는 데 성공했다. 4월 14일 밤, 국왕과 부대의 배내스터 탈턴Banastre Tarleton 중령은 북쪽 지방과 찰스턴을 연결하는 쿠퍼강의 전략 지점인 몽크스 코너를 점령했다. 다른 주에는 탈턴 중령과 제임스 웹스터James Webster 중령이 2개 연대를 이끌고 쿠퍼강을 따라 찰스턴 근방 10킬로미터 안으로 접근하는 도로를 모두 장악했다.[28]

탈출구가 봉쇄된 것을 알게 된 링컨은 절망했다. 하지만 찰스턴의 민간인은 이 상황에도 항복을 받아들이지 않았다. 일부 시민은 워싱턴이 남하해 자신들을 구원할 것이라고 생각했다. 링컨은 이제 패배는 피할 수 없다고 민간인을 설득했다. 4월 21일, 그는 자신과 휘하 군인들이 자기 의지대로 떠날 수 있는 조건으로 항복하겠다고 클린턴에게 전했다. 하지만 클린턴은 이를 즉시 거부했다.

5월 첫째 주가 되자 두 군대의 간격은 몇 백 미터 수준으로 줄어들었다. 영국군 공병들은 일을 잘 해냈다. 대륙군 전선까지 파고든 그들은 넥을 가로지르는 주된 배수로에서 물을 빼냈다. 링컨은 몹시 당황하고 초조해서 민병대를 자유롭게 놓아주고, 대륙군은 무기와 군기를 가진 채 명예롭게 항복할 수 있도록 허락한다면 항복하겠다고 클린턴에게 다시 전갈을 보냈다. 하지만 클린턴은 이 역시 받아들이지 않았다. 5월 9일 밤, 양측은 서로에게 집중 포격을 가했다. 이번엔 목조 가옥들에 발포한 영국 포병대가 더 효율적이었다. 많은 집이 불탔고, 찰스턴의 시민도 이제는 할 만큼 했다고 생각하게 되었다. 5월 12일, 항복이 받아들여졌다. 민병대는 다시는 적대 행위를 하지 않겠다는 선서를 한 뒤에 석방됐고, 모든 대륙군 장교에게는 칼을 소지해도 좋다는 특전이 주어졌다. 하지만 "대륙회의여 영원하라"라고 그들이 소리를 지르기 시작하자 영국군은 칼을 빼앗았다. 2571명의 대륙군, 800명의 민병대가 가석방됐다. 양측의 사상자는 놀랄 만큼 적었다. 영국군은 76명 전사에 189명이 부상을 입었고, 대륙군은 89명 전사에 138명이 부상을 입었다. 하지만 대륙군이 잃은 무기와 보급품은 엄청났다. 다양한 크기의 대포 343문, 거의 6000정에 달하는 머스킷 소총, 376통의 화약, 3만 발이 넘는 소형화기 탄약, 다량의 럼주, 쌀, 인디고 등이었다.²⁹

3일 뒤, 끔찍한 폭발 사건이 발생해 사망자와 부상자가 추가됐다. 영국군은 전리품으로 얻은 머스킷 총들을 부주의하게도 화약을 저장해놓은 목조 가옥에 던져 넣었다. 그리하여 장전된 머스킷 총이 화약 더미에 투척되면서 폭발이 일어났다. 이 폭발 사고로 가옥 여섯 채가

찰스턴 화약고 폭발 사건 찰스턴 공성전이 끝난 사흘 뒤 화약고가 터져서 200명 정도가 사망했다.

불이 붙었으며 200명 정도가 죽었다. 영국인, 식민지인, 독일인, 군인, 민간인을 가리지 않고 인명을 앗아간 참사였다. 한 독일 장교는 끔찍한 화약 폭발로 인해 "엄청나게 많은" 사람이 고통을 받으며 "땅에서 벌레처럼 온몸을 비틀어댔다"는 글을 남겼다. 화상을 입은 사람들이 여기저기에서 나뒹굴었고, 일부는 "형체를 알아보지 못할 정도로 신체가 훼손됐다." 이렇게 고통스러운 공성은 끔찍한 공포로 결말이 났다.[30]

콘월리스, 남부 장악의 초석을 다지다

최악의 공성으로 오랜 두려운 밤을 보냈음에도, 양군에는 기본적인 질서 의식이 잡혀 있었다. 양측을 나눈 전선은 명확했고, 아군은 적을 식별할 수 있었다. 효율적이지는 않지만 포격은 군인과 민간인 모두에게 공포를 안겼다. 하지만 이 특정한 공포는 공격 측과 수비 측에만 한정된 것이었다. 공포는 그 근원이 보이면 일상의 일부처럼 눈에 익게 된다. 요새에 병사가 있듯이 그 아래에는 적이 주둔한다. 하지만 링컨이 항복하면서 그 공포는 캐롤라이나에 널리 퍼졌다. 분명 공포가 하루 24시간 내내 느껴질 정도로 격심하지는 않았으리라. 하지만 그 공포는 사전에 기대하지도 않았던 데다가 한때 이웃이면서 친구였던 사람들에게서 나오는 것이었기에 특히 무서웠다.

영국인은 이러한 공포의 확산에 다소 놀랐다. 클린턴은 사우스캐롤라이나에 질서를 잡는 일이 쉽지 않을 것이라고 생각했지만 불가능하다고는 보지 않았다. 그는 몇 가지 방안들을 궁리해냈다. 6월 1일, 그와 아버스넛은 우선 충성서약을 하는 포로들과 반역자들을 사면하겠다고 선언했다. 이 선언에 커다란 불만을 느낀 자들은 반역자들에 대한 처벌을 바라는 국왕파뿐이었다. 클린턴은 충성을 서약하는 반역자들에게 대영제국 치하에서 누렸던 권리를 회복해줄 것이며, 영국 의회로부터 세금 면제를 받을 것이라고 약속했다. 많은 반역자가 이미 서약을 통한 가석방 제안을 받아들였고, 사유 재산을 그대로 인정하겠다는 보장과 대륙회의가 캐롤라이나와 조지아를 영국에 넘겨줄지 모른다는 소문을 듣고서 영국 쪽으로 마음을 바꾸었다. 클린턴은 포로가 된 사람들을 전적으로 믿지는 않았지만 수백 명을 가석방했다. 명백히 반감을 표출하는 자들은 해변에서 떨어진 섬이나 항구의 감옥선으로 보냈다. 역병이 도는 낡은 배들에 갇힌 포로 가운데 800명이 그다음 해에 목숨을 잃었다.

반역자들에게 자비를 베풀겠다는 선언이 있고 나서 이틀 뒤, 클린턴은 아버스넛과 상의도 하지 않고 두 번째 선언을 발표했다. 서약을 통해 가석방된 전원을 6월 20일 자로 사면하지만 거기에는 전제 조건이 있는데, 먼저 영국의 방침을 지지하겠다고 맹세해야 하며 적극 지지하지 않을 경우 반역자로 간주한다는 내용이었다. 이에 대해 국왕파 역사가인 토머스 존스Thomas Jones는 영국이 이런 선언으로 반란을 제압할 수 있을 것이라고 믿었던 모양이라며 냉소적인 논평을 남겼다. 이 추가적인 공표는 전쟁이 끝나기를 바라며 물러났던 식민지인들을 다시 적극적인 반대 입장으로 돌아서게 했다. 하지만 클린턴은 이런 반응을 직시하지 않았다. 선언이 발표된 다음 주에 그는 4000명의 병사, 말이 끄는 짐마차 대부분, 그리고 상당량의 무기를 가지고 뉴욕으로 떠났다. 그가 비워놓은 뉴욕을 프랑스가 공격해올지 모른다는 서신을 받았기 때문이다. 사우스캐롤라이나에서 상황이 그에게 순조롭게 흘러가자, 클린턴은 오랫동안 독립적인 지휘권을 바라던 콘월리스에게 그 지역의 지휘권을 넘겨주었다.

그러나 클린턴이 콘월리스에게 남기고 간 일이 녹록치 않다는 것이 여름 동안 분명해졌다. 콘월리스의 캐롤라이나 지역 지휘권은 독자적인 것이었지만, 클린턴이 그의 상급자로서 아메리카 총사령관인 점에는 변함이 없었다. 그는 콘월리스에게 사우스캐롤라이나에 평화를 가져오고 노스캐롤라이나를 회복하라는 지시를 내렸다. 또한 뉴욕에서 보낸 파견대와 협력해 작전을 수행하기 위해 버지니아로 들어가라고 하명했다.

콘월리스의 지휘권은 독립적인 것이었지만 그 권리의 행사에는 엄청난 제약이 따랐다. 식민지인들에게 자비를 베풀고 민심을 돌리려 했던 클린턴의 첫 번째 선언은 일부 극악한 반역 식민지인을 감옥에 보내버림으로써 없는 것이나 마찬가지가 되어버렸다. 여름 동안 클린턴의 선언에 대한 반감은 점점 맹렬해졌고, 그런 반대를 억누르려고 하면 오히려 반발이 더 커질 뿐이었다. 어떤 면에서 콘월리스가 국왕의 적을 타도하기 위해 할 수 있는 모든 행동이 헛된 일이 되었다. 콘월리스가 캐롤라이나에서 겪는 문제는 북쪽에서 하우와 클린턴 또한 겪고 있는 문제였다. 아메리카 식민지의 충성을 회복하기 위해서는 먼저 반란을 진압해야 하는데, 진압 과정은 오히려 반란을 부추기는 악순환을 가져왔다.

또한 여름 동안 발생한 국왕파와 애국파 사이의 한 치의 양보 없는 투쟁으로 인해, 콘월리스는 점점 더 반란 진압을 제대로 통제하지 못하게 되었다. 이런 투쟁 중 가장 일찍 벌어진 사건은 6월 20일, 즉 콘월리스가 지휘권을 맡고 10일이 지난 뒤 벌어졌다. 과거 콘월리스 밑에 있으면서 쿠퍼강 지역에 복무했던 국왕파 대령 존 무어John Moore는 노스캐롤라이나 램사워스 밀에 있는 자신의 집으로 일시 귀가했다. 이웃을 국왕의 군대에 입대시키기 위한 목적이었다. 무어의 요청에 응답한 약 1300명은 거의 동일한 규모의 반란군을 상대로 싸운 혼란스러운 전투에서 패배했다. 이 전투에 살아남은 무어의 부하들은 어디론가 사라져버렸고, 무어는 30명의 낙오자들과 함께 캠던에 있는 콘월리스에게로 갔다.

3주 뒤인 7월 12일, 제임스 맥클루어James Mcclure 대위가 이끄는 반란군이 크리스티언 허크Christian Huck 대위가 이끄는 국왕파 병력을 무너뜨렸다. 허크는 탈턴의 부대에서 복무하던 정규군 장교였다. 이 전투는 윌리엄슨스 플랜테이션(현재의 브래턴빌)에서 벌어졌는데, 카토바 구역의 캠던에서 북쪽으로 약 80킬로미터 떨어진 곳이었다. 8월 1일, 탈턴이 '싸움닭'이라고 부르던 토머스 섬터Thomas Sumter는 600명을 이끌고 조지 턴불George Turnbull 중령 휘하의 훨씬 적은 국왕파 병력과 로키산에서 맞붙었다. 국왕파는 이 싸움에서 꿋꿋이 버텼지만, 섬터는 영국 왕의 권위에 성공적으로 저항하는 사례를 하나 추가했다. 그다음 달, 국왕파는 행잉 락에서 여러 차례 심각한 패배를 당했다. 심지어 영국 해군이 조지타운 근처 반란군 자산을 습격해 성공을 거두었을 때도 여전히 식민지인의 저항을 불러일으키기만 했다. 윌리엄스버그 구역에 속한 조지타운 부근에서는 영국 해군이 모습을 드러내자 반란군 민병대가 몰려들어 여러 부대를 조직했다.

이런 싸움들은 상당한 규모였고 충분히 역사서에 기록될 만했다. 더 많은 소규모 접전, 급습, 살해 사건 등이 벌어졌으나 역사에 기록될 정도는 아니었다. 그래도 식민지인이 적극적인 군사행동을 취했다는 점에서 중요한 사건들이었다. 토머스 섬터는 은퇴해 스테이츠버그 인근의 농장으로 돌아갔지만, 영국군의 습격 이후 다시 손에 무기를 들게 되었다. 섬터의 집은 5월에 탈턴의 부대에 의해 전소됐다. 섬터 못지않게 유능한 반란군 게릴라 부대의 지도자인 앤드루 피켄스Andrew Pickens 역시 자신의 농장을 국왕파가 노략질하자 선서와 맹세를 파기하고 반란의 전선으로 되돌아갔다.

얼마나 많은 사람이 비슷한 이유로 전장으로 되돌아갔는지는 알 방법이 없다. 1780년부터 1781년까지 끔찍하고 잔인한 충돌이 사우스캐롤라이나 내부에서 발생했다. 많은 사람이 이웃과 이웃 간에 벌어지는 소규모 공격에 가담했다. 어떤 이들은 양쪽의 대규모 민병대에 입대해 영국군 주둔지, 보급품 수송 행렬, 전령 등을 공격하는 것을 목표로 삼기도 했다. 이런 부류의 전투, 치명적인 소규모의 다툼, 사격, 방화 등으로 인해 사람들은 최악의 모습을 보였다. 소수에게는 최고의 모습이기도 했다. 최악의 모습은 노숙자, 시체를 먹는 동물, 승냥이, 이탈자 등의 이름으로 불리던 자들로 그들은 모든 집단을 공격했다. 이자들은 일찍이 뉴욕과 펜실베이니아에서 나타난 바 있었는데, 그때와 다름없이 남북 캐롤라이나에서도 무분별하게 고통을 퍼트렸다.

클린턴에게서 독자적 지휘권을 넘겨받았을 때, 콘월리스는 무법천지인 이 지역에 질서를 세워야겠다는 생각이 간절했다. 그는 6월 말이 되자 나인티식스, 캠던, 체로에 군 주둔지를 세웠다. 얼마 지나지 않아 그는 로키산, 행잉 락, 피디강 입구 근처 해변의 조지타운 등에 파견대를 보냈다. 남쪽의 서배너와 어거스타에도 상당히 강력한 부대가 파견됐다. 콘월리스는 이 병력을 통해 약 39만 제곱킬로미터에 이르는 불안정한 지역을 통제할 수 있었다. 이제 그는 노스캐롤라이나로 움직일 것을 고려했고, 추수가 완료되자 실제로 진군을 시작했다.[31]

콘월리스가 사우스캐롤라이나에 병력을 분산시키는 동안, 바이에른 출신에 거구를 자랑했던 요한 드칼브Johann Dekalb가 이끄는 대륙 정규군은 노스캐롤라이나로 진군하는 중이었다. 농민의 아들인 드칼브는 곡식밭에서 아주 고된 노동을 몇 년 한 사람 같았다. 180센티미터가 넘는 키에 넓은 얼굴, 듬직한 몸매를 가진 그야말로 황소같이 힘센 사람이었다. 하지만 머리는 그렇지 못했다. 삭스 원수 밑에서 두 번의 유럽 전쟁을 경험한 그는 군사적 기술을 잘 알았고 전투를 깊이 이해했다. 또한 드칼브는 아메리카에 관해서도 잘 알고 있었다. 1776년이 되기 전 아메리카에서 봉기가 일어나자, 슈아죌은 식민지 사정을 살펴본 뒤 보고하라고 드칼브를 현지에 보냈다. 그는 널리 여행하고 깊이 관찰했다. 전쟁이 발발하자 아메리카로 다시 돌아왔고 소장 자리를 받아 포지 계곡과 몬머스에서 복무했으나 지휘권을 단 한 번도 갖지 못하였는데 이제 드디어 그것을 갖게 되었다. 대륙회의는 4월에 델라웨어와 메릴랜드의 대륙군을 데리고 찰스턴을 구원하라고 그에게 지시했다. 하지만 드칼브는 찰스턴까지 가지 못했다. 그는 7월에 노스캐롤라이나의 딥강에 있는 콕스스 밀에 도착해 행군으로 발이 아픈 보병들을 쉬게 하고 있었다.[32]

7월 25일, 호레이쇼 게이츠가 드칼브 앞에 나타났을 때 대륙회의는 드칼브가 지휘하던 1400명의 대륙군을 게이츠에게 넘기라고 명령했다. 찰스턴의 비보를 알게 된 대륙회의가 남부의 군대를 맡을 총사령관을 드칼브에서 게이츠로 교체한 것이었다. 워싱턴은 너새니얼 그린을 추천했지만, 여전히 새러토가의 승리에 도취한 대륙회의는 승전

호레이쇼 게이츠(1727~1806) 대륙군 장군으로 새러토가 전투를 승리로 이끌었지만, 캠던 전투에서는 영국군에게 참패했다.

영웅이 남부의 전세를 일거에 회복해주기를 바라는 마음에서 게이츠에게 총사령관직을 맡겼다. 대륙회의가 지명의 근거로 삼았던 게이츠의 과거 군공을 감안하면 그것은 훌륭한 인사였다. 대다수의 사람은 본능적으로 게이츠를 좋아하는 것 같았고, 그의 소탈한 성품에 더욱 안심했다. 이런 소탈함 외에도 1777년부터 게이츠는 성공의 기운을 지니고 있었고 마침내 버고인 부대에게서 항복을 받아냈다. 그의 승리로 사람들이 느낀 자부심과 환희는 새러토가 전투를 서술하기 위해 새로 만든 단어에서도 분명하게 드러난다. 게이츠는 영국군을 "버고인처럼 만들었다burgoyned."

전장의 군인들은 승리를 존중했지만, 또한 효율적인 리더십을 보여줄 명망 높은 지도자를 기대했다. 그러나 게이츠에 대한 의심은 그의 부임 즉시부터 시작됐다. 부임지에 온 바로 다음 날, 그는 '위대한 군대'라고 부르던 대륙군에게 열병식을 거행하라고 지시했다. 7월 27일 게이츠 군대는 캠던으로 진군 중이었다. 며칠만 더 기다리면 '럼주와 식량'이 기다리고 있다고 안심 시키는 게이츠에게, 현실적인 항의는 아무런 소용도 없었고 더 나아가 무례하게 비춰졌다. 게이츠의 부관 참모인 오토 윌리엄스Otho Williams는 모래와 늪을 뚫고 행군하는 직선로보다는 서쪽 우회로를 선택하는 것이 낫다고 열심히 권고했다. 직선로에는 대체로 황폐한 농지가 있었고 양측의 민병대가 이미 오래전에

그 지역을 모조리 약탈했기 때문이다.[33]

8월 7일, 리처드 캐스웰Richard Caswell이 지휘하는 2100명 가량의 강력한 민병대가 게이츠에게 합류했고, 그다음 주에 에드워드 스티븐스 Edward Stevens가 지휘하는 버지니아 민병대가 잇따라 합류했다. 민병대는 틀림없이 게이츠의 자칭 '위대한 군대'에 관해 의구심이 들었을 것이다. 게이츠의 병사들은 피로한 기색이 역력했다. 몇 주 동안 풋옥수수, 기름기 없는 쇠고기, 복숭아만으로 버텨냈기 때문에 영양실조 상태였다. 힐즈버러에서 캠던 북쪽의 얼마 떨어지지 않은 루겔리스 밀까지 약 193킬로미터를 진군하는 데만 2주가 걸렸다. 루겔리스 밀에 도착한 게이츠의 군대에는 모든 것이 부족했는데, 대포는 18문에 불과했고 기병은 소수였다. 남북 캐롤라이나는 나무가 별로 우거지지 않은 데다 평평한 곳이어서 기병이 활약하기 좋았는데 그런 이점을 살릴 수 없으니 큰 문제였다. 또한 게이츠는 적에 관한 정보도 가지고 있지 않았고, 이는 상당히 큰 결점이어서 결국 많은 병사들이 그 때문에 목숨을 잃었다.[34]

반면, 영국군은 이틀 전 캠던에서 병력 수를 늘렸다. 찰스턴의 콘월리스는 8월 9일 게이츠가 접근해오고 있다는 사실을 알고 다음 날 바로 캠던으로 향했다. 캠던에는 나인티식스에서 온 경보병 4개 중대와 행잉 락과 로키산에서 온 소규모 부대로 보강을 끝낸 로던Rawdon 장군이 있었다. 로던은 게이츠의 선발대, 그리고 토머스 섬터의 게릴라 부대와 소규모 접전을 벌인 상태였다. 하지만 게이츠는 콘월리스의 존재를 몰랐고, 캠던에 2043명이라는 많은 정예병이 숨겨져 있다는 사실을 파악하지 못했다. 캠던에는 800명의 영국군 환자들이 있었는데, 콘월리스는 그 환자들을 보호하기 위해서라도 영국군보다 병력 수가

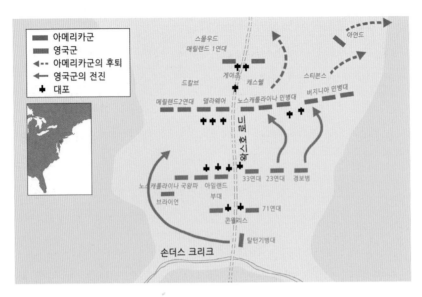

캠던 전투 콘월리스가 이끌던 영국군은 게이츠가 이끌던 대륙군을 공격해 승리했고, 아메리카 남부에서 세력을 확보할 수 있었다.

많을 것으로 예상되는 아메리카군을 상대로 전투를 벌여야겠다고 마음을 먹었다.[35]

8월 15일, 게이츠는 야간 행군을 명령했다. 그는 훨씬 소규모인 영국군을 가둘 수 있는 위치에 아메리카군이 진출할 것으로 기대했다. 게이츠는 명령을 내릴 때 자신에게 7000명의 병사가 있다고 생각했지만, 윌리엄스는 그 숫자에 회의적이었고 실제로 수를 헤아린 결과 3052명이었다. 게이츠는 놀랐지만 그래도 진군하라고 지시하면서 3000명이면 충분한 숫자라고 말했다. 뒤이은 전투에 관해 통찰력 있는 글을 남긴 윌리엄스에 따르면, 병사들은 진군하기 전에 "급히 구운 빵과 신선한 쇠고기, 후식으로 당밀을 섞은 옥수수 죽이나 과일이 든 경단을 허겁지겁 먹었다." 윌리엄스는 이 식사가 "장운동을 너무

촉진해 엄청나게 많은 병사들이 복통을 느꼈고,"밤새 설사로 "대열을 이탈했으며,"아침에 기상했을 때에는 평소보다 더 피곤하고 기력이 없는 모습이었다고 말했다. 하지만 몸 상태가 어떻든 그들은 밤 10시에 행군에 나섰다. 우연인지는 몰라도 콘월리스는 바로 같은 시간에 병사들을 이동시키고 있었다. 다음 날 새벽 2시 30분이 되자 양측의 선발대는 캠던과 루겔리스 밀 중간에 있는 손더스 크리크에서 충돌했다. 혼란 속에 진행된 전투에서 양측은 소수의 포로를 잡게 되었다. 포로의 이야기에 따르면, 콘월리스와 마주친 게이츠는 영국군 병력이 3000명에 이른다는 사실을 알게 되었다. 그는 더욱 놀랐고, 평소와는 다르게 장교들에게 조언을 구하기 시작했다. 휘하 장교들은 게이츠가 상의를 요청해온 시점이 너무 늦었다고 생각했으므로 에드워드 스티븐스를 제외하고는 침묵을 지켰다. 스티븐스는 모두가 생각하는 바, 즉 싸우는 것 외에 다른 길은 없다고 조언했다.[36]

매우 더운 날씨였지만, 양측은 동이 트자마자 서로의 모습과 더불어 전장의 형태를 확인할 수 있었다. 그들 사이에는 230미터 정도의 탁 트인 들판이 있었고, 대륙군이 약간 더 높은 곳에 자리잡고 있었다. 양면으로는 전장의 경계에서 1.6킬로미터 정도 떨어진 곳에 늪지가 있었다. 콘월리스는 밤이 되자 부대를 가로로 긴 횡자 형태로 진군시켰다. 경보병들을 맨 오른쪽에, 23연대를 그 왼쪽에, 33연대를 23연대와 길 사이에 배치했다. 이들은 함께 우측 진영을 형성했으며 제임스 웹스터 중령의 지휘를 받았다. 안쪽으로 늪지가 있는 길의 왼쪽에는 국왕파 부대인 노스캐롤라이나 지역군과 민병대가 있었고, 아일랜드 지원병으로 구성된 또 다른 국왕파 연대가 있었다. 좌측 진영은 로던의 지휘를 받았다. 콘월리스는 71연대를 둘로 나눠 예비 부대를 길

양면에 배치했다. 탈턴의 기병대는 둘로 나뉜 71연대 뒤에 평행하게 포진했다.[37]

콘월리스는 민병대를 포함한 모든 국왕파 부대, 즉 가장 미덥지 않은 병력을 좌측에 배치했다. 게이츠가 아메리카군의 배치를 마쳤을 때만 해도, 그는 영국군의 이런 배치를 알지 못했다. 그저 우연히도 그의 민병대는 좌측에 배치되어 정면의 영국 정규군과 맞서게 되었다. 스티븐스의 버지니아 민병대는 늪 근처에 서 있었고, 그 오른쪽으로는 캐스웰의 노스캐롤라이나 민병대가 있었다. 길의 다른 쪽에는 델라웨어 대륙군이 늪 가까이 배치됐고, 메릴랜드 2여단이 그들과 길 사이에 섰다. 드칼브는 아메리카군의 오른쪽, 스몰우드는 왼쪽을 맡았다. 아메리카 포병대는 길 근처에 배치됐으며, 메릴랜드 1여단은 예비 부대로 남아 있었다.

전투는 버지니아 민병대가 영국군 우측의 정규군에게 진격하는 것으로 시작됐다. 그들에게 명령이 하달되기 바로 전, 대륙군의 오토 윌리엄스는 한 포병 장교에게서 영국군이 종대에서 횡대로 전개하는 것처럼 보인다는 말을 들었다. 윌리엄스는 이동 중인 정규군이 공격에 취약할 것이라는 타당한 판단을 내리면서, 게이츠에게 버지니아 민병대에 진격을 명령하라고 조언했다.

게이츠는 이에 명령을 내렸고, 이것이 이 전투에서 그의 처음이자 마지막 명령이 되었다. 스티븐스는 휘하 병력을 진군시켰다. 이 시점에서 양측은 끊임없이 포격을 퍼부었고, 전장에 깔린 연기는 갈수록 자욱하게 짙어졌다. 스티븐스의 병사들이 영국군의 머스킷 총 사정거리에 들어왔고, 스티븐스는 계속해 총검을 사용하라고 소리쳤다. 하지만 영국 보병대는 진격하지 않고 오히려 '발포하며 함성을 내지르고' 있었다. 콘월리스는 이미 대륙군 좌측의 움직임, 즉 버지니아 민병대가 맨 먼저 나설 것이라는 점을 간파했고, 대륙군이 곧 대형 배치에 변화를 줄 것이라고 생각했기에 웹스터를 보내 공격하게 했다. 양측 모두 상대방의 실수를 이용해 유리한 국면으로 이끌겠다는 희망을 가지고 전투가 시작됐다. 일부 버지니아 민병대원은 영국군의 사격에 맞사격으로 대응했지만, 대부분은 겁을 먹고 뒤로 달아났다. 노스캐롤라이나 민병대는 버지니아 민병대의 상황을 보고 공황 상태에 빠져 방아쇠를 당겨보지도 못한 채 장전된 머스킷 총을 내던지고 함께 도망쳤다. 이렇게 하여 드칼브의 진영 왼쪽 측면이 노출됐다. 오토 윌리엄스는 이 끔찍한 순간에도 예비 병력인 메릴랜드 1여단을 빼내어 진격하려고 했지만, 예비 부대는 뒤로 쏟아지듯 도망치는 민병대 때문에 일대 혼란에 빠졌다. 그사이 영국군의 웹스터 중령은 경보병과 23연대를 왼쪽으로 돌려서 노출된 대륙군 측면을 공격하게 했다. 이것은 아주 훌륭한 전술이었고, 어떻게든 진지를 사수하려던 드칼브의 우측 진영을 무너뜨렸다.[38]

웹스터가 공격을 시작하기 전만 해도, 드칼브의 우측 진영은 요지부동이었을 뿐만 아니라 로던이 이끄는 지역군의 공격을 두 번이나 격퇴하고 오히려 격렬하게 반격을 가하고 있었다. 로던과 콘월리스는 30분 동안 영국군의 좌측 진영이 붕괴되는 것을 간신히 막아내고 있었다. 이 시점에는 전장 대부분에 연기가 자욱했기 때문에 어느 쪽도 피아를 분명히 알아볼 수 없었다. 드칼브의 병사들이 진지 사수에 충실할 수 있었던 것은 시야가 제대로 보이지 않았기 때문이었을지도 모른다. 그들은 왼쪽이 뚫렸다는 걸 알지 못했던 것이다. 하지만 웹스터의 영국군이 압박을 가해오자 드칼브의 병사들은 자신들이 얼마나

캠던 전투 영국군은 식민지 남부에서의 세력 확보가 절실했던 상황에서 캠던 전투에서의 승리로 남부의 거점을 확보했다.

공격에 취약한지 알게 되었다. 대륙군의 오토 윌리엄스는 민병대의 빈자리를 메릴랜드 대륙군으로 채우며 최선을 다하려고 애썼다. 하지만 웹스터가 이를 차단했고, 정오가 되자 대륙군의 우측 진영은 붕괴됐다. 드칼브는 몇 분 더 버티기는 했으나 부상을 당해 쓰러지고 말았다. 그는 3일 뒤 숨을 거두었다.

대륙군은 전장에서 퇴각할 때 군사 교범을 따르지 않았다. 오히려 부대로서의 온전한 질서정연함 따위는 내팽개치고 겁먹고 난잡한 오합지졸이 되어 도망치기에 바빴다. 게이츠는 이 광란의 무리에게 질서를 부여하거나 재구성하려는 시도를 전혀 하지 않았고, 오히려 빠른 말을 타고 그들보다 더 먼저 도망쳤다. 그는 그날 저녁 약 96킬로미터 떨어진 샬럿에 도착했고, 19일에는 그곳에서 약 193킬로미터 떨어진 힐즈버러까지 왔다. 그는 힐즈버러에 도착해서는 후방 기지를 지키고 아메리카군을 재건하기 위해 여기까지 왔다고 변명했다. 대다수의 병사는 게이츠를 따르지 않았고 대신 고향으로 발걸음을 옮겼다.

개정판에 부처

이 책을 시작했을 때, 나는 미국과 서구 문명의 역사에서 아주 중요한 사건에 대해 대규모 이야기를 쓰게 되어 아주 흥분했다. 지금도 그 흥분을 느끼고 있으며, 이야기체 역사narrative history의 가능성을 더욱 확신하게 되었다. 이 개정판은 이야기체 역사서이며, 내가 개정판에서 증보한 내용은 초판에서 말했던 이야기의 범위를 더 확대한 것이다.

이 책의 주요 강조점은 미국 독립 혁명의 정치적인 측면인데, 여기서 정치라 함은 아주 폭넓게 정의된 정치적인 생활을 의미한다. 그러나 크게 보면 이 개정판은 사회사의 범주에 들어가기도 한다.

《미국인 이야기》1, 2, 3권에서 수정된 내용은 다음과 같다.

1권 1장에서는 영국의 재정-군사 국가를 한 절로 다루었다. 1권 6장에서는 1764~1776년 동안 영국이 취한 조치들에 대해 일반 대중이 폭도와 폭동의 형태로 내보였던 반응을 다루었다.

2권 5장에서는 1776년 봄 독립 선언을 지지하는 초창기의 지지 성명에 관한 정보를 추가했다. 여기서는 폴린 마이어Pauline Maier의 《아메리카의 성경American Scripture》에 신세를 졌다.

3권 2장에서는 군대 내의 의료 관계에 대해 다루었다. 3권 3장에서는 독립 혁명 속 여성의 역사에 대한 정보를 추가했고, 아메리카 인디언에 대한 새로운 내용을 설정했다. 3권 4장에서는 영국인과 아메리카인이 치른 서로 다른 전쟁의 차이점에 대해 간단히 서술했고, 3권 8장에서는 헌법의 비준에 대한 정보를 추가했다. 그리고 3권 뒷부분에 에필로그를 새롭게 넣어 끝맺었다. 이 책이 처음 나온 1982년 이래 출판된 책들에 관한 새로운 참고문헌 자료도 추가했다.

이 개정판을 준비하는 과정에서 다수의 전문 역사가, 일반 독자, 학생에게 도움을 받았다. 다음 열 명의 옛 대학원 제자들을 먼저 열거하고 싶다. 루스 블로크, E. 웨인 카프, 재클린 바바라 카, 캐롤라인 콕스, 찰스 핸슨, 리처드 존슨, 캐롤린 내프, 마크 카치아‒리들, 찰스 로이스터, 빌 영스. 이들은 나에게 많은 것을 가르쳐주었고, 저서와 논문을 통해 미국 혁명과 미국 사회에 관한 여러 가지 사안을 내게 알려주었다.

그리고 지난 여러 해 동안 이곳 버클리의 학부 학생들은 내게 많은 도움과 격려를 해주었다. 여기에서 그들의 이름을 일일이 열거하지는 못하지만 그들의 열성적인 도움만큼은 감사하고 싶다. 또한 나는 미국 혁명에 대해 글을 쓴 역사가들에게서도 많은 도움을 받았다. 비록 참고문헌에 그들의 저작을 밝혀놓았지만, 그것으로 내가 입은 신세를 충분히 표명했다고 보지는 않는다.

나는 이 책이 처음 나온 뒤 3년 동안 미국 혁명에 관심이 있는 또 다른 집단을 만나 많은 대화를 나누었다. 그들은 로드아일랜드주의 뉴포트에 있는 해군 전쟁대학의 전쟁 및 전략 세미나에 참석한 미 해군과 해병대의 장교들이었다. 그들은 혁명의 군사적, 해군적 역사뿐만 아니라 혁명의 모든 측면에 대해 커다란 흥미를 표시했다. 또한 나는 그들의 세미나 교수인 월턴 파울러, 로버트 제네트, 닐 헤이먼 등에게도 큰 신세를 졌다.

몇 년 전에 나에게 커다란 격려를 해준 또 다른 장교는 존 갤빈 장군이었다. 그는 최근에 나토 사령부에서 은퇴했다. 갤빈 장군은 렉싱턴 전투를 다룬 나의 논의에서 잘못된 부분을 수정해주었다.

주니아타 대학의 데이비드 슙 박사의 수업을 들었던 학부 학생들은 2년 동안에 걸쳐 내게 여러 유익한 제안을 해주었다. 나는 그 학생들과 그들의 선생님에게 감사를 표시한다.

고故 C. 밴 우드워드는 내가 이 책을 처음 집필할 때 옥스퍼드 미국사의 총 편집인이었다. 그는 내가 일일이 열거하지 못할 정도로 많은 방식과 아주 자상한 마음가짐으로 내게 도움을 주었다. 나는 그분의 자상함과 슬기로움을 결코 잊지 못할 것이다. 또한 그분의 저서에서 많은 영감을 받았음을 여기에 밝혀둔다.

지난 여러 해 동안 옥스퍼드 대학 출판부의 셸던 마이어, 레오나 캐플리스 등에게서 많은 지혜로운 말을 들었고, 좀 더 최근에 이 개정판을 집필하면서는 피터 지나와 그의 조수인 푸라하 노턴에게서 큰 도움을 받았다.

수석 책임 편집자인 조엘린 오상카는 자상하면서도 능숙한 솜씨로 이 개정판을 발간하는 데 처음부터 끝까지 감독해주었다. 이런 어려운 일을 멋지게 해낸 그녀에게 감사의 말을 전하고 싶다. 현재의 총 편집자인 데이비드 케네디는 늘 가까운 곳에 있으면서 믿음직한 격려를 아끼지 않았다.

나의 모든 저작에서 늘 그러했듯이, 나의 멋진 아내 비벌리는 가장 나를 잘 도와주었다. 이 책을 헌정한 내 딸 홀리는 늘 멋진 영감의 원천이었다.

버클리, 2004년 9월

로버트 미들코프

편집자의 글

로버트 미들코프의 《The Glorious Cause》 초판은 '옥스퍼드 미국사' 시리즈의 첫 번째 권으로, 1982년에 출간됐다. 그 당시 이 시리즈를 기획한 총 편집자였던 고故 C. 밴 우드워드는 저자의 '주제를 능숙하게 다루는 솜씨'를 칭찬하면서 이렇게 말했다. "《The Glorious Cause》는 이 시리즈의 편집 의도와 목적을 능숙하면서도 멋지게 구체화했다." 사실 우드워드와 그의 저명한 협력자인 리처드 호프스태터는 그전 여러 해 동안 이 시리즈를 구상하면서 편집 방향을 설정해놓았다.

이 개정판에서 로버트 미들코프는 학자와 저자로서 놀라운 기량을 다시 한 번 발휘하면서 미국 혁명이라는 아주 복잡하고 문제 많은 시기의 역사를 매우 탁월하게 재현했다. 그러나 초판의 구조와 이야기 줄거리는 그대로인데, 특히 역사의 우연성, 사건의 흐름을 형성하는 야심적이고 변덕스러운 발전 양상은 그대로 유지되어 있다. 미들코프는 지난 20년 동안 축적된 학문적 성과에서 비롯한 새로운 발견 사실과 관점을 현명하게 삽입함으로써 여러 곳에서 문채文彩를 빛내고 이야기의 내용을 더욱 풍성하게 만들었다. 독자들은 이 개정판에서 식민지 반란이 일어나기 직전의 영국 사회에 대해 크게 증보된 논의를 발견할 수 있을 것이다.

당시 산업혁명은 경제적, 사회적 관계에서 대규모 변화를 일으켰는데, 영국의 노쇠한 정부 제도는 아메리카 식민지의 불안정한 상태라는 문제에 맞서서도 변할 줄을 몰랐다. 또한 미들코프는 1775년 이전 미국 대중의 반영反英 시위에 대한 새 자료를 광범위하게 추가했다. 독립 선언에 대한 논의, 전쟁 수행 과정에서의 대륙회의의 역할, 독립 전쟁에서의 노예, 인디언, 여성의 역할, 국왕파의 곤경, 군복무의 어려움과 천연두의 위협, 특히 의학 지식이 잘 발달되어 있지 않았던 당시 부상자들의 끔찍한 운명 등도 폭넓게 다루었다. 또한 저자는 영국과 미국의 전쟁 사상과 전략, 미국 헌법의 비준 등에 대해서도 새로운 해석을 제시했다.

이렇게 개정 작업을 벌이면서, 미들코프는 당초 우드워드와 호프스태터가 구상했던 이 시리즈의 높은 목표에 충실하게 부응했다. 그 목표는 엄정하면서도 상상력 넘치는 역사 연구의 최고 결실을 일반 대중에게 널리 나눠주자는 것이었다. 우드워드는 이렇게 말했다.

"이 시리즈에 참여하는 각각의 저자는 일반 교양인이 손쉽게 접할 수 있는 읽기 쉬운 텍스트를 써내야 하고, 동시에 다양한 수준의 학생들에게 해당 시대의 이야기체 역사의 본질은 물론이요 최근의 연구 성과에 대한 종합적 판단을 제공해야 한다."

전문적인 연구 성과를 건전하면서도 감동적인 이야기로 엮어내는 것은 역사가의 최고 기술이다. 또한 역사가가 지켜야 하는 가장 까다로운 의무이기도 하다. 우드워드는 이런 과업 덕분에 "현대인이 미국 역사를 올바르게 이해할 수 있으며, 그런 지식이 없는 현대인은 과거에 대한 엉터리 지식을 갖춘 채 현재와 미래를 헤쳐 나가게 된다"라고 말했다.

　이 시리즈는 현재 준비 중이며 앞으로 여러 권이 나올 예정이다. 지금까지 나온 책은 미들코프의 이 책 이외에, 제임스 맥퍼슨James McPherson의 《Battle Cry of Freedom》, 제임스 패터슨James Patterson의 《Grand Expectation》, 나의 《The American People in Depression and War, 1929~1945》 등인데, 독자에게 사랑을 많이 받았다. 이런 열광적인 반응은 미국사의 중요한 주제에 대한 노련한 학자들의 견해가 반영된 역사서에 대해 폭넓은 수요가 있다는 뜻이다. '옥스퍼드 미국사'는 그런 수요를 충족시키고자 하며, 이 책의 개정판은 그런 지속적인 노력의 중요한 일부다.

옮긴이의 글

로버트 미들코프 《The Glorious Cause》의 초판은 원래 1982년에 나왔다. 이후 독자들의 많은 사랑을 받게 되자 그동안 학계에 나온 최신 정보를 반영해 2005년에 개정판을 냈는데,《미국인 이야기》(전3권)는 바로 그 개정판을 완역한 것이다. 《The Glorious Cause》는 옥스퍼드 대학 출판부에서 12권의 프로젝트로 기획한 미국사 시리즈의 첫 권으로, 그 뒤 출간된 같은 시리즈 책들의 모범을 제공하기도 했다. 그 모범은 미국의 역사를 학술적이고 전문적인 관점에서 기술하기보다는, 일반 독자도 쉽게 이해할 수 있도록 이야기체 역사로 써내려 간다는 것이었다. 바로 이런 집필 취지 덕분에 옮긴이도 처음부터 끝까지 아주 재미있게 읽었으며, 이 책에서 기술된 미국사의 흐름에 흥미를 느껴 같은 시리즈에서 소개된 건국 이후의 역사를 다룬《Empire of Liberty》와 남북 전쟁을 다룬《Battle Cry of Freedom》을 함께 읽으며 번역에 임했다.

《The Glorious Cause》에서는 미국 독립 혁명의 과정을 전·중·후의 3단계로 나눠서 각 단계별로 흥미진진하게 이야기를 전개하고 있다. 독립 전쟁 전에 아메리카 식민지의 거주민은 본국 영국 정부에 대영제국 전체가 아닌 오로지 식민지에만 부과하는 세금을 재고해달라고 호소했다. 그들이 이렇게 완강하게 나온 이유는 그런 과세를 결정할 권한이 영국 의회에는 없다는 것이었다. 영국 의회에 아메리카 식민지의 대표가 의원으로 진출해 있지도 않은데 어떻게 세금을 매길 수 있으며, 한 나라, 한 동포라고 하면서 어떻게 영국 본토에는 해당되지 않는 세금을 식민지에만 매길 수 있느냐는 것이었다.

이처럼 세금을 완강하게 반대한 데에는 자유라는 개념이 엄청난 힘으로 작용했다. 당시 아메리카에는 유럽 대륙과는 달리 유서 깊은 군주제나 귀족제의 전통이 없었다. 그래서 아메리카인은 모든 사람이 평등하다는 생각을 품고 있었으므로, 누구나 다 자기 자신을 자유인이라고 생각했다. 그들이 생각하는 자유는 인신, 재산, 소유한 사람_{노예}에 대한 재산의 보유 권리와 밀접하게 연결되어 있었다. 자유라는 것은 이 세 가지를 빼놓으면 공허한 개념에 지나지 않았다. 정당하지 못한 세금은 내 돈을 강제로 빼앗아가는 것이므로 곧 나의 자유를 침탈하는 것이라는 얘기다. 아메리카 식민지인은 영국 왕의 10펜스가 소중하다면 자신들의 1페니도 똑같이 소중하다고 주장했다. 영국 정부는 프랑스나 스페인 같은 외국 군대, 인디언, 서부 지역의 무법 정착자들로부터 식민지를 보호하려면 군대가 주둔해야 하고 그 군대 유지비를 수익자 부담 원칙에 따라 식민지에 일부 내라고 하는데 무엇이 문제냐고 버텼고, 과세권을 영국 의회와 국왕의 통치권과 같은 것으로 보아 조금도 물러설 생각이 없었다. 이리하여 서로 양보할 생각이 없는 양측은 전쟁에 돌입했다.

　전쟁 중의 사건은 아무래도 전투의 전개 양상에 집중되는데, 양군은 모두 엄청난 약점을 갖고 있었다. 우선 영국군에 대해 말해보자면, 그들은 영국에서 3000마일이나 떨어진 아메리카로의 보급과 병력 지원을 충분히 받지 못했다. 당연히 영국군 사령관은 매번 전투에서 패배하면 안 된다는 강박관념에 사로잡혔고, 그러다 보니 너무 조심해다 이긴 전투를 놓치는 일이 빈번했다. 게다가 게이지-하우-클린턴-콘월리스로 이어지는 영국군 총사령관은 가능한 한 빨리 전쟁을 종결시키고 싶어 했으나, 아메리카 대륙군은 그런 상대방의 작전을 꿰뚫어보고 있었기 때문에 도망치며 수비하는 장기전을 선택했다. 또한 영국군 장군끼리의 불신과 시기심 때문에 군대의 효율적인 지휘가 더욱 어려웠다.

　대륙군의 주력은 제대로 훈련되지 않은 민병대였는데, 조지 워싱턴은 이런 군대를 맡아서 과연 18세기 최강국인 영국의 군대를 상대로 이길 수 있을지 깊은 회의를 느꼈다. 그러나 전쟁이 전개되면서 워싱턴의 자신감은 점차 높아졌고, 독립 전쟁은 자유인과 용병, 민중과 직업군인의 갈등으로, 자유의 명예로운 대의를 지키기 위해 나선 대륙군이 이길 수밖에 없다고 휘하 부대를 끊임없이 격려했다. 사실 전투 능력은 떨어지지만 13개 식민지 전역에서 무한히 병력이 충원되는 대륙군과, 전투력은 높지만 병력 보충이 제대로 안 되는 영국군의 전투는 처음부터 영국군이 불리한 전쟁이었다. 다시 말해, 영국은 전투가 벌어지는 곳에 일정한 규모의 군대를 한시적으로 파견하여 재빨리 승부를 결정짓는 재래식 전쟁을 전개한 반면에, 아메리카는 19세기의 대규모 징집 군대를 예고하는 국민 개병제皆兵制 형태의 전쟁을 수행했다. 아메리카는 정치에서도 그랬던 것처럼 전쟁에 관해서도 군주제 하의 영국과는 다른 구상을 했다. 권리와 자유를 강조한 그들의 전쟁은 왕조를 지키기 위한 유럽의 앙시앵 레짐ancien regime, 구체제 하의 전쟁과는 달랐다. 이런 차이점 때문에 결국 아메리카가 전쟁에서 승리를 거두었다. 8년에 걸친 일진일퇴의 공방 끝에 콘윌리스 휘하의 영국군이 요크타운에 갇혀서 결국 항복했을 때, 뉴욕이나 기타 지역에 영국군이 아직 많이 남아 있었는데도 영국이 종전에 합의할 수밖에 없었던 것은 이런 불리한 배경 때문이었다. 게다가 영국의 적수인 프랑스와 스페인이 아메리카 편을 들어 독립 전쟁이 유럽 전쟁으로 확대될 기미를 보이자 영국은 마침내 손을 들고 말았다.

전쟁이 끝난 뒤에는 대륙회의 시절의 연방 정부를 고수할 것이냐, 아니면 각 주가 독립된 국가 형태를 유지하는 느슨한 정치체제를 유지할 것이냐를 두고 13개 주 사이에서 격론이 벌어졌다. 그러나 연방주의자가 이겨서 미국 헌법이 제정됐고, 결국 신생 미국이 건국됐다. 신생 미국이 생겨난 과정은 호설편편好雪片片이라는 화두를 생각나게 한다. 눈이 다 제멋대로 떨어져 내리지만 결국에는 하얀 설경을 만들듯이, 13개 주가 저마다 자기주장을 폈지만 결국에는 미합중국을 만들어내는 데 성공했다. 하지만 이 건국에 문제가 없는 것은 아니었다. 앞에서 자유의 문제를 말했는데, 노예 소유의 자유는 정말로 까다로운 문제였다. 모든 인간은 평등하게 태어났다고 미국 헌법에서 선언해놓고 막상 흑인 노예는 거기에서 제외해버렸으니, 이는 백인만의 평등이고 결국 어떤 사람들백인은 다른 사람들흑인 노예보다 더 평등하다고 말하는 모순어법이 되었다. 건국의 아버지들은 이런 모순을 첨예하게 느끼고 있었으나, 노예제도 하나 때문에 연방이 깨어지는 것보다는 그 문제를 양보하더라도 연방 수립이 먼저라고 판단해 이 문제에 대해 눈감았다. 그러나 이 중대한 문제는 시간이 지나가면 저절로 해결될 그런 성질의 것이 아니었다. 헌법 제정 이후에도 자유란 곧 노예에 대한 재산권이라고 생각하는 사람들은, 바로 그 독립 혁명의 대의_{자유}를 내세우며 노예 해방에 결코 찬성하지 않으려고 했다. 그리하여 이 문제의 해결을 위해서는 링컨 대통령의 등장을 기다려야 했다. 옥스퍼드 미국사 시리즈의 한 권으로 이미 출간되어 있는 제임스 맥퍼슨의 《Battle Cry of Freedom》은 남북 전쟁의 전반적 양상을 아주 재미나게 서술하고 있다. 《The Glorious Cause》를 읽은 독자는 틀림없이 이 남북 전쟁 책과 건국 이후 신생 미국이 호설편편의 방식으로 발전해나가는 과정을 다룬 고든 우드의 《Empire of Liberty》에도 관심을 갖게 되리라고 믿는다.

시중에는 미국 독립 혁명에 대한 본격적인 책자가 거의 나와 있지 않다. 여기에 번역한 《The Glorious Cause》는 그런 결핍을 보완해줄 아주 좋은 책이라고 생각한다. 옮긴이는 옥스퍼드 미국사의 선두타자로 이 책을 선정한 것은 참으로 적절하다는 생각도 들었다. 이 훌륭한 책을 번역하는 내내 지적인 흥분과 전율을 느꼈고, 에드워드 기번이 환생해 18세기 미국 역사를 집필한 것 같은 착각을 느끼기도 했다. 기번은 객관적이면서도 유머러스하고 때로는 냉소적인 어조로 글을 써나간 역사가인데, 그런 분위기를 이 책에서도 많이 느낄 수 있었다. 이 책에는 18세기 당시의 유럽과 영국, 아메리카 식민지의 대국적 그림과 전쟁의 흥미로운 경과가 박력 있고 재치 넘치는 문장 속에 잘 묘사되어 있다. 미국 역사, 나아가 세계의 역사에 관심 있는 독자들에게 꼭 권하고 싶다.

미주

1장 표류

1. *BF Papers*, XVIII, 3.

2 Joseph Albert Ernst, *Money and Politics in America, 1735~1775*(Chapel Hill, N.C., 1973), 278~279.

3. *BF Papers*, XVIII, 4.

4. Jack P. Greene, *The Quest for Power : The Lower Houses of Assembly in the Sounthern Royal Colonies, 1689~1776*(Chapel Hill, N.C., 1953), 420~435, 여러 곳.

5. 위의 책, 402~416.

6. 영국 국교회에 대한 공포에 대해서는 다음 자료를 참조하라. Carl Bridenbaugh, *Mitre and Sceptre : Transatlantic Faiths, Ideas, Personalities, and Politics, 1689~1775*(New York, 1962).

7. Milton M. Klein은 *The Independent Reflector, by William Livingston*(Cambridge, Mass., 1963)의 현대 판본을 편집했다.

8. Bridenbaugh, *Mitre and Sceptre*, 211~214.

9. 위의 책, 226.

10. 메이휴의 주장은 위의 책, 231에 인용되어 있다.

11. Ian R. Christie and Benjamin W. Labaree, *Empire or Independence, 1760~1776 : A British-American Dialogue on the Coming of the American Revolution*(New york, 1976), 151.

12. 위의 책, 154~155.

13. 이 인용들은 *EHD*, 760~761의 편지들에서 나온 것이다.

14. Lovejoy, *Rhode Island Politics*, 158~159에서 이 공격에 대해 훌륭하게 서술하고 있다.

15. 위의 책, 159~166.

16. Jensen, *Founding*, 428~431.

17. 위의 책, 430~431.

18. Oliver M. Dickinson, "Use Made of the Revenue from the Tax on Tea", *NEQ*, 31(1958), 232~243; Christie and Labaree, *Empire or Independence*, 154.

19. *EHD*, 763.

20. BRC, *Reports*, XVIII, 95~108. 첫 세 부분은 다음 자료에 재판됐다. Merrill Jensen, ed., *Tracts of the American Revolution, 1763~1776*(Indianapolis, Ind., 1967), 235~255.

21. *Votes and Proceedings of the Freeholders and Other Inhabitants of the Town of Boston*[Boston, (1772)], 16~17, 21.

22. 위의 책, 9~10.

23. Richard D. Brown, *Revolutionary Politics in Massachusetts : The Boston Committee of Correspondence and the Town, 1772~1774*(Cambridge, Mass., 1970), 92~121.

24. 위의 책, 80에서 인용했다.

25. 편지들은 *The Representation of Governor Huchinson and Others*(Boston, 1773)으로 출판됐다. *BF Papers*, XX, 539~580의 편지로 재판됐다.

26. *BF Papers*, XX, 550.

27. 이 사건의 전모를 잘 논의한 것으로는 다음 자료를 참조하라. Bailyn, *Ordeal of Hutchinson*, 223~259.

2장 결의

1. Benjamin Woods Labaree, *The Boston Tea Party*(New York, 1964), 88~89.

2. *EHD*, 774; Labaree, *The Boston Tea Party*, 97~102.

3. *EHD*, 775.

4. Labaree, *The Boston Tea Party*, 154~156.

5. 위의 책, 248~249; Jensen, *Founding*, 443~444.

6. Jensen, *Founding*, 448에서 인용했다.

7. *Boston Evening Post*, Oct. 25, 1773; Francis S. Drake, *Tea Leaves* (Boston, 1884), 281.

8. Labaree, *The Boston Tea Party*, 108~109.

9. 위의 책, 112~118.

10. 위의 책, 118~119.

11. 차당 사건에 대한 나의 이야기는 다음 자료에 의거했다. Labaree, *The Boston Tea Party*, chap. 7.

12. 머시 워렌에게 보낸 편지에서 애비게일 애덤스는 차를 "노예제도의 풀"이라고 말했는데, 이는 널리 공유된 감정이었다. Abigail Adams to Mercy Warren, Dec. 5, 1773, "Warren-Adams Letters", MHS, *Colls.*, 72~73 (Boston, 1917~1925), I, 19. 애비게일처럼 편향적인 관찰자였던 새뮤얼 애덤스도 보스턴 안팎에 사는 대부분의 사람들이 차당 사건을 고소하게 여긴다고 보고했다. 위의 책, 20. 애덤스는 아주 정확하게 보고했다.

13. Jensen, *Founding*, 453~454; Labaree, *The Boston Tea Party*, 173~174.

14. Carl Van Doren, *Benjamin Franklin* (New York, 1938), 468~476.

15. Labaree, *The Boston Tea Party*, chap. 9에서는 영국 측 반응을 검토하고 있다. 인용된 노스의 성명은 다음 자료에서 가져왔다. Bernard Donoughue, *British Politics and the American Revolution : The Path to War, 1773~1775* (London, 1964), 77.

16. 이 단락과 그전 단락에 대해서는 Donoughue, *British Politics*, 37~63을 참조하라.

17. Labaree, *The Boston Tea Party*, 183~184.

18. William Cobbett, comp., *Parliamentary History of England from the Earliest Period to the Year 1803* (36vols., London, 1806~1820), XVII, 1169.

19. Jensen, *Founding*, 465~467; Donoughue, *British Politics*, 88~95.

20. 앞 단락에 나오는 버크의 진술에 대해서는 *Parliamentary History*, XVII, 1222를 참조하라. 이 모든 조치에 대한 논의는 위의 책, 1163~1277에서 읽을 수 있다.

21. Richard D. Brown, *Revolutionary Politics in Massachusetts : The Boston Committee of Cor-respondence and the Town, 1772~1774* (Cambridge, Mass., 1970), 191~199; Jensen, *Founding*, 466~470.

22. 하루 단식일 지정을 요구하는 결의안에 대해서는 *TJ Papers*, I, 105~106을 참조하라.

23. *EHD*, 789 (Boston Committee of Correspondence, Circular Letter, May 13,

1774).

24. Burnett, *Continental Congress*, 20~22.

25. William Hicks, *The Nature and Extent of Parliamentary Power Considered* (Philadelphia, 1768), xvi; James Wilson, *Considerations on the Nature and Extent of the Legislative Authority of the British Parliament* (Philadelphia, 1774). 나는 다음 자료에 있는 판본을 사용했다. Robert Green McCloskey, ed., *The Works of James Wilson* (2vols., Cambridge, Mass., 1967), II, 721~746(특히 735~745 참조).

26. *A Summary View of the Rights of British America* (Williamsburg, Va., 1774). 나는 다음 자료에 있는 판본을 사용했다. *TJ Papers*, I, 121~135(121, 133, 134에서 차례대로 인용했다).

27. [(New York), 1774], 20~23, 여러 곳.

28. *The American Querist : or, some Questions* [(New York), 1774], 4, 6.

29. *A Serious Address to the Inhabitants of ⋯ New York, Containing a Full and Minute Survey of the Boston Port Act* (New York, 1774), 9.

30. (William Henry Drayton), *A Letter from Freeman of South Carolina, to the Deputies of North America... at Philadelphia* (Charleston, S.C., 1774), 7~8.

31. John Lanthrop, *A Sermon Preached to the Ancient and Honorable Artillery-Company in Boston... June 6th, 1774* (Boston, 1774), 6~15, 여러 곳. 이 설교는 다음의 사항들을 강조한 것으로 유명하다. 프로테스탄트 윤리의 미덕, 17세기 사치 단속법에 대한 찬양, 상비군보다 민병대가 우수하다는 트렌차드와 고든의 문장을 인용한 것 등.

32. John Hancock, *An Oration : Delivered March 5, 1774* (Boston, 1774), 6~7; Josiah Quincy, *Observations on the Act of Parliament Commonly Called the Boston Port-Bill* (Boston, 1774), 33; Ebenezer Baldwin, "An Appendix", in Samuel Sherwood, *A Sermon, Containing Seriptural Instructions to Civil Rulers, and all Free-born Subjects* (New Haven, Conn., 1774), 56.

33. Butterfield et al., eds., *Diary of John Adams*, II, 120; *LMCC*, I, 28(딘), 27(로드니).

34. *LMCC*, I. 20. 앞 단락의 리와 헨리에 대한 애덤스의 논평에 대해서는 Butterfield et al., eds., *Diary of John Adams*, II, 128을 참조하라. 대륙회의에 대해서는 다음의 두 연구서가 뛰어나다. Burnett, *Continental Congress*; Rokove, *Beginnings of National Politics*; H. James Henderson, *Party Politics in the Continental Congress* (New york, 1974).

35. *LMCC*, I, 60.

36. 위의 책, 14~17; Butterfield et al., eds., *Diary of John Adams*, II, 139, 147.

37. Butterfield et al., eds., *Diary of John Adams*, II, 122~124.

38. 이어지는 문단의 인용과 관련해서는 위의 책, 128~130; *LMCC*, I. 27.

39. 나의 이야기는 Butterfield et al., eds., *Diary of John Adams*, II에 들어 있는 존 애덤스의 노트에 근거했다. 나는 Rakove, *Beginnings of National Politics*, chap.3으로부터도 많은 것을 배웠다.

40. 합방을 위한 갤로웨이의 계획은 *JCC*, I, 43~48과 *EHD*, 811~812 등에 들어 있다. 이에 대한 표준적 연구서는 Julian P. Boyd, *Anglo-American Union*(Philadelphia, 1941)이다.

41. Butterfield et al., eds., *Diary of John Adams*, II, 143(인용).

42. *JCC*, I, 55~56.

43. 위의 책, 58.

44. 권리 선언과 고충 처리에 대해서는 *EHD*, 805~808을 참조하라. *JCC*, I, 63~73.

45. Butterfield et al., eds., *Diary of John Adams*, II, 137~140, 147~149.

46. *EHD*, 813~816(대륙협회); *JCC*, I, 75~80.

47. Butterfield et al., eds., *Diary of John Adams*, II, 156.

48. *EHD*, 814~815.

3장 전쟁

1. Butterfield et al., eds., *Diary of John Adams*, II, 160.

2. 위의 책, 124(그리고 주).

3. *LMCC*, I, 83.

4. Joseph Galloway, *A Candid Examination of the Mutual Claims of Great Britain and the Colonies*(New York, 1775), reprinted in Merill Jensen, ed., *Tracts of the American Revolution, 1763~1776*(Indianapolis, Ind., 1967), 351~399(이 판본의 374에서 인용했다).

5. 메사추세텐시스의 글은 다음 자료에서 출판됐다. *Massachusetts Gazette*(Boston) and *Boston Post-Boy*(Dec. 12, 1774에 시작되어 April 3, 1775에 끝났다); 노방글루스에 대해서는 *BG*(Jan. 23, 1775에 시작되어 April 17, 1775에 끝났다)를 참조하라.

6. (Samuel Seabury), *Free Thoughts on the Proceedings of the Continental Congress*[(New York), 1774]. 해밀턴의 응답에 대해서는 다음 자료를 참조하라. *A Full Vindication of the Measures of the Congress*(New York, 1774). 시버리의 답변

은 *View of the Controversy Between Great Britain and Her Colonies*(New York, 1774); 해밀턴의 답변은 *The Farmer Refuted...*(New York, 1775); (Samuel Seabury), *The Congress Canvassed*⋯ [(New York), 1774]. 해밀턴의 글은 Syrett and Cooke, eds., *Papers of Hamilton*, I, 45~78, 81~165에 재판됐다.

7. 이어지는 서부 매사추세츠에 대한 논의는 대체로 다음 자료에 의거했다. Robert J. Taylor, *Western Massachusetts in the Revolution*(Providence, R.I., 1954), 특히 chap. 1~4.

8. Albert Matthews, ed., "Documents Relating to the Last Meetings of the Massachusetts Royal Council, 1774~1776", CSM, *Pubs.*, 32(Boston, 1937), 476.

9. 위의 책, 482. 티모시 페인은 지사에게 보낸 편지에서 자신의 체험을 서술했다(Aug. 27, 1774). 위의 책, 476~478.

10. Jensen, *Founding*, 551~553.

11. 위의 책, 557~560.

12. 위의 책, 560~561.

13. 위의 책, 562에서 인용했다.

14. 버지니아의 조치는 다음 자료에 자세히 논의되어 있다. Emory G, Evans, "Planter Indebtedness and the Coming of the Revolution in Virginia", *WMQ*, 3rd Ser., 19(1962), 511~533.

15. 나는 카운티 위원회의 회의록을 읽고 신문에 난 공개적 진술들을 통해 위원장들의 이름을 알게 되었다. *VG*(핑크니), Nov. 4, 1774, *VG*(딕슨과 헌터), Dec. 5, 17, 22, 1774, and Jan. 28, 1775. 이 단락에서 서술된 위원회의 조치(와 인용)에 대해서는 다음 자료를 참조하라. *VG*(P), Nov. 4, 1774, Jan. 7, 1775; David J. Mays, *Edmund Pendleton, 1721~1803 : Biography*(2vols., Cambridge, Mass., 1952), I, 351n, fn. 20.

16. Mays, *Pendleton*, I, 351n, fn.20. 상인들에 대항하는 조치의 추가 사례에 대해서는 *VG*(D&H), Dec. 21, 1774, Jan. 14, 28, 1775를 참조하라. 헨리코 카운티 위원회는 1774년 12월에 다음과 같이 의결했다. "이 카운티 내에서 모든 종류의 물산 장려와 물자 절약을 하기로 의결한다." 이러한 조치는 버지니아와 다른 지역에서 흔하게 볼 수 있는 것이었다. *VG*(D&H), Feb. 11, 1775.

17. *JM Papers*, I, 129.

18. Arthur Meier Schlesinger, *The Colonial Merchants and the American Revolution*(New York, 1957), 389~392, chaps. 11, 12; William W. Abbot, *The Royal Governors of Georgia*(Chapel Hill, N.C., 1959), 164~166; Kenneth Coleman, *The American Revolution in Georgia*(Athens, Ga., 1958), 39~55.

19. Fortescue, ed., *Correspondence of George the Third*, III, 131; Peter Orlando Hutchinson, comp., *The Diary and Letters of His Excellency Thomas Hutchinson*(2vols., Boston, 1884), I, 245.

20. Bernard Donoughue, *British Politics and the American Revolution : The Path to War, 1773~1775*(London, 1964)(199에서 인용했다).

21. Clarence E. Carter, ed., *The Correspondence of General Thomas Gage...*(2vols., New Haven, Conn., 1931), I, 366~372; John Alden, *General Gage in America*(Baton Rouge, La., 1948), 212~221.

22. Hutchinson, comp., *Diary*, I, 273~293, 297; Fortescue, ed., *Correspondence of George the Third*, III, 153~154.

23. Donoughue, *British Politics*, 216~218.

24. 위의 책, 223~224.

25. Jensen, *Founding*, 577~578.

26. 위의 책, 578~581; *EHD*, 839~840("올리브 가지" 제안). 뉴잉글랜드의 무역과 수산업에 대한 논의에 대해서는 다음 자료를 참조하라. Willam Cobbett, comp., *Parliamentary History of England from the Earliest Period to the Year 1803*(36vols., London, 1806~1820), XVIII, 380~389.

27. Jensen, *Founding*, 535~536.

28. 위의 책, 563~567.

29. 제보자들의 역사는 다음 자료에 서술되어 있다. Allen French, *General Gage's Informers*(Ann Arbor, Mich., 1932).

30. 위의 책, 24.

31. Dartmouth to Gage, Jan. 27, 1775, in Carter, ed., *Gage Correspondence*, II, 178~183.

32. Ward, I, 33~35.

33. 위의 책, 33~34.

34. 위의 책, 34.

35. 행진의 시작에 대해서는 다음 자료를 참조하라. Allen French, *The Day of Concord and Lexington*(Boston, 1925), 68~70, 100~102.

36. Ward, I, 36~37; 상세한 내용은 French, *The Day of Concord and Lexington*, 여러 곳을 참조하라.

37. Ward, I, 37; *A Narrative of the Excursion and Revages of the King's Troops*⋯

[Worcester, Mass., (1775)], 6~7. 이 자료는 참여자들의 공술서를 포함하고 있다.

38. *A Narrative*, 7~14; Ward, I, 38.

39. Ward, I, 40~41.

40. 위의 책, 42~44; *A Narrative*, 14~17.

41. French, *The Day of Concord and Lexington*, 220~239; Ward, I, 44~46.

42. 영국군의 약탈에 대한 진술은 *A Narrative*, 211을 참조하라. 사상자의 숫자에 대해서는 Ward, I, 50을 참조하라. Peckham, *Toll*, 3은 약간 다른 수치를 제공한다.

4장 절반의 전쟁

1. Peter Force, ed., *American Archives*, 4th Ser.(6vols., Washington, D.C., 1837~1846), II, 363; *Diary of Frederick Mackenzie*(2vols., Cambridge, Mass., 1930), I, 23. 이 책은 퍼시가 "아주 적극적으로" 또 "아주 침착하게" 행동했다고 묘사한다.

2. Force, ed., *American Archives*, 4th Ser., II, 363~370; Elizabett Merritt, " The Lexington Alarm, April 19, 1775", *MdHM*, 41(1946), 89~114.

3. *TJ Papers*, I, 165.

4. Ward, I, 63.

5. (Bennington, Vt., 1784). Charles A. Jellison, *Ethan Allen : Frontier Rebel*(Syracuse, N.Y., 1969)는 아주 유익한 현대적 전기다.

6. Ward, I, 64~69. 아놀드에 대해서는 다음 자료를 참조하라. Willard Wallace, *Traitorous Hero : The Life and Fortunes of Benedict Arnold*(New York, 1954).

7. Lyman H. Butterfield, ed., *Adams Family Correspondence*(2vols., to date, Cambridge, Mass., 1963~), I, 195.

8. 위의 책, 207.

9. Force, ed., *American Archives*, 4th Ser., II, 444~445.

10. Butterfield, ed., *Adams Family Correspondence*, I, 216.

11. *JCC*, II, 24~25.

12. 위의 책, 52.

13. 위의 책, 56.

14. 위의 책, 68~70, 75, 109~110.

15. 위의 책, 91~94. 이 절에서 다루어진 문제들에 대해서는 다음 자료를 참조하라. Burnett,

Conti-nental Congress, 60~79.

16. Ward, I, 73; Allen French, *The First Year of the American Revolution*(Boston and New York, 1934), 212~213.

17. 퍼트넘과 프레스콧에 대한 상세한 내용은 Ward, I, 74~78을 참조하라.

18. Peter Brown to his mother, June 28, 1775, in Sheer and Rankin, *Rebels and Redcoats*, 60.

19. Clarence E. Carter, ed., *The Correspondence of General Thomas Gage*…(2vols., New Haven, Conn., 1931), I, 401.

20. 영국군의 계획에 대해서는 다음 자료를 참조하라. French, *First Year of the American Revolution*, 221~222; Ward, I, 82~84.

21. Ward, I, 84.

22. 위의 책, 86~87.

23. French, *First Year of the American Revolution*, 235.

24. Ward, I, 89.

25. Howe to ?, June 22, 24, 1775, in Fortescue, ed., *Correspondence of George the Third*, III, 220~224.

26. Sheer and Rankin, *Rebels and Redcoats*, 62~63; Ward, I, 91.

27. Fortescue, ed., *Correspondence of George the Third*, III, 222.

28. 위의 책.

29. Sheer and Rankin, *Rebels and Redcoats*, 62. 프렌치와 워드는 영국이 세 번 공격했다는 데에 동의한다.

30. French, *First Year of the American Revolution*, 247.

31. 위의 책, 249~252.

32. 위의 책, 253. 벙커힐 전투에 대한 나의 이야기는 워드와 프렌치의 연구서에 바탕을 두고 있다. Bernard Knollenberg, "Bunker Hill Re-viewed : A Study in the Conflict of Historical Evidence", MHS, *procs.*, 72(Boston, 1963), 84~100은 유익하지만 놀렌버그의 결론은 분명 잘못된 것이다. 이 전투의 참가자들이 증언한 것으로는 다음 자료를 참조하라. General Howe's Letters of June 22, 24, in Fortescue, ed., *Correspondence of George the Third*. Sheer and Rankin, *Rebels and Redcoats*에 수록된 일기와 편지는 특히 가치가 있다.

33. *GW Writings*, III, 292, 294.

34. (7th impression, London, 1661)

35. 워싱턴은 이 문장을 복사했는데, 그것이 약간 다른 형태로 위의 책, 1~3에 수록되어 있다.

36. 다음 자료에서 인용했다. Samuel Eliot Morison, *By Land By Sea : Essays and Addresses*(New York, 1954), 173. 워싱턴에 대한 나의 결론은 워싱턴의 저작과 다음의 멋진 전기들로부터 이끌어낸 것이다. Freeman, *GW*; James Thomas Flexner, *George Washington : The Forge of Experience, 1732~1775*(Boston, 1965) and *George Washington in the American Revolution, 1775~1783*(Boston, 1968).

37. *GW Writings*, III, 294,

38. Knollenberg, "Bunker Hill Re-viewed," MHS, *procs.*, 72(1963), 85에서는 다음과 같이 진술하고 있다. 1775년 6월 17일, 영국은 보스턴에 4,500명의 사병을 주둔시키고 있었다. 사병은 졸병과 부사관을 통칭하는 전문 용어다. 사병에는 상사, 적수(笛手), 고수(鼓手)가 포함되지 않는다. 영국은 벙커힐 전투에서 사망 226명에 부상 828명의 사상자를 냈다. 1776년 3월의 수치에 대해서는 Ward, I, 125를 참조하라.

39. R. R. Palmer, "Frederick the Great, Guibert, Bulow : From Dynastic to National War", in Edward Mead Earle, ed., *Makers of Modern Strategy : Military Thought from Machiavelli to Hitler*(Princeton, N.J., 1943), 49~74; Walter L. Dorn, *Competition for Empire, 1740~1763*(New York, 1940), chap. 3, 특히 80~81. 18세기 전술에 대한 내용은 위의 두 탁월한 연구서에 바탕을 두고 있다.

40. Humphrey Bland, *An Abstract of Military Discipline…*(Boston, 1747), 특히 chap. 4; (Edward Harvey), *The Manual Exercise, As Ordered by His Majesty in 1764*(Boston, 1774), 3~14, 여러 곳. 혁명의 위기 동안에 아메리카에서는 많은 유사한 안내서와 지침서가 발간됐다. 이런 책들은 사격, 행진, 제식 훈련 등에 관한 지침을 제공했다. Timothy Pickering, *An Easy Plan of Discipline for a Militia*(Salem, Mass., 1775); (Lewis Nichola), *A Treatise of Military Exercise, Calculated for the Use of the American*(Philadelphia, 1776); Thomas Hanson, *The Prussian Evolutions in Actual Engagements…*(Philadelphia, 1775).

41. 1장.

42. 삭스와 프리드리히 대왕은 영국과 아메리카 양쪽의 저술가들에 의해 인용됐다.

43. *GW Papers*, II, 114; III, 331.

44. 위의 책, III, 450.

45. 위의 책, 450~451.

46. Freeman, *GW*, III, 493~494.

47. 위의 책, 490~491. 워싱턴은 1775년 7월 3일에 일반명령을 내리기 시작했다. 이런 명

령은 아메리카 군대와 그 문제점에 대한 워싱턴의 생각을 잘 드러낸다. *GW Writings*, III, 305~306, 314~316, 338~340. 또한 이 시기의 편지들을 참조하라. 같은 책, 320~331, 394~395, 450~451.

48. *GW Writings*, III, 309, 315, 338, 451.

49. Freeman, *GW*, IV, 19~20; *GW Writings*, IV, 335.

50. Freeman, *GW*, IV, 17 and fn. 94. 녹스에 대해서는 다음 자료를 참조하라. North Callahan, *Henry Knox : George Washington's General*(New York, 1958).

51. Ward, I, 126~127.

52. 위의 책, 128.

53. 위의 책, 128~129.

54. *LMCC*, I, 406.

5장 독립

1. *LMCC*, I, 99~100.

2 위의 책, 118.

3. 위의 책.

4. Jack N. Rakove, "The Decision for American Independence : A Reconstruction", *PAH*, 10(1975), 238~239.

5. 제퍼슨의 의회 도착에 대해서는 다음 자료를 참조하라. Merrill D. Peterson, *Thomas Jefferson and the New Nation : A Biography*(New York, 1970), 79~81.

6. "The Declaration of the Causes and Necessity for Taking Up Arms"는 *TJ Papers*, I, 213~218에서 재판됐다. 213에서 인용했다. 프랭클린의 의견에 대해서는 다음 자료를 참조하라. Joseph Priestly, July 7, 1775, in *LMCC*, I, 156, and John Adams's of July 11, 1775, 같은 책, 162.

7. *LMCC*, I, 152.

8. Ian R. Christie and Benjamin W. Labaree, *Empire or Independence, 1760~1766 : A British-American Dialogue on the Coming of the American Revolution*(New York, 1976), 250~252.

9. *EHD*, 850~851.

10. 위의 책, 853.

11. 인용문 속의 단어들은 국왕과 영국 의회가 모두 사용했다.

12. 이 단락에서 논의된 사건들에 대한 멋진 설명에 대해서는 다음 자료를 참조하라. Jensen, *Founding*, 643~645.

13. *JCC*, III, 319, 325~327.

14. 이 사건들과 앞 단락에서 다루어진 사건들은 Jensen, *Founding*, 641~643을 참조하라.

15. 필라델피아에서 초판이 나왔고 그 뒤 여러 번 재판됐다.

16. 다음과 같은 유익한 연구서들이 있다. Eric Foner, *Thomas Paine and Revolutionary America*(New York, 1976); David Freeman Hawke, *Paine*(New York, 1974).

17. *BF Papers*, XXI, 325~326.

18. 이 인용문은 돌핀 북스가 재판한 W.& T. 브래드퍼드 판본에서 가져온 것이다. 필라델피아의 로버트 벨이 초판과 재판을 인쇄했다. 그 뒤 벨과 페인의 사이가 멀어졌고, 페인은 다시 브래드퍼드를 찾아갔다. 브래드퍼드 판본은 벨 판본보다 약 3분의 1가량 더 길다. 특히 13~27을 참조하라.

19. 위의 책, 27, 34.

20. 위의 책, 59(Appendix).

21. 특히 다음 자료를 참조하라. *Pennsylvania Gazette*(Phila.), March 26, April 24, May 1, 1776.

22. 신문에 대해서는 다음 자료를 참조하라. Richard Allen Ryerson, *The Revolution Is Now Begun : The Radical Committees of Philadelphia, 1765~1776*(Philadelphia, 1978), chap. 7.

23. *LMCC*, I, 471.

24. Butterfield et al., eds., *Diary of John Adams*, II, 231.

25. *JCC*, IV, 134~146. 뉴저지 의원 리처드 스미스는 이렇게 말했다. 그 보고서는 "아주 장황하고, 잘못 쓰였으며, 독립을 완강하게 반대했다." *LMCC*, I, 348. 같은 책, 366도 참조하라.

26. *JCC*, IV, 229~233.

27. *LMCC*, I, 405~406.

28. Jensen, *Founding*, 677~679(인용은 679).

29. 위의 책, 681.

30. David J. Mays, *Edmund Pendleton, 1721~1803 : A Biography*(2vols., Cambridge, Mass., 1952), I, 106~110; *TJ Papers*, I, 291.

31. *JCC*, IV, 342.

32. 위의 책, 357~358.

33. Butterfield et al., eds., *Diary of John Adams*, II, 237~240. 애덤스는 뉴욕의 제임스 두 에인이 다음과 같이 항의했다고 보고한다. "왜 이렇게 급한가? 왜 이렇게 재촉하는가? 왜 이렇게 밀어붙이는가? 독립에 대한 논의가 모든 식민지에 퍼지고 있다. 이것이 우리의 부주의 때문이 아니라면 무엇 때문인가?"

34. *JCC*, V, 425~426. 리의 제안과 가치 있는 편집 노트에 대해서는 다음 자료를 참조하라. *TJ Papers*, I, 298~299.

35. 1776년 6월 7일과 8월 1일 사이의 대륙회의의 회의록에 대한 제퍼슨의 노트는 아주 귀중하다. *TJ Papers*, I, 299~308에 들어 있는 줄리언 보이드의 논평도 아주 예리하고 철저하다. 인용문은 같은 책, I, 309, 312의 제퍼슨 노트에서 나온 것이다.

36. Jensen, *Founding*, 682~701.

37. Pauline Maier, *American Scripture : Making the Declaration of Independence*(New York, 1997), 47~96. 이 조치는 문서로 남아 있다. 다른 유사한 선언들도 작성되었을 것이나 문서 형태로 발견되거나 남아 있는 것은 없다.

38. 위의 책, 229~230에서 인용했다.

39. Carl Becker, *The Declaration of Independence*(1922; Vintage ed., New York, 1958), chaps, 1~3.

40. 대략적인 초안을 보고자 한다면 다음 자료를 참조하라. *TJ Papers*, I, 315~319, 423~427(나는 대문자와 구두점을 집어넣는 등 몇 군데 사소한 수정을 가했다).

41. 위의 책, 429~433. 선언서에 대한 나의 설명에 대해서는 다음 자료를 참조했다. Garry Wills, *Inventing America : Jefferson's Declaration of Independence*(New York, 1978).

42. Wills, *Inventing America*, 219~228.

6장 진지전

1. *GW Writings*, VI, 28.

2. 1776년 9월 8일에 워싱턴이 대륙회의 의장에게 보낸 편지에서는 이런 많은 질문들을 제기한다. 위의 책, 27~32.

3. 위의 책, 28~29에서 인용했다.

4. 군의 조직에 관한 여러 측면은 《미국인 이야기》 3권 2장에서 더 자세히 다룬다.

5. 민병대에 관한 워싱턴의 포괄적 진술에 대해서는 다음 자료를 참조하라. *GW Writings*, VI,

4~6, 32, 38.

6. 영국군의 전략에 대해서는 다음 자료를 참조하라. Willcox, *Portrait of a General*, 42~43, 94~97; Willcox, "Why Did the British Lose the American Revolution?" in *Michigan Alummus Quarterly Review*, LXII(1956), 317~324; Piers Mackesy, *The War for America 1775~1783*(Cambridge, Mass., 1965), 32~40, 여러 곳.

7. Ira D. Gruber, *The Howe Brothers and the American Revolution*(New York, 1972), 42~53, 72~80. 이 문단과 다음 두 문단에 대해서는 위의 자료를 참조하라. 윌리엄 하우에 대해서는 같은 책, 56~59, 여러 곳 참조.

8. Mackesy, *War for America*, 85에서 인용했다.

9. 위의 책.

10. Ward, I, 196~201; Freeman, *GW*, IV, 121~122.

11. *GW Writings*, V, 198~199, 201, 205, 209, 230.

12. Freeman, *GW*, IV, 132~134; Ward, I, 211~212.

13. Ward, I, 213~214. 여기에 논의된 서론과 그 뒤의 문단들을 포함해, 브루클린 전투에 관한 나의 이야기는 워드의 완벽한 서술에 크게 빚지고 있으며 프리먼의 이야기에는 더욱 큰 신세를 졌다. *GW Writings*, V 속의 워싱턴 편지들도 여러 모로 유익하다.

14. *GW Writings*, V, 479.

15. 위의 책, 480.

16. 그러나 전쟁 내내 그의 부대를 향한 그의 호소는 환멸을 드러내지 않는다.

17. *Diary of Frederick Mackenzie*(2vols., Cambridge, Mass., 1930), I, 45.

18. 이 문단과 그다음 세 문단에 대해서는 Ward, I, 216~230을 참조하라.

19. 위의 책, 232.

20. Freeman, *GW*, IV, 173~175.

21. 맨해튼 방어에 대한 워싱턴의 생각은 *GW Writings*, VI, 6~7을 참조하라.

22. 위의 책, 22, 30.

23. *Diary of Frederick Mackenzie*, I, 45.

24. 이 인용은 *GW Writings*, VI, 58에서 나온 것이다. 킵스만 상륙에 대해서는 다음 자료를 참조하라. Ward, I, 238~245; Freeman, *GW*, IV, 189~195.

25. *Diary of Frederick Mackenzie*, I, 51. 할렘 하이츠에 대해서는 Ward, I, 246~252를 참조하라. 워싱턴의 진술에 대해서는 *GW Writings*, VI, 67~69를 참조하라.

26. Freeman, *GW*, IV, 206~210.

27. Ward, I, 254~256.

28. *GW Writings*, VI, 249("퇴각"); Ward, I, 256~266.

29. 하우에 관한 워싱턴의 질문에 대해서는 *GW Writings*, VI, 255를 참조하라.

30. 위의 책, 258.

31. 요새 함락에 대한 그린의 책임에 대해서는 다음 자료를 참조하라. Richard K. Showman et al., eds., *The Papers of Nathanel Greene*(2vols. to date, Chapel Hill, N.C., 1976~), I, 352n~359, 그리고 인용된 자료들을 참조하라. 또한 Ward, I, 269를 참조하라.

32. Theodore Thayer, *Nathanel Greene : Strategist of the American Revolution*(New York, 1960), 119에서 인용했다.

33. Ward, I, 267~274. 사상자에 대해서는 Peckham, *Toll*, 26을 참조하라. 워싱턴의 설명은 *GW Writings*, VI, 243~245가 가치가 있다.

34. Ward, I, 276~277; *GW Writings*, VI, 298.

35. Ward, I, 280~282; Wickwires, *Cornwallis*, 90~93.

36. Ward, I, 283~284; Wickwires, *Cornwallis*, 93~94.

37. *GW Writings*, VI, 330~332, 345~346.

38. 이 단락의 인용과 증명에 관해서는 위의 책, 264~266, 299, 309를 참조하라.

39. 위의 책, 299.

40. Freeman, *GW*, IV, 306n, fn.15에서는 이렇게 말한다. 워싱턴은 크리스마스 몇 주 전에 공격을 구상했을 것이다. Ward I, 292에서는 여기에 동의한다.

41. *GW Writings*, VI, 346, 355, 393, 397에서 인용했다.

42. William S. Stryker, *The Battles of Trenton and Princeton*(Boston, 1898), 328.

43. 위의 책, 317.

44. 위의 책, 329~332.

45. *GW Writings*, VI, 429, 434, 440~444; Freeman, *GW*, IV, 306~310; Ward, I, 292~293.

46. 트렌턴 전투에 관한 이야기는 다음 자료에 근거했다. *GW Writings*, VI, 441~444; Freeman, *GW*, IV, 310~324; Ward, I, 294~305; Stryker, *The Battles of Trenton and Princeton*, 361~364, 371~372.

47. Wickwires, *Cornwallis*, 95~96.

48. 이 문단과 그다음 문단에 대해서는 Freeman, *GW*, IV, 338~359를 참조하라.

7장 기동전

1. Ward, I, 319~320; Freeman, *GW*, IV, 388~389.
2. Ward, I, 321.
3. 위의 책, 319~321; Freeman, *GW*, IV, 380~402.
4. 스코틀랜드 장교인 제임스 머리는 1777년 2월에 뉴저지의 군대 생활에 대해 씁쓸하게 기술하고 있다. "우리는 일용할 빵을 얻기 위해 노략질하고 또 싸움을 해야 하는 그런 희한한 오락을 즐겼다." Eric Robson, ed., *Letters from America, 1773 to 1780*(Manchester, Eng., 1951), 38. 하우와 워싱턴의 1777년 6월 기동전에 대해서는 Ward, I, 325~328을 참조하라.
5. Willcox, *Portrait of a General*, chap. 4, 특히 147~152; Ira D. Gruber, *The Howe Brothers and the American Revolution*(New York, 1972).
6. Willcox, *Portrait of a General*, 143~147.
7. 위의 책, 133~141.
8. 위의 책, 150~152; Gruber, *The Howe Brothers*, 199~200.
9. Willcox, *Portrait of a General*, 149~150.
10. Gruber, *The Howe Brothers*, 222~223.
11. 이 문단과 그 앞의 두 문단은 다음 자료에 바탕을 두고 있다. Willcox, *Portrait of a General*, 143~146; Gerald Saxon Brown, *The American Secretary : The Colonial Policy of Lord George Germain, 1775~1778*(Ann Arbor, Mich., 1963), 93~114.
12. Ward, I, 398~401.
13. 위의 책, 401~404.
14. 게이츠에 대해서는 다음 자료를 참조하라. Paul David Nelson, *General Horatio Gates : A Bio-graphy*(Baton Rouge, La., 1976).
15. S. Sydney Bradford, ed., "Lord Francis Napier's Journal of the Burgoyne Campaign", *MdHM*, 57(1962), 324.
16. 위의 책, 324~325.
17. 위의 책, 296~297.
18. Ward, I, 405에서 인용했다.
19. James Hadden, *Hadden's Journal and Orderly Books : A Journal Kept in Canada and Upon Burgoyne's Campaign in 1776 and 1777*(Albany, N.Y., 1884), 74.
20. Ward, I, 408~409.

21. 위의 책, 409~412.

22. John Burgoyne, *A State of the Expedition from Canada* (2d ed., London, 1780), 39. 이 책의 가치는 그 증언이 영국 의회 청문회에서 나온 것이라는 점에 있다.

23. *Hadden's Journal*, 91~92; Bradford, ed., "Napier's Journal", *MdHM*, 57 (1962), 300~301. Ward, I, 412~414가 탁월하다.

24. Burgoyne, *State of the Expedition*, 17.

25. Bradford, ed., "Napier's Journal", *MdHM*, 57 (1962), 303~304; *Hadden's Journal*, 94~95.

26. *Hadden's Journal*, 95 ("의도적"); Ward, I, 418~421.

27. Ward, I, 421~422.

28. 위의 책, 422~423.

29. *Hadden's Journal*, 136; Bradford, ed., "Napier's Journal", *MdHM*, 57 (1962), 309~311.

30. Ward, II, 501.

31. 위의 책, 501~503.

32. 위의 책, 504~505; *Hadden's Journal*, 144~148; Bradford, ed., "Napier's Journal", *MdHM*, 57 (1962), 310~311.

33. Ward, II, 506~508.

34. 프리먼스 팜의 전투에 대해서는 다음 자료를 참조하라. *Hadden's Journal*, 164~166; Bradford, ed., "Napier's Journal", *MdHM*, 57 (1962), 315~318; Burgoyne, *State of the Expedition*, 41, 57. Ward, II, 504~512에서는 탁월한 설명을 제공한다.

35. Willcox, *Portrait of a General*, 177에서 인용했다. 또한 다음 자료를 참조하라. Willcox, ed., *Clinton's Narrative*, 70.

36. Willcox, *Portrait of a General*, 180~181.

37. Ward, II, 525~526.

38. 위의 책, 526~531; Bradford, ed., "Napier's Journal", *MdHM*, 57 (1962), 321~322.

39. Ward, II, 533~542.

40. *GW Writings*, IX, 1~6, 9, 21 ("강한 의구심"); L. H. Butterfield, ed., *Adams Family Cor-respondence* (2vols., to date, Cambridge, Mass., 1963~), II, 321 ("예측불허하는 장군"). 애덤스는 같은 책, 315에서 날씨에 관해 서술했다.

41. Butterfield, ed., *Adams Family Correspondence*, II, 328.

42. Bernhard A. Uhlendorf, trans., *Revolution in America : Confidential Letters*

and Journals 1776~1784 of Adjutant General Major Baurmeister of the Hessian Forces(New Brunswick, N.J., 1957), 91~96; Ward, I, 336~337.

43. *GW Writings*, IX, 140~142, 164, 198.

44. Freeman, *GW*, IV, 469~472; Ward, I, 342.

45. 브랜디와인 전투에 대해서는 다음 자료를 참조하라. Ward, I, 342~354; Freeman, *GW*, IV, 473~489; *GW Writings*, IX, 206~208. 영국군 장교의 논평은 *PMHB*, 29(1905), 368에서 나온 것이다.

46. Sheer and Rankin, *Rebels and Redcoats*, 272.

47. Uhlendorf, trans., *Revolution in America*, iii; Sheer and Rankin, *Rebels and Redcoats*, 270.

48. Freeman, *GW*, IV, 490. 브랜디와인 전투에서의 아메리카측 사상자 추계는 다음과 같다. 사망 200, 부상 500, 포로 400(Peckham, *Toll*, 40); 영국군 사상자. 사망 90, 부상 448, 실종 6.

49. Ward, I, 355~359; Freeman, *GW*, IV, 494~495.

50. Freeman, *GW*, IV, 498~499.

51. Ward, I, 360~361.

52. *GW Writings*, IX, 305~306.

53. 위의 책, IX, 306.

54. Freeman, *GW*, IV, 505.

55. 위의 책, 502~503; Ward, I, 362~365. 군대의 배치에 관한 워싱턴의 1777년 10월 3일자 일반명령에 대해서는 *GW Writings*, IX, 308을 보라.

56. *GW Writings*, IX, 308.

57. Ward, I, 365.

58. 저먼타운 전투에 대한 워싱턴의 설명은 다음 자료를 참조하라. *GW Writings*, IX, 308~312, 320, 327~331. 또한 다음 자료도 참조하라. Ward, I, 365~371; Freeman, *GW*, IV, 504~519.

59. Peckham, *Toll*, 42에서는 아메리카의 사상자를 이렇게 추정한다. 사망 152, 부상 500, 포로 438. 영국군의 전체 사상자는 대략 550이다.

8장 혁명의 불꽃이 유럽의 전쟁으로 번지다

1. Samuel Flgg Bemis, *The Diplomacy of the American Revolution*(1935; reprint ed., Bloomington, Ind., 1957), 16~17.

2. 이 문단과 그다음 두 문단은 위의 책, 17~22를 참조하라.

3. Carl Van Doren, *Benjamin Franklin*(New York, 1938), 529~540. chap. 14도 참조하라.

4. Francis Wharton, ed., *The Revolutionary Diplomatic Correspondence of the United States*(6vols., Washington, D.C., 1889), II, 61~64.

5. Bemis, *Diplomacy*, 23~28.

6. 위의 책, 34~37; Julian P. Boyd, "Silas Deane : Death by a Kindly Teacher of Treason?", *WMQ*, 3rd Ser., 16(1959), 165~187, 319~342.

7. 프랭클린 사상의 발전에 대해서는 다음 자료를 참조하라. *BF Papers*, XVI, 276~326 ('Marginalia in *Good Humor*, an Anonymous Pamphlet'), and XVII, 317~400('Marginalia in *An Inquiry*, an Anonymous Pamphlet'). 특히 341에서 프랭클린은 이렇게 쓰고 있다. "가장 규모가 작은 주들이 가장 큰 동맹을 할 수 있다. 그리고 대국에 대한 상호 질투가 그들의 보안에 기여한다."

8. Butterfield et al., eds., *Diary of John Adams*, II, 229~230(대륙회의에서의 논의에 관한 노트); *LMCC*, I, 350~351.

9. 페인의 논평은《상식》에 들어 있다.

10. Butterfield et al., eds., *Diary of John Adams*, II, 236(1776년 3월에서 4월 사이의 프랑스와의 관계에 관한 노트); Felix Gilbert, *To the Farewell Address : Ideas of Early American Foreign Policy*(Princeton, N.J., 1961), chap. 3, 특히 44~54; Gilbert, "The New Diplomacy of the Eighteenth Century", *World Politics*, 4(1951), 1~38. 길버트에 대한 정정으로는 다음 자료를 참조하라. James H. Hutson, "Early American Diplomacy : A Reappraisal" in Lawrence S. Kaplan, ed., *The American Revolution and "A Candid World"*[(Kent, Ohio), 1977], 40~68. 허트슨은 필로조프(18세기 프랑스의 계몽철학자들)가 미국의 외교 정책에 영향을 주었고 자유 무역 사상을 아메리카인에게 고취시켰다는 길버트의 주장이 틀렸다고 말한다. 허트슨은 이렇게 주장한다. "모범적인 조약은 상업적인 자유보다는 상업적인 상호주의를 주장한다."

11. Wharton, ed., *The Revolutionary Diplomatic Correspondence*, II, 226~231, 240~241; Bemis, *Diplomacy*, 52~53.

12. Van Doren, *Franklin*, 564~575.

13. Bemis, *Diplomacy*, 47을 인용했다. 베미스는 2~4장에서 프랑스의 정책을 논의한다.

14. 위의 책, 52~53.

15. 위의 책, 58~61.

16. 위의 책, 61~65.

17. G. R. Barnes and J. H. Owen, eds., *The Private Papers of John, Earl of Sandwich, First Lord of the Admiralty 1771~1782*(4vols., London, 1932~1938), I, 328~329.

18. 위의 책, 334, 365. 프랑스와의 전쟁에 대한 편지들은 다음 자료에서 읽을 수 있다. Fortescue, ed., *Correspondence of George the Third*, IV, 5, 6, 13, 15, 30~31.

19. Fortescue, ed., *Correspondence of George the Third*, IV, 36.

20. Willcox, *Portrait of a General*, 222~223.

21. 위의 책, 223; Gerald S. Brown, "The Anglo-French Naval Crisis, 1778 : A Study of Conflict in the North Cabinet", *WMQ*, 3rd Ser., 13(1956), 1~8.

22. Piers Mackesy, *The War for America 1775~1783*(Cambridge, Mass., 1965), 181~186. 이 책은 영국 전략 속의 서인도제도를 깊이 있게 분석한다.

23. Barnes and Owens, eds., *Private Papers of John, Earl of Sandwich*, II, 22.

24. Brown, "The Anglo-French Naval Crisis", *WMQ*, 3rd Ser., 13(1956), 9~22; Willcox, *Portrait of a General*, 214~218. 정부의 우유부단한 태도에 대해서는 다음 자료를 참조하라. Fortescue, ed., *Correspondence of George the Third*, IV, 90, 98, 112~113, 119~122, 124, 132~134, 136~137, 145.

25. Brown, "The Anglo-French Naval Crisis", *WMQ*, 3rd Ser., 13(1956), 23~25.

26. Willcox, *Portrait of a General*, 217.

27. Freeman, *GW*, IV, 564~565; Ward, II, 544.

28. *GW Writings*, X, 168.

29. Ward, I, 379~383.

30. *GW Writings*, X, 195.

31. 위의 책, X, 170~171, 180~181, 301.

32. "Diary of Albigence Waldo", *PMHB*, 21(1897), 309.

33. 위의 책, 309~310.

34. *GW Writings*, X, 423, 469.

35. 위의 책, 179, 201, 467, 480~481; Nathanael Greene to George Washington, Feb. 17, 1778; Henry Lee to George Washington, Feb. 22, 1778, *GW Papers*, Series 4, Reel 47.

36. *GW Writings*, X, 412~413, 433~437.

37. 위의 책, 201, 206~207.

38. 위의 책, 207.

39. 물자 공급에 대해서는 《미국인 이야기》 3권 2장에 자세히 다루어져 있다. 나는 다음 자료들에 많은 신세를 졌음을 밝힌다. E. Weyne Carp's doctoral dissertation at the University of California, Berkeley, entitled "Supplying the Revolution : Continental Army Administration and Americn Political Culture, 1775~1783". 다음 자료들도 유용하다. Victor L. Johnson, *The Administration of the American Commissariat During the Revolutionary War*(Philadelphia, 1941); Louis C. Hatch, *The Administration of the American Revolutionary Army*(New York, 1904); Erna Risch, *Quartermaster Support of the Army : A History of the Corps, 1775~1939*(Washington, D.C., 1962).

40. Anthony Wayne to Brig. General J. Ellis, Feb. 20, 1778; Nathanael Greene to George Washington, Feb. 17, 1778, in *GW Papers*, Ser. 4, Reel 47.

41. Henry Lee to George Washington, Feb. 22, 1778; Greene to Washington, Feb. 17, 1778, 위의 책.

42. Ward, II, 550~551; John M. Palmer, *General von Steuben*(New Haven, Conn., 1937), 3~14.

43. Palmer, *Steuben*, 157.

44. Ward, II, 562~567.

45. 부대 이동의 준비에 대해서는 위의 책, 570~571에 논의되어 있다.

46. Ward, II, 570~573; *GW Writings*, XII, 82~88, 90~91; Freeman, *GW*, V, 11~15. 이 문단과 그 앞의 문단은 이 자료들에 신세를 졌다.

47. *GW Writings*, XII, 115~117.

48. Willcox, *Portrait of a General*, 232~233.

49. Ward, II, 574.

50. Freeman, *GW*, V, 18~23; Ward, II, 574~575. 엘리어스 부디노트에게 보낸 해밀턴의 1778년 7월 5일자 편지에 대해서는 다음 자료를 참조하라. Syrett and Cooke, eds., *Papers of Hamilton*, I, 511.

51. *GW Writings*, XII, 127~128; Ward, II, 576.

52. *GW Writings*, XII, 128~129; Ward, II, 577.

53. Ward, II, 577.

54. 이 전투에 대한 나의 이야기는 다음 자료들을 바탕으로 한 것이다. *GW Writings*, XII, 141~144; Freeman, *GW*, V, 24~28; Ward, II, 577~585. 찰스 리 장군의 법원 전투에 관한 증언에 대해서는 다음 자료를 참조하라. *The Lee Papers*[New York Historical

Society, Collections, 4~7(New York, 1872~1875)], III.

55. *Lee Papers*, III, 2.

56. Freeman, *GW*, V, 28; Ward, II, 581; *Lee Papers*, II, 435~436.

57. Ward, II, 582; Freeman, *GW*, VV, 29~32.

58. Wickwires, *Cornwallis*, 111~112.

59. Ward, II, 585.

60. Wilcox, ed., *Clinton's Narrative*, 98. 필라델피아와 몬머스에서의 철수 배경을 설명한 클린턴의 이야기는 가치가 있다.

61. 위의 책.

62. *Lee Papers*, II, 435~436; III, 2.

63. Freeman, *GW*, V, 47~51.

64. Ward, II, 587~588; Willcox, *Portrait of a General*, 237~238.

65. Willcox, *Portrait of a General*, 239~240.

66. Ward, II, 588~591.

67. 위의 책, 590~591. 이 절의 나머지 부분은 다음 자료에서 가져왔다. 위의 책, 591~592; Willcox, *Portrait of a General*, 245~251.

68. Mackesy, *War in America*, 210~211.

9장 남부에서의 전쟁

1. 국왕파와 영국의 정책 수립에 관한 통찰력 있는 연구는 Paul H. Smith의 *Loyalists and Redcoats : A Study in British Revolutionary Policy*(Chapel Hill. N.C., 1964)를 참조하라.

2. Ward, II, 679~681.

3. 위의 책, 681.

4. 이 단락과 다음 단락에서 논한 사건들에 관한 다른 설명은 다음 자료를 참조하라. Herbert Butterfield, *George III, Lord North and the People, 1779~1789*(London, 1949), 여러 곳; J. Steven Watson, *The Reign of George III, 1760~1815*(Oxford, 1960), 225; Piers Mackesy, *The War for America 1775~1783*(Cambridge, Mass., 1965), 246~248.

5. John Almon, ed., *The Parliamentry Register*(17vols., London, 1775~1780), XI, 241~242.

6. 위의 책, XIII, 273.

7. Willcox, *Portrait of a General*, 301.

8. Johann Hinrichs, "Journal" in Bernhard A. Uhlendorf, ed., *The Siege of Charleston*(Ann Arbor, Mich., 1938), 121, 127.

9. Willcox, *Portrait of a General*, 284~285.

10. William T. Bulgar, ed., "Sir Henry Clinton's 'Journal of the Seige of Charleston, 1780'", *SCHM*, 66(1965), 147~174.

11. 찰스턴에 관한 동시대의 훌륭한 서술로는 "Diary of Captain Ewald", Uhlendorf, ed., *Siege*, 91을 참조하라.

12. Ward, II, 696~697.

13. "Diary of Captain Ewald", Uhlendorf, ed., *Siege*, 91~93, 그리고 이 페이지들의 주.

14. Ward, II, 697~698.

15. 링컨에 관한 훌륭한 전기는 없다. 워드가 그에 관해 약간의 정보를 남겨놓았다.

16. Hinrichs, "Journal", Uhlendorf, ed., *Siege*, 223~225.

17. 공성에 관한 역사에 대해서는 다음 자료를 참조했다. Bulgar, ed., "Clinton's 'Journal'", *SCHM*, 66(1965) 147~174; Joseph Warring, ed., "Lieutenant John Wilson's Journal of the Siege of Charleston", *SCHM*, 66(1965), 175~182; "Diary of Captain Edward" and Hinrichs, "Journal", Uhlendorf, *Siege*; Willcox, ed., *Clinton's Narrative*; Willcox, *Portrait of a General*; Ward.

18. Bulgar, ed., "Clinton's 'Journal'", *SCHM*, 66(1965), 160, 169에서 인용했다.

19. "Diary of Captain Edward", Uhlendorf, ed., *Siege*, 45.

20. 위의 책, 39; Hinrichs, "Journal", 위의 책, 231, 235.

21. Hinrichs, "Journal", 위의 책, 여러 곳, 특히 279.

22. 위의 책, 257.

23. 이 단락과 다음 단락은 인용한 독일 장교의 이야기에 바탕을 두었다.

24. Bulgar, ed., "Clinton's 'Journal'", *SCHM*, 66(1965), 155.

25. Hinrichs, "Journal", Uhlendorf, ed., *Siege*, 261; "Diary of Captain Edward", 같은 책, 69~70(71에서 인용). 또한 다음 자료를 참조하라. Bulgar, ed., "Clinton's 'Journal'", *SCHM*, 66(1965), 166.

26. Bulgar, ed., "Clinton's 'Journal'", *SCHM*, 66(1965), 149.

27. 위의 책, 151, 157, 165.

28. 이 단락과 다음 단락은 Ward, II, 700~702를 참고했다.

29. 위의 책, 703; "Diary of Captain Edward", Uhlendorf, ed., *Siege*, 87. 사상자에 대해서는 Peckham, *Toll*, 70을 참조하라.

30. "Diary of Captain Edward", Uhlendorf, ed., *Siege*, 89.

31. 찰스턴 점령 이후 몇 달 간에 관한 이 이야기는 워드의 책을 참조했다. Willcox, *Portrait of a General*; Wickwires, *Cornwallis*; Hugh F. Rankin, *Francis Marion : The Swamp Fox*(New York, 973) 역시 참조했다.

32. Ward, II, 712~714.

33. Otho Williams, "A Narrative of the Campaign of 1780" in William Johnson, *Sketches of the Life and Correspondence of Nathanael Greene*(2vols., Charleston, S.C., 1822), I, 486~487. 윌리엄스의 설명은 같은 책, I, Appendix B, 485~510을 참조하라.

34. Ward, II, 718~721.

35. 위의 책, 722~723; Wickwires, *Cornwallis*, 151~154.

36. 해당 구절은 Williams, "Narrative", in Johnson, *Greene*, I, 494에서 인용했다.

37. 캠던 전투에 관한 내 이야기는 Williams, "Narrative", in Johnson, *Greene*, I, 494~497; Edward Stevens to Thomas Jefferson, Aug. 20, 1780, *TJ Papers*, III, 558~559; Stedman, *History of the American War*, II, 231~232를 참조했다. 또한 Ward, II, 722~730에 나타난 훌륭한 연구와 Wickwires, *Cornwallis*, 149~165에 나오는 예리한 평가도 활용했다.

38. 버지니아 민병대는 각 보병 사이에 굉장한 간격을 두고 전투에 돌입했다. 《버지니아 가제트》의 1780년 9월 6일자에서 이에 관한 이야기를 참고할 수 있다. 나는 《미국인 이야기》 3권 2장에서 부대원들 사이의 간격으로 인한 심리적인 효과에 관해 논의한다.

참고한 주요 도서들의 약어표

AHR	*American Historical Review*
Andrews, ***Colonial Period***	Charles M. Andrews, *The Colonial Period of American History*(4vols., New Haven, Conn., 1934~1938)
Bailyn, ***Ordeal of Hutchinson***	Bernard Bailyn, *The Ordeal of Thomas Hutchinson* (Cambridge, Mass., 1974)
BF Papers	Leonard W. Labaree et al., eds., *The Papers of Bebjamin Franklin*(21vols., to date, New Haven, Conn., 1959~)
BG	Boston Gazette
BRC, ***Reports***	Boston Records Commission, *Reports of the Boston Records Commissioners*(31vols., Boston, 1876~1904)
Bridenbaugh, ***Cities in Revolt***	Carl Bridenbaugh, *Cities in Revolt : Urban Life in America*, 1743~1776(New York, 1955)
Burnett, ***Continental Congress***	Edmund Cody Burnett, *The Continental Congress*(New York, 1941)

Butterfield et al., *Diary of John Adams*	Lyman H. Butterfield et al., eds., *Diary and Aotobiography of John Adams*(4vols., Cambridge, Mass., 1961)
Channing and Coolidge, eds., *Barrington-Bernard Correspondence*	Edward Channing and Archibald Cary Coolidge, eds., *The Barrington-Bernard Correspondence, 1760~1770*(Cambridge, Mass., 1912)
Copeland, ed., *Correspondence of Edmund Burk*	Thomas W. Copeland, ed., *The Correspondence of Edmund Burk*(10vols., Chicago, 1958~1978)
CSM, *pubs.*	Colonial Society of Massachusetts, *Publications*
"Diary of John Rowe"	"Diary of John Rowe", Massachusetts Historical Society, *Proceedings*, 2d Ser., 10(Boston, 1896), 60~108
EHD	Marrill Jensen, ed., *English Historical Documents*, vol. IX : *American Colonial Documents to 1776*(New York, 1955)
EHR	*English Historical Review*
Farrand	Max Farrand, ed., *The Records of the Federal Convention of 1787*(rev. ed., 4vols., New Haven, Conn., 1966)
Fortescue, ed, *Correspondencd of George the Third*	Sir John Fortescue, ed, *The Correspondencd of King George the Third from 1760 to December 1783*(6vols., London, 1927~1928)
Freeman, *GW*	Douglass Southall Freeman, *George Washington : A Biography*, completed by J. A. Carroll and Mary W. Ashworth(7vols., New York, 1948~1957)
Gipson, *American Loyalist*	Lawrence Henry Gipson, *American Loyalist : Jared Ingersoll*(1920 ; reprint ed., New Haven, Conn., 1971)
Gipson, *British Empire*	Lawrence Henry Gipson, *The British Empire Befor the American Revolution*(15vols., Caldwell, Idaho, and New York, 1936~1970)

GW Papers	George Washington Papers, Library of Congress, Washington, D.C., microfilm, 124 reels
GW Writings	John C. Fitzpatrick, ed., *The Writings of George Washington from the Original Manuscript Sources, 1745~1799*(39vols., Washington D.C., 1931~1944)
HL	Henry E. Huntington Library, Snn Marino, California
HLQ	*Huntington Library Quarterly*
JCC	Worthington C. Ford et al., eds., *Journals of the Continental Congress, 1774~1789*(34vols., Washington D.C., 1904~1937)
Jensen, *Founding*	Merrill Jensen, *The Founding of a Nation : A History the American Revolution, 1763~1776*(New York, 1968)
JIH	*Journal of Interdisciplinary History*
JM Papers	W. P. Hutchinson, William M. Rachal, and Robert Rutland, eds., *The Papers of James Madison*(12vols, to date, Chicago and Charlottesville, Va., 1962~)
LMCC	Edmund C. Burnett, ed., *Letters of Member of the Continental Cingress*(8vols., Washington D.C., 1921~1936)
Lovejoy, Rhode Island Politics	David S. Lovejoy, *Rhode Island Politics and the American Revolution, 1760~1775*(Providence, R.I., 1958)
Mcllwaine and Kennedy, eds., *Jour. Va. Burgesses*	H. R. Mcllwaine and John Pendleton Kennedy, eds., *Journal of the House of Burgesses of Virginia(1619~1776)* (13vols., Richmond, Va., 1905~1915)
MdHM	*Maryland Historical Magazine*
MHS, *Colls.*	Masatchusetts Historical Society, *Collections*
MHS, *Procs.*	Masatchusetts Historical Society, *Proceedings*
Morgan, ed., Prologue	Edmund S. Morgan, ed., *Prologue to Revolution : Sources and Documents on the Stamp Act Crisis, 1764~1766*(Chapel

Hill, N.C., 1959)

Morgan and Morgan, *Stamp Act Crisis*	Edmund S. Morgan and Helen M. Morgan, *The Stamp Act Crisis : Prologue to Revolution*(Chapel Hill, N.C., 1953)
NCHR	*North Carolina Historical Review*
NEQ	*New England Quarterly*
PAH	*Perspectives in American History*
Peckham, *Toll*	Howard H. Peckham, ed., *The Toll of Independence : Engagements and Battle Casualties of the American Revolution*(Chicago, 1974)
PMHB	*Pensylvania Magazine of History and Biography*
Rakove, *Biginnings of National Politics*	Jack N. Rakove, *The Biginnings of National Politics : An Interpretive History of the Continental Congress*(New York, 1979)
SCHM	*South Carolina Historical Magazine*
Sheer and Rankin, *Rebels and Redcoats*	George F. Sheer and Hugh F. Rankin, *Rebels and Redcoats* (New York, 1957)
Stedman, *History of the American War*	Charles Stedman, *The History of the Origin, Progress, and Termination of the American War*(2vols., Dublin, 1794)
Stevens, ed., *Clinton-Cornwallis Controversy*	Benjamin Franklin Stevens, ed., *The Campaign in Virginia 1781. An Exact Reprint of Six Pamphlets on the Clinton-Cornwallis Controversy with… Letters…* (2vols., London, 1888)
Sylett and Cooke, eds., *Papers of Hamilton*	Harold C. Sylett and Jacob E. Cooke, eds., *The Papers of Alexander Hamilton*(26vols., New York, 1961-1979)
TJ Papers	Julian P. Boyd, et al., eds., *The Papers of Thomas Jefferson* (19vols., to date, Princeton, N.J., 1950~)
VG	*Virginia Gazette*(Williamsberg)

VHMB   *Virginia Magazine of History and Biography*

Ward   Christopher Ward, *The War of the Revolution*, ed., John Richard Alden(2vols., New York, 1952)

Wickwires, *Cornwallis*   Franklin B. Wickwires, *Cornwallis : The American Adeventure*(New York, 1970)

Willcox, *Portrait of a General*   William B. Willcox, *Portrait of a General : Sir Henry Clinton in the War of Independence*(New York, 1964)

Willcox, ed., *Clinton's Narrative*   William B. Willcox, ed., *The American Rebellion : Sir Henry Clinton's Narrative of His Campaigns, 1775~1782, With an Appendix of Original Documents*(New Haven, Conn., 1954)

WMQ   *William and Mary Quarterly*

참고문헌에 관한 노트

이 책은 나의 기존 저서들 이외에 다른 역사학자들의 저서에 크게 빚지고 있다. 나는 다음과 같은 학자들의 저서와 논문으로부터 큰 도움을 받았다. 버나드 베일린, 줄리언 P. 보이드, 어빙 브랜트, E. 제임스 퍼거슨, 더글러스 사돌 프리먼, 로렌스 헨리 깁슨, 아이라 D. 그루버, 메릴 젠슨, 포레스트 맥도널드, 피어스 매크시, 에드먼드 S. 모건, 헬렌 M. 모건, 루이스 네이미어, J.H. 플럼, 존 샤이, 크리스토퍼 워드, 프랭클린 B. 위크와이어, 메리 위크와이어, 윌리엄 B. 윌콕스, 기타 많은 학자들. 이런 학자들의 이름을 열거하기는 했지만 그들이 써놓은 저작에 내가 동의한다는 뜻은 아니다. 또한 그들도 내가 이 책에 써놓은 것에 모두 동의하지는 않을 것이라고 본다.

이 책에서 다룬 대부분의 중요한 문제들에 대해서, 나는 18세기의 원천 자료들을 많이 참고했다. 나는 그 자료를 주에서는 언급했으나 이 참고문헌에 관한 노트에서는 언급하지 않는다. 물론 나는 소수의 샘플만 읽었다.

다음에 이어지는 노트에서 나는 내가 주에 언급한 인용 저서들을 되풀이하지 않았으며, 내가 참고한 모든 저서들을 열거하지도 않았다. 미국 혁명에 대해 좀 더 깊이 연구하고자 하는 사람들에게 유익하다고 생각되는 일부 주요 저서들만 언급했다. 이것은 미국 혁명에 관한 충분하고도 만족스러운 참고 문헌 노트는 아니고, 또 그런 노트를 작성할 수도 없다. 주나 이 노트에 언급된 저서들 대부분은 나름대로 참고문헌을 포함하고 있다. 미국 혁명에 관한 문헌 은 방대하며 계속 늘어나고 있다.

W. A. Speck, *Stability and Strife : England, 1714~1760*(Cambridge, Mass., 1977)은 영국 측의 배경을 연구하는 데 좋은 출발점이다. 주에 인용된 저서들 이외에 다음 자료를 참 조하라. H. J. Habakkuk, "England", in A. Goodwin, ed., *The European Nobility in the Eighteenth Century*(London, 1967); J. D. Chambers, *Population, Economy and Society in Pre-Industrial England*(Oxford, 1972). 영국 군중에 대해서는 다음 자료에서 가장 유용하게 연 구됐다. E. P. Thomson, "The Moral Economy of the English Crowd in the Eighteenth Century", *Past and Present 50*(1971). 영국 국교회에 대해서는 탁월한 다음 자료를 참조하 라. Norman Sykes, *Church and State in England in the Eighteenth Century*(Cambridge, 1934). 재정적 변화에 대해서는 다음 자료가 탁월하다. P. G. M. Dickson, *The Financial Revolution*(Oxford, 1967). R. Davis, *A Commercial Revolution : English Overseas Trade in the Seventeenth and Eighteenth Centuries*(London, 1867)는 짧지만 유용하다. 또한 다 음 자료를 참조하라. J. D. Chambers and G. E. Mingay, *The Agricultural Revolution, 1750~1780*(London, 1966); Phyllis Deane, *The First Indurstrial Revolution*(Cambridge, 1965).

미국 혁명의 "시대"를 스케치하는 전기들도 종종 유익한 정보를 제공한다. J. M. Plumb, *Sir Robert Walpole : The Making of a Statesment*와 *Sir Robert Walpole : The King's Minister*(Boston, 1956, 1961)가 훌륭하다. 또한 다음 자료를 참조하라. Reed Browning, *The Duke of Newcastle*(New Haven, Conn., 1975); Ross J. S. Hoffman, *The Marquis : A Study of Lord Rockingham, 1730~1782*(New York, 1973). 주에 언급된 전기들은 특히 유용한데, Basil Williams(피트)와 John Brooke(조지 3세)의 전기가 그러하다.

Edmund S. Morgan and Helen M. Morgan, *The Stamp Act Crisis : Prologue to Revolution*(Chapel Hill, N.C., 1953)과 Bernard Bailyn의 세 저서인 *The Ideological Origins of the American Revolution*(Cambrudge, Mass., 1967), *The Origins of American Politics*(New York, 1968), *The Ordeal of Thomas Hutchinson*(Cambridge, Mass., 1974) 등에서는 독립 선언 이전에 영국의 조치에 저항한 미국의 사상적 토대를 예리하게 분석하고 있다.

아메리카측 저항의 정치적 성향에 대해서는 다음 자료들에 완벽하게 재구성되어 있 다. Merrill Jensen, *The Founding of a Nation : A History of the American Revolution,*

1763~1776(New York, 1968); Robert J. Taylor, *Western Massachusetts in the Revolution*(Providence, R.I., 1954); Charles A. Barker, *The Background of the Revolution in Maryland*(New Haven, Conn., 1940); Jere R. Daniell, *Experiment in Republicanism : New Hampshire Politics and the American Revolution, 1741~1794*(Cambridge, Mass., 1970); Kenneth Coleman, *The American Revolution in Georgia, 1763~1789*(Athens, Ga., 1958); W. W. Abbot, *The Royal Governors of Georgia, 1754~1775*(Chapel Hill, N.C., 1959); David S. Lovejoy, *Rhode Island Politics and the American Revolution, 1760~1776*(Providence, R.I., 1958); Ronald Hoffman, *A Spirit of Dissension : Economics, Politics, and the Revolution in Maryland*(Baltimore, 1973); Oscar Zeiehner, *Connecticut's Year of Controversy, 1750~1776*(Chapel Hill, N.C., 1949); Bernard Mason, *The Road to Independence : The Revolutionary Movement in New York, 1773~1777*(Lexington, Ky., 1966); Larry R. Gerlach, *Prologue to Independence : New Jersey in the Coming of the American Revolution*(New Brunswick, N.J., 1976); Richard M. Jellison, ed., *Society, Freedom, and Conscience : The Coming of the Revolution in Virginia, Massachusetts, and New York*(New York, 1976).

Perry Miller의 "From the Covenant to the Revival" in *Nature's Nation*(Cambridge, Mass., 1967)이라는 논문은 종교와 혁명의 관계를 연구하는 귀중한 출발점이 된다. Alan Heimert, *Religion and the American Mind*(Cambridge, Mass., 1966)는 도발적이다. Edmund S. Morgan, *The Gentle Puritan : A Life of Ezra Stiles, 1727~1795*(New Haven, Conn., 1962); Henry F. May, *The Enlightment in America*(New York, 1976); Ernest Lee Tuveson, *Redeemer Nation : The Idea of America's Millennial Role*(Chicago, 1968); James West Davidson, *The Logic of Millennial Thought : Eighteenth-Century New England*(New Haven, Conn., 1977); Frederick V. Mills, Sr., *Bishops by Ballot : An Eighteenth-Century Ecclesiastical Revolution*(New York, 1978); Carl Bridenbaugh, *Mitre and Sceptre : Transatlantic Faiths, Ideas, Personalities and Politics, 1689~1775*(New York, 1962); Philp Greven, *The Protestant Temperament*(New York, 1977).

혁명의 도래를 이해하는 데 도움을 주는 다른 자료들로는 다음과 같은 저서들이 있다. Carl Bridenbaugh, *Cities in Revolt : Urban Life in America, 1743~1776*(New York, 1955); Gary B. Nash, *The Urban Crucible : Social Change, Political Consciousness, and the Origins of the American Revolution*(Cambridge, Mass., 1979); Jack Greene, *The Quest for Power : The Lower Houses of Assembly in the Southern Royal Colonies, 1689~1776*(Chapel Hill, N.C., 1963); Charles S. Olton, *Artisans for Independence : Philadelphia Mechanics and the American Revolution*(Syracuse, N.Y., 1975); Alison Gilbert Olson, *Anglo-American*

Politics : The Relationship between Parties in England and Colonial America(Oxford, 1973); Roger J. Champagne, *Alexander McDougall and the American Revolution in New York*(Schenectady, N.Y., 1975); Aubrey C. Land, *The Dulanys of Maryland*(Baltimore, 1955) ; Pauline Maier, *From Resistance to Revolution : Colonial Radicals and the Development of American Opposition to Britain, 1765~1776*(New York, 1972); J. R. Pole, *Representation in England and the Origins of the American Republic*(London, 1966); Michael Kammen, *A Rope of Sand : The Colonial Agents, British Politics, and the American Revolution*(Ithaca, N.Y., 1968); David Ammerman, *In the Common Cause : American Response to the Coercive Acts of 1774*(Charlottesville, Va., 1974); Richard D. Brown, *Revolutionary Politics in Messachusetts : The Boston Committee of Correspondence and the Towns, 1772~1774*(Cambridge, Mass., 1970).

Douglas Southall Freeman, Christopher Ward, Piers Mackesy, John Richard Alden, William B. Willcox, Franklin B. and Mary Wickwire, Ira D. Gruber, John Shy 등의 훌륭한 저작들은 영국과 아메리카의 전쟁을 이해하는 데 필수적이다. Page Smith, *A New Age Now Begins : A People's History of the American Revolution*(2vols., New York, 1976)은 군사작전에 관한 훌륭한 설명을 제공한다. Mark M. Boatner III, *Encyclopedia of the American Revolution*(Bicentennial ed., New York, 1976)은 전쟁에 관해 쓰여진 가장 유용한 저서다. Charles Royster, *A Revolutionary People at War : The Continental Army and American Character, 1775~1783*(Chapel Hill, N.C., 1979)은 전쟁의 장교와 병사들에 관해 사려 깊게 평가했다. 또한 다음 자료를 참조하라. Jonathan G. Rossie, *The Politics of Command in the American Revolution*(Syracuse, N.Y., 1975); Jonathan R. Dull, *The French Navy and American Independence : A Study of Arms and Diplomacy, 1774~1787*(Princeton, N.J., 1975); Don Higginbotham, *The War of American Independence : Military Attitudes, Policies, and Practice, 1763~1780*(New York, 1971); Eric Robson, *The American Revolution in Its Political and Military Aspects*(London, 1955); Theodore G. Thayer, *Nathanael Greene : Strategist of the American Revolution*(New York, 1960); M. F. Treacy, *Prelude to Yorktown, the Southern Campaigns of Nathanael Greene*(Chapel Hill, N.C., 1963).

위에 언급된 저서들은 영국의 군대와 군사 전략에 관해 많은 정보를 제공한다. 보급군 수에 대해서는 다음 두 책이 중요하다. R. Arthur Bowler, *Logistics and the Failure of the British Army in America, 1775~1783*(Princeton, N.J., 1975); Norman Baker, *Government and Contractors : The British Treasury and War Supplies, 1775~1783*(London, 1971). 아메리카에서의 영국군의 활동에 관한 다른 면에 대해서는 다음 자료를 참조하라. George A. Billias, ed.,

George Washington's Opponents(New York, 1969); J. E. D. Binney, *British Public Finance and Administration, 1774~1792*(Oxford, 1959); David Syrett, *Shipping and the American War, 1775~1783*(London, 1970). Paul H. Smith, *Loyalists and Redcoats : A Study in British Revolutionary Policy*(Chapel Hill, N.C., 1964)는 특별히 가치 있는 저서다.

혁명의 외교술에 대해서는 다음 자료들이 핵심 저서다. Samuel Flagg Bemis, *The Diplomacy of the American Revolution*(Washington, D.C., 1935, and Bloomington, Ind., 1957); Richard B. Morris, *The Peacemakers : The Great Powers and American Independence*(New York, 1965) ; Felix Gilbert, *To the Farewell Address : Ideas of Early American Foreign Policy*(Princeton, N.J., 1961); Lawrence S. Kaplan, ed., *The American Revolution and "A Candid World"*[(Kent, Ohio), 1977]에 있는 James H. Hutson and William C. Stinchcombe 의 논문들.

전쟁 중 또는 전쟁 직후의 사회, 아메리카의 경제, 정치 등은 서로 관련되어 있는 주제들이다. Merrill Jensen의 여러 책들은 연구의 출발점을 제공하지만 조심스럽고 유보적인 마음으로 읽어야 한다. *The Articles of Confederation*(Madison, Wis., 1940; paperback ed., 1959); *The New Nation : A History of the United States during the Confederation, 1781~1789*(New York, 1950); *The American Revolution within America*(New York, 1974). John Fiske가 1780 년대를 명명한 용어인 "위기의 시대"를 논한 Jensen의 저작을 읽은 독자들은 다음 자료도 도움이 된다고 생각할 것이다. Edmund S. Morgan' "Conflict and Consensus". chapter 6 in *The Challenge of the American Revolution*(New York, 1976). Jackson Turner Main도 내부 혁명을 다룬 여러 권의 귀중한 저작을 써냈다. *The Antifederalist : Critics of the Constitution, 1781~1788*(Chapel Hill, N.C., 1961); *The Social Structure of Revolutionary America*(Princeton, N.J., 1965); *Political Parties before the Constitution*(Chapel Hill, N.C., 1973). Jack N. Rakove, *The Beginnings of National Policies : An Interpretive History of the Continental Congress*(New York, 1979) 또한 가치 있다.

혁명 중의 여성들을 사려 깊게 평가한 책들로는 다음 자료를 참조하라. Mary Beth Norton, *Liberty's Daughters : The Revolutionary Experience of American Women, 1750~1800*(Boston and Toronto, 1980); Linda K. Kerber, *Women of the Republic : Intellect Ideology in Revolutionary America*(Chapel Hill, N.C., 1980). 인디언에 관해서는 다음 자료를 참조하라. Barbara Graymont, *The Iroquois in the American Revolution*(Syracuse, N.Y., 1972); James H. O'Donnell III, *Southern Indians in the American Revolution*(Knoxvill, Tenn., 1973). 흑인에 관해서는 다음 자료를 참조하라. Winthrop D. Jordan, *White Over Black : American Attitudes Toward the Negro, 1550~1812*(Chapel Hill, N.C., 1968); Edmund S. Morgan,

American Slavery, American Freedom : The Ordeal of Colonial Virginia(New York, 1975);
Benjamin Quarles, *The Negro in the American Revolution*(Chapel Hill, N.C., 1961); William M.
Wiecek, *The Sources of Antislavery Constitutionalism in America, 1760~1848*(Ithaca, N.Y.,
1977); Duncan J. Macleod, *Slavery, Race and the American Revolution*(Cambridge and New
York, 1974).

법률에 관한 질문은 혁명이 전개되는 모든 과정에 개입되어 있다. James H. Kettner, *The Development of American Citizenship, 1608~1870*(Chapel Hill, N.C., 1978)은 훌륭한 연구서 이다. 또한 다음 자료를 참조하라. Morton J. Horwitz, *The Transformation of American Law, 1780~1860*(Cambridge, Mass., 1977); John Philip Reid, *In a Defiant Stance*(University Park, Pa., 1977); John Philip Reid, *In Defiance of the Law*(Chapel Hill, N.C., 1981).

1780년대의 국제론에 대해서는 다음 자료를 참조하라. Forrest McDonald, *We The People : The Economic Origins of the Constitution*(Chicago, 1958). 다른 관점을 제시하는 자료는 다음과 같다. E. James Ferguson, *The Power of the Purse : A History of American Public Finance, 1776~1790*(Chapel Hill, N.C., 1961); Gordon S. Wood, *The Creation of the American Republic, 1776~1787*(Chapel Hill, N.C., 1969).《연방주의자 논집》을 대체할 자료 는 없다. 그러나 국제론을 연구하는 학자에게는 Douglass Adair, in Trevor Colbourne, ed., *Fame and the Founding Fathers*(New York, 1974) 속의 논문들이 도움이 된다. Garry Wills, *Explaining America : The Federalist*(New York, 1981)는 고무적이고 통찰력이 있다.

참고문헌에 관한 노트 1982~2004년

이 책이 1982년에 출간된 이래 혁명의 모든 과정에 대한 다수의 새로운 저서들과 논문들이 마치 홍수가 난 것처럼 쏟아져 나왔다. 다음에 제시하는 자료들은 필연적으로 불완전할 수밖에 없다. 이 노트는 혁명 시대의 전사(全史)를 다룬 저서들에서 시작해, 혁명의 시기적 단계를 추적하고, 그 과정에서 중요한 문제와 주제들에 대해 특별히 신경을 썼다. 나는 여기저기에서 초판에 반드시 포함시켜야 했으나 그렇게 하지 못한 책들을 언급했다. 그런 분야의 책들은 너무 많아서 일일이 다 거명하지 못하는 것이 유감이다.

일반적인 연구와 논문 : Edmund S. Morgan, *Inventing the People : The Rise of Popular Sovereignty in England and America*(New York, 1988)는 혁명의 역사에서 1차적 중요성을 가진 주제에 관해 많은 통찰과 독창적 시각을 제시한다. *To Begin The World Anew : The Genius and Ambiguities of the American Founders*(New York, 2003)에 들어 있는 Bernard Bailyn 의 멋진 논문들은 좀 더 범위가 넓은 주제를 다룬다. Bailyn, *Faces of Revolution : Personalities and Themes in the Struggle for American Independence*(New York, 1990)도 마찬가지로 도발적이다. 혁명 운동이 일으킨 변화들의 '급진적' 측면을 신선한 시각으로 바라본 책은 Gordon Wood, *The Radicalism of the American Revolution*(New York, 1992)이다. 이 책은 Wood

의 *Creation of the American Republic*과 함께 읽어야 한다. (앞의 '참고문헌에 관한 노트' 참조).
Theodore Draper, *A Struggle for Power : The American Revolution*(New York, 1996)은 가치가 있다. John Ferling, *Setting the World Ablaze : Washington, Adams, Jefferson and the American Revolution*(New York, 2000).

18세기 혁명의 포괄적 비교 검토를 위해서는 다음 자료를 참조하라. R. R. Palmer, *The Age of Democratic Revolution : A Political History of Europe and America, 1760~1800*(2vols., Princeton, N.J., 1959, 1964). Ronald Hoffman and Peter J. Albert가 편집한 시리즈인 *Perspectives on the American Revolution*(Charlottesville, Va., 1981~)은 외교, 노예제, 군대의 역사, 남부의 오지, 평화의 조성, 여자, 경제, 종교와 입헌주의 등 각각의 주제를 다루지만 함께 살펴보면 혁명의 문제들을 폭넓게 관찰한다. Jack P. Greene, *Interpreting Early America : Historiographical Essays*(Charlottesvill, Va., 1996)는 영국의 식민지와 혁명에 관한 역사 문헌의 문제에 집중하지만 그런 사건들 자체에 대해서도 중대한 논의를 포함하고 있다. 그 외에 가치 있는 논문들로는 다음 자료를 참조하라. P. J. Marshall, *The Oxford History of the British Empire : The Eighteenth Century*(Oxford, 1998); Jack P. Greene and J. R. Pole, *The Blackwell Encyclopedia of the American Revolution* (Oxford, 1991).

영국측 배경 : Paul Langford의 다음 두 책은 정치와 사회에 대하여 많은 것을 알려준다. *A Polite and Commercial People : England, 1727~1783*(Oxford, 1989); *Public Life and the Propertied Englishman, 1689~1798*(oxford, 1994). 재무 – 군사 상태에 대해서는 다음 자료가 큰 도움을 준다. John Brewer, *The Sinews of Power : War, Money and the English State, 1688~1783*(Cambridge, Mass., 1990) 영국의 상인과 대서양 공동체에 대한 신선하면서도 예리한 설명은 다음 자료를 참조하라. David Hancock, *Citizens of the World : London Merchants and the Integration of the British Atlantic Community, 1735~1785*(Cambridge, 1995). 위에서 인용한 P. J. Marshall의 제국 관련 책자도 영국에 관해 많은 정보를 포함하고 있다. 또한 다음 자료를 참조하라. Elijah H. Gould, *The Persistence of Empire : British Political Culture in the Age of the American Revolution*(Chapel Hill, N.C., 2000); Kathleen Wilson, *The Sense of the People : Politics, Culture, and Imperialism in England, 1715~1785*(Cambridge, 1985). Linda Colley, *Britons : Forging the Nation, 1707~1837*(New Haven, Conn., 1992)은 영국의 국가적 정체성을 다룬 소중한 연구서다. John Brewer, *The Pleasures of the Imagination : English Culture in the Eighteenth Century*(Chicago, Ill., 1997)는 문화의 여러 측면들을 폭넓게 다룬다. 영국 지도자들을 다룬 최근의 전기로는 다음의 것이 뛰어나다. Philp Lawson, *George*

Grenville : A Political Life(Oxford, 1984); N. A. M. Rodger, *The Insatiable Earl : A Life of John Montagu 4th Earl of Sandwich*(London, 1993); Peter D. C. Thomas, *John Wilkes : A Friend to Liberty*(Oxford, 1996).

혁명적 운동 1763~1776년 : 이것은 많이 연구된 주제다. 이 시기의 여러 측면을 다룬 유익한 연구서로는 다음과 같은 것들이 있다. John L. Bullion, *A Great and Necessary Measure : George Grenville and the Genesis of the Stamp Act, 1763~1765*(Columbia, Mo., 1982); Peter D. G. Thomas, *The Townshend Duties Crisis : The Second Phase of the American Revolution, 1767~1773*(Oxford, 1987); Peter D. G. Thomas, *Tea Party to Independence : The Third Phase of the American Revolution, 1773~1776*(Oxford, 1991); Malcolm Freiberg, *Prelude to Purgatory : Thomas Hutchinson in Provincial Massachusetts Politics, 1760~1770*(New York, 1990); Edward Countryman, *A People in Revolution : The Revolution and Political Society in New York, 1760~1790*(Baltimore, Md., 1981); John E. Selby, *The Revolution in Virginia, 1775~1783*(Willamsburg, Va., 1988); Ann Fairfax Withington, *Toward a More Perfect Union : Virtue and the Formation of American Republics*(Oxford, 1991); Paul A. Gilje, *The Road to Mobocracy : Popular Disorder in New York City, 1763~1834*(Chapel Hill, N.C., 1987); Richard L. Bushman, *King and People in Provincial Massachusetts*(Chapel Hill, N.C., 1985); William Pencak, *War and Politics in Provincial Massachusetts*(Boston, 1981); David Hackett Fischer, *Paul Revere's Ride*(Oxford, 1994); Pauline Maier, *American Scripture : Making the Declaration of Independence*(New York, 1997). 이 책은 다음 책들과 함께 읽어야 한다. Carl Becker, *Declaration of Independence*(1922); Jerrilyn Greene Marston, *King and Congress : The Transfer of Political Legitimacy, 1774~1776*(Princeton, N.J., 1987).

혁명을 지지하는 영국인들에 대해서는 다음 자료를 참조하라. John Sainsbury, *Disaffected Patriots : London Supporters of Revolu-tionary America, 1769~1782*(Kingston and Montreal, Canada, 1987). 더 폭넓은 연구로는 James Bradley, *Popular Politics and the Ameri-can Revolution in England : Petitions, the Crown and Public Opi-nion* (Macon, Ga., 1986)을 참조하라.

혁명가들의 전기 : 혁명 지도자들을 연구한 책은 많은데 그중에서도 다음과 같은 것들이 있다. Edmund S. Morgan, *Benjamin Franklin*(New Haven, Conn., 2002)은 훌륭한 연구서다. H. W. Brands, *The First American : The Life and Times of Benjamin Franklin*(New York, 2000); Walter Isaacson, *Benjamin Franklin : An American Life*(New York, 2003);

Robert Middlekauff, *Benjamin Franklin and His Enemies*(Berkeley, Calif., 1996); Garry Wills, *Cincinnatus : George Washington and the Enlightenment*(Garden City, N.Y., 1984); Paul Longmore, *The Invention of George Washington*(Berkeley, Calif., 1984); Richard Brookhiser, *Founding Father : Rediscovering George Washington*(New York, 1996); Don Higginbotham, ed., *George Washington Reconsidered*(Charlottesvill, Va., 2001)는 여러 역사가의 논문을 모은 것이다. John Ferling의 다음 두 책은 아주 뛰어나다. *The First of Men : A Life of George Washington*(Knoxville, Tenn., 1988)과 *Setting the World Ablaze : Washington, Adams, Jefferson, and the American Revolution*(New York, 2000). John Adams는 바로 위의 책에 잘 다루어져 있다. Ferling은 John Adams에 대해 다음과 같은 독자적 저서도 냈다. *John Adams : A Life*(Knoxville, Tenn., 1992). 또한 다음 자료를 참조하라. David McCullough, *John Adams*(New York, 2001)는 스케일이 크고 아름답게 쓰여진 책이다. Joseph Ellis, *Passionate Sage : The Character and Legacy of John Adams*(New York, 1993)는 훌륭한 소책자다. Ellis, *Founding Brothers*(New York, 2001)와 *American Sphinx : The Character of Thomas Jefferson*(New York, 1997)은 자극적이기는 하지만 미흡한 연구서다. Jefferson에 대한 연구서는 많지만 그중에서도 다음 자료가 뛰어나다. Herbert E. Sloan, *Principle and Interest : Thomas Jefferson and the Problem of Debt*(New York, 1995); Peter S. Onuf, *Jefferson's Empire : The Language of American Nationhood*(Charlottesville, Va., 2000)는 귀중한 논문 모음집이다.

지명도가 떨어지는 지도자들에 대한 책으로는 다음 자료를 참조하라. John Keane, *Tom Paine : A Political Life*(Boston, 1995); Milton Flower, *John Dickinson : Conservative Revolutionary*(Charlottesville, Va., 1983); Keith Krawezynski, *William Henry Drayton : South Carolina Revolutionary Patriot*(Baton Rouge, La., 2001); Stanley E. Godbold and Robert H. Woody, *Christopher Gadsden and the American Revolution*(Knoxville, Tenn., 1983). Ronald Hoffman, *Princes of Ireland, Planters of Maryland : A Carroll Saga, 1500~1782*(Chapel Hill, N.C., 2000)는 내용이 풍부하고 통찰력 넘치는 연구서다.

전쟁 : Piers Mackesey(1964), Don Higginbotham(1971), Russell Weigley(1977) 의 연구서가 나온 이래 1982년부터 개괄적인 연구서는 나오지 않았다. 그렇지만 1급의 연구서들은 많이 있는데 다음과 같다. Jeremy Black, *War for America : The Fight for Independence, 1776~1783*(New York, 1991); Stephen Conway, *The War of American Independence*(London, 1995); John Buchanan, *The Road to Guilford Courthouse : The American Revolution in the Carolinas*(New York, 1997); Walter Edgar, *Partisans and*

Redcoats : The Southern Conflict that Turned the Tide of the American Revolution(New York, 2001); John Resch, *Suffering Soldiers*(Amherst, Mass., 1999); Stephen Brumwell, *Redcoats : The British Soldier and War in the Americas, 1755~1763*(Cambridge, 2002)은 혁명 전의 영국 군인들의 사회사를 다룬 귀중한 연구서다. 또한 다음 자료를 참조하라. Charles P. Neimeyer, *America Goes to War : A Social History of the Continental Army*(New York, 1996). Neimeyer는 다음 자료와 함께 읽어야 한다. Sylvia R. Frey, *The British Soldier in America : A Social History of Military Life in the Revolutionary Period*(Austin, Tex., 1981); Lawrence Delbert Cress, *Citizens in Arms : The Army and Militia in American Society to the War of 1812*(Chapel Hill, N.C., 1982); Richard M. Ketchum, *Saratoga : Turning Point of America's Revolutionary War*(New York, 1997); Don Higginbotham, *George Washington and the American Military Tradition*(Athens, Ga., 1985); John R. Galvin, *The Minute Men : The First Fight : Myths and Realities of the American Revolution*(Washington, D.C., 2d revised ed., 1989). Caroline Cox, *A Proper Sense of Honor : Service and Sacrifice in George Washington's Army*(Chapel Hill, 2004) 등은 대륙군에 대한 우리의 사고방식을 크게 바꾸어놓을 것이다. David Hackett Fischer, *Washington's Crossing*(New York, 2004)은 훌륭한 연구서다.

미국의 사회

대규모 연구서들 : 사람들의 이민과 이동은 위기의 시절에 계속됐다. Bernard Bailyn의 다음 두 저서는 사회의 큰 윤곽을 명확하게 파악하는 데 도움을 준다. *The Peopling of British North America : An Introduction*(New York, 1985); *Voyagers to the West*(New York, 1986). Bernard Bailyn and Philp D. Morgan, *Strangers Within the Realm : Cultural Margins of the First British Empire*(Chapel Hill, N.C., 1991)는 혁명에 관련된 논문들을 모은 것이다. Jacqueline Barbara Carr, *After the Siege : A Social History of Boston, 1775~1800*(Boston, 2004)은 혁명과, 한 주요 도시에서의 혁명의 여파를 다룬 훌륭한 연구서다. T. H. Breen, *The Marketplace of Revolution*(New York, 2004)은 아메리카 내의 소비활동을 독립과 연결시켜서 살펴본 저서다.

종교 : Patricia U. Bonomi, *Under the Cope of Heaven : Religion, Society, and Politics in Colonial America*(New York, 1986)는 종교와 혁명에 관해서 한 장만 할애하고 있지만 전반적으로 이 주제를 이해하는 데 도움이 된다. Charles W. Akers, *Divine Politician : Samuel Cooper and the American Revolution in Boston*(Boston, 1982)은 한 보스턴 목사의 혁명 활동을 다룬 멋진 연구서다. John K. Nelson, *A Blessed Company : Parishes, Parsons and Parishioners in Anglican Virginia, 1660~1776*(Chapel Hill, N.C., 2001)은 버지니아 정부

와 영국 국교의 권력을 다룬 수정주의적 저서다. 좀 더 폭넓은 연구서로는 다음 자료를 참조하라. Christine Leigh Heyrman, *Southern Cross : The Beginnings of the Bible Belt*(New York, 1997). 영국 국교주의와 제국주의적 정서에 대해서는 다음 자료를 참조하라. Peter M. Doll, *Revolution, Religion, and National Identify : Imperial Anglicanism in British North America, 1745~1795*(Madison, Wis., 2000). 혁명이 뉴잉글랜드의 가톨릭과 종교적 관용에 미친 영향에 대해서는 다음 자료를 참조하라. Charles P. Hanson, *Necessary Virtue : The Pragmatic Origins of Religious Liberty in New England*(Charlottesville, Va., 1998).

경제 : 연구의 출발점은 John J. McCusker and Russell R. Menard, *The Economy of British America, 1607~1789*(Chapel Hill, N.C., 1985)이다. Richard Buel, Jr., *In Irons : Britain's Naval Supremacy and the American Revolutionary Economy*(New Haven, Conn., 1998)는 전쟁과 경제를 다룬 최근 저서들 중 가장 중요한 것이다. 다음 저서도 중요하다. Thomas M. Doerflinger, *A Vigorous Spirit of Enterprise : Merchants and Economic Development in Revolutionary Philadelphia*(Chapel Hill, N.C., 1986). Ruth Wallis Herndon, *Unwelcome Americans : Living on the Margins in Early New England*(Philadelphia, Penn., 2001)는 1750~1800년의 가난한 사람들의 삶을 재구성했다. Bruce Mann은 다음 저서에서 법률과 대중의 태도를 다루었다. *Republic of Debtors : Bankruptcy in the Age of American Independence*(Cambridge, Mass., 2002). Ronald Hoffman et al., eds., *The Economy of Early America : The Revolutionary Period, 1763~1790*(Charlottesville, Va., 1988)은 귀중한 논문들을 모아놓은 것이다. John J. McCusker, *Rum and the American Revolution*(New York, 1989)은 이와 관련된 중요한 주제를 다룬다.

여성 : Ronald Hoffman and Peter J. Albert, eds., *Women in the Age of the American Revolution*(Charlottesville, Va., 1989)은 해당 분야의 석학들의 다양한 논문들을 한데 묶어 훌륭한 출발점을 제시한다. Joy Day Buel and Richard Buel Jr., *The Way of Duty : A Women and Her Family in Revolutionary America*(New York, 1984)는 정보가 많고 읽기에 재미있다. 또한 다음 자료도 참조하라. Lisa Norling, *Captain Ahab Had a Wife : New England Women and the Whalefishery, 1720~1870*(Chapel Hill, N.C., 2000).

노예제 : Philp D. Morgan, *Slave Counterpoint : Black Culture in the Eighteenth-Century Chesapeake and Low County*(Chapel Hill, N.C., 1998)와 Ira Berlin, *Many Thousands Gone : The First Two Centuries of Slavery in North America*(Cambridge, Mass., 1998)는 혁

명 시대 이상의 범위를 다루지만 혁명을 이해하는 데 큰 도움을 준다. 흑인의 저항에 대해서는 다음 자료를 참조하라. Sylvia R. Frey, *Water from the Rock : Black Resistance in a Revolutionary Age*(Princeton, N.J., 1991)는 완벽하면서도 통찰력 넘치는 책이다.

인디언 : Colin G. Galloway, *The American Revolution in Indian County : Crisis and Diversity in Native American Communities*(Cambridge, 1995)는 최근에 나온 자료들 중 출발점이 되는 저서다. 그 외의 훌륭한 저서로는 다음과 같은 것들이 있다. Richard White, *The Middle Ground : Indians, Empires, and Republics in the Great Lakes Region, 1650~1815*(Cambridge, 1991); James K. Merrell, *The Indian's New World : Catawbas and Their Neighbors from European Contact Through the Era of Removal*(Chapel Hill, N.C., 1989); Daniel K. Richter, *The Ordeal of the Longhouse : The Peoples of the Iroquois League in the Era of European Colonization*(Chapel Hill, N.C., 1992).

국왕파 : 국왕파에 관한 최근의 연구서들은 국왕파의 신념과 사상이 복잡함을 보여준다. 그중에서도 다음 저서들이 중요하다. Sheila L. Skemp, *William Franklin : Son of a Patriot, Servant of a King*(Oxford, 1990)과 Janice Potter, *The Liberty We See : Loyalist Idealogy in Colonial New York and Massachusetts*(Cambridge, Mass., 1983). 또한 다음 자료도 참조하라. Jack P. Greene, ed., *The American Revolution : Its Character and Limits*(New York, 1987)에 실려 있는 Robert Calhoon의 멋진 논문이 있다. Calhoon은 아메리카에서 달아나지 않은 불평불만자들이 사회 내로 재통합되는 과정을 날카롭게 논의하고 있다. 앞의 참고문헌 노트에 소개되지 않은 연구서들로는 다음과 같은 것들이 있다. Carol Berkin, *Jonathan Sewall : Odyssey of an American Loyalist*(New York, 1974); John E. Ferling, *The Loyalist Mind : Joseph Galloway and the American Revolution*(University Park, Penn., 1977); Ann T. Zimmer, *Jonathan Boucher : Loyalist in Exile*(Detroit, Mich., 1978). Bernard Bailyn(*Thomas Hutchinson*), Wallace Brown(*King's Friends*), Robert Calhoon(*Loyalists in Revolutionary America*), William K. Nelson(*American Tory*), Mary Beth Norton(*British Americans*) 등은 각주에 인용되어 있는데 아직도 기준을 제시하는 책들이다.

1787년의 헌법제정과 입헌주의 : 1780년대를 다룬 최근의 저서로, Richard B. Morris, *The Forging of the Union, 1781~1789*(New York, 1987)는 입헌주의 운동에 대해 포괄적인 개관을 제시한다. 헌법제정회의에 관해서는 다음 자료를 참조하라. Carol Berkin, *A Brilliant Solution : Inventing the American Constitution*(New York, 2000). 이 책은 대륙군

과 초창기 민족주의 운동의 상관관계를 다룬 독창적 저서다. E. Wayne Carp, *To Starve the Army at Pleasure : Continental Army Administration and American Political Culture, 1775~1783*(Chapel Hill, N.C., 1984)은 훌륭한 가치가 있다. Jack N. Rakove, *Original Meanings : Politics and Ideas in the Making of the Constitution*(New York, 1986)은 필독서다. Rakove, *James Madison* and *the Creation of the American Republic* (Glenview, Ill., 1990)은 훌륭한 소(小) 전기다. 포괄적인 설명을 원한다면 다음 자료를 참조하라. Lance Banning, *The Sacred Fire of Liberty : James Madison and the Founding of the Federal Republic*(Ithaca, N.Y., 1995). 다음 자료에는 헌법과 헌법제정에 관한 중요 논문들이 들어 있다. Richard Beeman, Stephen Botein, and Edward C. Carter, II, eds., *Beyond Confederation : Origins of the Constitution and American National Identity*(Chapel Hill, N.C., 1987). 이 논문집은 1987년에 나온 두 번째 논문집과 비교해봐야 한다. Leonard W. Levy and Dennis J. Mahoney, eds., *The Framing and Ratification of the Constitution*(New York, 1987). Levy와 두 학자는 헌법에 관해 훌륭한 (학문적) 참고자료를 편집했다. *Encyclopedia of the American Constitution*은 4권으로 된 큰 책인데 2권으로 묶여 나왔다(New York, 1986). 이 책은 식민지 시대부터 1985년까지 미국 입헌주의의 멋진 역사를 다룬다. 또 다른 가치 있는 포괄적 저서는 Jack P. Greene, *Peripheries and Center : Constitutional Development in the Extended Politics of the British Empire and the United States, 1607~1788*(Athens, Ga., 1986)이다. 또한 다음 자료도 참조하라. Forrest McDonald, *Novus Ordo Seclorum : The Intellectual Origins of the Constitution*(Lawrence, Kan., 1985) ; Donald Lutz, *The Origins of American Constitutionalism*(Baton Rouge, La., 1988) ; Morton White, *Philosophy, The Federalist and the Constitution*(New York, 1987). 비준과 그 직후의 시기를 다룬 최근의 두 연구서는 다음과 같다. Saul Cornell, *The Other Founders : Antifederalism and the Dissenting Tradition in America, 1788~1828*(Chapel Hill, N.C., 1999); David J. Siemers, *Ratifying the Republic : Antifederalists in Constitutional Time*(Stanford, Calif., 2002).

넓은 범위 : 이 참고문헌 노트에 언급된 책들 중 많은 책이 그들에 부여된 소제목보다 더 넓은 범위의 의미를 가지고 있다. 또 많은 다른 책이 미국 혁명과 직접적인 관련은 없으나 미국 혁명과 중요한 연결 관계를 가지고 있다. 여기서는 그런 책들을 다음과 같이 소수만 제시해보았다. Ralph Lerner, *Revolutions Revisited : Two Faces of the Politics of the Enlightenment*(Chapel Hill, N.C., 1994); Ruth Bloch, *Visionary Republic : Millennial Themes in American Thought, 1756~1800*(Cambridge, Mass., 1985); David Brion Davis, *Revolutions : Reflections on American Equality and Foreign Liberations*(Cambridge, Mass., 1990).

찾아보기

1장

보스턴의 투표와 의사록 ©Collection of the Massachusetts Historical Society

2장

올드 사우스 예배당 ©Swampyank

카펜터스 홀 ©Pbjamesphoto

3장

페기스튜어트호가 그려진 아메리카 독립 100주년 기념 메달 ©Terry Hess

보스턴 넥에 설치된 영국 요새 ©The University of South Florida

4장

드러밍 아웃 ©Artokoloro Quint Lox Limited/Alamy Stock Photo

6장

롱아일랜드 전투 ©The Granger Collection/Alamy Stock Photo

트렌턴과 델라웨어강 ©James Loedch

채터턴스힐을 올라가는 아메리카군 ©Westchester County Historical Society

트렌턴 전투의 워싱턴 ©Asar Studios/Alamy Stock Photo

7장

모리스타운 국립역사공원 ©Acroterion

영국군 진지 모습 ©World History Archive/Alamy Stock Photo

국가의 건설자들 ©National Museum of American Illustration, Newport RI, and American Illustrators Gallery, New York, NY / Bridgeman Images

8장

포지 계곡 국립역사공원 ©Rdsmith4

9장

찰스턴 화약고 폭발 사건 ©Artokoloro/Alamy Stock Photo

수록된 사진 중 일부는 노력에도 불구하고 저작권자를 확인하지 못하고 출간하였습니다. 확인되는 대로 최선을 다해 협의하겠습니다. 퍼블릭 도메인은 별도 표기하지 않았습니다.

미국인 이야기 2

2022년 1월 14일 초판 1쇄 찍음
2022년 1월 21일 초판 1쇄 펴냄

지은이 로버트 미들코프
옮긴이 이종인

단행본 총괄 차윤석
편집 석현혜 장윤혁
마케팅 김세라 박동명 정하연 이유진
제작 나연희 주광근
표지 디자인 황일선
본문 디자인 디자인서가
지도 이승정
사진 북앤포토
인쇄 영신사

펴낸이 윤철호
펴낸곳 ㈜사회평론
등록번호 10-876호(1993년 10월 6일)
전화 02-326-1182(마케팅), 02-326-1543(편집)
주소 서울시 마포구 월드컵북로6길 56 사평빌딩
이메일 editor@sapyoung.com

ISBN 979-11-6273-202-1 03940

미국인 이야기 시리즈

미국인 이야기 시리즈는 미국 현대사까지 이어집니다.